Schwetzler/Aders (Hrsg.)

Jahrbuch der Unternehmensbewertung 2021

Fachbeiträge – Bewertungskennzahlen

Impressum:
Jahrbuch der Unternehmensbewertung 2021
1. Ausgabe / Erscheinungstermin: Juni 2021

Herausgeber:
Prof. Dr. Bernhard Schwetzler
Prof. Dr. Christian Aders

Fachmedien Otto Schmidt KG,
Neumannstraße 10
40235 Düsseldorf
Tel.: 0800/000-1637, Fax: 0800/000-2959
Internet: www.fachmedien.de
Email: info@fachmedien.de

Handelsblatt Fachmedien ist eine lizenzierte Marke der Fachmedien Otto Schmidt KG.
Sämtliche Leistungs- und Vertragsbeziehungen entstehen ausnahmslos
mit der Fachmedien Otto Schmidt KG.

ISBN: 978-3-947711-59-8 (gedruckte Ausgabe)
ISBN: 978-3-947711-60-4 (PDF)
ISBN: 978-3-947711-61-1 (Bundle aus gedruckter Ausgabe und PDF)

Satz: Reemers Publishing Services GmbH, Krefeld
Druck: CPI books GmbH, Birkstraße 10, 25917 Leck

Haftung und Hinweise:
Den Kommentaren, Grafiken und Tabellen liegen Quellen zugrunde, welche die Redaktion und
die Autoren für verlässlich halten. Eine Garantie für die Richtigkeit der Angaben kann allerdings nicht übernommen werden. Die in diesem Jahrbuch enthaltenen Angaben dienen ausschließlich Informationszwecken. Sie sind nicht als Angebote oder Empfehlungen bestimmter
Anlageprodukte zu verstehen. Dies gilt auch dann, wenn einzelne Emittenten oder Wertpapiere
genannt werden.

Vorwort

Vor Ihnen liegt das Jahrbuch Unternehmensbewertung 2021; es enthält wie jedes Jahr ausgewählte Fachbeiträge zum Thema Unternehmensbewertung aus dem zurückliegenden Jahr. Das Jahr 2020 war auch für das Fachgebiet der Unternehmensbewertung außergewöhnlich. Die Covid-19-Pandemie und die damit verbundenen negativen Auswirkungen auf Volkswirtschaften, Kapitalmärkte und Geschäftsmodelle von Unternehmen haben die Zunft vor neue und große Herausforderungen gestellt: Die Existenzbedrohung der Geschäftsmodelle gesamter Industrien durch die ökonomischen Effekte der Pandemie macht die Projektion und Schätzung künftiger Überschüsse zu einem noch schwierigeren Unterfangen. Die dramatischen Veränderungen der Börsenkurse werfen schwierige Fragen bei der Schätzung von Parametern (Beta-Faktoren, Marktrisikoprämien) für die Ermittlung der Kapitalkosten auf. Ein wichtiger Bestandteil des Jahrbuches sind in diesem Jahr deshalb Empfehlungen und Hinweise der „zuständigen" Berufsverbände für das Vorgehen bei einer Unternehmensbewertung unter der eingetretenen Pandemie. Die ökonomischen Konsequenzen der Pandemie haben auch bereits im Gange befindliche Diskussionen zu theoretischen Fragen weiter befeuert; ein gutes Beispiel hierfür ist die Berücksichtigung von negativen Konsequenzen einer Insolvenz im Kalkül der Unternehmensbewertung. Das Jahrbuch enthält in diesem Jahr auch kontroverse Diskussionsbeiträge zu wichtigen Themenstellungen; unser Ziel ist es, die gesamte Bandbreite der Diskussion abzubilden, um dem Leser eine fundierte Meinungsbildung zu ermöglichen.

Wir haben uns auch in diesem Jahr das Ziel gesetzt, einen sachkundigen und möglichst vollständigen Überblick über die fachliche Diskussion zu geben. Die Beiträge für das Jahrbuch stammen aus den Zeitschriften „BEWERTUNGSPRAKTIKER", „CORPORATE FINANCE", „Die Wirtschaftsprüfung" und „RWZ: Zeitschrift für Recht und Rechnungswesen".

Wir möchten uns auf diesem Wege bei allen bedanken, die zum Entstehen dieses Werkes beigetragen haben. Besonderen Dank verdient Ulrike Gallwitz, ohne deren Arbeit dieses Buch nicht entstanden wäre. Auch Margot Hohagen und Stefan Kemetter vom Verlag sei herzlich für die Unterstützung gedankt. Schließlich möchten wir uns auch bei den Autoren der einzelnen Fachbeiträge bedanken, dass sie mit einer nochmaligen Publikation einverstanden waren.

Wir hoffen sehr, dass dieses Jahrbuch den Lesern eine Hilfestellung für Ihre praktische Arbeit und den Anstoß gibt, das eine oder andere Thema kritisch zu reflektieren.

Leipzig und München, im Juni 2021
Bernhard Schwetzler und Christian Aders

Inhalt

1. Rechnungslegung

Kapitalisierungszinssätze in der Unternehmensbewertung – Eine empirische Analyse inländischer IFRS-Konzernabschlüsse 2019

WP/StB Dipl.-Kfm. Prof. Dr. Christian Zwirner | Gregor Zimny, M. Sc., CVA

I. Vorbemerkung[1]

Die Werthaltigkeit von aktivierten Goodwills ist regelmäßig – mindestens einmal jährlich – durch einen sog. Impairment-Test zu überprüfen (IAS 36.10). Hierbei kommt in der Praxis als Vergleichswert, der dem Buchwert der sog. zahlungsmittelgenerierenden Einheit (ZGE) – auf die der Goodwill allokiert wird – gegenübergestellt wird, der sog. „value in use", d.h. der Nutzungswert einer solchen ZGE, infrage. Dieser ermittelt sich cashflowbasiert auf Grundlage der erwarteten und auf den Bewertungsstichtag abgezinsten Zahlungsströme, die der ZGE zuzurechnen sind. Die Bestimmung des Nutzungswerts setzt die zutreffende Ermittlung eines sachgerechten Kapitalisierungszinssatzes voraus. Dieser Zinssatz[2] muss neben dem risikolosen Basiszins (bspw. 0,20% vor persönlichen Steuern zum 31.12.2019 auf Basis der Zinsstrukturdaten der Deutschen Bundesbank)[3] und einer standardisierten Marktrisikoprämie (bspw. 7,00% vor persönlichen Steuern seit Oktober 2019[4]) das Risiko der ZGE (ausgedrückt durch den Beta-Faktor), welches um die individuelle Kapitalstruktur anzupassen ist, sowie die Fremdkapitalkosten berücksichtigen.[5] In Abhängigkeit der ZGE-spezifischen Faktoren ergeben sich damit in der Praxis Impairment-Zinssätze (= WACC vor Steuern), die für das Geschäftsjahr 2019 auf Basis der hier angestellten empirischen Untersuchung zwischen rd. 2,10% und 22,14% liegen. Im Gegensatz zum Vorjahr[6] hat damit die Streuung der beobachteten Werte leicht abgenommen.

1 Die Autoren danken Herrn Bastian Freystedt, Herrn Miridon Rexhepi sowie Frau Nataliia Onyshchenko für ihre Unterstützung bei der Erhebung und Auswertung der empirischen Daten.

2 Bei den Zinssätzen handelt es sich konkret um die durchschnittlichen, d.h. mit Eigen- und Fremdkapital gewichteten Kapitalkosten (WACC); vgl. IAS 36.A19 sowie IAS 36.55 ff.
3 Vgl. stellvertretend zur Entwicklung des Basiszinssatzes: http://hbfm.link/4064 (Abruf: 31.08.2020).
4 Infolge der anhaltenden Unsicherheiten an den Finanzmärkten sowie der weiterhin expansiven Geldpolitik der EZB hat der FAUB in seiner Sitzung vom 22.10.2019 beschlossen, seine bisherige Empfehlung für die Marktrisikoprämie vor persönlichen Steuern von 5,50% bis 7,00% auf 6,00% bis 8,00% anzuheben.
5 U.U. sind separate Aufschläge für Länderrisiken zu berücksichtigen; vgl. zu der Berücksichtigung von Länderrisikoprämien im Kapitalisierungszinssatz Zwirner/Petersen/Zimny, in: Petersen/Zwirner (Hrsg.), Handbuch Unternehmensbewertung, 2. Aufl. 2017, S. 1053 ff.
6 Vgl. hierzu die empirischen Ergebnisse bei Zwirner/Zimny, CF 2018, S. 295–300.

II. Untersuchungsgrundgesamtheit und Aufbau der Analyse
1. Analysierte Konzernabschlüsse

Im vorliegenden Beitrag werden die Zinssätze untersucht, die für die jährlichen Goodwill-Werthaltigkeitstests (IAS 36.10) in den IFRS-Konzernabschlüssen deutscher Unternehmen herangezogen wurden und dementsprechend im Anhang anzugeben sind (IAS 36.130). Grundlage stellen die Konzernabschlüsse des Berichtsjahres 2019 für Unternehmen des DAX, MDAX, SDAX und TecDAX dar.[7]

Seit dem 24.09.2018 notieren im DAX insgesamt 30 Unternehmen, im MDAX insgesamt 60, im SDAX insgesamt 70 und im TecDAX insgesamt 30. Bis zum 23.09.2018 konnte ein im TecDAX notiertes Unternehmen nicht gleichzeitig in einem der anderen drei Index-Segmente aufgenommen werden. Die Anzahl der in den vier Index-Segmenten notierten Unternehmen war mit insgesamt 160 Unternehmen fix. Zeitgleich mit der Vergrößerung des MDAX von 50 auf 60 sowie des SDAX von 50 auf 70 Unternehmen wurde die Möglichkeit geschaffen, dass ein im TecDAX notiertes Unternehmen in Abhängigkeit der zu erfüllenden Aufnahmekriterien auch im DAX, MDAX oder SDAX notieren kann. Die Anzahl der in den vier Index-Segmenten befindlichen Unternehmen kann deshalb aktuell zwischen mindestens 160 (alle Unternehmen des TecDAX notieren parallel in einem der anderen drei Index-Segmente) und maximal 190 (kein im TecDAX befindliches Unternehmen notiert parallel in einem der anderen drei Index-Segmente) variieren. Zum Zeitpunkt der für die vorliegende Analyse zugrundeliegenden Indexzusammensetzung notierten sämtliche Unternehmen des TecDAX parallel in einem der übrigen drei Index-segmente, sodass insgesamt grds. 160 Unternehmen der Grundgesamtheit zuzurechnen sind.[8]

Von den 160 Unternehmen haben bis zum Zeitpunkt der Analyse 159 Unternehmen einen Konzernabschluss für das Geschäftsjahr 2019 veröffentlicht.[9] Ausweislich des Bestätigungsvermerks des Abschlussprüfers im Geschäftsbericht der Steinhoff International Holdings N.V. zum Stichtag 30.09.2019 konnte der Abschlussprüfer mangels ausreichend geeigneter Prüfungsnachweise kein Prüfungsurteil bezüglich des Konzernabschlusses der Steinhoff International Holdings N.V. fällen. Für

---

7   Unter dem Berichtsjahr 2019 wird das zum 31.12. oder unterjährig im Jahr 2019 endende Geschäftsjahr verstanden. Die Grundgesamtheit basiert auf der Indexzusammensetzung zum 04.03.2020.

8   Wir weisen an dieser Stelle darauf hin, dass die Vergleichbarkeit der Untersuchungen zu den Impairment Zinssätzen aus den Vorjahren aufgrund der neuen Indexregeln der Deutschen Börse nur eingeschränkt gegeben ist. Sowohl der MDAX als auch der SDAX beinhalten mit einer Erweiterung von insgesamt 30 Unternehmen aktuell deutlich mehr Unternehmen als in den Jahren zuvor. Zudem spiegeln sich Werte des TecDAX zusätzlich auch in einem der übrigen drei betrachteten Indizes wider. Ungeachtet der neuen Indexregeln ist eine direkte Gegenüberstellung der Ergebnisse für das aktuell betrachtete Jahr 2019 mit den vorherigen Jahren aber sinnvoll. Es bestehen mit DAX, MDAX, SDAX sowie TecDAX weiterhin vier Sektoren. Vorsicht ist hingegen geboten bei der Interpretation der Ergebnisse. Insbesondere beim MDAX sowie SDAX sind die Ergebnisse durch die Ausweitung der Indizes nur begrenzt für einen direkten Vergleich geeignet. Dennoch ist ein Vergleich über die gesamte Grundgesamtheit weiterhin möglich. Zudem sind der DAX sowie TecDAX von den neuen Indexregeln weitgehend unbeeinflusst geblieben.

9   Zum Zeitpunkt unserer Analyse lag kein veröffentlichter Konzernabschluss der Wirecard AG für das Geschäftsjahr 2019 vor.

Zwecke der Analyse wurde die Steinhoff International Holdings N.V. daher nicht in die Analyse einbezogen. Insgesamt wurden daher 158 Geschäftsberichte respektive Konzernabschlüsse analysiert. Von den 158 untersuchten Unternehmen haben 24 Unternehmen entweder keinen Goodwill aktiviert oder trotz der Aktivierung eines Goodwills im Konzernabschluss keine Angaben zum Zinssatz gemacht, sodass insgesamt 134 auswertbare Wertausprägungen vorliegen.

Gem. den Anforderungen des § 315e Abs. 1 HGB, wonach kapitalmarktorientierte Unternehmen ihren Konzernabschluss auf Basis internationaler Rechnungslegungsvorschriften aufzustellen haben, veröffentlichen von den untersuchten 160 Unternehmen 158 Gesellschaften IFRS- und zwei Gesellschaften einen US-GAAP-Konzernabschluss.[10] Da die Regelungen zur Werthaltigkeitsprüfung des Goodwills nach IFRS mit IAS 36 und die korrespondierenden Regelungen in den US-GAAP gem. ASC 350 bezüglich des anzuwendenden Kapitalisierungszinssatzes keine grundlegenden Unterschiede aufweisen, erfolgt für die hier angestellte Analyse im Weiteren keine Differenzierung zwischen den nach IFRS und den nach US-GAAP bilanzierenden Unternehmen.[11]

2. Analysevorgehen

Im Folgenden werden jeweils die im Anhang des Konzernabschlusses veröffentlichten Zinssätze der Goodwill-Impairment-Tests (IAS 36) sowohl insgesamt als auch für die einzelnen Indizes und Branchen statistisch aufbereitet und untersucht. Wird der Goodwill nicht einer einzelnen ZGE zugeordnet, sondern auf mehrere ZGE aufgeteilt (IAS 36.80, IAS 36.22 und IAS 36.66), weisen die Unternehmen im Anhang unterschiedliche respektive mehrere Zinssätze aus. In diesem Fall wird für das jeweils betrachtete Unternehmen das arithmetische Mittel (aus Minimum- und Maximumwert) berechnet. Anschließend können aus diesen unternehmensindividuellen Goodwill-Zinssätzen das arithmetische Mittel und der Median je Index oder Branche abgeleitet werden; die Medianberechnung basiert demnach im Falle mehrerer ZGE auf dem arithmetischen Mittel auf Unternehmensebene. Darüber hinaus werden das Minimum, das Maximum sowie die Standardabweichung für die Grundgesamtheit sowie der jeweils betrachtete Index bzw. die jeweils betrachtete Branche angegeben. Die Auswertungen für die Grundgesamtheit erfolgten jeweils unternehmensbezogen, d.h. bezogen auf 134 Ausprägungen. Aufgrund des Umstands, dass sich sämtliche Unternehmen des TecDAX auch in einem der anderen Indizes widerspiegeln, entspricht die Grundgesamtheit für das Jahr 2019 im Ergebnis den Indizes DAX, MDAX und SDAX.

---

10   Dabei handelt es sich um die Qiagen N.V. sowie die Linde plc. Der Analyse zugrunde gelegt wurde im Fall der Qiagen N.V. sowie der Linde plc. der US-GAAP-Abschluss, da dieser für das betreffende Unternehmen die primäre Berichtssprache am Kapitalmarkt darstellt.

11   Auf eine weitere Differenzierung kann zudem verzichtet werden, da aus der Grundgesamtheit der vorliegenden empirischen Analyse nur zwei von 134 untersuchten Unternehmen ihren Konzernabschluss auf Basis der US-GAAP erstellt haben.

Falls entgegen IAS 36.A20 ein Netto-Zinssatz, d.h. nach Steuern, angegeben wird, wurde dieser mittels Hochschleusen um eine pauschalierte Unternehmenssteuer i.H.v. 30% zu einem Brutto-Zinssatz, d.h. vor Steuern, umgerechnet:[12]

$$\text{Zinssatz vor Steuern}(i) = \frac{\text{Zinssatz nach Steuern } (i_s)}{1 - \text{Unternehmenssteuersatz } (s_{unt})}$$

Sofern zu den angewandten Zinssätzen keine näheren Angaben vorliegen, werden diese Zinssätze für Zwecke der hier angestellten Analyse als IFRS-konform und damit als Vor-Steuer-Zinssätze betrachtet.

III. Ergebnisse der empirischen Untersuchung
1. Gesamtanalyse der Daten

Insgesamt wurden 158 Konzernabschlüsse des Geschäftsjahres 2019 untersucht, bei denen sich auszuwertende Annahmen finden. Zusätzlich zu den aktuellen Werten aus dem Geschäftsjahr 2019 sind die Daten aus den Vorjahren 2015 bis 2018 angegeben, die aufgrund der neuen Indexregeln der Deutschen Börse ab dem Jahr 2018 für die Daten 2015 bis 2017 auf einer veränderten Zusammensetzung der Indizes basieren.[13]

Bezogen auf die Grundgesamtheit beträgt das arithmetische Mittel für das Jahr 2019 9,84% bei einer Standardabweichung von 3,14%. Der Median beläuft sich auf 9,65% bei Grenzwerten von 2,10% (Minimum) und 22,14% (Maximum). Wie bereits in den Vorjahren besteht zwischen Minimumwert und Maximumwert eine relativ hohe Spannweite, die im betrachteten Jahr 2019 im Vergleich zum Vorjahr leicht abgenommen hat.

Der Minimumwert sank hierbei in 2019 um 1,10 Prozentpunkte von 3,20% auf 2,10%. Der Maximumwert sank im Betrachtungszeitraum um 1,65 Prozentpunkte (von 23,79% auf 22,14%). Die absolute Streuung der analysierten Werte der Grundgesamtheit sank gegenüber dem Vorjahr um 0,15 Prozentpunkte (von 3,29% für 2018 auf 3,14% für 2019). Das durchschnittliche Zinsniveau, gemessen als arithmetisches Mittel, liegt in den Jahren 2015 bis 2019 zwischen 9,84% und 10,27%. Es ist folglich – gemessen an der Standardabweichung – weiterhin eine relativ konstante Volatilität hinsichtlich der Kapitalisierungszinssätze zu erkennen. Im Berichtsjahr 2019 wurde die 10,00%-Marke wieder unterschritten, nachdem das arithmetische Mittel in 2018 noch über der 10,00%-Marke lag. Das arithmetische Mittel bezogen

---

12   Vgl. Petersen/Bansbach/Dornbach (Hrsg.), IFRS Praxishandbuch, 13. Aufl. 2019, S. 73.; vgl. zu den Grenzen des einfachen Hochschleusens, bspw. bei Vorliegen steuerlicher Verlustvorträge, stellvertretend Mugler/Zwirner, IRZ 2011, S. 372–375.

13   Vgl. zu den Daten für Vorjahre Zwirner/Zimny, CF 2019, S. 242 ff.; Zwirner/Zimny, CF 2018, S. 295 ff.; Zwirner, CF 2017, S. 248 ff.; Zwirner/Zimny, CF 2016, S. 272 ff.; Zwirner/Zimny, CF 2015, S. 324 ff.; Zwirner, CFb 2014, S. 381 ff.; zu weiteren früheren Untersuchungen vgl. Zwirner, CFb 2013, S. 416 ff.; Zwirner/Zimny, CFb 2013, S. 23 ff.; Zwirner/Mugler, CFb 2012, S. 101 ff.; Zwirner/Mugler, CFb 2011, S. 157 ff.

auf die Grundgesamtheit liegt im Berichtsjahr 2019 mit einem Wert von 9,84% auf einem mit den Jahren 2016 und 2017 vergleichbaren Niveau (2016: 9,87%; 2017: 9,96%).

Bei den hier untersuchten Zinssätzen handelt es sich um gewichtete Kapitalkosten (WACC). Demnach wirken sich der individuelle Verschuldungsgrad sowie die durchschnittlichen Fremdkapitalkosten des Konzerns respektive der Peer Group auf den bewertungsrelevanten Zinssatz aus. Angesichts des sich in den letzten Jahren c.p. nach unten bewegenden Zinssatzes für Fremdkapital ist davon auszugehen, dass mit Blick auf die Zinssatzermittlung der Einfluss der Fremdkapitalverzinsung – ohne Berücksichtigung des spezifischen Unternehmensrisikos, das bei Kreditzusagen bzw. -konditionen eine bedeutende Rolle spielt – abgenommen haben dürfte. Den reduzierten Fremdkapitalkosten der Unternehmen dürften in den letzten Jahren vergleichsweise konstante oder teilweise leicht gestiegene Eigenkapitalkosten gegenüberstehen.[14]

Nachdem der gerundete Basiszinssatz nach IDW S 1 im November und Dezember 2018 jeweils noch auf 1,25% zu runden war, sank dieser im Jahr 2019 kontinuierlich ab. Bereits zum 01.01.2019 sank der Basiszinssatz von 1,25% auf 1,00%. Dass es sich dabei nicht um einen kurzfristigen Einbruch nach unten handelte, zeigte die weitere Entwicklung im Jahr 2019. Zum 01.11.2019 sank der Basiszinssatz gerundet auf 0,00% und war ungerundet sogar leicht negativ.[15] Im noch laufenden Jahr 2020 sank der gerundete Basiszinssatz zum 01.06.2020 mit -0,10% erstmalig auf ein negatives Niveau.

Grundgesamtheit	2019	2018	2017	2016	2015
Minimum	2,10%	3,20%	4,55%	3,20%	3,40%
Maximum	22,14%	23,79%	18,57%	22,06%	18,75%
Arithm. Mittel	9,84%	10,20%	9,96%	9,87%	10,27%
Median	9,65%	9,80%	9,80%	9,93%	10,29%
Standardabweichung	3,14%	3,29%	2,87%	3,18%	3,01%

Tab. 1: Zinssätze für die Grundgesamtheit

Nachdem sich der FAUB in einer Empfehlung zum Jahresanfang 2012 für einen Ansatz der Marktrisikoprämie am oberen Ende der Bandbreite von damals 4,50% bis 5,50% vor persönlichen Steuern ausgesprochen hat,[16] hat er im September 2012 eine Erhöhung der Bandbreite auf 5,50% bis 7,00% (Mittelwert 6,25%) vorgenommen.[17]

---

14   Vgl. hierzu bereits Zwirner/Zimny, CF 2016, S. 273.
15   Vgl. zum historisch niedrigen Basiszinssatz auch Zwirner/Zimny, DB 2019, S. 2366.
16   Vgl. IDW-Fn. 2012, S. 122.
17   Vgl. IDW-Fn. 2012, S. 569.

In seiner Sitzung vom 22.10.2019 hat der FAUB seine seit September 2012 bestehenden Empfehlungen zum Ansatz der Marktrisikoprämie vor persönlichen Steuern sowie nach persönlichen Steuern angepasst und die empfohlene Bandbreite erhöht. Unter Berücksichtigung der Entwicklungen an den Kapitalmärkten sowie der weiterhin expansiven Geldpolitik der EZB beschloss der FAUB, seine Empfehlung zum Ansatz der Marktrisikoprämie vor persönlichen Steuern auf 6,00% bis 8,00% (Mittelwert 7,00%) anzuheben. Bezüglich der Marktrisikoprämie nach persönlichen Steuern hält der FAUB nunmehr einen Ansatz in einer Bandbreite zwischen 5,00% und 6,50% (Mittelwert 5,75%) für angemessen.[18]

Hinweis: Im Berichtsjahr hat der bewertungsrelevante Kapitalisierungszinssatz im arithmetischen Mittel um rd. 0,36 Prozentpunkte abgenommen, während der risikolose Basiszinssatz zwischen dem 31.12.2018 und dem 31.12.2019 um 0,80 Prozentpunkte sank. Bezogen auf das gesamte Kalenderjahr 2019 war der Basiszinssatz von einem stetigen Absinken gekennzeichnet. Die Empfehlungen des FAUB zur Marktrisikoprämie vor persönlichen Steuern haben sich seit Ende 2019 gegenüber 2018 im Mittelwert der Bandbreitenempfehlungen um 0,75 Prozentpunkte erhöht (von 6,25% auf 7,00%).

Keinen Einfluss auf den Kapitalisierungszinssatz im Berichtsjahr 2019 dürften die Auswirkungen der Corona-Pandemie haben, da es sich bei der Corona-Pandemie um ein nicht zu berücksichtigendes Ereignis nach IAS 10 handelt. Auch das IDW klassifiziert die Corona-Pandemie in seiner Verlautbarung vom 04.03.2020 als wertbegründendes Ereignis, d.h. ein Ereignis, dessen Ursache erst nach dem Abschlussstichtag aufgetreten ist.[19] Obwohl die anhaltende Corona-Pandemie bereits in 2019 ihren Ursprung hat, sind die weltweite Ausbreitung des Virus und die Maßnahmen der einzelnen Regierungen zur Eindämmung der Pandemie Ereignisse des Jahres 2020.

2. Analyseergebnisse je Index
Im Folgenden werden die Werte für die einzelnen Indizes analysiert. Hierbei erfolgt die Darstellung gesondert für die in DAX, MDAX, SDAX und TecDAX enthaltenen Unternehmen.

a) DAX
Tab. 2 gibt die Werte für die Unternehmen des DAX an. Dabei ist erkennbar, dass das arithmetische Mittel (2019: 9,76%; Vorjahr: 10,03%) sowie der Median in 2019 (2019: 9,14%; Vorjahr: 9,53%) im Vergleich zum Vorjahr gesunken sind. In 2019 übersteigt das arithmetische Mittel den Median um 0,62 Prozentpunkte und ist damit, wie bereits in den Jahren 2015 bis 2018, der höhere der beiden Mittelwerte im betrachteten

---

18   Vgl. IDW, IDW life 2019, S. 818 f.
19   Vgl. Zwirner/Busch/Krauß, DB 2020, S. 1241.

Index. Die Differenz zwischen den beiden Mittelwerten zeigt, dass es hinsichtlich der Kapitalisierungszinssätze weiterhin Ausreißer gibt. Das arithmetische Mittel ist seit 2015 im Mittel um ca. 1,66 Prozentpunkte gesunken. Der Median fiel im betreffenden Zeitraum jedoch um 2,17 Prozentpunkte.

Leicht zunehmend im Vergleich zum Vorjahr ist bezogen auf den DAX die Standardabweichung (von 3,04% in 2018 auf 3,19% in 2019). Die Standardabweichung im DAX ist in 2019 die zweithöchste aller betrachteten Indizes, nachdem der DAX im Vorjahr 2018 noch die niedrigste Standardabweichung aufwies.

DAX	2019	2018	2017	2016	2015
Minimum	4,30%	5,55%	4,60%	3,95%	4,00%
Maximum	16,93%	20,00%	18,57%	22,06%	18,50%
Arithm. Mittel	9,76%	10,03%	10,68%	10,95%	11,42%
Median	9,14%	9,53%	10,13%	10,10%	11,31%
Standardabweichung	3,19%	3,04%	3,31%	3,98%	3,29%

Tab. 2: Zinssätze für die DAX-Unternehmen

b) MDAX

Tab. 3 gibt die Werte für die Unternehmen des MDAX an. Das arithmetische Mittel der Zinssätze stieg im MDAX von 10,40% in 2018 auf 10,46% in 2019 leicht an. Das arithmetische Mittel bewegt sich im Jahr 2019 mit Ausnahme des TecDAX auf einem verglichen mit den weiteren Indizes relativ hohen Niveau. Hier spiegelt sich für das Jahr 2019 der hohe Einfluss der traditionell risikoreicheren Technologiebranche wider, die über die Hälfte der Unternehmen des MDAX ausmacht. Der Median stieg im Betrachtungszeitraum hingegen leicht von 9,85% in 2018 auf 10,05% in 2019 an.

Im Jahr 2019 sank der Minimumwert des MDAX auf 2,10% deutlich im Vergleich zum Vorjahr (3,20% in 2018). Damit markiert der MDAX in 2019 den verglichen mit den übrigen Indizes geringsten Minimumwert in der Stichprobe auf. Der Maximumwert ist hinsichtlich der betrachteten Unternehmen im MDAX im Vergleich zum Vorjahr mit einem Wert i.H.v. 22,14% in 2019 gesunken (23,79% in 2018). Damit einhergehend sank die Standardabweichung im Jahr 2019 um 0,26 Prozentpunkte auf 3,32%.

MDAX	2019	2018	2017	2016	2015
Minimum	2,10%	3,20%	5,00%	3,20%	3,40%
Maximum	22,14%	23,79%	14,29%	16,75%	18,75%
Arithm. Mittel	10,46%	10,40%	9,75%	9,47%	9,58%
Median	10,05%	9,85%	10,14%	9,93%	9,74%
Standardabweichung	3,32%	3,58%	2,47%	2,89%	3,06%

Tab. 3: Zinssätze für die MDAX-Unternehmen

c) SDAX

Tab. 4 zeigt die Werte für die Unternehmen des SDAX auf. Der Maximumwert sank im Vergleich zum Vorjahr deutlich um 2,12 Prozentpunkte auf 17,38%. Der Minimumwert reduzierte sich im Vergleich zum Vorjahr ebenfalls deutlich um 1,60 Prozentpunkte von 4,30% in 2018 auf 2,70% in 2019. Das arithmetische Mittel sank von 10,10% in 2018 auf 9,32% in 2019. Zudem sank der Median im Vergleich zum Vorjahr um 0,39 Prozentpunkte von 9,85% in 2018 auf 9,46% in 2019.

Wie bereits beim MDAX ist der Einfluss des Technologiesektors auf den SDAX spürbar. Durch die neuen Indexregeln der Deutschen Börse sind der MDAX sowie SDAX seit dem Berichtsjahr 2018 spürbar risikoreicher (bezogen auf die im Rahmen der Untersuchung analysierten Impairment Zinssätze) geworden.

SDAX	2019	2018	2017	2016	2015
Minimum	2,70%	4,30%	4,55%	4,04%	5,18
Maximum	17,38%	19,50%	17,50%	17,45%	17,50%
Arithm. Mittel	9,32%	10,10%	9,25%	8,82%	9,90%
Median	9,46%	9,85%	8,70%	8,05%	9,40%
Standardabweichung	2,90%	3,19%	3,33%	2,88%	3,07%

Tab. 4: Zinssätze für die SDAX-Unternehmen

d) TecDAX

Tab. 5 stellt die relevante Zinssatzentwicklung der Unternehmen des TecDAX dar. Der TecDAX zeichnet sich durch eine leichte Erhöhung des Maximumwertes um 0,10 Prozentpunkte von 14,37% in 2018 auf 14,47% in 2019 aus. Das Minimum hingegen verzeichnet einen Rückgang von 1,19 Prozentpunkten auf 5,71% in 2019 (Vorjahr: 6,90%).

Für 2019 betragen bei den Technologieunternehmen das arithmetische Mittel 10,57% und der Median 10,70%. Damit verzeichnete der Median im Vergleich zum Vorjahr einen Rückgang von 0,30 Prozentpunkten (11,00% in 2018). Das arithmetische Mittel sank im selben Zeitraum geringfügig um 0,37 Prozentpunkte von 10,94% in 2018 auf 10,57% in 2019. Die Standardabweichung im TecDAX liegt mit 2,44% wieder deutlich unterhalb der Marke von 3,58% in 2018. Verglichen mit den Jahren 2015 bis 2017 sowie 2019 stellt sich das Jahr 2018 als Ausreißer nach oben dar. Inwiefern der grds. bis 2017 festgestellte Trend sinkender Standardabweichungen wieder in 2019 einsetzt, werden Analysen der Folgejahre 2020 ff. aufzeigen.

TecDAX	2019	2018	2017	2016	2015
Minimum	5,71%	6,90%	6,60%	4,70%	5,60%
Maximum	14,47%	14,37%	14,50%	15,35%	15,23%
Arithm. Mittel	10,57%	10,94%	10,54%	10,76%	10,72%
Median	10,70%	11,00%	10,30%	11,25%	10,51%
Standardabweichung	2,44%	3,58%	1,91%	2,49%	2,07%

Tab. 5: Zinssätze für die TecDAX-Unternehmen

3. Indexvergleich der empirischen Befunde

Die berechneten Mittelwerte der Indizes (arithmetisches Mittel und Median) sowie aller Unternehmen werden für den Fünf-Jahreszeitraum 2015 bis 2019 in Tab. 6 zusammengefasst.[20]

	2019		2018		2017		2016		2015	
	Mittel	Median	Mittel	Median	Mittel	Median	Mittel	Median	Mittel	Median
DAX	9,76%	9,14%	10,03%	9,53%	10,68%	10,13%	10,95%	10,10%	11,42%	11,31%
MDAX	10,46%	10,05%	10,40%	9,85%	9,75%	10,14%	9,47%	9,93%	9,58%	9,74%
SDAX	9,32%	9,46%	10,10%	9,85%	9,25%	8,70%	8,82%	8,05%	9,90%	9,40%
TecDAX	10,57%	10,70%	10,94%	11,00%	10,54%	10,30%	10,76%	11,25%	10,72%	10,51%
Alle	9,84%	9,65%	10,20%	9,80%	9,96%	9,80%	9,87%	9,93%	10,27%	10,29%

Tab. 6: Überblick über Mittel- und -Medianwerte der Zinssätze

Das (gewichtete) durchschnittliche arithmetische Mittel ist für die Grundgesamtheit im Vergleich zum Vorjahr gesunken und erreichte ein ähnliches Niveau wie zuletzt 2016. Nachdem das durchschnittliche arithmetische Mittel bei der Grundgesamtheit in 2018 wie bereits 2015 oberhalb der 10,00%-Marke lag, liegt das arithmetische Mittel in 2019 wieder unterhalb der 10,00%-Marke. Der Median blieb mit einem Wert von durchschnittlich 9,65% ebenfalls unterhalb des Werts vom Vorjahr

---

20   Vgl. dazu bereits auch die letztjährigen Auswertungen bei Zwirner/Zimny, CF 2019, S. 246; Zwirner/Zimny, CF 2018, S. 298; Zwirner, CF 2017, S. 251.

von 9,80%. Im Vergleich zum Vorjahr ist die Spanne zwischen arithmetischen Mittel und Median in 2019 in der Folge gesunken.

Wie bereits im Vorjahr 2018 ist das höchste arithmetische Mittel (bezogen auf das Mittel der Indizes) beim TecDAX vorzufinden, nachdem in den Jahren 2015 bis 2017 das höchste arithmetische Mittel jeweils beim DAX vorzufinden war. Anders als im Vorjahr weist in 2019 der SDAX das geringste arithmetische Mittel auf (in 2018 war dieser beim DAX vorzufinden), der DAX weist in 2019 lediglich den zweitniedrigsten Wert der betrachteten Indizes auf.

Ein kausaler Zusammenhang zwischen Unternehmensgröße und Risiko (bezogen auf den Impairment-Zinssatz) kann weiterhin nicht empirisch nachgewiesen werden. In Tab. 6 ist allerdings ersichtlich, dass die Zinssätze aus dem TecDAX in 2019 im Mittel oberhalb der Zinssätze von Unternehmen aus dem DAX, MDAX sowie SDAX liegen. Wie bereits in den Vorjahren ist weiterhin zu beachten, dass die Kapitalisierungszinssätze der betrachteten Unternehmen im Zeitablauf teilweise erheblichen Schwankungen unterliegen. Dies zeigt sich nicht zuletzt an den im Zeitablauf hohen Schwankungen bezüglich der Maximum- und Minimumwerte. Entscheidender als die Größe des Unternehmens sind weiterhin die unternehmensspezifischen Einflussfaktoren auf das Risiko. Das zeigt sich auch im Jahr 2019 insbesondere bei separater Betrachtung der Zinssätze von einzelnen Unternehmen der jeweiligen Indizes.

4. Empirische Ergebnisse im Branchenvergleich

Gesondert erfolgt nachstehend eine Auswertung der Zinssätze nach den von der Deutschen Börse vorgegebenen Branchenklassifizierungen. Die Angabe zu den Ausprägungen bezieht sich dabei auf das aktuelle Jahr, d.h. die für das Berichtsjahr 2019 erhobenen Daten für die hier untersuchten 160 Unternehmen, bei denen sich in 134 Fällen Angaben zum Kapitalisierungszinssatz auswerten ließen. Hinsichtlich der Angaben für die Jahre 2015 bis 2018 ist die zum jeweiligen Erhebungszeitraum gültige Zusammensetzung und Branchenzuordnung relevant.[21] Es ergeben sich für das arithmetische Mittel – alphabetisch angeordnet – die in Tab. 7 dargestellten Werte.

---

21   Vgl. hierzu Zwirner/Zimny, CF 2019, S. 242; Zwirner/Zimny, CF 2018, S. 295 ff.; Zwirner, CF 2017, S. 248 ff.; Zwirner/Zimny, CF 2016, S. 272 ff.; Zwirner/Zimny, CF 2015, S. 324 ff.

Mittelwert nach Branche	Ausprägungen (insgesamt)	2019	2018	2017	2016	2015
Automobile	8 (9)	11,12%	10,51%	10,33%	10,80%	11,03%
Banks	3 (4)	11,61%	10,85%	11,91%	9,62%	9,69%
Basic Resources	1 (2)	7,20%	8,60%	8,31%	6,90%	7,50%
Chemicals	8 (10)	9,48%	9,39%	10,68%	11,34%	10,46%
Construction	2 (2)	12,40%	13,78%	10,75%	13,37%	12,84%
Consumer	6 (7)	11,67%	13,03%	11,42%	10,51%	12,47%
Financial Services	11 (20)	8,60%	7,95%	7,53%	6,23%	7,10%
Food & Beverage	1 (1)	6,40%	6,45%	8,95%	7,20%	6,75%
Industrial	34 (36)	10,15%	10,09%	10,24%	9,49%	10,04%
Insurance	4 (5)	10,47%	10,62%	9,47%	10,43%	12,32%
Media	6 (7)	10,31%	12,91%	11,21%	10,70%	10,62%
Pharma & Healthcare	13 (14)	10,33%	10,51%	10,87%	10,34%	11,16%
Retail	9 (10)	9,66%	10,04%	9,73%	9,56%	8,60%
Software	11 (14)	11,14%	11,07%	10,18%	10,85%	11,63%
Technology	5 (6)	11,18%	13,14%	12,25%	12,57%	11,30%
Telecommunication	3 (4)	6,75%	8,31%	8,69%	8,67%	8,49%
Transportation & Logistics	5 (5)	6,57%	7,93%	6,63%	7,02%	9,57%
Utilities	4 (4)	6,36%	7,52%	8,19%	8,77%	9,48%
Summe der Ausprägungen (alle Unternehmen)	134 (160)	9,84%	10,20%	9,96%	9,87%	10,27%

Tab. 7: Zinssatz-Mittelwerte nach Branchen

Im Branchenvergleich zeichnen sich in 2019 wie bereits in den Vorjahren ähnliche Branchen durch relativ hohe Zinssätze aus. Im Vergleich zum Vorjahr ergaben sich hinsichtlich einzelner Branchen wie schon in den Vorjahren in 2019 wieder teilweise hohe Veränderungen. Insgesamt sind bezogen auf die Branchenauswertungen die Zinssätze im Vergleich zum Vorjahr 2018 teilweise deutlich rückläufig gewesen. So sind die Zinssätze in der Medienbranche (Media) im Vergleich zum Vorjahr mit rd. 2,60 Prozentpunkten von 12,91% in 2018 auf 10,31% in 2019 deutlich gesunken. Bezogen auf sämtliche betrachteten Branchen ist das der einzige Rückgang um mehr als 2,00 Prozentpunkte. Den höchsten Anstieg verzeichnete in 2019 im Vergleich zum Vorjahr der Bankensektor (Banks). Während der Bankensektor in 2018 noch einen durchschnittlichen Zinssatz von 10,85% aufwies, stieg dieser in 2019 um 0,76 Prozentpunkte auf 11,61%. Der höchste Anstieg im Vergleich zum Vorjahr

(Banks) liegt insofern deutlich hinter dem höchsten Rückgang (Media) zurück. Einen Rückgang um mehr als 1,00 Prozentpunkte im Vergleich zum Vorjahr erfuhren (neben der Medienbranche) die Branchen Basic Resources, Construction, Consumer, Technology, Telecommunication, Transportation & Logistics sowie Utilities.

Ebenfalls deutlich im Vergleich zum Vorjahr sanken die Zinssätze der Technologiebranche (Technology). Der Mittelwert sank von 2018 auf 2019 um 1,96 Prozentpunkte von 13,14% auf 11,18%. Einen spürbaren Rückgang verzeichnete im Vergleich zum Vorjahr auch die Telekommunikationsbranche. In 2018 betrug der durchschnittliche Mittelwert rd. 8,31%. In 2019 sank der Zinssatz um 1,56 Prozentpunkte auf rd. 6,75%.

Das geringste arithmetische Mittel weisen mit durchschnittlich 6,36% in 2019 die Unternehmen aus der Branche „Utilities" auf.

Ebenfalls niedrige Zinssätze weisen die beiden Sektoren Lebensmittel (Food & Beverage) und die Transport- und Logistikbranche auf.[22] Die Lebensmittelbranche weist in 2019 insofern den zweitniedrigsten Wert sämtlicher Branchen auf. An dritter Stelle folgt der Bereich Transport und Logistik mit 6,57% in 2019.

Trotz eines Rückgangs um 1,38 Prozentpunkte im Vergleich zum Vorjahr 2018 weist wie bereits im Vorjahr die Baubranche (Construction) mit 12,40% in 2019 den höchsten Zinssatz im Branchenvergleich auf. Die Baubranche ist zudem in 2019 die einzige Branche, die einen durchschnittlichen Zinssatz von mehr als 12,00% aufweist.

An zweiter Stelle folgt der Consumer Bereich mit einem Mittelwert von 11,67% in 2019. Auch in diesem Bereich sind traditionell vergleichsweise hohe Zinssätze vorzufinden.

Der drittgrößte Mittelwert ist in 2018 im Bereich der Banken vorzufinden. Mit einem Mittelwert von 11,61% in 2019 ist dies der höchste Wert in diesem Sektor seit 2017.

In den übrigen Branchen ist im Zeitablauf weiterhin kein eindeutiger Trend erkennbar. Von den 18 betrachteten Branchen ist der Zinssatz im Vergleich zum Vorjahr bei sechs Branchen gestiegen, bei zwölf Branchen gesunken. Insgesamt ist bei der hier gewählten Stichprobe der Untersuchung zu beachten, dass manche Branchen (z.B. „Food & Beverage" sowie „Basic Resources", „Banks" und „Construction") nur über sehr wenige Ausprägungen verfügen, wodurch die Repräsentativität der

---

22   An der Stelle ist darauf hinzuweisen, dass die Branche „Food & Beverage" im Rahmen der durchgeführten Auswertungen lediglich ein Unternehmen beinhaltet, sodass die Aussagekraft für die gesamte Branche eingeschränkt ist.

Branchenauswertung entsprechend eingeschränkt zu beurteilen ist. Die Werte für den Median nach Branchen sind in Tab. 8 dargestellt.

Median nach Branche	Ausprägungen (insgesamt)	2019	2018	2017	2016	2015
Automobile	8 (9)	11,67%	11,39%	10,38%	10,72%	11,26%
Banks	3 (4)	12,14%	13,14%	13,43%	10,60%	10,05%
Basic Resources	1 (2)	7,20%	8,60%	8,31%	6,90%	7,50%
Chemicals	8 (10)	8,86%	9,42%	10,57%	10,04%	10,29%
Construction	2 (2)	12,40%	13,78%	9,86%	10,29%	11,17%
Consumer	6 (7)	10,07%	11,36%	10,83%	9,29%	12,64%
Financial Services	11 (20)	7,55%	6,80%	6,91%	4,45%	6,06%
Food & Beverage	1 (1)	6,40%	6,45%	8,95%	7,20%	6,75%
Industrial	34 (36)	10,18%	9,78%	10,05%	9,85%	10,10%
Insurance	4 (5)	9,18%	9,45%	9,18%	9,15%	11,58%
Media	6 (7)	10,64%	10,91%	11,00%	10,39%	10,36%
Pharma & Healthcare	13 (14)	9,40%	10,28%	11,01%	10,31%	10,53%
Retail	9 (10)	10,05%	9,80%	10,15%	9,11%	9,36%
Software	11 (14)	11,33%	11,28%	10,21%	11,29%	11,80%
Technology	5 (6)	11,65%	13,30%	11,90%	13,08%	11,03%
Telecommunication	3 (4)	6,96%	8,57%	8,97%	8,69%	8,60%
Transportation & Logistics	5 (5)	7,10%	7,74%	7,21%	7,21%	8,35%
Utilities	4(4)	6,09%	6,79%	7,57%	7,30%	9,48%
Summe der Ausprägungen (alle Unternehmen)	134 (160)	9,65%	9,80%	9,80%	9,93%	10,29%

Tab. 8: Zinssatz-Median nach Branchen

Hinsichtlich des Medians ist bezogen auf die Grundgesamtheit zu erkennen, dass sich dieser im Vergleich zu 2018 ähnlich entwickelte wie bereits das arithmetische Mittel. Während fünf der analysierten Branchen einen Anstieg des Medians verzeichneten, fiel der Median in 13 Branchen. Die größte Veränderung im Vergleich zum Vorjahr ergab sich im Technologiebereich. Der Median sank in dieser Branche von 13,30% in 2018 auf 11,65% um rd. 1,65 Prozentpunkte.

Bei zehn der 18 analysierten Branchen weist der Median in 2019 nur marginale Abweichungen vom arithmetischen Mittel von höchstens 0,5 Prozentpunkten auf.

IV. Fazit

Auffällig an der **Zinssatzentwicklung** der Grundgesamtheit im Berichtsjahr 2019 ist, dass sich die Zinssätze im Mittel spürbar rückläufig entwickelten. Der Minimumwert sank von 3,20% in 2018 auf 2,10% in 2019 um 0,9 Prozentpunkte. Der Maximumwert der Grundgesamtheit sank in 2019 von 23,79% in 2018 auf 22,14% um 1,65 Prozentpunkte.

Die Spannweite zwischen Minimumwert und Maximumwert ist in 2019 im Vergleich zum Vorjahr ebenfalls, wenn auch nur marginal, um 0,55 Prozentpunkte von 20,59 Prozentpunkten auf 20,04 Prozentpunkte gesunken. Mit Ausnahme des TecDAX ist der Maximumwert in jedem einzelnen Index gesunken. In 2019 zeichnet sich diesbezüglich insofern ein anderes Bild als 2018, wo bis auf den TecDAX die Maximumwerte in den übrigen Indizes im Vergleich zum damaligen Vorjahr 2017 gestiegen sind. Der Minimumwert ist im Hinblick auf die Grundgesamtheit im gleichen Zeitraum sogar bei sämtlichen Indizes gesunken. In jedem der vier betrachteten Indizes sank der Minimumwert in 2019 im Vergleich zum Vorjahr um mindestens 1,00 Prozentpunkte. Den größten Rückgang verzeichnete in diesem Zusammenhang der SDAX, wo der Minimumwert von 4,30% in 2018 auf 2,70% in 2019 um 1,60 Prozentpunkte zurückging.

Wie aufgrund der neuen Indexregeln der Deutschen Börse zu erwarten war, ergaben sich beim MDAX sowie SDAX die größten Veränderungen beim Zinssatz. Insgesamt ist wie bereits in 2018 auch in 2019 zu beobachten, dass die Indizes MDAX sowie SDAX durch die Aufnahme zahlreicher „Tech-Unternehmen" in diese Indizes im Vergleich zu den Vorjahren bis einschließlich 2017 tendenziell risikoreicher geworden sind (bezogen auf den Impairment Zinssatz).

Bei Durchführung einer **Branchenanalyse** im Hinblick auf die Zinssatzentwicklung ist wie bereits im Vorjahr ersichtlich, dass auch die Branchenzugehörigkeit respektive die sich im Zusammenhang mit der Branche ergebenden Risiken aus dem Geschäftsmodell für die Unternehmensentwicklung des jeweiligen Unternehmens und folglich für die Höhe des Zinssatzes ausschlaggebend sind. Dabei weisen insbesondere die Baubranche mit 12,40%, die Consumer Branche mit 11,67% sowie die Bankenbranche mit 11,61% (jeweils für den Mittelwert) einen hohen Zinssatz auf. Die Baubranche verzeichnet im betrachteten Jahr 2019 insofern wie bereits im Jahr 2018 den höchsten Mittelwert sämtlicher Branchen.

Ein signifikantes Absinken hinsichtlich des arithmetischen Mittels verzeichnete die Medienbranche, indem der Zinssatz von 12,91% in 2018 auf 10,31% in 2019 sank. Nicht so deutlich fiel der Rückgang des Zinssatzes in der Medienbranche bezogen auf den Median aus. Der Median in der Medienbranche sank von 10,91% in 2018 auf 10,64% um lediglich 0,27 Prozentpunkte.

Insgesamt ist bezogen auf die einzelnen Branchen ein spürbarer Rückgang des Zinsniveaus im Vergleich zum Vorjahr 2018 zu erkennen. Bezogen auf das arithmetische Mittel sank der Zinssatz bei zwölf von insgesamt 18 Branchen in 2019 im Vergleich zum Vorjahr. Lediglich bei sechs Branchen war ein Anstieg des Zinsniveaus von 2018 auf 2019 festzustellen. In diesem Zusammenhang ist zu beobachten, dass der Anstieg der Zinssätze in den sechs betreffenden Branchen teilweise nur marginal war und in keinem Fall höher als 1,00 Prozentpunkte, während der Rückgang des Zinsniveaus in einzelnen Branchen deutlich über 1,00 Prozentpunkten lag.

Hinsichtlich des Medians verzeichnet in 2019, wie bereits beim Mittelwert und auch schon im Vorjahr, die Baubranche mit 12,40% den höchsten Wert. Da der Baubranche lediglich zwei Unternehmen zugeordnet sind, korrespondiert der Mittelwert mit dem Median. Bezogen auf den Median verzeichneten sogar 13 Branchen im Vergleich zum Vorjahr einen Rückgang des durchschnittlichen Zinssatzes. Lediglich bei fünf Branchen war ein Anstieg des Medians im Vergleich zu 2018 festzustellen. Wie bereits beim arithmetischen Mittel war in keinem Fall ein Anstieg festzustellen, der die 1,00-Prozentmarke übersteigt, während der Rückgang des Medians bei den einzelnen Branchen die 1,00 Prozentmarke durchbrochen hat.

Es bleibt abzuwarten, wie sich das **Zinsniveau** in den kommenden (Geschäfts-) Jahren entwickeln wird und welchen Einfluss die Auswirkungen der Corona-Pandemie auf die Kapitalkosten im Jahr 2020 haben werden.[23] Im Zuge der Corona-Pandemie waren an den internationalen Börsenplätzen im März/April 2020 branchenübergreifend innerhalb weniger Tage Kurseinbrüche im deutlich zweistelligen Prozentbereich festzustellen. In der Zwischenzeit haben sich zwar zahlreiche Unternehmen wieder vom Kurseinbruch erholt und erreichten bezüglich ihres Börsenkurses wieder ein Niveau, wie es vor Ausbruch der Corona-Pandemie bestand. Eine Vielzahl von (börsennotierten) Unternehmen konnte die Kurseinbrüche allerdings bislang nicht aufholen. Es ist an der Stelle zudem darauf hinzuweisen, dass der Börsenkurs im Zweifel kein zuverlässiger Indikator dafür ist, wie sich ein konkretes Unternehmen bezogen auf ihr operatives Kerngeschäft vor dem Hintergrund der Corona-Pandemie weiterentwickelt. Aufgrund des ungewissen Ausgangs der Krise und der damit verbundenen mittel- und langfristigen wirtschaftlichen Folgen, sind diese Unternehmen mit erheblich höheren Risiken konfrontiert als noch vor der Corona-Pandemie. Mit den gestiegenen Risiken dürften auch entsprechend höhere Risikoprämien beim Kapitalisierungszinssatz einhergehen. Hinsichtlich des grundsätzlichen Vorgehens zur Ableitung von Kapitalkosten (regelmäßig nach dem CAPM) dürfte die Krise keine Auswirkungen haben. In seinem fachlichen Hinweis vom 25.03.2020 weist der FAUB des IDW bezogen auf die Ableitung von Kapitalkosten bereits darauf hin, dass sich diese auch in Krisenzeiten an langfristigen Analysen von Renditen orientieren und die aktuellen Ereignisse rund um die

---

23   Vgl. auch Zwirner/Zimny, DB 2020, S. 852 f.

Corona-Pandemie nicht als langfristigen Stimmungsindikator einzuordnen sind. Im Ergebnis sieht der FAUB des IDW keinen Anlass, die bisherige Methodik zur Ableitung der Kapitalkosten aufgrund der Corona-Pandemie anzupassen.[24]

Neben der Corona-Pandemie ist der in Deutschland weiterhin anhaltende Trend niedriger Basiszinssätze auf den Kapitalisierungszinssatz zur Goodwillbewertung von Bedeutung. Fraglich ist in diesem Zusammenhang, ob sich der nach der *Svensson*-Methode ermittelte Basiszinssatz auf Grundlage von Daten der Deutschen Bundesbank wieder erholt oder sogar längerfristig in den negativen Bereich gerät.

Quelle: CORPORATE FINANCE 2020, S. 296.

---

24   Vgl. Zwirner/Zimny, DB 2020, S. 853.

IFRS 16: Auswirkungen auf die Unternehmensbewertung

Dr. Marc Hayn | Dr. Moritz Bassemir

I. Einleitung[1]

Nach langer Debatte wurde im Januar 2016 der neue internationale Rechnungslegungsstandard für Leasing (IFRS 16) vom IASB verabschiedet. Für Geschäftsjahre ab dem 01.01.2019 ist IFRS 16 verpflichtend anzuwenden. Wie zahlreiche Implementierungsstudien zeigen, kann die Umstellung vom vormaligen Leasingstandard IAS 17 auf den IFRS 16 zu nicht unerheblichen Änderungen der Finanzkennzahlen führen. Bspw. findet die EFRAG (2016) anhand einer Simulation für 417 europäische Unternehmen einen durchschnittlichen Anstieg des EBITDA aus der Einführung von IFRS 16 von 10,2%.[2] Da diese Kennzahlen u.a. als Parameter für die Unternehmensbewertung wie auch für den Goodwill Impairment-Test nach IAS 36 herangezogen werden, stellt sich die Frage, wie die fundamentalen Parameter der Unternehmensbewertung von IFRS 16 beeinflusst werden. Gerade mit Blick auf den Goodwill Impairment-Test nach IAS 36 wird von Anwendern häufig befürchtet, dass die mit IFRS 16 verbundene Aktivierung der „ehemaligen" Operating Leases als Nutzungsrechte (Right-of-Use Assets) und die daraus resultierende Erhöhung des Carrying Amounts das Risiko einer Wertminderung (Impairment) c.p. ebenfalls erhöhen kann.

Während die Diskussionen um die Bilanzierung mittlerweile als abgeschlossen betrachtet werden können, treten in der Unternehmenspraxis zurzeit vermehrt folgende Fragen auf: (a) Wie wirkt sich die Einführung von IFRS 16 auf die Unternehmensbewertung im Allgemeinen aus? (b) Was ist bei einer Discounted-Cashflow (DCF)-Bewertung / Ertragswertermittlung zu beachten? (c) Was sind die Effekte der neuen Leasingbilanzierung auf den Impairment-Test nach IAS 36? (d) Droht gar eine Welle von Impairments?

Vor diesem Hintergrund wird in dem vorliegenden Beitrag analysiert, wie sich die Änderungen in der Leasingbilanzierung im Übergang von IAS 17 auf IFRS 16 auf das Bewertungskalkül der DCF-Methode, d.h. auf die Cashflows und die Kapitalkosten, sowie der Multiplebewertung, auswirken. Zudem werden die Effekte einer IFRS 16-Anwendung auf den Impairment-Test nach IAS 36 diskutiert. Im Zentrum der Analyse stehen dabei die unter IAS 17 noch als Operating Leases abgebildeten

---

1   Die Autoren geben ihre eigene Meinung wieder.
2   Siehe Kapitel III für einen kurzen Literatur-Überblick.

Leasingvereinbarungen, für welche nach IFRS 16 nunmehr Right-of-Use Assets und korrespondierende Leasingverbindlichkeiten bilanziell zu erfassen sind. Zur besseren Illustrierung der Anpassungseffekte werden die IFRS 16-Effekte auf den Impairment-Test nach IAS 36 im Rahmen einer Fallstudie erläutert.

Die in dem vorliegenden Beitrag dargestellten konzeptionellen Grundlagen sowie die Ergebnisse der Fallstudie sollten für Bilanzersteller und -adressaten von gleichermaßen hohem Interesse sein, da die Einführung von IFRS 16 zu einer großen Unsicherheit bzgl. der Auswirkungen auf die Unternehmensbewertung und den Impairment-Test geführt hat.

Der Beitrag gliedert sich wir folgt: In Kapitel II werden kurz die Grundlagen zur Leasingbilanzierung nach IAS 17 und deren Änderungen im Übergang auf IFRS 16 aus einer Bewertungssicht skizziert.[3] Zudem wird der Zusammenhang zwischen IFRS 16 und dem Impairment-Test nach IAS 36 herausgearbeitet. Effekte der Umstellung von IAS 17 auf IFRS 16 auf wesentliche finanzielle Kennzahlen der Unternehmen werden im Kapitel III dargelegt. Anschließend werden die Auswirkungen von IFRS 16 auf das Bewertungskalkül der DCF-Methode (Kapitel IV) sowie auf den Impairment-Test nach IAS 36 (Kapitel V) beschrieben. Die Fallstudie wird in Kapitel VI vorgestellt. Hierbei werden auch Handlungsoptionen zur Eliminierung möglicher IFRS 16-Effekte aufgezeigt, um zu konsistenten Ergebnissen in der Bewertung und dem Impairment-Test nach IAS 36 zu gelangen. Im Kapitel VII werden die Auswirkungen und die Herausforderungen einer Multiplebewertung herausgearbeitet. Die Schlussfolgerung folgt in Kapitel VIII.

II. Auswirkungen auf die Rechnungslegung

1. IAS 17 vs. IFRS 16

Konzeptionell basiert der IAS 17 auf dem sog. Risk-and-Reward Ansatz.[4] Nach diesem Ansatz wird die Art der Abbildung beim Leasingnehmer anhand der Zurechnung der mit dem geleasten Vermögenswert verbundenen Chancen und Risiken zum Leasingnehmer oder -geber bestimmt. Werden dem Leasingnehmer die wesentlichen Chancen und Risiken zugeordnet, handelt es sich um einen sog. „Finance Lease".[5] Der geleaste Vermögenswert und die korrespondierende Leistungsverbindlichkeit werden in der Bilanz des Leasingnehmers erfasst.[6] Verbleiben dagegen die wesentlichen Chancen und Risiken aus dem Leasingverhältnis beim Leasinggeber, liegt ein sog. „Operating Lease" vor.[7] Beim Leasingnehmer wurden gem. IAS 17 die Leasingaufwendungen ergebniswirksam in der Gewinn- und Ver-

---

3   Für eine ausführliche Darstellung der Änderungen in der Leasingbilanzierung verweisen wir auf die entsprechende Literatur, z.B. Eckl et al., DB 2016, S. 661–672 sowie S. 721–727.
4   IAS 17 „Leases", Tz. 7; Eckl et al., DB 2016, S. 663.
5   IAS 17.8. In IAS 17.10 werden verschiedene Kriterien zur Abgrenzung von Finance Leases genannt, auf die hier nicht näher eingegangen werden soll.
6   IAS 17.20.
7   IAS 17.8.

lustrechnung (GuV) als Bestandteil des EBIT erfasst.[8] Es erfolgt keine bilanzielle Abbildung des Leasingverhältnisses. Damit erlaubt die Klassifizierung eines Leasingverhältnisses als Operating Lease nach IAS 17 eine sog. off-balance Darstellung von geleasten Vermögenswerten und Leasingverbindlichkeiten (siehe Abb. 1). Es ist jedoch hervorzuheben, dass auch in diesem Fall bislang schon vom Leasingnehmer Anhangangaben zu den Operating Leases zu erfolgen hatten. So sind sowohl vom Leasinggeber als auch vom -nehmer gem. IAS 17.56 und IAS 17.35 u.a. die Summe der Mindestleasingzahlungen aus unkündbaren Leasingverhältnissen, differenziert nach verschiedenen Zeiträumen, anzugeben. Diese Informationen wurden bspw. vielfach von Ratingagenturen wie auch in der Bewertungspraxis genutzt, um die off-balance Leasingverbindlichkeiten von Unternehmen aus einer externen Sicht besser abschätzen zu können.

		Konzept		
		Bilanz	GuV	
IAS 17	Operating Leases	---	Leasingaufwendungen	Leasingnehmer (Angaben im Anhang)
IFRS 16	Right-of-Use Ansatz	Right-of-Use Asset	Geplante Abschreibungen (Wertminderung wenn nötig)	Leasingnehmer (Right-of-Use)
		Leasingverbindlichkeit	Zinszahlungen, gemäß Effektivzinsmethode	

a) Die Abb. bezieht sich nur auf Leasingverhältnisse, die unter IAS 17 als Operating Leases klassifiziert wurden.

Abb. 1: IAS 17 vs. IFRS 16[a]

Der IFRS 16 ist für Leasingnehmer und Leasinggeber für Geschäftsjahre beginnend ab dem 01.01.2019 verpflichtend anzuwenden. Bei gleichzeitiger Anwendung von IFRS 15 war auch eine vorzeitige (freiwillige) Umstellung auf IFRS 16 erlaubt.[9] Konzeptionell folgt IFRS 16 dem sog. Asset-and-Liability-Ansatz.[10] Die Abkehr vom Risk-and-Reward-Ansatz steht im Einklang mit einer grundsätzlich stärkeren Ausrichtung der IFRS-Rechnungslegung hin zum Asset-and-Liability-Ansatz. Die von IAS 17 noch vorgesehene Unterscheidung zwischen Operating und Finance Leases wird grundsätzlich aufgehoben. Es sind nach IFRS 16 nun alle Leasingverträge – bis auf wenige Ausnahmen – vom Leasingnehmer zu aktivieren.[11] Im Einzelnen verlangt

---

8   IAS 17.33.
9   IASB (2016). IFRS 16 Leases – Effects Analysis, S. 2, http://hbfm.link/4992 (Abruf: 09.07.2019).
10   Vgl. Eckl et al., DB 2016, S. 663.
11   Ein Leasingnehmer kann sich unter bestimmten Voraussetzungen entscheiden, Leasingverhältnisse mit einer kurzen Laufzeit oder einem geringen Wert nicht zu aktivieren (IFRS 16.5). In diesem Fall müssen die Leasingzahlungen nichtsdestotrotz als Aufwendungen berücksichtigt werden (IFRS 16.6).

IFRS 16 den Ansatz eines Vermögenswerts für das Recht zur Nutzung eines geleasten Vermögenswerts (sog. Right-of-Use Asset (RoU) oder Nutzungsrecht, vgl. Abb. 1). Dieser wird über die Dauer des Leasingverhältnisses abgeschrieben. Entsprechend ist auch im Zeitpunkt der Erlangung der Verfügungsgewalt über das Right-of-Use Asset eine Schuld für den Erfüllungsrückstand des Leasingnehmers für ausstehende Leasingzahlungen zu passivieren (IFRS 16-Leasingverbindlichkeit).[12]

Der Standard sieht grundsätzlich zwei Möglichkeiten vor, wie der Buchwert des zu aktivierenden Right-of-Use Asset im Umstellungszeitpunkt berechnet werden kann:

> **I. Nach der sog. retrospektiven Berechnungsmethode (Retrospective Method) wird gem. IFRS 16.C8 (b) (i) das Right-of-Use Asset durch Abzug der fiktiven Abschreibungen von den fiktiven Anschaffungskosten berechnet. Die fiktiven Anschaffungskosten ergeben sich aus dem Net Present Value der Leasingzahlungen, diskontiert mit dem Grenzfremdkapitalzinssatz des Leasingnehmers zum Zeitpunkt der Erstanwendung von IFRS 16.**

> **II. Alternativ kann auch die sog. vereinfachte Berechnungsmethode (Simplified Method) verwendet werden. Danach ist gem. IFRS 16.C8 (b) (ii) der für die Leasingverbindlichkeit ermittelte Wert angepasst um etwaige Vorauszahlungen oder abgegrenzte Leasingzahlungen unmittelbar vor der Erstanwendung von IFRS 16 als Buchwert des Right-of-Use Assets heranzuziehen.**

Beide Berechnungsmethoden können zu einem unterschiedlich hohen Buchwert für das jeweilige Right-of-Use Assets im Umstellungszeitpunkt führen. Das Right-of-Use Asset wird grundsätzlich linear über die Nutzungsdauer abgeschrieben, während die mit der Leasingverbindlichkeit verbundenen Zins- und Tilgungszahlungen finanzmathematisch fortgeschrieben werden.[13]

In der Praxis wird die retrospektive Methode häufig in einer modifizierten Form angewendet. Hier wird auf die retrospektive Anpassung der Finanzdaten der Vorperiode verzichtet. Eine etwaige Eigenkapitaladjustierung aus der Umstellung auf IFRS 16 erfolgt dann nicht in der Vorperiode, sondern zum Anfang der aktuellen Periode.[14] Insgesamt soll die modifizierte retrospektive Methode Kosten im Übergang auf IFRS 16 für die Bilanzersteller sparen.[15]

---

12   IFRS 16 „Leases", Tz. 22 i.V.m. IFRS 16.BC22–27.
13   IASB, IFRS 16 Leases: Project Summary and Feedback Statement, 2–20, 2016, S. 43 http://hbfm.link/7268 (Abruf: 09.07.2019). Bei Verwendung der retrospektiven Methode werden auch die Finanzdaten der Vorperiode angepasst.
14   Vgl. Richter/Rogler, KoR 2018, S. 243.
15   IFRS 16.C7.

Die Leasingverbindlichkeit wird nach IFRS 16.26 als Barwert der künftigen Leasing-zahlungen (bestehend aus einer Zins- und einer Tilgungskomponente) ermittelt. Dabei ist ein sachgerechter Diskontierungssatz zu wählen. Gem. IFRS 16.26 ist der dem Leasingverhältnis zugrundeliegende implizite Leasingzinssatz zu verwenden, sofern dieser verfügbar ist. Ist dies nicht der Fall, soll der Leasingnehmer auf seinen Grenzfremdkapitalzinssatz zurückgreifen.

2. Zusammenhang zwischen IFRS 16 und IAS 36

Bei den nach IFRS 16 zu aktivierenden Right-of-Use Assets handelt es sich um lang-fristige Vermögenswerte mit einer bestimmbaren Nutzungsdauer. Diese fallen somit in den Anwendungsbereich von IAS 36.[16] Im Impairment-Test nach IAS 36 wird – wenn erforderlich – geprüft, ob der Buchwert (Carrying Amount) über dem erzielbaren Betrag (Recoverable Amount) liegt.[17] Ist dies der Fall, muss eine Wert-minderung (Impairment) des Vermögenswerts vorgenommen werden.

Gem. IAS 36.6 stellt der Recoverable Amount den höheren der beiden Beträge aus dem beizulegenden Zeitwert abzüglich Veräußerungskosten (Fair Value less Costs of Disposal) und dem Nutzungswert eines Vermögenswertes (Value in Use) dar (siehe Abb. 2).

Grundsätzlich sieht IAS 36 vor, jeden Vermögenswert einzeln auf Wertminderung zu testen. Kann daher der Recoverable Amount eines Leasing-Vermögenswertes einzeln festgestellt werden, so ist der Vermögenswert auch einzeln auf Wertmin-derung zu testen.[18] Voraussetzung hierfür ist, dass ein Leasing-Vermögenswert weitgehend unabhängig von anderen Vermögenswerten Cashflows generiert. I.d.R. wird dies jedoch nicht der Fall sein, weswegen der Impairment-Test auf Ebene der zahlungsmittelgenerierenden Einheit (Cash Generating Unit (CGU)) durchzuführen sein wird (siehe Abb. 2).[19] Im Folgenden wird daher der Impairment-Test auf der Ebene der CGU diskutiert.

---

16   Vgl. IFRS 16.33.
17   IAS 36 „Impairment of Assets", Tz. 59.
18   IAS 36.22.
19   Vgl. Hochreiter/Permanschlager, IRZ 2018, S. 74.

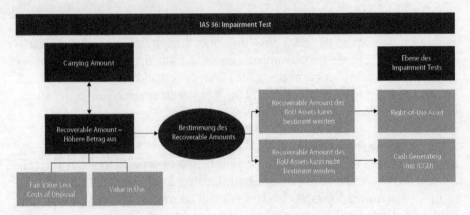

Abb. 2: Bestimmung des Recoverable Amount

Ein Beispiel zur Implementierung des Impairment-Tests nach IAS 36 unter Berücksichtigung von IFRS 16 wird im Rahmen einer Fallstudie in Kapitel VI erörtert.

3. Vereinfachtes Beispiel

Nachfolgend wird für illustrative Zwecke ein vereinfachtes Beispiel zum Übergang von IAS 17 auf IFRS 16 dargestellt. Dabei werden Bilanz und GuV jew. vor und nach der Implementierung von IFRS 16 verglichen. Tab. 1 zeigt die Bilanz zum 31.12.2018 unter Anwendung von IAS 17. Die Bilanzsumme beträgt 450 T€ und setzt sich auf der Aktivseite aus dem Anlagevermögen i.H.v. 300 T€ und dem Umlaufvermögen i.H.v. 150 T€ zusammen. Es sind keine Right-of-Use Assets aktiviert. Dem Eigenkapital von 200 T€ stehen auf der Passivseite Verbindlichkeiten i.H.v. insgesamt 250 T€ gegenüber.

In der GuV für das Jahr 2018 sind die operativen Leasingaufwendungen nach IAS 17 als Bestandteil des EBITDA erfasst, welches dadurch um 18 T€ vermindert wird (siehe Tab. 2).

Bilanz 31.12.2018 (T€)	IAS 17
Sachanlagen	300
Vorräte	100
Zahlungsmittel	50
Aktiva	**450**
Eigenkapital	200
Finanzverbindlichkeiten	150
Sonstige Verbindlichkeiten	100
Passiva	**450**

Tab. 1: Bilanz (IAS 17)

GuV 2018 (T€)	IAS 17
Umsätze	125
Materialaufwendungen	-55
Personalaufwendungen	-10
EBITDA	**60**
Operative Leasingaufwendungen	-18
EBITDA (inkl. Leasingaufwendungen)	**42**
Abschreibungen (vor IFRS 16)	-20
EBIT	**22**

Tab. 2: GuV (IAS 17)

Im Zuge der Umstellung der Leasingbilanzierung auf IFRS 16 sind Right-of-Use Assets zu aktivieren. Diese werden über die jeweilige Nutzungsdauer abgeschrieben. Im Beispiel betragen die Right-of-Use Assets nach der retrospektiven (vereinfachten) Methode 134 T€ (154 T€) (siehe Tab. 3). Diese werden durch Abzug der zum Stichtag kumulierten (fiktiven) Abschreibungen von den historischen Anschaffungskosten ermittelt, wobei letztere im erstmaligen Ansatz in Höhe der Leasingverbindlichkeit angesetzt werden.[20] Die Bilanzsumme erhöht sich entsprechend von 450 T€ um 134 T€ (154 T€) auf 584 T€ (604 T€). Bei einer (Rest-)Nutzungsdauer von zehn Jahren betragen die jährlichen Abschreibungen rd. 13 T€ respektive rd. 15 T€. Dem Right-of-Use Asset steht auf der Passivseite die IFRS 16-Leasingverbindlichkeit i.H.v. 154 T€ gegenüber. Bei Verwendung der (modifizierten) retrospektiven Methode ist ein negativer Eigenkapital-Effekt i.H.v. 20 T€ zu erfassen, da die IFRS 16-Leasingverbindlichkeit i.H.v. 154 T€ das Right-of-Use Asset i.H.v. 134 T€ um diesen Betrag übersteigt.[21]

	Retrospektive Methode	Vereinfachte Methode
Bilanz 31.12.2018 (T€)	**IFRS 16**	**IFRS 16**
Sachanlagen	300	300
Nutzungsrecht (Right-of-Use Assets)	134	154
Vorräte	100	100
Zahlungsmittel	50	50
Aktiva	**584**	**604**

---

20 Vgl. IFRS 16.24(a).
21 Aus Darstellungsgründen werden Deferred Taxes vereinfachend nicht im Beitrag diskutiert.

	Retrospektive Methode	Vereinfachte Methode
Bilanz 31.12.2018 (T€)	IFRS 16	IFRS 16
Eigenkapital	200	200
Eigenkapitaleffekt	-20	0
Finanzverbindlichkeiten	150	150
IFRS 16-Leasingverbindlichkeiten	154	154
Sonstige Verbindlichkeiten	100	100
Passiva	**584**	**604**

Tab. 3: Bilanz (IFRS 16)

Mit der Einführung von IFRS 16 werden die nach IAS 17 zu erfassenden operativen Leasingaufwendungen in der GuV nicht (mehr) im EBITDA ausgewiesen. Das EBITDA steigt um den entsprechenden Betrag (18 T€, siehe Tab. 4) an. Die operativen Leasingaufwendungen werden bei einer Umstellung auf IFRS 16 konzeptionell durch Abschreibungen auf das Right-of-Use Asset und Zinsaufwendungen aus der IFRS 16-Leasingverbindlichkeit inhaltlich „ersetzt".

	Retrospektive Methode	Vereinfachte Methode
GuV 2018 (T€)	IFRS 16	IFRS 16
Umsätze	125	125
Materialaufwendungen	-55	-55
Personalaufwendungen	-10	-10
EBITDA	**60**	**60**
Operative Leasingaufwendungen	0	0
EBITDA (inkl. Leasingaufwendungen)	**60**	**60**
Abschreibungen (vor IFRS 16)	-20	-20
Abschreibungen (Right-of-Use Assets)	-13	-15
EBIT	**27**	**25**

Tab. 4: GuV (IFRS 16)

Die auf das Right-of-Use Asset entfallenden Abschreibungen erhöhen die gesamten Abschreibungen von 20 T€ um 13 T€ (15 T€) auf 33 T€ (35 T€) gem. der retrospektiven (vereinfachten) Methode. Der Nettoeffekt auf das EBIT ergibt sich aus dem Delta zwischen den operativen Leasingaufwendungen gem. IAS 17 und den zu erfassenden Abschreibungen gem. IFRS 16. Da die operativen Leasingaufwendungen über den Abschreibungen auf das Right-of-Use Asset (bei einem positiven Zinssatz) liegen, erhöht sich c.p. das EBIT. Im Beispiel beträgt dieser Nettoeffekt 5 T€ (3 T€) bei Anwendung der retrospektiven (vereinfachten) Berechnungsmethode. Die Zinsaufwendungen aus der IFRS 16-Leasingverbindlichkeit werden dem Finanzergebnis zugeordnet und sind damit nicht mehr im EBIT enthalten.

III. Auswirkungen auf die finanziellen Kennzahlen

Zahlreiche Studien haben versucht, Effekte einer IFRS 16-Einführung auf die finanziellen Kennzahlen der Unternehmen abzuschätzen.[22] Zentrale Herausforderung dieser Studien war, dass zum jeweiligen Untersuchungszeitpunkt noch keine IFRS 16-Daten verfügbar waren. Daher wurden typischerweise die Effekte einer on-balance Behandlung von Operating Leases aus den (Anhangs-)angaben der Unternehmen approximiert.

Pardo u.a. (2015) finden für eine Stichprobe aus 20 spanischen Unternehmen im Zuge einer simulierten on-balance Behandlung von Operating Leases einen Anstieg der Aktiva (Verbindlichkeiten) im Median von 1,3% (2,2%).[23] Darüber hinaus zeigt die Analyse eine Verringerung des Eigenkapitals um 0,5%. Diese Ergebnisse sind weitgehend konsistent mit Wong/Joshi (2015), die einen Anstieg der Aktiva (Verbindlichkeiten) von 3,5% (4,3%) sowie eine Verringerung des Eigenkapitals um 0,3% für eine Stichprobe aus 170 australischen Unternehmen festgestellt haben.[24] Die EFRAG (2016) findet in einer Studie von 417 europäischen Unternehmen einen durchschnittlichen Anstieg des EBITDA von 10,2%.[25] Morales-Díaz/Zamora-Ramírez (2018) zeigen in einer Untersuchung von 646 europäischen Unternehmen einen Anstieg der Aktiva (Verbindlichkeiten) im Median von 5,2% (11,2%). Die in dem vereinfachten Beispiel in Kapitel II dargestellten Effekte aus der Umstellung auf IFRS 16 stehen im Einklang mit den Erkenntnissen dieser empirischen Studien.

IV. Auswirkungen auf die Unternehmensbewertung

Vor dem Hintergrund der im vorigen Kapitel aufgezeigten möglichen Änderungen in Bilanz und GuV, stellt sich die Frage nach den Auswirkungen einer IFRS 16-Umstellung auf die Unternehmensbewertung (DCF-Bewertung und Multiplebewertung) sowie auf den Impairment-Test nach IAS 36. Hierzu sollen im Folgenden zunächst die Auswirkungen von IFRS 16 auf die DCF-Methode sowie auf die Ableitung des Recoverable Amount und des Carrying Amount unter IAS 36 diskutiert werden. Da in der Unternehmenspraxis zahlungsmittelgenerierende Einheiten zur Kategorie der Level 3 Vermögenswerte gehören,[26] erfolgt im vorliegenden Beitrag eine Fokussierung auf die DCF-Methode.

---

22 Siehe Morales-Díaz/Zamora-Ramírez, Accounting in Europe 2018, S. 1–46 für einen Literatur-Überblick.
23 Siehe Pardo/Giner/Cancho, Operating Leases: An Analysis of the Economic Reasons and the Impact of Capitalization on IBEX 35 Companies, Working Paper 55a, University of Valencia 2015.
24 Siehe Wong/Joshi, Australasian Accounting, Business and Finance Journal 2015, S. 27–44.
25 Siehe EFRAG, IFRS 16 Leases: Quantitative assessment of accounting impacts, 2016, http://hbfm.link/7269 (Abruf: 09.07.2019).
26 Siehe IFRS 13 „Fair Value Measurement", Tz. 86–90.

Die DCF-Methode basiert konzeptionell auf dem Barwertkalkül und ist somit der Gruppe der kapitalwertorientierten Bewertungsverfahren zuzuordnen. Es existieren verschiedene Ausprägungen der DCF-Methode.[27] In der Bewertungspraxis im Allgemeinen und im Rahmen des Impairment-Tests im Besonderen (bis auf die Financial Services Industry)[28] kommt regelmäßig der sog. WACC-Ansatz zur Anwendung. Im Rahmen des WACC-Ansatzes werden die zukünftig erwarteten Free Cashflows (FCF) diskontiert, die grundsätzlich den Cashflow from Operations (CFO) und den Cashflow from Investing Activities (CFI) umfassen. Der FCF steht grundsätzlich zur Befriedigung der Ansprüche der Eigen- und Fremdkapitalgeber zur Verfügung.[29] Er entspricht damit einer Brutto-Sicht der Unternehmensbewertung.

Aus Bewertungssicht ergeben sich die folgenden Auswirkungen auf die wesentlichen finanziellen Kennzahlen aufgrund der Einführung des IFRS 16 (siehe Abb. 3).

Kennzahl / Parameter	IFRS 16-Effekt	Kommentar
EBITDA	↑	Keine operativen Leasingaufwendungen
EBIT	↗	Abschreibungen für RoU Assets
Free Cashflow (WACC-Ansatz)	→	CAPEX für RoU Assets, keine Leasingzahlungen[a]
WACC	↓	Leasingverbindlichkeit für Operating Leases
Beta unlevered (verwendet)	↔	Identisches operatives Risiko
Beta levered (verwendet)	↔	Identisches operatives und finanzielles Risiko
Enterprise Value	↑	Leasingverbindlichkeit für Operating Leases
Net Debt[b]	↑	Leasingverbindlichkeit für Operating Leases
Equity Value	↔	Keine Auswirkung

a) Im Regelfall ist der Nettoeffekt positiv / Cash Flow erhöhend.
b) Bei den Auswirkungen auf das Net Debt des Bewertungsobjekts wird davon ausgegangen, dass dieses nicht um Operating Leases nach IAS 17 angepasst wurde.

Abb. 3: Auswirkungen von IFRS 16

---

27 Siehe exemplarisch Baetge et al., in: Peemöller (Hrsg.), Praxishandbuch der Unternehmensbewertung, 7. Aufl. 2019, S. 415 ff.

28 Vgl. Hayn et al., in: Crasselt/Lukas/Mölls/Timmreck (Hrsg.), Handbuch kapitalmarktorientierte Unternehmensbewertung, 2018, S. 360.

29 Aufgrund der Erfassung des Tax Shield im WACC, ist der FCF regelmäßig niedriger als die Summe der Nettozahlungen an die Eigen- und Fremdkapitalgeber.

1. Auswirkungen auf die Cashflows

Wie in Kapitel II dargestellt, erhöht sich das EBITDA nach IFRS 16 durch den Wegfall der vormaligen IAS 17-Leasingaufwendungen. Die Abschreibungen auf das Right-of-Use Asset wirken ergebnisreduzierend auf das EBIT. Da die zusätzlichen (linearen) Abschreibungen bei positiven Zinsen niedriger als die wegfallenden IAS 17-Leasingaufwendungen sind, steigt c.p. das EBIT an. Die zusätzlichen Abschreibungen auf das Right-of-Use Asset reduzieren nicht den Free Cashflow, dieser ist ebenfalls zunächst deutlich höher.

Der Nettoeffekt auf den Free Cashflow hängt insb. von der Höhe der CAPEX für Right-of-Use Assets in der jeweiligen Periode ab, da diese den Free Cashflow mindern.

Üblicherweise werden bestehende Leasingverträge nach dem Auslaufen durch neue Verträge ersetzt, um die betriebliche Leistungsfähigkeit zu erhalten. Bewertungstechnisch stellen Zugänge zu den Right-of-Use Assets Investitionen (CAPEX) dar. In einem eingeschwungenen Zustand und unter Vernachlässigung der Inflation können Abschreibungen auf Right-of-Use Assets den Investitionen in die Right-of-Use Assets entsprechen, sodass sich diese beiden Effekte kompensieren. Da aber keine Zinszahlungen/-komponenten im Free Cashflow erfasst werden, ist der gesamte Effekt aus der Umstellung der Leasingbilanzierung Cashflow erhöhend.

2. Auswirkungen auf die Kapitalkosten

Die Free Cashflows werden im Rahmen des WACC-Ansatzes mit den gewichteten durchschnittlichen Kapitalkosten (WACC) basierend auf der folgenden Formel auf den Bewertungsstichtag diskontiert:

$$\text{WACC} = \frac{E}{E+D} \times r_E + \frac{D}{E+D} \times r_D \times (1-s)$$

mit

WACC	=	Gewogene Kapitalkosten
E	=	Marktwert Eigenkapital
D	=	Marktwert Fremdkapital (ohne Operating Leases)
s	=	Steuersatz
E + D	=	Enterprise Value (ohne Operating Leases)
r_E	=	Eigenkapitalkostensatz
r_D	=	Fremdkapitalkostensatz (ohne Operating Leases)

Der WACC gewichtet die Eigen- und Fremdkapitalkosten nach der anteiligen Kapitalquote zu Marktwerten. Die Eigenkapitalkosten werden in der Praxis regelmäßig anhand des Capital Asset Pricing Model (CAPM) ermittelt.[30]

---

30   Siehe exemplarisch für viele: Ballwieser/Hachmeister, Unternehmensbewertung, 5. Aufl. 2016, S. 102.

$$r_E = r_f + MRP \times \beta$$

mit

r_E = Erwartete Rendite

r_f = Risikofreier Zins

MRP = Marktrisikoprämie

β = Betafaktor

Die Einführung von IFRS 16 hat weder einen Einfluss auf den risikofreien Zinssatz noch auf die Marktrisikoprämie. Das levered Beta reflektiert das operative und finanzwirtschaftliche Risiko eines Unternehmens. Die Frage stellt sich, ob sich durch die on-balance Erfassung der Leasingverbindlichkeiten das levered und das unlevered Beta ändern können / müssen / dürfen?

Gem. IFRS ist das Beta über eine sog. Peer Group[31] abzuleiten. Die am Kapitalmarkt beobachtbaren / bestimmbaren levered Betas der Peer Group-Unternehmen werden hierzu regelmäßig um das Finanzierungsrisiko bereinigt (sog. unlevering), um das unlevered Beta zu ermitteln. Durch die Umstellung der Bilanzierung hat sich das finanzielle Risiko eines Unternehmens ökonomisch überhaupt nicht geändert, sodass sich das unlevered Beta nicht ändern darf. Dies wäre nur möglich, wenn in der Vergangenheit die operativen Leasingverbindlichkeiten nicht beim Unlevering erfasst worden wären.

In der Bewertungspraxis wurde in der Vergangenheit teilweise auf die Einbeziehung der operativen Leasingverbindlichkeiten bewusst oder unbewusst verzichtet. Sofern nur eine geringe operative Leasingintensität bestand,[32] ist i.d.R. die Auswirkung auf das relevered Beta zu vernachlässigen. Wenn dies der Fall war, resultiert dies nicht aus der IFRS 16-Umstellung. Denn durch eine Bilanzierung gem. IFRS 16 im Vergleich zu IAS 17 ändert sich nicht die ökonomische / marktwertrelevante Kapitalstruktur selbst.

Fremdkapitalkosten werden typischerweise basierend auf einem (Peer Group) Rating abgeleitet. Von den großen Ratingagenturen wie S&P und Moody's ist öffentlich bekannt, dass diese den Verschuldungsgrad von Unternehmen um off-balance Effekte wie Operating Leases unter IAS 17 korrigieren.[33] Vor diesem Hintergrund sind keine wesentlichen Effekte aus einer IFRS 16-Umstellung auf die Ratings sowie auf die Fremdkapitalkosten zu erwarten. Hier ist allerdings zu beachten, dass die jeweilige konkrete Vorgehensweise zur Anpassung der off-balance Leasingverbindlichkeiten von den Ratingagenturen nicht vollkommen offengelegt wird. Die Anpassungen der Ratingagenturen können auf unvollständigen Informationen beruhen.

---

31 Vgl. IAS 36.56; IAS 36.A19.
32 Vgl. Damodaran, JARAF 2009, S. 15.
33 Vgl. Moody's, Rating Methodology: Financial Statement Adjustments in the Analysis of Non-Financial Corporations, 2016, S. 3, http://hbfm.link/7267 (Abruf: 09.07.2019); S&P Global Ratings, Corporate Methodology: Ratios And Adjustments, S. 9, http://hbfm.link/7266 (Abruf: 09.07.2019).

Durch die Einbeziehung der operativen Leasingverbindlichkeiten sinkt der WACC – sofern operative Leasingverbindlichkeiten bestehen.[34] Dies ist unmittelbar aus der folgenden Formel ersichtlich:

$$\mathrm{WACC} = \frac{E}{E + D_{FK} + D_L} \times r_E + \frac{D_{FK}}{E + D_{FK} + D_L} \times r_{FK}$$
$$\times (1 - s) + \frac{D_L}{E + D_{FK} + D_L} \times r_L \times (1 - s)$$

mit

WACC = Gewogene Kapitalkosten

$E + D_{FK} + D_L$ = Enterprise Value

E = Marktwert Eigenkapital

r_E = Eigenkapitalkostensatz

D_{FK} = Marktwert Fremdkapital (ohne Operating Leases)

r_{FK} = Fremdkapitalkostensatz (ohne Operating Leases)

D_L = Marktwert Leasingverbindlichkeit

r_L = Durchschnittlicher Zinssatz der Operating Leases

    (individueller Zinssatz)

S = Steuersatz

Durch eine Änderung der Rechnungslegung kann sich der Cashflow, der den Eigenkapitalgebern zusteht, nicht ändern, sodass sich der Marktwert des Eigenkapitals nicht ändert. Da neben dem traditionellen verzinslichen Fremdkapital noch die operativen Leasingverbindlichkeiten zu erfassen sind, resultiert der oben beschriebene Effekt des Sinkens des (angepassten) WACC. Sofern in der Vergangenheit die tatsächlichen Leasingzahlungen im Free Cashflow abgezogen wurden und anstatt der gesamten Kapitalstruktur der Peer Group nur die Anteile für das Eigenkapital und für das Fremdkapital (ohne operatives Leasing) verwendet wurden, ist zur Messung des Effekts aus der Umstellung von IAS 17 auf IFRS 16 dieselbe Annahme zu verwenden. Andernfalls würde dies einen konzeptionellen Bruch darstellen. Dies hat zur Folge, dass anstatt einer Peer Group Annahme zum Umfang des operativen Leasings, ebenfalls die tatsächlichen Verhältnisse des Bewertungsobjektes abzubilden sind.[35]

Basierend auf den erläuterten Effekten aus einer Umstellung von IAS 17 auf IFRS 16 – (a) dem Anstieg des Free Cashflow und (b) der Reduzierung des (angepassten) WACC – steigt der Enterprise Value an. Der Anstieg des Enterprise Value entspricht genau der Höhe des Marktwerts der operativen Leasingverbindlichkeiten.[36] Auf-

---

34   In der Praxis werden die (Markt-)Zinsen für das operating Leasing die (Markt-)Zinsen für das andere Fremdkapital regelmäßig nicht übersteigen.

35   Dies wurde in der Vergangenheit regelmäßig unterstellt, wenn die operativen Leasingaufwendungen / -zahlungen im Cashflow erfasst wurden.

36   Vgl. Damodaran, JARAF 2009, S. 15 f.

grund des gleichzeitigen Anstiegs der Nettoverschuldung in der Höhe des Marktwerts der operativen Leasingverbindlichkeiten ändert sich der Equity Value aufgrund der Einführung des IFRS 16 nicht.

V. Auswirkungen auf den Impairment-Test nach IAS 36

Im Impairment-Test nach IAS 36 wird der Recoverable Amount dem Carrying
Amount (Buchwert) der CGU gegenübergestellt (siehe Kapitel II.2). Der Carrying
Amount einer CGU steigt durch die bilanzielle Erfassung des Right-of-Use Assets
in der Umstellung auf IFRS 16 zunächst an. Aufgrund dieses Anstiegs des Carrying Amount wird häufig befürchtet, dass die Umstellung von IAS 17 auf IFRS 16 die
Wahrscheinlichkeit eines Impairments (c.p.) erhöhen kann. Dies erscheint zu kurz
gesprungen, da neben dem Carrying Amount auch der Recoverable Amount zu betrachten ist. Nur wenn der Anstieg des Carrying Amount höher als der Anstieg des
Recoverable Amount wäre, kann die Wahrscheinlichkeit eines Impairments steigen.

IAS 36 enthält allerdings keine expliziten Vorgaben, wie mit einer Leasingverbindlichkeit im Rahmen des Impairment-Tests zu verfahren ist. In IAS 36.76(b) wird darauf verwiesen, dass im Carrying Amount Finanzverbindlichkeiten nur zu erfassen
sind, wenn der Recoverable Amount nicht ohne diese ermittelt werden kann. Unklar ist, inwieweit IFRS 16-Leasingverbindlichkeiten als Finanzverbindlichkeiten
i.S.d. IAS 36.76(b) zu interpretieren sind. IAS 36.78 verweist darauf, dass bestimmte
bilanzierte Verbindlichkeiten berücksichtigt werden müssen, um den Recoverable Amount einer CGU ermitteln zu können. Gem. dem Äquivalenzprinzip des
IAS 36.75 ist in einem solchen Falle auch die Verbindlichkeit im Carrying Amount
abzubilden. Werden also bei der Ableitung des Recoverable Amount in den Free
Cashflows auch entsprechende IFRS 16-Leasingzahlungen berücksichtigt, so ist
auch die Leasingverbindlichkeit im Carrying Amount zu erfassen.

Im umgekehrten Falle, also bei einer Nichtberücksichtigung von IFRS 16-Leasing-
zahlungen in den Cashflows, darf die Leasingverbindlichkeit dann auch nicht im
Carrying Amount der CGU erfasst werden. Vielmehr ist in diesem Fall der WACC
i.S.d. IAS 36.BCZ55 anzupassen, um Sachverhalte zu reflektieren, welche nicht in
den Cashflows abgebildet sind. Insgesamt führt dies zu zwei Optionen, die dem
Bilanzersteller zur Abbildung des Right-of-Use Assets und der IFRS 16-Leasingver-
bindlichkeit im Rahmen des Impairment-Tests nach IAS 36 zur Verfügung stehen:[37]

1. In **Option 1** wird nur das Right-of-Use Asset ohne korrespondierende
   IFRS 16-Leasingverbindlichkeit im Carrying Amount der CGU erfasst. Im Einklang mit dem Äquivalenzprinzip des IAS 36.75 sind entsprechend auch keine Leasingzahlungen in den Cashflows bei der Ermittlung des Recoverable
   Amount zu berücksichtigen.

---

37   Vgl. Hochreiter/Permanschlager, IRZ 2018, S. 74.

2. In **Option 2** hingegen werden das Right-of-Use Asset und die IFRS 16-Leasing-verbindlichkeit im Buchwert der CGU erfasst. Aufgrund der Berücksichtigung der Leasingverbindlichkeit im Carrying Amount, sind auch bei der Ableitung des Recoverable Amount die Leasingzahlungen in den Cashflows entsprechend abzubilden.

Grundsätzlich stehen beide Optionen im Einklang mit IAS 36. Das Ergebnis des Impairment-Tests nach IAS 36 gemessen als Differenz zwischen dem Carrying Amount und dem Recoverable Amount der CGU muss bei beiden Optionen identisch sein. Da beide Optionen zum selben Ergebnis führen, spielt es aus finanzmathematischer Sicht auch keine Rolle, ob die IFRS 16-Leasingverbindlichkeiten als Finanzverbindlichkeiten i.S.d. IAS 36.76(b) zu interpretieren sind (s.o.).[38]

VI. Fallstudie

1. Einführung

In den beiden vorangegangenen Kapitel wurden die Auswirkungen einer IFRS 16-Umstellung auf die Unternehmensbewertung und auf den Impairment-Test nach IAS 36 aus theoretischer Sicht betrachtet. Im Folgenden Kapitel sollen die IFRS 16-Effekte auf das Bewertungskalkül im Rahmen einer Fallstudie erläutert werden. Zur besseren Illustration der Anpassungseffekte einer IFRS 16-Umstellung auf den Recoverable Amount und den Carrying Amount, werden die folgenden drei Szenarien unterschieden:

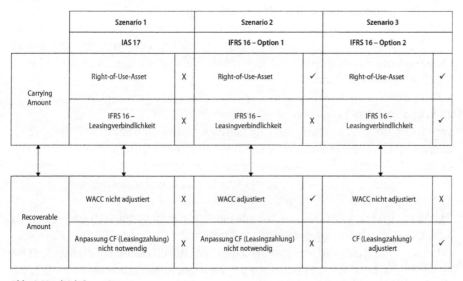

	Szenario 1		Szenario 2		Szenario 3	
	IAS 17		IFRS 16 – Option 1		IFRS 16 – Option 2	
Carrying Amount	Right-of-Use-Asset	X	Right-of-Use-Asset	✓	Right-of-Use-Asset	✓
	IFRS 16 – Leasingverbindlichkeit	X	IFRS 16 – Leasingverbindlichkeit	X	IFRS 16 – Leasingverbindlichkeit	✓
Recoverable Amount	WACC nicht adjustiert	X	WACC adjustiert	✓	WACC nicht adjustiert	X
	Anpassung CF (Leasingzahlung) nicht notwendig	X	Anpassung CF (Leasingzahlung) nicht notwendig	X	CF (Leasingzahlung) adjustiert	✓

Abb. 4: Vergleich Szenarien

---

38 Vgl. Hochreiter/Permanschlager, IRZ 2018, S. 74.

I. Szenario 1: IAS 17

II. Szenario 2: IFRS 16 WACC-Adjustment

III. Szenario 3: IFRS 16 Cashflow (CF)-Adjustment

Im Szenario 1 sind noch keine IFRS 16-Effekte erfasst. Entsprechend sind auch keine Anpassungen bei der Ableitung des Recoverable Amount oder des Carrying Amount vorzunehmen (vgl. Abb. 4).

Den Szenarien 2 und 3 liegt eine Umstellung von IAS 17 auf IFRS 16 zugrunde.

In Szenario 2 wird das Right-of-Use Asset, aber nicht die korrespondierende IFRS 16-Leasingverbindlichkeit, im Carrying Amount berücksichtigt. Dies entspricht der in Kapitel V vorgestellten Option 1. Im Einklang mit dem Äquivalenzprinzip von IAS 36 sind daher auch keine Zins- oder Tilgungszahlungen im Zusammenhang mit der Leasingverbindlichkeit in den Cashflows bei der Ermittlung des Recoverable Amount abgebildet. Die IFRS 16-Leasingverbindlichkeit ist in Szenario 2 als Abzugsposition vom Enterprise Value in der Nettoverschuldung (Net Debt) erfasst. Aufgrund der geänderten Kapitalstruktur ist der WACC anzupassen.

In Szenario 3 beinhaltet der Carrying Amount sowohl das Right-of-Use Asset als auch die korrespondierende IFRS 16-Leasingverbindlichkeit. Dies entspricht der in Kapitel V vorgestellten Option 2. Aufgrund der Berücksichtigung der Leasingverbindlichkeit im Carrying Amount, sind bei der Ableitung des Recoverable Amount die Cashflows entsprechend zu adjustieren. Es findet in diesem Szenario keine Anpassung des WACC statt.

2. Szenario 1: IAS 17

Szenario 1 dient als Referenzfall und ist noch nicht von IFRS 16-Effekten beeinflusst. Für die Ableitung des Fair Value Less Costs of Disposal kommt die DCF-Methode in der Form des WACC-Verfahrens zur Anwendung. Aus Vereinfachungsgründen werden im vorliegenden Beispiel keine Costs of Disposal angesetzt.

Die Bilanz und GuV für das Jahr 2018 basieren auf dem vereinfachten Beispiel in Kapitel II.3. Die Ableitung der Free Cashflows für die Planjahre 2019 bis 2029 ist in Tab. 5 abgebildet. Es wird vereinfachend ein über die Planjahre konstantes EBITDA erwartet. Die Leasingaufwendungen aus dem Operating Lease nach IAS 17 i.H.v. 18 T€ sind in Form der Annuität EBITDA-mindernd erfasst. Aus didaktischen Gründen wird vereinfachend nur ein einziges Leasingverhältnis mit einer (Rest-)Laufzeit von zehn Jahren bis zum Jahr 2028 unterstellt.[39]

---

[39]   Die in diesem Beitrag aufgezeigten Szenarien lassen sich auch auf ein Portfolio von Leasingvereinbarungen übertragen.

DCF-Bewertung (T€)	2019	2020	2021	2022	2023	2024	2025	2026	2027	2028	2029	Terminal value
EBITDA vor Leasingaufwendungen	60	60	60	60	60	60	60	60	60	60	60	60
Operative Leasingaufwendungen	(18)	(18)	(18)	(18)	(18)	(18)	(18)	(18)	(18)	(18)	(18)	-
EBITDA (inkl. Leasingaufwendungen)	42	42	42	42	42	42	42	42	42	42	42	60
Abschreibungen (ohne IFRS 16)	(20)	(20)	(20)	(20)	(20)	(20)	(20)	(20)	(20)	(20)	(20)	(38)
Abschreibungen (Right-of-Use Asset)	-	-	-	-	-	-	-	-	-	-	-	-
Abschreibungen gesamt	(20)	(20)	(20)	(20)	(20)	(20)	(20)	(20)	(20)	(20)	(20)	(38)
EBIT	22	22	22	22	22	22	22	22	22	22	22	22
Steueranpassung (Leasingzahlungen – Zinsaufwendungen – Abschreibungen)												
Abschreibungen (Right-of-Use Asset)												
Leasingzahlungen												
Zinsaufwendungen												
Taxable income	22	22	22	22	22	22	22	22	22	22	22	22
Steuersatz	30,0%	30,0%	30,0%	30,0%	30,0%	30,0%	30,0%	30,0%	30,0%	30,0%	30,0%	30,0%
Steuern	(7)	(7)	(7)	(7)	(7)	(7)	(7)	(7)	(7)	(7)	(7)	(7)
NOPLAT	15	15	15	15	15	15	15	15	15	15	15	15
Veränderung Nettoumlaufvermögen	-	-	-	-	-	-	-	-	-	-	-	-
Abschreibungen gesamt	20	20	20	20	20	20	20	20	20	20	20	38
CAPEX	(20)	(20)	(20)	(20)	(20)	(20)	(20)	(20)	(20)	(20)	(20)	(38)
Leasingzahlungen												
Free Cashflow	15	15	15	15	15	15	15	15	15	15	15	15
WACC	4,52%	4,52%	4,52%	4,52%	4,52%	4,52%	4,52%	4,52%	4,52%	4,52%	4,52%	4,52%
Barwert zu Beginn der Periode	15	14	13	13	12	12	11	11	10	10	9	210
Summe der Barwerte zu Beginn der Periode	341											
Nettoschulden zu Beginn der Periode	(100)											
Wert des Eigenkapitals zu Beginn der Periode	241											

Tab. 5: Recoverable Amount Szenario 1

Konzeptionell umfassen die Leasingaufwendungen auch eine Zinskomponente. In der Praxis ist häufig zu beobachten, dass eine separate Erfassung im Finanzierungsbereich in der Vergangenheit unterblieben ist. Hintergrund ist, dass diese Finanzierungaufwendungen als unmittelbar mit dem operativen Bereich verbunden angesehen werden. Insofern wirken die vollen Leasingaufwendungen reduzierend auf das operative Ergebnis (EBITDA). Aus Bewertungssicht impliziert dies, dass es sich bei dem angewandten Bewertungsverfahren um keinen „reinen" WACC-Ansatz handelt. Es sind Zahlungen mit Fremdkapitalcharakter inkl. dem korrespondierenden Tax Shield im Free Cashflow abgebildet und die Ansprüche der operativen Leasinggeber werden auf dieser Ebene bereits vollständig abgegolten.

Investitionen in das Sachanlagevermögen sowie entsprechende Abschreibungen sind in den Jahren 2019 bis 2028 i.H.v. 20 T€ geplant. Basierend auf diesen Parametern soll das EBIT bspw. in 2019 22 T€ betragen. Wie im internationalen WACC-Verfahren üblich, werden die (adjustierten) Steuern auf das EBIT / Taxable Income berechnet. Wird eine Leasingvereinbarung auch aus steuerlicher Sicht als Operating Lease eingestuft, sind die IAS 17-Leasingaufwendungen steuerlich abzugsfähig und schaffen damit einen Steuervorteil auf Höhe des Taxable Income.

Der Ableitung des WACC liegen die folgenden Prämissen zugrunde:

I. Risikofreier Zins basierend auf der Svensson-Methode zum 31.12.2018: 1,0%

II. Marktrisikoprämie basierend auf der Ende 2018 gültigen Empfehlungen des FAUB zur Bandbreite der Marktrisikoprämie: 6,75%

III. Levered Beta basierend auf Peer Group Informationen: 0,7

Damit ergeben sich Eigenkapitalkosten gem. dem CAPM i.H.v. rd. 5,7%. Die Fremdkapitalkosten betragen annahmegemäß 3,0%. Die aus der Peer Group abgeleitete Eigenkapitalquote (bzw. Fremdkapitalquote) liegt bei 66,67% (33,33%). Der Verschuldungsgrad der Peer Group beträgt damit 50%.[40] Da die Leasingaufwendungen gem. IAS 17 und damit auch die Leasingzahlungen (inkl. impliziter Zinskomponente) im Free Cashflow berücksichtigt sind, darf keine separate Komponente für (offbalance) Leasingverbindlichkeiten im WACC angesetzt werden. Andernfalls würde eine Doppelberücksichtigung erfolgen. Dies bedeutet, dass bzgl. der Typisierung der Kapitalstruktur aus der Peer Group die operativen Leasingverbindlichkeiten nicht einbezogen werden. Der Steuersatz soll annahmegemäß 30% betragen. Anhand dieser Parameter ergibt sich ein WACC von insgesamt 4,52%.

---

40   Die dem WACC zugrundeliegenden Daten sind nur für illustrative Zwecke dieses Beitrages gewählt worden. Die Wahl der Parameter für den WACC hat keine Implikation auf das Ergebnis per se.

Der resultierende Enterprise Value (EV) beläuft sich auf 341 T€ zum Stichtag 31.12.2018. Dieser entspricht dem Recoverable Amount der CGU aus Gesamtkapitalgebersicht (Brutto-Sicht).

Für die Ableitung des Carrying Amounts werden von den operativen Vermögenswerten die operativen Schulden abgezogen, ohne Berücksichtigung von (Netto-) Finanzschulden (siehe Tab. 6).

Bilanz 31.12.2018 (T€)	Carrying Amount
Sachanlagen	300
Vorräte	100
Zahlungsmittel & Zahlungsmitteläquivalente	
Aktiva	
Eigenkapital	
Finanzverbindlichkeiten	
Sonstige Verbindlichkeiten	-100
Passiva	
Carrying Amount	300
Recoverable Amount	341
Impairment / Headroom (-/+)	**41**

Tab. 6: Carrying Amount Szenario 1

Im Beispiel beträgt der Carrying Amount 300 T€. Konsistent zur Ermittlung des Recoverable Amount, werden auch bei der Ableitung des Carrying Amount der CGU keine Effekte aus IFRS 16 berücksichtigt. Der Headroom als positive Differenz zwischen dem Recoverable Amount und dem Carrying Amount beträgt 41 T€. Es ist somit kein Wertminderungsbedarf (Impairment) beim Goodwill der Beispiel-CGU gegeben.

Der Equity Value lässt sich durch Abzug der Nettoverschuldung ermitteln. Diese beträgt 100 T€, sodass ein Equity Value von 241 T€ bestimmt werden kann.

3. Szenario 2: IFRS 16 WACC-Adjustment

In Szenario 2 wird eine Umstellung der Leasingbilanzierung von IAS 17 auf IFRS 16 vorgenommen. In diesem Zuge wird das Right-of-Use Asset i.H.v. 134 T€ (retrospektive Methode) in der Bilanz zum 31.12.2018 aktiviert. Dies führt zu einer Bilanzverlängerung und die Bilanzsumme steigt im Vergleich zu Szenario 1 um den Buchwert des Right-of-Use Assets.

In der GuV-Planungsrechnung sind entsprechende Abschreibungen auf das Right-of-Use Asset zu erfassen. Bei einem Buchwert von 134 T€ zum 31.12.2018 und einer unterstellten (Rest-) Nutzungsdauer von 10 Jahren, betragen diese rd. 13 T€ per anno bis zum Jahr 2028. Die gesamten Abschreibungen steigen damit auf 33 T€ per anno bis zum Jahr 2028. Im Jahr 2028 ist das Right-of-Use Asset vollständig abgeschrieben. Gleichzeitig fallen die jährlichen Leasingaufwendungen von 18 T€ aus den Operating Leases nach IAS 17 weg.

Im vorliegenden Beispiel steigt im Vergleich zum Szenario 1 das EBIT um 5 T€. Auf der einen Seite werden durch die Umstellung auf IFRS 16 keine Leasingaufwendungen i.H.v. 18 T€ mehr in Abzug gebracht. Auf der anderen Seite sind zusätzliche Abschreibungen i.H.v. 13 T€ für die Abschreibungen auf Right-of-Use Assets zu erfassen.

Ausgehend vom EBIT ist der NOPLAT (Net Operating Profit Less Adjusted Taxes) zu ermitteln. Da die Adjusted Taxes so zu bestimmen sind, als ob die CGU keine zinstragenden Verbindlichkeiten aufweist, sind in dieser (fiktiven) Welt zur Berechnung der Steuern die Abschreibungen auf Right-of-Use Assets und nicht die Leasingzahlungen in Abzug zu bringen. Der steuerliche Vorteil aus der Abzugsfähigkeit der gesamten Leasingzahlungen wird in Szenario 2 nicht in den Cashflows abgebildet. Die Zinsaufwendungen aus der IFRS 16-Leasingverbindlichkeit sind entsprechend nicht im Taxable Income zu erfassen.

Da die Leasingzahlungen nicht nur Abschreibungen und Zinsen umfassen, ist auch die Differenz aus den Leasingzahlungen pro Jahr, den Abschreibungen auf die Right-of-Use Assets und den Zinszahlungen im Zusammenhang mit den passivierten Leasingverbindlichkeiten zu erfassen. Diese Anpassung basiert auf dem Umstand, dass über die Totalperiode der Leasinglaufzeit die vielfach annuitätischen Leasingzahlungen der Summe aus den IFRS 16-Tilgungszahlungen für die Leasingverbindlichkeit und den zugehörigen IFRS 16-Zinsaufwendungen betragsmäßig exakt entsprechen müssen.

Aus einer Cashflow-Sicht sind die höheren Abschreibungen auf die Right-of-Use Assets nicht relevant. Da sich die übrigen Parameter der Cashflow-Ableitung gegenüber Szenario 1 (IAS 17-Variante) nicht ändern, ändert sich der Cashflow im Szenario 2 (IFRS 16) in Abhängigkeit davon, ob die nicht angesetzten jährlichen Leasingzahlungen (18 T€) die nicht im Cashflow anzusetzenden Zinszahlungen inkl. Tax Shield und die Investitionen in Right-of-Use Assets übersteigen oder nicht. Sofern die Investitionen in die Right-of-Use Assets betragsmäßig konstant verlaufen, ist der Cashflow gem. Szenario 2 c.p. stets höher als der Cashflow gem. Szenario 1.

Im vorliegenden (Extrem-)Beispiel sollen bis zum Jahr 2028 keine Investitionen in die Right-of-Use Assets notwendig sein. Die Differenz im Free Cashflow zu Szenario 1 in den Jahren 2019 bis 2028 entspricht daher den wegfallenden jährlichen Leasingzahlungen von 18 T€ abzüglich des Tax Shield auf die Zinszahlungen.

DCF-Bewertung (T€)	2019	2020	2021	2022	2023	2024	2025	2026	2027	2028	2029	Terminal value
EBITDA vor Leasingaufwendungen	60	60	60	60	60	60	60	60	60	60	60	60
Operative Leasingaufwendungen	-	-	-	-	-	-	-	-	-	-	-	-
EBITDA (inkl. Leasingaufwendungen)	60	60	60	60	60	60	60	60	60	60	60	60
Abschreibungen (ohne IFRS 16)	(20)	(20)	(20)	(20)	(20)	(20)	(20)	(20)	(20)	(20)	(38)	(38)
Abschreibungen (Right-of-Use Asset)	(13)	(13)	(13)	(13)	(13)	(13)	(13)	(13)	(13)	(13)	-	-
Abschreibungen gesamt	(33)	(33)	(33)	(33)	(33)	(33)	(33)	(33)	(33)	(33)	(38)	(38)
EBIT	27	27	27	27	27	27	27	27	27	27	22	22
Steueranpassung (Leasingzahlungen – Zinsaufwendungen – Abschreibungen)	(0)	(0)	(1)	(1)	(2)	(2)	(3)	(3)	(4)	(4)	-	-
Abschreibungen (Right-of-Use Asset)	13	13	13	13	13	13	13	13	13	13	-	-
Leasingzahlungen	(18)	(18)	(18)	(18)	(18)	(18)	(18)	(18)	(18)	(18)	-	-
Zinsaufwendungen	5	4	4	3	3	2	2	2	1	1	-	-
Taxable income	27	26	26	25	25	24	24	24	23	23	22	22
Steuersatz	30,0%	30,0%	30,0%	30,0%	30,0%	30,0%	30,0%	30,0%	30,0%	30,0%	30,0%	30,0%
Steuern	(8)	(8)	(8)	(8)	(7)	(7)	(7)	(7)	(7)	(7)	(7)	(7)
NOPLAT	19	19	19	19	19	19	19	20	20	20	15	15
Veränderung Nettoumlaufvermögen	-	-	-	-	-	-	-	-	-	-	-	-
Abschreibungen gesamt	33	33	33	33	33	33	33	33	33	33	38	38
CAPEX (inkl. CAPEX Right-of-Use Asset)	(20)	(20)	(20)	(20)	(20)	(20)	(20)	(20)	(20)	(20)	(38)	(38)
Leasingzahlungen	-	-	-	-	-	-	-	-	-	-	-	-
Free Cashflow	32	32	32	32	33	33	33	33	33	33	15	15
WACC	3,77%	3,81%	3,86%	3,92%	3,98%	4,05%	4,12%	4,20%	4,29%	4,40%	4,52%	4,52%
Barwert zu Beginn der Periode	31	30	29	28	27	26	25	24	23	22	10	220
Summer der Barwerte zu Beginn der Periode	495											
Andere Nettoschulden	(100)											
IFRS 16-Leasingverbindlichkeit	(154)											
Wert des Eigenkapitals zu Beginn der Periode	241											

Tab. 7: Recoverable Amount Szenario 2

Wie bereits oben ausgeführt, dürfen im Szenario 2 keine Zahlungsströme aus der IFRS 16-Leasingverbindlichkeit im Free Cashflow (FCF) abgebildet werden. Denn die IFRS 16-Leasingverbindlichkeit ist Bestandteil der Nettoverschuldung. Im vorliegenden Fall besteht der WACC damit technisch aus drei Teilen: (1) dem Eigenkapital, (2) den zinstragenden Verbindlichkeiten gem. Szenario 1, und (3) der IFRS 16-Leasingverbindlichkeit. Dies entspricht den Vorgaben des IAS 36.BCZ55. Im Rahmen der WACC-Anpassung wird die im internationalen DCF-Verfahren üblicherweise unterstellte konstante Zielkapitalstruktur um eine weitere Komponente, nämlich die IFRS 16-Leasingverbindlichkeit (ehemalige Operating Leases), ergänzt. Da diese Komponente in der Vergangenheit regelmäßig nicht aus der Peer Group abgeleitet wurde, wird analog bei der Bestimmung des WACC vorgegangen.

Hierfür kann die folgende Formel verwendet werden:

$$WACC = \frac{E}{E + D_{FK} + D_L} \times r_E + \frac{D_{FK}}{E + D_{FK} + D_L} \times r_{FK}$$
$$\times (1 - s) + \frac{D_L}{E + D_{FK} + D_L} \times r_L \times (1 - s)$$

mit

$WACC$ = Gewogene Kapitalkosten

$E + D_{FK} + D_L$ = Enterprise Value

E = Marktwert Eigenkapital

r_E = Eigenkapitalkostensatz

D_{FK} = Marktwert Fremdkapital (ohne Operating Leases)

r_{FK} = Fremdkapitalkostensatz (ohne Operating Leases)

D_L = Marktwert Leasingverbindlichkeit

r_L = Durchschnittlicher Zinssatz der Operating Leases

(individueller Zinssatz)

S = Steuersatz

Gemäß der obigen Formel ist der IFRS 16-Leasingsverbindlichkeit auch ein Steuervorteil aus der Fremdfinanzierung (Tax Shield) zuzurechnen. Wie oben beschrieben, ist zur Vermeidung einer Doppelberücksichtigung des Tax Shield der entsprechende Effekt aus den Cashflows zu eliminieren.

Die Eigenkapitalkosten (r_E) sowie die Fremdkapitalkosten (ohne Operating Leases) (r_{FK}) verändern sich ggü. Szenario 1 nicht. Im Zuge der Erweiterung des WACC um die IFRS 16-Leasingverbindlichkeit, verändern sich aber die Kapitalanteile innerhalb des WACC. Aus Szenario 1 ist bereits bekannt, dass der über die Peer Group abgeleitete Verschuldungsgrad ohne Berücksichtigung der IFRS 16-Leasingverbindlichkeit (D_{FK}/E) 50% beträgt. Dies muss konsistenter Weise auch in Szenario 2 gelten. Bei einer IFRS 16-Leasingverbindlichkeit von 154 T€ und einem Enterprise

Value von 495 T€ ($D_L/(E + D_{FK} + D_L) = 31\%$) zu Beginn 2019, impliziert dies einen Kapitalanteil von $D_{FK} = 23\%$ und $E = 46\%$ zu Beginn 2019. Andernfalls wären die Annahmen zum Impairment-Test unter Anwendung von IAS 17 (Szenario 1) unterschiedlich zum Szenario 2.

Der sachgerechte Zinssatz für die IFRS 16-Leasingverbindlichkeit wird in dem Beispiel mit 3% angenommen. Mit der IFRS 16-Leasingverbindlichkeit wird eine weitere Komponente im WACC berücksichtigt, deren Kapitalkosten unter den Eigenkapitalkosten liegt. Im Ergebnis reduziert sich der WACC.

Aufgrund von in Summe höheren (undiskontierten) FCF und einem niedrigeren WACC, steigt der Enterprise Value in Szenario 2 ggü. Szenario 1 (siehe Tab. 7). Da Szenario 2 eine um den Betrag der IFRS 16-Leasingverbindlichkeit höhere Nettoverschuldung aufweist, ist auf Basis des Equity Value das Ergebnis des Szenarios 1 identisch zum Ergebnis des Szenarios 2.

Im Vergleich zur üblichen Entwicklung des WACC (siehe Szenario 1) ist dieser im Szenario 2 nicht konstant. Dies mag auf den ersten Blick verwundern. Letztendlich ist dies aber nur eine konsistente Umsetzung der unter IAS 17 für den Impairment-Test getroffenen Annahmen. Denn die Änderung der Kapitalstruktur resultiert allein aus den unterstellten Leasingzahlungen und der hiermit getroffenen Finanzierungsannahme.

Bei der Bestimmung des Carrying Amount der CGU ist zu beachten, dass aufgrund der Nicht-Berücksichtigung der IFRS 16-Leasingverbindlichkeit in der Ermittlung des Recoverable Amount (basierend auf dem Enterprise Value), diese aufgrund des Äquivalenzprinzips des IAS 36 auch nicht im Carrying Amount der Beispiel-CGU abzuziehen sind. Der Carrying Amount steigt daher um den Wert der neu zu erfassenden Right-of-Use Assets i.H.v. 134 T€ (siehe Tab. 8).

Da der Recoverable Amount durch die WACC-Anpassung in Szenario 2 ebenfalls gestiegen ist, bleiben die Schlussfolgerungen in puncto Wertminderungsbedarf dieselben wie in Szenario 1: Es ist kein Wertminderungsbedarf (Impairment) beim Goodwill der Beispiel-CGU zu verzeichnen. Der Headroom ist jedoch im Vergleich zu Szenario 1 leicht angestiegen. Die in dem Beispiel verwendete retrospektive Berechnungsmethode führt dazu, dass der Buchwert des Right-of-Use Assets niedriger als die korrespondierenden IFRS 16-Leasingverbindlichkeiten ist. Dies führt zu einem positiven Effekt i.H.v. 20 T€ auf den Headroom. Bei Anwendung der vereinfachten Berechnungsmethode würden die beiden Buchwerte bei Umstellung zum 31.12.2018 zu diesem Stichtag nicht auseinanderfallen.

Bilanz 31.12.2018 (T€)	Carrying Amount
Sachanlagen	300
Nutzungsrecht (Right-of-Use Asset)	134
Vorräte	100
Zahlungsmittel & Zahlungsmitteläquivalente	
Aktiva	
Eigenkapital	
Finanzverbindlichkeiten	
IFRS 16-Leasingverbindlichkeiten	0
Sonstige Verbindlichkeiten	-100
Passiva	
Carrying Amount	434
Recoverable Amount	495
Impairment / Headroom (-/+)	**61**

Tab. 8: Carrying Amount Szenario 2

4. Szenario 3: IFRS 16 Cashflow-Adjustment

Szenario 3 stellt eine weitere IFRS 16-Variante dar. Die Leasingaufwendungen aus den Operating Leases nach IAS 17 sind wie in Szenario 2 nicht mehr Teil des EBITDA (siehe Tab. 9). Dieses steigt daher in Höhe der wegfallenden Leasingaufwendungen an. Auf der anderen Seite sind im Szenario 3 ebenfalls Right-of-Use Assets nach IFRS 16 zu aktivieren. Wie in Szenario 2, kommt es zu einer Bilanzverlängerung. Insofern sind auch in der GuV-Planungsrechnung die Abschreibungen auf die Right-of-Use Assets i.H.v. rd. 13 T€ per anno bis zum Jahr 2028 zu erfassen.

Szenario 3 ist dadurch gekennzeichnet, dass die Anpassungen des Bewertungskalküls um die IFRS 16-Effekte über die Cashflows erfolgen. Folglich sind bei der Ableitung des Recoverable Amount die jährlichen Leasingzahlungen aus den unter IFRS 16 erstmals zu passivierenden Leasingverbindlichkeiten für die Operating Leases in dem Free Cashflow vollständig zu erfassen. Wie oben ausgeführt, besteht für gezahlte Zinsen aus der IFRS 16-Leasingverbindlichkeit gem. IFRS 16.50 (b) i.V.m. IAS 7.31 ein Wahlrecht, diese entweder gesondert im operativen Zahlungsbereich, im Investitions- oder im Finanzierungsbereich zu berücksichtigen. In Szenario 3 werden diese wie in Szenario 1 innerhalb des operativen Zahlungsbereichs ausgewiesen. Da in Szenario 3 die IFRS 16-Leasingverbindlichkeit den Carrying Amount mindert, ist dem Äquivalenzprinzip folgend der Free Cashflow um die gesamten Leasingzahlungen zu reduzieren. Die Ansprüche der operativen Leasinggeber gegenüber den Leasingnehmern sind damit bereits im Cashflow des Leasingnehmers zu erfassen. Diese Vorgehensweise entspricht inhaltlich und betragsmäßig der Vorgehensweise im Szenario 1, sodass im Vergleich zum Szenario 2 keine Anpassung des WACC erfolgt. Die Cashflows, der WACC, der Enterprise Value, die Nettoverschuldung und der Equity Value sind daher jew. identisch zu denen in Szenario 1.

DCF-Bewertung (T€)	2019	2020	2021	2022	2023	2024	2025	2026	2027	2028	2029	Terminal value
EBITDA vor Leasingaufwendungen	60	60	60	60	60	60	60	60	60	60	60	60
Operative Leasingaufwendungen	–	–	–	–	–	–	–	–	–	–	–	–
EBITDA (inkl. Leasingaufwendungen)	60	60	60	60	60	60	60	60	60	60	60	60
Abschreibungen (ohne IFRS 16)	(20)	(20)	(20)	(20)	(20)	(20)	(20)	(20)	(20)	(20)	(38)	(38)
Abschreibungen (Right-of-Use Asset)	(13)	(13)	(13)	(13)	(13)	(13)	(13)	(13)	(13)	(13)	–	–
Abschreibungen gesamt	(33)	(33)	(33)	(33)	(33)	(33)	(33)	(33)	(33)	(33)	(38)	(38)
EBIT	27	27	27	27	27	27	27	27	27	27	22	22
Steueranpassung (Leasingzahlungen – Zinsaufwendungen – Abschreibungen)	(5)	(5)	(5)	(5)	(5)	(5)	(5)	(5)	(5)	(5)	–	–
Abschreibungen (Right-of-Use Asset)	13	13	13	13	13	13	13	13	13	13	–	–
Leasingzahlungen	(18)	(18)	(18)	(18)	(18)	(18)	(18)	(18)	(18)	(18)	–	–
Zinsaufwendungen	–	–	–	–	–	–	–	–	–	–	–	–
Taxable income	22	22	22	22	22	22	22	22	22	22	22	22
Steuersatz	30,0%	30,0%	30,0%	30,0%	30,0%	30,0%	30,0%	30,0%	30,0%	30,0%	30,0%	30,0%
Steuern	(7)	(7)	(7)	(7)	(7)	(7)	(7)	(7)	(7)	(7)	(7)	(7)
NOPLAT	20	20	20	20	20	20	20	20	20	20	15	15
Veränderung Nettoumlaufvermögen	–	–	–	–	–	–	–	–	–	–	–	–
Abschreibungen gesamt	33	33	33	33	33	33	33	33	33	33	38	38
CAPEX (inkl. CAPEX Right-of-Use Asset)	(20)	(20)	(20)	(20)	(20)	(20)	(20)	(20)	(20)	(20)	(38)	(38)
Leasingzahlungen	(18)	(18)	(18)	(18)	(18)	(18)	(18)	(18)	(18)	(18)	–	–
Free Cashflow	15	15	15	15	15	15	15	15	15	15	15	15
WACC	4,52%	4,52%	4,52%	4,52%	4,52%	4,52%	4,52%	4,52%	4,52%	4,52%	4,52%	4,52%
Barwert zu Beginn der Periode	15	14	13	13	12	12	11	11	10	10	9	210
Summer der Barwerte zu Beginn der Periode	341											
Nettoschulden zu Beginn der Periode	(100)											
Wert des Eigenkapitals zu Beginn der Periode	241											

Tab. 9: Recoverable Amount Szenario 3

Bilanz 31.12.2018 (T€)	Carrying Amount
Sachanlagen	300
Nutzungsrecht (Right-of-Use Asset)	134
Vorräte	100
Zahlungsmittel & Zahlungsmitteläquivalente	
Aktiva	
Eigenkapital	
Finanzverbindlichkeiten	
IFRS 16-Leasingverbindlichkeiten	-154
Sonstige Verbindlichkeiten	-100
Passiva	
Carrying Amount	280
Recoverable Amount	341
Impairment / Headroom (-/+)	**61**

Tab. 10: Carrying Amount Szenario 3

Aufgrund der Berücksichtigung der IFRS 16-Leasingverbindlichkeit im Carrying Amount der Beispiel-CGU (siehe Tab. 10), sinkt dieser im Vergleich zu Szenario 2. Da gleichzeitig der Recoverable Amount um denselben Betrag sinkt, bleiben die Schlussfolgerungen für den Goodwill Impairment-Test nach IAS 36 dieselben: Es ist kein Impairment bei der Beispiel-CGU zu buchen.

5. Würdigung

Für die Ableitung des Recoverable Amount beim Impairment-Test nach IAS 36 unter Anwendung von IAS 17 wird in Szenario 1 die in der Praxis vorherrschende Vorgehensweise beschrieben. Die DCF-Bewertung unter Anwendung von IAS 17 lässt sich in eine IFRS 16-Welt überleiten, sodass die Bewertungen auf Ebene des Equity Value immer zu demselben Ergebnis führen. Dies wurde in den Szenarien 2 und 3 gezeigt.

In Szenario 2 wird bei der WACC-Anpassung auf CGU-spezifische Daten abgestellt, nämlich auf den durchschnittlichen Zinssatz der (ehem.) Operating Leases der CGU. Dies liegt darin begründet, dass Szenario 2 inkl. WACC-Anpassung auf den Annahmen des IAS 17 Impairment-Test aufsetzt und diese eine CGU-spezifische Verzinsung der Operating Leases vorsehen.

Da IAS 36 grundsätzlich bei der WACC-Ermittlung einen Bezug zur Peer Group vorsieht, stellt sich die Frage, ob diese (CGU-spezifische) Anpassung mit den Vorschriften von IAS 36 in Einklang steht. Sollte dies verneint werden, wären alle vergangenen Impairment-Tests neu zu rechnen, da in der Vergangenheit implizit eine falsche Kapitalstruktur bei der Existenz von Operating Leases zugrunde gelegt worden wäre. Da diese Fragestellung nichts mit dem Effekt aus einer Umstellung von IAS 17 auf IFRS 16 zu tun hat, wird dies im Folgenden nicht weiter diskutiert.

Sofern die zu bewertenden CGUs und die Peer Group bzgl. des Umfangs des Operating Leases vergleichbar sind, ist keine wesentliche Änderung der Ergebnisse der vergangenen Impairment-Tests zu erwarten. In der Übergangsphase werden die IFRS 16-Informationen der Peer Group-Unternehmen vielfach noch nicht vollständig vorliegen, da (noch) nicht alle Peer Group-Unternehmen ihre IFRS 16-Finanzdaten vollumfänglich veröffentlicht haben werden.

Für den Impairment-Test zum 31.12.2019 bedeutet dies, dass bei fehlenden Peer Group-Daten der WACC entsprechend um die IFRS 16-Leasingverbindlichkeit inkl. dem durchschnittlichen Zinssatz der CGU – wie in Szenario 2 dargestellt – anzupassen ist. Eine vollständige Umstellung auf die Daten der Peer Group kann aber voraussichtlich ab dem Jahr 2020 erfolgen. Liegen die IFRS 16-Effekte für die Peer Group-Unternehmen dann vor, kann der WACC mit einem durchschnittlichen Zins über alle (Netto-)Schulden inkl. IFRS 16-Leasingverbindlichkeit bestimmt werden. In der Zwischenphase ist für die Peer Group-Unternehmen jew. zu prüfen, inwieweit eine (freiwillige) Umstellung auf IFRS 16 bei diesen bereits erfolgt ist. Dabei ist im Rahmen der Ableitung der Kapitalstruktur der Peer Group-Unternehmen genau zu untersuchen, ob bereits IFRS 16-Effekte enthalten sind oder nicht. Dies gilt insb. für den Abruf der Finanzdaten der Peer Group-Unternehmen bei den gängigen Finanz-Datenbanken.

VII. Multiplebewertung

Die obigen Ausführungen haben gezeigt, dass sich der Equity Value durch die Umstellung der Leasingbilanzierung von IAS 17 auf IFRS 16 nicht ändert. Ganz so einfach ist die Umstellung bei der Multiplebewertung nicht. Dies soll exemplarisch anhand der EBITDA-Multiplebewertung aufgezeigt werden.

Im Kapitel IV wurden die Auswirkungen einer Umstellung von IAS 17 auf IFRS 16 auf die finanziellen Kennzahlen dargelegt. Sowohl das EBIT als auch das EBITDA steigen c.p. durch die Umstellung auf IFRS 16 an. Sofern Multiples aus IAS 17-Größen (der Peer Group) abgeleitet und auf IFRS 16-Ergebnisgrößen (EBIT oder EBITDA des Bewertungsobjektes) angewendet werden, resultiert ein zu hoher Enterprise Value. Zwar sind in diesem Fall auch höhere Nettoverschuldungen abzuziehen, da die (ehemaligen) Operating Leasingverbindlichkeiten auch einzubeziehen sind, jedoch gleicht dieser Effekt den obigen Fehler nicht vollständig aus. Dies soll anhand des folgenden Beispiels veranschaulicht werden:

Das Unternehmen erwartet ein EBITDA von 50 Mio. € gem. IFRS 16. Aus den Vergleichstransaktionen der Vergangenheit wurde ein EBITDA-Multiple abgeleitet. Da die Transaktionen in der Vergangenheit erfolgten, liegen die finanziellen Kennzahlen gem. IAS 17 vor. Sofern keine Anpassung an IFRS 16 erfolgt, ergibt sich im Beispiel ein EBITDA-Multiple von 18,3x (siehe Spalte „IAS 17" in Tab. 11). Wird dieser Multiple unverändert auf IFRS 16-Größen des Bewertungsobjekts angewendet, resultiert ein rechnerischer Enterprise Value von 915 Mio. €. Bei einer Nettoverschuldung des Bewertungsobjekts (nach IFRS 16) von 425 Mio. € beträgt der Equity Value 490 Mio. €. Diese Vorgehensweise führt zu einer erheblichen Überschätzung des Enterprise Value und des Equity Value.

Mio. €	IAS 17	IFRS 16
EBITDA Unternehmen XYZ (IFRS 16)	50	50
Multiple (aus Transaktionen)	18,3x	17,4x
Enterprise Value	**915**	**870**
Nettoverschuldung (IFRS 16)	-425	-425
Equity Value	**490**	**445**

Tab. 11: Eingangsdaten Multiplebewertung

Wie aus der Tab. ersichtlich ist, sinkt der Multiple von 18,3x auf 17,4x unter Berücksichtigung von IFRS 16 (siehe Spalte „IFRS 16" in Tab. 11), wodurch der Enterprise Value nur noch 870 Mio. € und der Equity Value nur noch 445 Mio. € beträgt und damit letzterer rd. 9% niedriger ist.

VIII. Zusammenfassung

Der vorliegende Beitrag untersucht die Auswirkungen von IFRS 16 auf die Unternehmensbewertung und den Impairment-Test nach IAS 36. Im Rahmen einer Fallstudie wird demonstriert, wie sich DCF-Bewertungen unter Anwendung von IAS 17 in die IFRS 16-Logik überführen lassen. Bei konsistenten Annahmen führen die DCF-Bewertungen unter Anwendung von IAS 17 und IFRS 16 zum identischen Ergebnis auf Ebene des Equity Value. Entsprechend ergeben sich auch keine (werttechnischen) Auswirkungen für den Impairment-Test nach IAS 36, sofern die IFRS 16-Effekte auf den Recoverable Amount und den Carrying Amount vom Anwender konsistent berücksichtigt werden. Die in dem Beitrag vorgeschlagene Methodik basiert dabei auf einer integrierten Lösung, und es ist keine Zielwertsuche oder sonstige Anpassung notwendig.

Die Anpassungen beschränken sich nicht nur auf die DCF-Bewertungen. Auch die Auswirkungen auf Multiples, die in der Vergangenheit gezahlt wurden, müssen nicht unerheblich sein.

Quelle: CORPORATE FINANCE 2020, S. 229.

2. Unternehmensbewertung und Covid-19: Grundsätzliches

Fragen und Antworten: Zur praktischen Anwendung der Grundsätze zur Durchführung von Unternehmensbewertungen nach IDW S 1 i.d.F. 2008 (F & A zu IDW S 1 i.d.F. 2008) – Ergänzung

Anlage zu Frage 4.2.

Erläuterung der in der Antwort auf Frage 4.2. beschriebenen Vorgehensweise bei der Ableitung von Zerobond-Zinssätzen – Berechnungsbeispiel für Bewertungsstichtage zum Ablauf des Monats Mai bzw. im Juni 2013

> Abgedruckt sind die neu ergänzten Abschn. 3. und 5., in Abschn. 4.2. ist der neu eingefügte Verweis auf Abschn. 3.1. durch Unterstreichung kenntlich gemacht.

1. Vorwort
[...]

3. Relevanz von Börsenkursen
3.1 Auf welchen Referenzzeitraum ist für die Durchschnittsbildung bei der Ermittlung des relevanten Börsenkurses abzustellen?

Bei aktien- und umwandlungsrechtlichen Strukturmaßnahmen wie dem Squeeze out oder Unternehmensverträgen ist der ggf. für die Abfindungsuntergrenze relevante Börsenkurs als Durchschnittskurs innerhalb eines Referenzzeitraums von drei Monaten vor der Bekanntgabe der Strukturmaßnahme zu errechnen. Für das Delisting beträgt die Frist sechs Monate (vgl. § 39 Abs. 3 BörsG). Als maßgebliches Fristende für den rückzurechnenden Referenzzeitraum wird auf den Tag vor der Bekanntgabe der geplanten Strukturmaßnahme abgestellt. Dabei ist bei der Berechnung der Frist analog §§ 187, 188 BGB nicht auf die Benennung eines Wochentags, sondern das jeweilige Kalenderdatum abzustellen. Die konkrete Monatslänge spielt keine Rolle.

Fehlt bei der Rückrechnung in dem Monat, in den zurückgerechnet wird, der Tag, der zahlenmäßig dem Fristende entspricht, so tritt der letzte Tag dieses Monats an seine Stelle. Die Frist beginnt in dem relevanten Monat mit dem Tag, der zahlenmäßig dem Tag des Fristendes nachfolgt. Für das Beispiel der Bekanntgabe einer Strukturmaßnahme am 08.12.2020 bestimmt sich die Drei-Monats-Frist somit vom 08.09.2020 bis zum 07.12.2020.

[...]

4.2. Wie wird der Basiszinssatz im Rahmen objektivierter Unternehmensbewertungen ermittelt?

[...]

Zur Glättung kurzfristiger Marktschwankungen sowie möglicher Schätzfehler (insb. bei den für Unternehmensbewertungen typischerweise relevanten langfristigen Renditen) empfiehlt der FAUB, nicht alleine die zum Bewertungsstichtag geschätzten Zerobondrenditen, sondern periodenspezifische Durchschnittsrenditen aus den dem Bewertungsstichtag vorangegangenen drei Monaten zu verwenden. <u>Für die Fristberechnung gelten die vorstehenden Ausführungen zur zeitlichen Abgrenzung eines Dreimonatszeitraums für die Börsenkursberechnung (vgl. Abschn. 3.1.) entsprechend</u>.

[...]

5. Berücksichtigung von Fremdwährungseffekten bei Unternehmensbewertungen

5.1. Kommt bei Unternehmensbewertungen von in Fremdwährung operierenden Unternehmen/ Einheiten die direkte oder die indirekte Methode zur Anwendung?

Bei Unternehmensbewertungen von in Fremdwährung operierenden Unternehmen/Einheiten können die direkte oder die indirekte Methode zur Anwendung kommen.

Bei der *direkten* Methode werden die in Fremdwährung denominierten Zukunftserfolge mit einem auf Grundlage ausländischer Kapitalkosten ermittelten Zinssatz diskontiert und der Barwert der Zukunftserfolge wird anschließend mit dem zum Bewertungsstichtag beobachtbaren Kassakurs in die Heimatwährung des Investors umgerechnet.

Aus Transparenzgesichtspunkten bietet sich die direkte Methode insb. bei der Bewertung von ausländischen Gesellschaften an, die in sich geschlossene Einheiten darstellen, und daher separat aus lokaler Perspektive beurteilt werden. Ein konkretes Beispiel ist eine nicht in einen Konzernverbund integrierte, selbstständig operierende Teileinheit, deren Cashflows überwiegend in Fremdwährung geplant werden. Beispielsweise kann die direkte Methode in der Praxis bei Werthaltigkeitstests i.S. von IAS 36 („Wertminderung von Vermögenswerten") sowie bei dem Erwerb von Beteiligungen im Ausland Anwendung finden.

Bei der *indirekten* Methode werden die in Fremdwährung denominierten Zukunftserfolge zunächst mit prognostizierten Wechselkursen in die Heimatwährung des Investors umgerechnet und anschließend mit einem auf Grundlage einer inländischen Perspektive ermittelten Zinssatz diskontiert.

Die Umrechnung der Cashflows der einzelnen Planjahre in die Heimatwährung erfolgt, um das Unternehmen aus der Inlandsperspektive bewerten zu können. Für die Umrechnung müssen erwartete künftige Wechselkurse für die einzelnen Planjahre herangezogen werden (vgl. Abschn. 5.2.).

Zur Anwendung kommt die indirekte Methode bspw. bei der Bewertung von inländischen Gesellschaften, die auch Auslandstätigkeiten in ausländischen Währungen haben, bei der Bewertung eines Konzerns, der sich aus Tochterunternehmen mit Aktivitäten in unterschiedlichen Währungen zusammensetzt sowie bei der Bewertung von in einen Konzernverbund integrierten ausländischen Teileinheiten.

Anwendungsfälle in der Praxis sind u.a. gesellschaftsrechtliche Bewertungsanlässe entsprechender Unternehmen.

Für die Anwendung sowohl der direkten als auch der indirekten Methode gilt, dass ökonomische Risiken aus Wechselkursänderungen, wie Elastizitäten (z.B. mengenmäßige Abweichungen aufgrund von Wechselkursänderungen etc.), in der Planung zu berücksichtigen sind.

Beide Methoden führen nur unter der Annahme von sicheren Zahlungsströmen oder der Annahme, dass die realen Aktienrenditen (und realen Zinsen) identisch sind, zu gleichen Ergebnissen (vgl. Abschn. 5.2.).

5.2. Gibt es für die Bestimmung von künftigen Wechselkursen (indirekte Methode) derzeit einen überlegenen theoretischen Ansatz?

Für die Bestimmung von künftigen Wechselkursen gibt es derzeit keinen überlegenen theoretischen Ansatz. Die unterschiedlichen theoretischen Ansätze zur Erklärung von Wechselkursentwicklungen basieren insb. auf Gleichgewichtsbeziehungen auf dem Güter- und Kapitalmarkt. Ungleichgewichte und daraus resultierende Arbitragemöglichkeiten sollen theoretisch Anpassungsprozesse auslösen, die zu einem Gleichgewichtskurs führen.

5.2.1. Kaufkraftparitätentheorie (Purchasing Power Parity, PPP)

Nach der absoluten Kaufkraftparitätentheorie müsste für identische Güter auf allen Märkten derselbe Preis gelten (Gesetz des einheitlichen Preises). Wechselkurse passen sich dann so an, dass zwischen unterschiedlichen Währungsräumen Kaufkraftparität herrscht. Ist das Gleichgewicht erreicht, würden Inflationsunterschiede zu erneuten Ungleichgewichten führen. Daher müsste ceteris paribus gemäß der relativen Kaufkraftparitätentheorie eine Angleichung der Wechselkurse nach den Inflationsunterschieden von In- und Ausland erfolgen.

5.2.2. Theorie der gedeckten Zinsparität (Covered Interest Rate Parity, CIP)

Die Zinsparitätentheorie wendet das Gesetz des einheitlichen Preises auf (festverzinsliche und homogene) Finanztitel am Kapitalmarkt an.

Die gedeckte Zinsparitätentheorie besagt, dass das Verhältnis von Kassa- und Terminkursen zueinander sich am Kapitalmarkt so einstellt, dass die Rendite eines inländischen Finanztitels der eines währungsgesicherten ausländischen Finanztitels entspricht. Beispielsweise sollte eine Anlage in EUR keine andere (risikofreie) Rendite liefern als eine Anlage in USD, bei der USD heute zum Kassakurs gekauft, angelegt und gleichzeitig der USD-Erlös aus der Anlage zum Terminkurs verkauft werden. Anderenfalls würden hieraus Arbitragemöglichkeiten resultieren. Daher entsprechen Terminkurse demnach dem Zinsdifferential der beiden Währungsräume zzgl. Kassakurs.

5.2.3. Theorie der ungedeckten Zinsparität (Uncovered Interest Rate Parity, UIP)

Die ungedeckte Zinsparitätentheorie stellt hingegen auf ungesicherte Positionen ab und geht davon aus, dass Zinsunterschiede in den Währungsräumen die künftige Wechselkursentwicklung bestimmen: Ein höheres Zinsniveau im Ausland führt dabei zur Erwartung einer Abwertung der Auslandswährung (und umgekehrt), damit eine höhere erwartete Zinsrendite durch die erwartete Abwertung ausgeglichen wird (und umgekehrt). Beispielsweise sollte eine Anlage in EUR keine andere Rendite liefern als eine Anlage in USD, bei der USD heute zum Kassakurs gekauft, angelegt und der USD-Erlös aus der Anlage zum künftig geltenden (unsicheren) Kassakurs verkauft werden.

Würden ceteris paribus alle Paritätsbeziehungen gleichzeitig gelten, d.h. ein Gleichgewichtsniveau der Währungen wäre erreicht und würde sich nur noch aufgrund von Inflationsunterschieden verändern, dann würden Zinsunterschiede der Währungen die Inflationserwartungen und damit unmittelbar auch die erwarteten Wechselkursveränderungen widerspiegeln. Unter diesen Bedingungen wären in einem vereinfachten Zwei-Länder-Modell die Realrenditen gleich und ließen sich direkte und indirekte Methode ineinander überführen. Aus den Terminkursen wie aus Inflationsdifferenzen ließe sich dann die erwartete künftige Wechselkursentwicklung ablesen.

In der Realität bestehen große Abweichungen von den obigen Bedingungen. Die Empirie zeigt, dass die Kaufkraftparität in der kurzen bis mittleren Frist häufig verworfen werden muss. Über längere Zeiträume hingegen weisen Studien auf eine vergleichsweise gute empirische Evidenz der absoluten und relativen Kaufkraftparitätentheorie hin.

Die Gültigkeit der gedeckten Zinsparitätentheorie wird in der Empirie in aller Regel bestätigt. Die gedeckte Zinsparität kann für Hedging-Geschäfte zwischen Währungspartnern als Verhandlungsbasis dienen. Die empirische Evidenz der ungedeckten Zinsparitätentheorie hingegen wird in der Literatur kontrovers diskutiert.

Zusammenfassend zeigen empirische Studien oftmals, dass die obenstehenden Paritätstheorien keine dem Kassakurs überlegene Prognosestärke aufweisen (sog. Random Walk-Theorie). Insgesamt hat sich in der Literatur bislang keine überlegene Theorie oder Methodik der Wechselkursprognose herausgebildet. Wichtig ist jedoch, bei Wahl einer bestimmten Methode diese konsistent (vgl. Abschn. 5.3. und 5.4.) im Rahmen der Bewertung anzuwenden.

5.3. Wie sind die vom Unternehmen in der Detailplanungsrechnung erwarteten Wechselkurse auf Plausibilität zu beurteilen?

Bei Unternehmen mit Auslandsaktivitäten in Fremdwährung sind Annahmen zu erwarteten künftigen Wechselkursen regelmäßig integraler Bestandteil der Planungsrechnung.

Sie gehören zu den unternehmensexternen Planannahmen, für die der Wirtschaftsprüfer im Rahmen von Plausibilitätsbeurteilungen Marktdaten und -analysen heranzuziehen hat (vgl. IDW Praxishinweis: Beurteilung einer Unternehmensplanung bei Bewertung, Restrukturierungen, Due Diligence und Fairness Opinion (IDW Praxishinweis 2/2017), Tz. 5, Tz. 28 ff.).

Bei der Plausibilisierung der in der Planung getroffenen Wechselkursannahmen können sowohl die Verhältnisse auf den Kapitalmärkten, insb. die Verhältnisse auf den Kassa- und Terminmärkten, als auch auf den Gütermärkten eine Analysegrundlage bilden. Ferner kann beurteilt werden, ob geldpolitische Maßnahmen der Zentralbanken Auswirkungen auf die Wechselkursentwicklung haben (vgl. IDW Praxishinweis 2/2017, Tz. 31).

Kassakurse sind bspw. frei verfügbar auf den Websites der Europäischen Zentralbank (EZB), der US-Notenbank Federal Reserve (FED) sowie des Internationalen Währungsfonds (International Monetary Fund (IMF)). Terminkurse für Laufzeiten größer als zwei Jahre werden regelmäßig synthetisch, d.h. mithilfe bestimmter Berechnungsmodelle abgeleitet. Für längere Laufzeiten dürfen diese nicht ohne weitere Überlegungen übernommen werden. Zinsstrukturkurven lassen sich aufbauend auf den geschätzten Marktdaten der Zentralbanken der betreffenden Währungsländer ableiten (vgl. Abschn. 4.2.). Alternativ können Daten über Datenbanken wie Bloomberg oder Thomson Reuters abgefragt werden.

Mangels einer überlegenen Wechselkursprognosemethode kommen verein-fachungshalber je nach Fristigkeit folgende Plausibilisierungsmaßstäbe in Betracht:

- Für kurze Frist können Terminkurse, die am Markt für kurze Zeiträume von ein bis maximal zwei Jahren beobachtbar sind, als fiktives Hedging-Geschäft angenommen und zur Plausibilisierung von Wechselkursen zugrunde gelegt werden.
- Für kurze und mittlere Frist kann alternativ die Festsetzung des Kassakurses zum Bewertungsstichtag zur Plausibilisierung erwarteter künftiger Wechsel-kurse herangezogen werden.
- Alternativ zu den beiden vorangegangenen Plausibilisierungsmaßstäben ist im Detailplanungszeitraum eine schrittweise Angleichung der angenommenen Wechselkurse an ein langfristiges Niveau möglich.
- Ergänzend können qualifizierte Analystenschätzungen herangezogen werden.
- Schließlich kann die Plausibilisierung auf Basis von Kaufkraftparitäten (basie-rend auf dem Preisniveau oder der Inflation), der Produktivität, der Staatsver-schuldung, des langfristigen Zinsniveaus und des Leistungsbilanzsaldos der Währungsräume erfolgen.

Eingriffe in die Unternehmensplanung und damit auch in die Wechselkursplanung des Managements des zu bewertenden Unternehmens sind im Detailplanungszeit-raum durch den Wirtschaftsprüfer vorzunehmen, wenn diese gemäß den Maß-stäben des IDW Praxishinweises 2/2017 als nicht plausibel zu betrachten sind (vgl. IDW Praxishinweis 2/2017, Tz. 5 und Tz. 53). Bei einem Eingriff in die Wechselkurs-annahmen ist zu identifizieren, welche Bereiche der Wertschöpfungskette erheb-lichen Währungseinflüssen unterliegen und damit in die Analyse einzubeziehen sind (z.B. typisch für einen international agierenden Konzern mit einer Vielzahl von Wechselkursabhängigkeiten in unterschiedlichsten Währungen). Dabei sind Wechselwirkungen zur Produktprogrammplanung, Absatzplanung, Investitions-planung etc. zu würdigen. Hierbei kann auf die im Planungskonzept angelegten Wechselwirkungen zurückgegriffen werden. Der Konkretisierungsgrad möglicher Anpassungsmaßnahmen des Unternehmens auf geänderte Wechselkursannah-men ist kritisch zu würdigen. Dies gilt insb., wenn es sich dabei um Maßnahmen handelt, die im bisherigen Unternehmenskonzept nicht angelegt waren (vgl. IDW S 1 i.d.F. 2008, Tz. 32).

5.4 Wer trifft in der ewigen Rente die Annahmen für die Entwicklung der erwarteten Wechselkurse?

In der ewigen Rente trifft der Wirtschaftsprüfer die Annahmen für die Entwicklung der erwarteten Wechselkurse. Dabei kommen grundsätzlich zwei Handlungsmög-lichkeiten in Bezug auf die Abbildung von Wechselkursannahmen in Betracht, um einen Gleichgewichtszustand zu erreichen: Es können die Wechselkurse aus dem letzten Planjahr übernommen werden, sofern dies nach kritischer Würdigung sachgerecht erscheint. Anderenfalls sind weitergehende Wechselkursannahmen zu treffen.

Sofern die reine Fortschreibung der Wechselkursannahmen des letzten Jahres der Detailplanungsphase nicht sachgerecht erscheint, muss der Wirtschaftsprüfer anhand geeigneter Prognosemethoden und Marktdaten selbst eine Einschätzung zum nachhaltigen Wechselkurs vornehmen. Bei den Annahmen zur Wechselkurs-entwicklung gegenüber der Detailplanungsphase sind u.a. Wechselwirkungen zur Produktprogrammplanung, Absatzplanung, Investitionsplanung etc. im Rahmen des bisherigen Unternehmenskonzepts konsistent zu würdigen. Unter Berück-sichtigung dieser Annahmen muss auch die nachhaltige unternehmensspezifische Wachstumsrate geschätzt werden.

Zur Ableitung der nachhaltig zu erwartenden künftigen Wechselkurse kommen verschiedene Möglichkeiten in Betracht:

- Analyse der aktuellen Kassakurse und der historischen Wechselkursentwick-lungen.
- Bei Anwendung der Kaufkraftparitätentheorie bietet es sich an, auf die Daten u.a. folgender Institutionen zurückzugreifen: Organisation für wirtschaftliche Zusammenarbeit und Entwicklung (Organisation for Economic Cooperation and Development (OECD)), EZB, IMF oder Bank für Internationalen Zahlungs-ausgleich (Bank of International Settlement, BIS). Hierbei können historische Daten mit aktuellen Indexwerten verglichen werden. Auf- oder Abwertungs-tendenzen lassen sich auch über gängige Indizes wie den von der Zeitschrift „The Economist" veröffentlichten „Big Mac Index" (bzw. seine um das Produk-tivitätsdifferential der betrachteten Währungsräume adjustierte Variante) ver-plausibilisieren.
- Ergänzend können qualifizierte Analystenschätzungen herangezogen werden. Hier sind bspw. sog. Behavioral Equilibrium Exchange Rate (BEER)-Modelle zu nennen, die insb. von Geschäftsbanken zur Prognose von realen Kursgleich-gewichten verwendet werden. Diese gehen von den Verhältnissen auf den jeweiligen Gütermärkten aus und ergänzen diese um die Berücksichtigung ausgewählter makroökonomischer Fundamentaldaten (wie Produktivitätsent-wicklung, Staatsverschuldung, Zinsdifferential und/oder Leistungsbilanzsal-den). Solche Schätzungen sind jedoch nur in Einzelfällen öffentlich zugänglich. Des Weiteren gibt es Schätzungen auf Basis von sog. Fundamental Equilibrium Exchange Rate (FEER)-Modellen. Dabei werden gleichgewichtige reale Wech-selkurse unter der Vorgabe u.a. von normativ festgelegten Leistungsbilanz-niveaus der Währungsräume abgeleitet. FEER-basierte Wechselkursprognosen

werden bspw. vom Economics International Inc., USA, bzw. Peterson Institute for International Economics, USA, veröffentlicht.

[...]

Quelle: IDW life 11/2020, S. 955.

Berufsständische fachliche Hinweise zu den Auswirkungen der Ausbreitung des Coronavirus auf Unternehmensbewertungen

WP/StB Univ.-Prof. Dr. Klaus Rabel, CVA

I. Einleitung

Der Fachausschuss für Unternehmensbewertung und Betriebswirtschaft (FAUB) des IDW hat am 25.03.2020 einen fachlichen Hinweis zu den Auswirkungen der Ausbreitung des Coronavirus auf Unternehmensbewertungen veröffentlicht.[1] Angesichts des durch die COVID-19-Krise ausgelösten weltweiten Einbruchs der Börsenkurse ab Ende Februar 2020 grenzt der FAUB einleitend die Preisbildung für Aktien an den Börsen, bei der es gerade in Krisensituationen zu extremen Schwankungen komme, von fundamentalanalytischen Wertermittlungsmethoden wie dem anhand des Ertragswertverfahrens und der DCF-Verfahren ermittelten Zukunftserfolgswert eines Unternehmens ab. Auf Basis der Anforderungen eines langfristig orientierten Zukunftserfolgswertverfahrens wird in der Folge zunächst auf mögliche Auswirkungen der Corona-Krise auf die der Bewertung zugrunde zu legende Unternehmensplanung eingegangen. Abschließend nimmt der FAUB zu den Auswirkungen auf die Kapitalkosten Stellung.

Am 15.04.2020 hat die österreichische Kammer der Steuerberater und Wirtschaftsprüfer (KSW) ebenfalls fachliche Hinweise zu Auswirkungen der Ausbreitung des Coronavirus auf Unternehmensbewertungen verlautbart, die von der Arbeitsgruppe Unternehmensbewertung (AGU) des Fachsenats für Betriebswirtschaft erarbeitet wurden.[2] Ergänzend zu den vom FAUB angesprochenen Themen geht die AGU auch auf das Stichtagsprinzip sowie auf Besonderheiten bei der Anwendung von Multiplikatorverfahren ein.

In beiden fachlichen Hinweisen wird einleitend festgestellt, dass die mit der Ausbreitung des Coronavirus einhergehenden Einschränkungen und Verhaltensänderungen zu großer wirtschaftlicher Unsicherheit geführt haben, die sich u.a. in einem drastischen Einbruch von Börsenkursen niedergeschlagen habe.

---

[1]   IDW Life 2020, S. 329 ff.
[2]   Abrufbar unter http://hbfm.link/7020 (Abruf: 27.04.2020).

Der Beitrag erläutert die wesentlichen Aussagen dieser fachlichen Hinweise zu den Themen Stichtagsprinzip, Unternehmensplanung, Kapitalkosten und Multiplikatorverfahren und zeigt Übereinstimmungen und Unterschiede auf.

II. Stichtagsprinzip

Bei Unternehmensbewertungen, die erst zu einem späteren, nach dem Bewertungsstichtag liegenden Zeitpunkt abgeschlossen werden, stellt sich die Frage, ob und in welchem Umfang Auswirkungen von COVID-19 zu berücksichtigen sind. Nach Ansicht der AGU sind tatsächliche Entwicklungen nach dem Bewertungsstichtag nur dann zu berücksichtigen, wenn sie bereits zum Bewertungsstichtag in der Wurzel angelegt und bei angemessener Sorgfalt erkennbar waren. Neben dem objektiven Wurzelkriterium, das sich in der Umsetzung als in hohem Maße unbestimmt und nicht operational erweist,[3] wird damit – in Übereinstimmung mit der deutschen Bewertungspraxis – entscheidend auf das subjektive Element der Erkennbarkeit abgestellt.[4] Laut AGU ist Erkennbarkeit gegeben, wenn es zumindest überwiegend wahrscheinlich erscheint, dass diese Entwicklungen bereits am Bewertungsstichtag erwartet wurden.[5]

Nach Ansicht der AGU ist für Bewertungsstichtage bis zum 31.12.2019 davon auszugehen, dass die mit der späteren globalen Ausbreitung des Coronavirus verbundenen Folgewirkungen noch nicht erkennbar waren, sodass eine Berücksichtigung dieser Entwicklungen bei Unternehmensbewertungen auf Stichtage bis zum 31.12.2019 aufgrund des Stichtagsprinzips ausscheidet. Dies steht im Einklang mit den in Deutschland und Österreich zu Fragen der Rechnungslegung zum 31.12.2019 ergangenen Fachinformationen, die den Ausbruch von COVID-19 aus bilanzrechtlicher Sicht als wertbegründendes Ereignis einstufen.[6]

Für Bewertungsstichtage nach dem 31.12.2019 ist nach Ansicht der AGU in einem ersten Schritt die Erkennbarkeit von Auswirkungen von COVID-19 zum jeweiligen Stichtag zu beurteilen. Dies hat länder- und einzelfallspezifisch im Lichte des konkreten Geschäftsmodells und der räumlichen Aktivitäten des zu bewertenden Unternehmens zu erfolgen. In die Beurteilung sind u.a. Veröffentlichungen von (Gesundheits-)Behörden, Einschränkungen des öffentlichen Lebens und des Wirtschaftsverkehrs durch behördliche Auflagen und deren konkrete Auswirkungen auf das zu bewertende Unternehmen sowie allgemeine wirtschaftliche Entwick-

---

3   Zur Kritik an der Wurzeltheorie s. Popp/Ruthardt, in: IDW (Hrsg), WPH Edition, Bewertung und Transaktionsberatung, 2018, Kap. C Tz. 114; Hüttemann/Meyer, in: Fleischer/Hüttemann (Hrsg), Rechtshandbuch Unternehmensbewertung, 2. Aufl. 2019, § 14 Rz. 14.48 f.
4   Während der deutsche Standard IDW S 1 in Rz. 23 eine ausschließlich subjektive Abgrenzung vorsieht, nimmt der österreichische Standard KFS/BW 1 in Rz. 24 auch auf das objektive Wurzelkriterium Bezug.
5   So auch Castedello, in: IDW (Hrsg), WPH Edition, Bewertung und Transaktionsberatung, 2018, Kap. A Tz. 76.
6   Fachlicher Hinweis des IDW zu den Auswirkungen der Ausbreitung des Coronavirus auf die Rechnungslegung zum Stichtag 31.12.2019 und deren Prüfung (Teil 1) vom 04.03.2020, IDW Life 2020, S. 311 ff.; Austrian Financial Reporting and Auditing Committee, AFRAC-Fachinformation COVID-19, April 2020, abrufbar unter http://hbfm. link/7021 (Abruf: 27.04.2020).

lungen einzubeziehen. Dazu zählen nach Ansicht der AGU insb. auch die mit der Ausbreitung von COVID-19 einhergehende Veränderung der Erwartungshaltung von Kapitalmarktteilnehmern und die erhöhte wirtschaftliche Unsicherheit, die zum weltweiten Einbruch der Börsenkurse ab dem 24.02.2020 beitrugen.

Ist die Erkennbarkeit von wirtschaftlichen Auswirkungen von COVID-19 für einen nach dem 31.12.2019 liegenden Bewertungsstichtag zu bejahen, ist in einem zweiten Schritt der Umfang dieser Auswirkungen auf die zukünftigen finanziellen Überschüsse des zu bewertenden Unternehmens zu beurteilen. Nach Ansicht der AGU sind die Auswirkungen von COVID-19 auf die zukünftigen finanziellen Überschüsse grds. in jenem Umfang zu berücksichtigen, der sich auf Basis des zum Bewertungsstichtag bei angemessener Sorgfalt zu erlangenden Informationsstandes mit hinreichender Wahrscheinlichkeit erwarten ließ. Maßgeblich sind damit die Verhältnisse am jeweiligen Bewertungsstichtag und die auf dieser Grundlage aufbauende Erwartungshaltung. Bemerkenswert ist, dass die AGU in diesem Zusammenhang ausdrücklich festhält, dass das bilanzrechtliche Wertaufhellungsprinzip für die Unternehmensbewertung keine Gültigkeit besitzt.[7]

Die Umsetzung dieser Grundsätze erfordert in der Praxis eine detaillierte einzelfallspezifische Analyse des zum jeweiligen Bewertungsstichtag bei angemessener Sorgfalt zu erlangenden Informationsstandes. Aus diesem Grund sehen die fachlichen Hinweise der AGU vor, dass im Bewertungsbericht auf die für die Erkennbarkeit zum Stichtag maßgeblichen Umstände sowie auf den zum Bewertungsstichtag bei angemessener Sorgfalt zu erlangenden Informationsstand einzugehen ist.

III. Unternehmensplanung

Nach Ansicht des FAUB kann derzeit angenommen werden, dass die Corona-Krise in ihrer weiteren Entwicklung dem Verlauf vorangegangener Pandemien ähneln wird. Im Hinblick auf die schwer einschätzbare Dauer der pandemischen Phase soll daher zwischen einer kurz- bis mittelfristigen sowie einer langfristigen Betrachtung unterschieden werden. In der kurz- bis mittelfristigen Betrachtung, in der sich in vielen Fällen zeitlich begrenzte negative Folgewirkungen (z.B. aus Nachfragerückgängen, Lieferengpässen, Personalausfällen, Werkschließungen) für die Unternehmen ergeben, ist nach Ansicht des FAUB derzeit insb. die Dauer der negativen Effekte schwer abschätzbar. In der Folge werden Beispiele für mögliche Verläufe der negativen Effekte beschrieben.

Die Unterscheidung zwischen den Auswirkungen in einer kurz- bis mittelfristigen pandemischen Phase (einschließlich einer nachfolgenden Erholungsphase) und den langfristigen Folgewirkungen der Pandemie findet sich auch in den fachlichen

---

7   Zur Irrelevanz der bilanzrechtlichen Wertaufhellung für die Unternehmensbewertung s. Hüttemann/Meyer, a.a.O. (Fn. 3), § 14 Rz. 14.62.

Hinweisen der AGU. Die AGU empfiehlt allerdings in Rz. 13 ausdrücklich die Ableitung von Erwartungswerten für die finanziellen Überschüsse aus Szenarien, denen Eintrittswahrscheinlichkeiten zugeordnet werden, sofern die Berücksichtigung von Folgewirkungen von COVID-19 mit einer erheblichen Erhöhung der Planungsunsicherheit verbunden ist.[8] Nach Rz. 15 ist eine Szenarioanalyse vorzunehmen, wenn sowohl die Dauer der pandemischen Phase als auch das Ausmaß ihrer Effekte auf die finanziellen Überschüsse nur schwer einzuschätzen sind.

Nach beiden fachlichen Hinweisen ist es zulässig, in der Planungsrechnung auch positive Effekte aus zu erwartenden staatlichen Unterstützungen zur Kompensation von wirtschaftlichen Nachteilen aufgrund von COVID-19 zu berücksichtigen.

Übereinstimmung besteht auch dahingehend, dass auf die Beurteilung der langfristigen Folgewirkungen der Pandemie für das konkrete Geschäftsmodell des zu bewertenden Unternehmens besonderes Augenmerk zu legen ist. Dabei ist u.a. auf etwaige Veränderungen im Konsumverhalten, in der Kommunikation, in der Logistik oder in Bezug auf Beschaffungsketten Bedacht zu nehmen und zu analysieren, inwieweit Pläne aus der Vor-Krisen-Zeit noch als Basis für die Einschätzung der langfristigen Unternehmensentwicklung herangezogen werden können. Die AGU weist in diesem Zusammenhang darauf hin, dass Maßnahmen, die zu strukturellen Veränderungen des Unternehmens führen sollen, bei der Ermittlung objektivierter Unternehmenswerte nach KFS/BW 1, Rz. 79 nur dann berücksichtigt werden dürfen, wenn sie zum Bewertungsstichtag bereits eingeleitet bzw. hinreichend konkretisiert sind.

Beide Fachhinweise betonen auch die besonderen Herausforderungen für den Bewerter, die mit der Beurteilung der Plausibilität von Planungsrechnungen in Krisenzeiten verbunden sind. Hervorgehoben wird, dass der Bewerter auf eine Anpassung der Unternehmensplanung hinzuwirken hat, wenn sich derartige Erfordernisse aufgrund der veränderten wirtschaftlichen Rahmenbedingungen ergeben. Nach Ansicht der AGU ist dabei von zentraler Bedeutung, ob der durch COVID-19 erhöhten Unsicherheit bei der Ableitung der Erwartungswerte der finanziellen Überschüsse in angemessener Form Rechnung getragen wurde.

IV. Kapitalkosten
1. Marktrisikoprämie
Ausgehend von einem pluralistischen Ansatz und einer Bandbreite für die nominelle Marktrendite i.H.v. 7,0% bis 9,0% hatte der FAUB am 25.10.2019 unter Orientierung am unteren Ende beobachtbarer Marktrenditen eine Anhebung der Marktrisikoprämie (vor persönlichen Steuern) auf 6,0% bis 8,0% (von zuvor 5,5% bis 7,0%) empfohlen. Im fachlichen Hinweis vom 25.03.2020 hält der FAUB auch im Hinblick

---

8   So auch Bartl/Patloch-Kofler/Schmitzer, RWZ 2020, S. 138.

auf die seines Erachtens aus der Corona-Krise resultierende erhöhte Unsicherheit an dieser Empfehlung fest. Ausschlaggebend dafür ist nach Ansicht des FAUB das mit der langfristigen Ausrichtung der Zukunftserfolgswertverfahren verbundene Erfordernis, Kapitalmarktdaten ebenfalls langfristig zu beurteilen. Der FAUB bekennt sich ausdrücklich zur Orientierung an langfristigen Analysen von Renditen auch in Krisenzeiten und lehnt die Ableitung von Marktrisikoprämie aus Kapitalmarktdaten ab, die durch kurzfristige Ausschläge und mögliche Übertreibungen der Kapitalmärkte gekennzeichnet sind. Vor dem Hintergrund der erst im Oktober 2019 vorgenommenen Anhebung der Bandbreite für die Marktrisikoprämie reflektiert sich nach Ansicht des FAUB die aus der Corona-Krise resultierende erhöhte Unsicherheit auch äquivalent über die Risikoprämie im Kapitalisierungszinssatz.

Anfang April 2020 hat Meitner den vom FAUB vertretenen Standpunkt scharf kritisiert und gefordert, der krisenbedingt erhöhten Unsicherheit, die im sprunghaften Anstieg von Aktienvolatilitäts-Indices bis in die Nähe des Finanzkrisen-Levels und in der Erhöhung von impliziten Marktrisikoprämien auf über 10% ab etwa Ende Februar 2020 beobachtbar sei, müsse auch durch eine erhöhte Marktrisikoprämie Rechnung getragen werden.[9]

Die AGU orientiert sich seit Anfang des Jahres 2018 bei der Festlegung der Marktrisikoprämie an der Empfehlung KFS/BW 1 E 7, die eine stichtagsbezogene Ableitung der erwarteten Marktrisikoprämie (vor persönlichen Steuern) aus der erwarteten nominellen Marktrendite von 7,5% bis 9,0% vorsieht.[10] Abweichend von der Vorgehensweise des FAUB bezieht sich die Empfehlung der AGU nicht unmittelbar auf die Bandbreite für die Marktrisikoprämie, sondern nur auf jene für die Marktrendite. Die von AGU und FAUB bereits vor Ausbruch der Corona-Krise vorgegebenen Korridore für die Marktrendite sind nahezu deckungsgleich. Wenngleich die Empfehlung KFS/BW 1 E 7 offenlässt, nach welchen konkreten Kriterien der Korridor für die nominelle Marktrendite festgelegt wurde, können nach Rz. 4 der Empfehlung Anhaltspunkte für die Höhe der erwarteten Marktrisikoprämie aus Erhebungen zu impliziten Marktrenditen gewonnen werden. Ähnlich wie der FAUB verfolgt die AGU daher einen pluralistischen Ansatz, der auch eine Orientierung an impliziten Kapitalkosten einschließt.

Vor diesem Hintergrund hält die AGU im fachlichen Hinweis zu den Auswirkungen der Corona-Krise zunächst fest, dass auf Aktienmärkten zu beobachten war, dass sich die impliziten Marktrenditen mit dem ab 24.02.2020 eingetretenen Kursverfall an den Börsen sprunghaft erhöht haben, anschließend aber bis Ende März 2020 deutlich gesunken sind und das Niveau vor dem Kursverfall nahezu wieder erreicht

---

9   Meitner, Coranavirus und Unternehmensbewertung: Warum der FAUB nicht richtig liegt, abrufbar unter http://hbfm.link/7022 (Abruf: 27.04.2020).
10   Siehe dazu Rabel, BWP 2018, S. 2 ff.

haben.[11] Da der kurzfristige Anstieg der impliziten Marktrenditen auch auf den Umstand zurückgeführt wird, dass die in die Berechnung einfließenden Ertragserwartungen von Analysten erst zeitlich verzögert an die veränderten Rahmenbedingungen angepasst werden, lassen sich aus dieser Entwicklung nach Ansicht der AGU für Zeiträume ab Ende März 2020 keine Anhaltspunkte für ein – gegenüber dem Niveau vor dem Beginn des Kursverfalls – nachhaltig wesentlich erhöhtes Renditeniveau ableiten.[12] Im Ergebnis hält somit auch die AGU an dem bereits vor der Corona-Krise festgelegten Korridor für die erwartete nominelle Marktrendite von 7,5% bis 9,0% gem. der Empfehlung KFS/BW 1 E 7 fest.

Zur Frage, in welchem Teilbereich dieses Korridors die Marktrendite ab dem Ausbruch der Corona-Krise festgelegt werden soll, enthalten die fachlichen Hinweise der AGU keine explizite Aussage.[13] Der Hinweis auf die aktuell noch immer deutlich über dem Vor-Krisen-Niveau liegenden Volatilitäten auf den Aktienmärkten kann es aber in Abhängigkeit von den Verhältnissen zum Bewertungsstichtag als sachgerecht erscheinen lassen, die Marktrendite tendenziell über jenem Niveau festzulegen, das vor dem Ausbruch der Corona-Krise gewählt wurde. In diesem Zusammenhang ist zu beachten, dass die Empfehlung KFS/BW 1 E 7 – abweichend von der Empfehlung des FAUB aus Oktober 2019 – grds. auch den Ansatz von Marktrisikoprämien über 8,0% zulässt. Da die Marktrisikoprämie nach KFS/BW 1 E 7 stichtagsbezogen als Differenz zwischen Marktrendite und Basiszins ermittelt wird, tritt dies bei einem Basiszins von in etwa Null – wie dies z.B. zum 31.03.2020 der Fall war – bereits bei Festlegung einer knapp über 8,0% liegenden Marktrendite ein.

2. Betafaktor

Während der FAUB zur Ableitung von Betafaktoren keine Aussagen trifft, weist die AGU darauf hin, dass bei der Schätzung zukünftiger Betafaktoren auf Basis historischer Daten zu beachten ist, dass der ab 24.02.2020 eingetretene Kursverfall an den Börsen häufig zu verzerrenden Effekten führen wird.[14] Dem kann nach Ansicht der AGU z.B. durch eine Ausklammerung des betreffenden Zeitraums aus der Analyse oder durch die Ermittlung von rollierenden Betafaktoren über einen längeren Zeitraum begegnet werden. Außerdem ist nach Ansicht der AGU zu beurteilen, inwieweit die erhobenen Betafaktoren das zukünftige systematische Risiko des zu bewertenden Unternehmens in dem durch COVID-19 veränderten Umfeld angemessen widerspiegeln.

---

11 Siehe dazu die bei Bartl/Patloch-Kofler/Schmitzer, RWZ 2020, S. 140, dargestellte Entwicklung der impliziten Marktrenditen für den STOXX Europe 600, den CDAX und den ATX Prime im Zeitraum vom 01.01.2020 bis 06.04.2020.

12 So auch Bartl/Patloch-Kofler/Schmitzer, RWZ 2020, S. 140.

13 Purtscher, Fachliche Hinweise der KSW zu Auswirkungen von COVID-19 auf Unternehmensbewertungen, Lexis 360 Rechtsnews 28929 vom 21.04.2020, abrufbar unter http://hbfm.link/7023 (Abruf: 29.04.2020), will den fachlichen Hinweisen der AGU allerdings eine generelle „Einordnung" der Marktrendite im oberen Bereich der Bandbreite entnehmen.

14 Siehe dazu auch Bartl/Patloch-Kofler/Schmitzer, RWZ 2020, S. 141.

3. Fremdkapitalkosten

Nach Ansicht der AGU ist ebenfalls zu beurteilen, inwieweit sich die aufgrund von COVID-19 erhöhte Unsicherheit zum Bewertungsstichtag auch in erhöhten Renditeforderungen von Fremdkapitalgebern niedergeschlagen hat. Nähere Hinweise dazu werden allerdings nicht gegeben. Bartl/Patloch-Kofler/Schmitzer haben aber bereits gezeigt, dass sich die krisenbedingten Verwerfungen am Kapitalmarkt auch in deutlich erhöhten Credit Spreads der Unternehmensanleihen niedergeschlagen haben.[15]

V. Multiplikatorverfahren

In den fachlichen Hinweisen der AGU wird abschließend auf Auswirkungen von COVID-19 auf die Plausibilitätsbeurteilung mithilfe von Multiplikatorverfahren eingegangen. Demnach ist zu beachten, dass sowohl die ausgewählten Bezugsgrößen als auch erhobenen Multiplikatoren krisenbedingten Verzerrungen unterliegen können. Nach Ansicht der AGU ist insb. zu untersuchen, inwieweit Multiplikatoren, die auf Basis von Datenmaterial aus der Zeit vor der Ausbreitung von COVID-19 erhoben wurden, noch als aussagekräftig eingestuft werden können.

VI. Fazit

Die fachlichen Hinweise des FAUB und der AGU zu den Auswirkungen der Ausbreitung des Coronavirus auf Unternehmensbewertungen decken sich weitgehend in Bezug auf die Planung der finanziellen Überschüsse. Hinsichtlich der Marktrisikoprämie halten sowohl der FAUB als auch die AGU an ihren bereits vor Ausbruch der Krise empfohlenen Bandbreiten für die Marktrisikoprämie (FAUB) bzw. für die Marktrendite (AGU) auch für die Zeit nach Ausbruch der Krise fest. Die fachlichen Hinweise der AGU gehen darüber hinaus auf die stichtagsbezogene Berücksichtigung von Auswirkungen der Corona-Krise, auf die Schätzung zukünftiger Betafaktoren sowie auf Besonderheiten bei der Anwendung von Multiplikatorverfahren ein.

Quelle: Bewertungspraktiker 02/2020, S. 34

---

15   Vgl. Bartl/Patloch-Kofler/Schmitzer, RWZ 2020, S. 141.

3. Kapitalkosten

Betaschätzung bei unregelmäßig gehandelten Aktien

Prof. Dr. rer. pol. habil. Olaf Ehrhardt | Dipl.-Inf. Ralf Koerstein | Dipl.-Volksw. Stefan Möller[1]

1 Einleitung

Eines der wichtigsten Modelle der Kapitalmarkttheorie ist das Capital Asset Pricing Model (CAPM). Mithilfe dieses Modells können die erwarteten Renditen von Wertpapieren und damit auch die Kapitalkosten eines Unternehmens bestimmt werden. Für die Ermittlung der erwarteten Rendite eines Wertpapiers wird der sogenannte Betafaktor benötigt, der traditionell mithilfe des Marktmodells und somit auf der Grundlage eines linearen Regressionsmodells aus Vergangenheitsrenditen empirisch geschätzt wird. Diese Notwendigkeit der Ermittlung des wertpapierspezifischen bzw. unternehmensindividuellen Betafaktors wird auch vom Institut der Wirtschaftsprüfer (IDW) geteilt und ist in den Grundsätzen zur Durchführung von Unternehmensbewertungen (*IDW S 1*) unmissverständlich formuliert.[2] Nur im Falle von nicht börsennotierten Unternehmen, für die eine Schätzung des unternehmensindividuellen Betafaktors nicht möglich ist, darf der Betafaktor vereinfachend durch Rückgriff auf vergleichbare branchenverwandte Unternehmen ermittelt werden.[3]

Bestehende Unvollkommenheiten des Kapitalmarkts können zu mehr oder weniger schwerwiegenden Problemen bei der empirischen Schätzung des Betafaktors führen. So ist seit Fisher (1966) bekannt, dass ein unregelmäßiger Handel in dem betreffenden Wertpapier zu verzerrten Betafaktoren führen kann.[4] Dieser spezielle Aspekt ist nicht nur für die Qualität von Untersuchungen im Rahmen der empirischen Kapitalmarktforschung von Bedeutung, sondern spiegelt sich auch in vielfältiger Weise im Alltag von Unternehmen wider.

Eine dieser praktischen Anwendungen ist die Ermittlung von Barabfindungsangeboten im Rahmen aktienrechtlicher Strukturmaßnahmen, beispielsweise der Ab-

---

1   Der vorliegende Beitrag gibt die Auffassung der jeweiligen Autoren wieder und stellt nicht unbedingt die Position der sie beschäftigenden Institutionen und Arbeitgeber dar.

2   Vgl. IDW Standard: Grundsätze zur Durchführung von Unternehmensbewertungen (IDW S 1 i. F. 2008), Tz. 121; IDW (Hrsg.) WPH Edition, Bewertungs- und Transaktionsberatung, Düsseldorf 2018, Kap. A, Tz. 352. Vgl. auch Wagner u.a., WPg 2006, S. 1019.

3   Vgl. IDW (Hrsg.), WPH Edition, a.a.O. (Fn. 2), Kap. A, Tz. 355. Ziemer/Knoll, ZBB 2017, S. 301 f., weisen auf die damit einhergehenden Probleme hin.

4   Allein wenn neue Informationen bei einzelnen Wertpapieren zu unterschiedlichen Zeitpunkten verarbeitet werden, entstehen im klassischen OLS-Marktmodell verzerrte Regressionskoeffizienten (Betafaktoren), da die Residuen erstens autokorreliert und zweitens mit der Indexzeitreihe korreliert sind; vgl. Schwartz/Whitcomb, JFQA 1977, S. 45. Siehe zudem Fisher, JB 1966, S. 191–225.

schluss von Beherrschungs- und Gewinnabführungsverträgen und die Einleitung eines Squeeze-out-Verfahrens. Konkret darf ein aktienrechtliches Squeeze-out-Verfahren nur dann eingeleitet werden, wenn der kontrollierende Großaktionär mindestens 95% des Grundkapitals besitzt. Dann ist der Großaktionär berechtigt, den Minderheitsaktionären für ihre verbleibenden und folglich sehr selten gehandelten Aktien ein adäquates Barabfindungsangebot zu unterbreiten. Die rechtliche Implementierung von Spruchverfahren zur gerichtlichen Überprüfbarkeit der Höhe des Barabfindungsangebots kann somit als eine spezielle Maßnahme zur Reduzierung des von Shleifer/Vishny (1997) formulierten Agency-Konflikts zwischen Groß- und Minderheitsaktionären interpretiert werden.[5]

Im vorliegenden Beitrag werden verschiedene Verfahren zur Schätzung der Betafaktoren bei unregelmäßigem Handel untersucht.[6] Diese Verfahren sind zwar schon seit langem bekannt, doch kann aus der bestehenden Fachliteratur keine klare Aussage darüber gewonnen werden, welches dieser gängigen Verfahren am besten geeignet ist und in welchem Maße die Verzerrungen der empirisch geschätzten Betafaktoren reduziert oder beseitigt werden können. Mit einer im Folgenden vorgestellten Simulationsstudie kann die Prognoseeignung des unternehmensindividuellen Betafaktors bei Vorliegen eines unregelmäßigen Handels auch im Sinne der Forderung gemäß IDW S 1 überprüft werden.[7]

Bei der Beurteilung der gängigen Schätzverfahren ist eines der wesentlichen Probleme, dass der „wahre" Wert des Betafaktors real existierender Aktien grundsätzlich nicht bekannt ist.[8,9] Weitere Aspekte, die die Kurszeitreihen realer Aktien beeinflussen, jedoch nicht in direktem Zusammenhang mit der Liquidität einer Aktie stehen, erschweren den Vergleich der Schätzverfahren zusätzlich. So müssen die für Illiquidität entwickelten Testverfahren häufig unter Bedingungen einer bestehenden Instabilität von Aktienbetas im Zeitablauf getestet werden.

Um die für einen unregelmäßigen Handel entwickelten Schätzverfahren hinsichtlich ihrer Qualität zu bewerten, werden in der vorliegenden Studie mithilfe eines Systems korrelierter stochastischer Differentialgleichungen Renditezeitreihen des Marktportfolios und einzelner Aktien simuliert. Diese methodische Vorgehensweise hat den Vorteil, dass aufgrund der im Gleichungssystem enthaltenen Parameter der „wahre" Betafaktor bekannt ist. Im nächsten Schritt werden die simulierten

---

5   Für den genannten Agency-Konflikt siehe Shleifer/Vishny, JF 1997, S. 758 f.

6   Knoll/Kruschwitz/Lorenz, ZBB 2019, S. 189, unterscheiden eine geringe Liquidität der Aktien danach, ob Aktien an einigen Tagen überhaupt nicht gehandelt werden oder ob die beobachteten Kurse aufgrund eines dünnen Aktienhandels und einer damit möglicherweise einhergehenden verzögerten Informationsverarbeitung verzerrt sind.

7   Vgl. IDW S 1 i. F. 2008, Tz. 121.

8   Vgl. Zimmermann, Schätzung und Prognose von Betafaktoren, Bad Soden/Ts. 1997, S. 148 und S. 373.

9   Die größte methodische Ähnlichkeit zu der vorliegenden Studie weist die Arbeit von Fowler/Rorke/Jog, JFR 1989, S. 23–32, auf. In ihrer Simulationsstudie verwenden die Autoren als Referenzgröße für das unbekannte „wahre" Beta das empirisch geschätzte OLS-Beta bei vollständiger Liquidität von Aktie und Index.

Renditezeitreihen der Aktien durch einen unregelmäßigen Handel gestört. Für diese gestörten Zeitreihen werden die Betafaktoren mit den gängigen Verfahren empirisch geschätzt. Zusammen mit den dazugehörigen wahren Betafaktoren sind somit Aussagen zur Qualität der Schätzverfahren möglich. Unsere Ergebnisse stützen die von Ziemer/Knoll (2017) und Knoll/Kruschwitz/Lorenz (2019) vorgetragene Empfehlung, grundsätzlich das unternehmenseigene Beta zu verwenden.[10]

2 Methodische Grundlagen

2.1 Simulation der Renditezeitreihen und Ermittlung des theoretischen Betas

Grundlage für das Simulationsmodell ist die Modellierung der Kursveränderungen des Marktportfolios, die einer geometrischen brownschen Bewegung gemäß Gleichung (1) folgen.

$$dS_M = \mu_M S_M dt + \sigma_M S_M dz \tag{1}$$

S_M bezeichnet in Gleichung (1) die Indexstande des Marktportfolios, μ_M den Erwartungswert der Rendite des Marktportfolios und σ_M deren Standardabweichung, dz ist ein Wienerprozess.

Die Simulation der Kursveränderungen des Marktportfolios erfordert ein Modell mit diskreten Zeitzuwächsen Δt, welches man durch Anwendung des Euler-Maruyama-Diskretisierungsschemas nach Gleichung (2) erhält.

$$\Delta \ln S_{M,t} = \mu_M \cdot \Delta t + \sigma_M \sqrt{\Delta t}\ \varepsilon_M \tag{2}$$

Nach dem CAPM sind die erwarteten Renditen einer Aktie i und des Marktportfolios korreliert. Folglich kann aus der simulierten Renditezeitreihe des Marktportfolios mithilfe eines korrelierten stochastischen Prozesses die Renditezeitreihe der Aktie i abgeleitet werden. Basierend auf den Renditen des Marktportfolios ergibt sich unter Verwendung der Cholesky-Zerlegung für die logarithmierten Aktienkursveränderungen der Aktie i somit Gleichung (3).

$$\Delta \ln S_{i,t} = \mu_i \cdot \Delta t + \sigma_i \sqrt{\Delta t}\ \left(\rho_{i,M}\ \varepsilon_M + \sqrt{1 - \rho_{i,M}^2}\ \varepsilon_i \right) \tag{3}$$

σ_i ist darin die Standardabweichung der Rendite der Aktie i, $\rho_{i,M}$ der Korrelationskoeffizient zwischen den Renditen von Aktie i und des Marktportfolios, ε_i und ε_M bezeichnen die Störgrößen der beschriebenen Prozesse mit dem Mittelwert Null und der Standardabweichung Eins.

---

10   Vgl. Ziemer/Knoll, ZBB 2017, S. 302 f.; Knoll/Kruschwitz/Lorenz, ZBB 2019, S. 194.

Die vorliegende diskretisierte Form eines korrelierten Systems zweier stochastischer Differentialgleichungen enthält bereits alle für die Beta-Berechnung relevanten Parameter. Folglich können die wahren Betafaktoren nach Gleichung (4) ermittelt werden.

$$\beta_i = \frac{Cov\left(R_i; R_M\right)}{Var\left(R_M\right)} = \frac{\sigma_i \cdot \sigma_M \; \rho_{i,M}}{\sigma_M^2} \tag{4}$$

Zur Generierung des Datensatzes werden zunächst Betafaktoren gezogen, welche normalverteilt sind mit einem Erwartungswert von Eins (theoretisches Durchschnittsbeta aller am Markt gehandelten Aktien) und einer Standardabweichung von 0,25. Diese Werte gewährleisten, dass die Betafaktoren in fast allen Fällen positiv sind. 99,7% der Betafaktoren liegen in einem Werte-Bereich zwischen 0,25 und 1,75 (± drei Standardabweichungen). Die (annualisierte) Varianz des Marktportfolios basiert auf der Stehle/Hartmond-Reihe und beträgt 0,03.[11]

Aufbauend auf den so gezogenen Betafaktoren werden die jeweiligen, für die Simulation der Aktienkurse benötigten Einzelparameter der Betafaktoren ermittelt. Hierzu wird in einem nächsten Schritt der Korrelationskoeffizient zwischen der Aktien- und der Marktrendite bestimmt. Um unrealistische Kombinationen von Betafaktor und Korrelationskoeffizient zu vermeiden, wird der Korrelationskoeffizient gleichverteilt aus den in Gleichung (5) angegebenen Intervallen gezogen.

$$\rho_{i,M} = \begin{cases} 0{,}6 < \rho_{i,M} \leq 1 & , falls\, \beta_i \geq 1 \\ 0{,}2 < \rho_{i,M} \leq 0{,}6 & , falls\, \beta_i < 1 \end{cases} \tag{5}$$

Abschließend wird die Standardabweichung der Aktienrendite als letzte fehlende Größe nach Gleichung (4) berechnet.

2.2 Simulation eines unregelmäßigen Handels

Zur Untersuchung der Auswirkungen von Illiquidität auf die Güte der Betaschätzung von Aktien werden zehn Liquiditätsklassen definiert. Liquiditätsklasse 100% bedeutet, dass an jedem Börsentag ein Handel stattfindet. Bei der Liquiditätsklasse 90% findet an 90% der Börsentage ein Handel statt. Bei der Liquiditätsklasse 10% liegt dieser Wert folglich bei 10%.

> Auch bei unregelmäßig gehandelten Aktien existieren geeignete Verfahren, mit denen der für die Kapitalkostenberechnung benötigte Betafaktor zuverlässig geschätzt werden kann.

---

11   Vgl. Stehle/Hartmond, Kredit und Kapital 1991, S. 385.

Findet an einem Börsentag kein Handel statt, wird der Kurs aus der simulierten Kurszeitreihe durch den Kurs des Vortags ersetzt (tägliche Rendite von Null). In den Simulationen wird für jeden Handelstag separat entschieden, ob ein Börsenhandel stattfindet oder nicht. Dafür wird eine gleichverteilte Zufallsgröße zwischen 0 und 1 gezogen und geprüft, ob diese kleiner oder gleich der aktuell untersuchten Liquiditätsklasse ist. So findet beispielsweise bei der Liquiditätsklasse 90% (Liquiditätsklasse 10%) immer dann ein Börsenhandel statt, wenn der gezogene Wert für den jeweiligen Tag kleiner oder gleich 0,9 (0,1) ist.

2.3 Beta-Schätzverfahren[12]
2.3.1 Marktmodell und Kleinste-Quadrate-Schätzung
Nach dem Marktmodell wird die erwartete Rendite einer Aktie ($E(R_i)$) durch die erwartete Rendite des Marktportfolios ($E(R_M)$) erklärt. Die Parameter des Marktmodells (α_i, β_i) werden üblicherweise mithilfe einer Kleinsten-Quadrate-Schätzung (OLS-Regression) empirisch aus Vergangenheitsdaten geschätzt. Die Formel des Regressionskoeffizienten (β_i) entspricht dabei exakt der Definition des Betafaktors im CAPM nach Gleichung (4).

Das Marktmodell und das dazugehörige OLS-Regressionsmodell sind in Gleichung (6a) und Gleichung (6b) dargestellt.[13]

$$E\left(R_{i,t} \mid R_{M,t}\right) = \alpha_i + \beta_i \cdot E\left(R_{M,t}\right) \quad t = 1,2,\dots,T \tag{6a}$$

$$R_{i,t} = \alpha_i + \beta_i \cdot R_{M,t} + \varepsilon_i \tag{6b}$$

2.3.2 Beta-Schätzverfahren für unregelmäßig gehandelte Aktien
2.3.2.1 Trade-to-trade-Verfahren
Das erstmals von Schwert (1977) und Franks/Broyles/ Hecht (1977) eingesetzte Trade-to-trade-Verfahren entspricht einer Kleinsten-Quadrate-Schätzung unter Verwendung von Transaktionsdaten.[14] Die Berechnung der Aktienrendite erfolgt nur zwischen jenen Zeitpunkten, vereinfachend auch Handelstagen, an denen die Aktie tatsächlich gehandelt wurde. Die Periode der Renditeberechnung ist somit variabel und hängt von der Handelsfrequenz der jeweiligen Aktie ab. Die Berechnung der Rendite des Marktindexes erfolgt jeweils für das gleiche Zeitintervall wie bei der Aktie.

Marsh (1979) modifiziert das Trade-to-trade-Verfahren, indem er zur Vermeidung von Heteroskedastizität bei Verwendung ungleicher Renditeintervalle ein Gewich-

---

12   Eine ausführliche Darstellung der Beta-Schätzverfahren bei illiquidem Handel findet sich bei Zimmermann, a.a.O. (Fn. 8), S. 120–127, eine kürzere Fassung bei Brüchle/Ehrhardt/ Nowak, ZfB 2008, S. 460–462.

13   Weitere Anmerkungen zum Marktmodell enthalten Fama, Foundations of Finance: Portfolio Decisions and Securities Prices, Hoboken 1976, S. 99 f., und Blume, JF 1971, S. 1 f.

14   Vgl. Schwert, JFE 1977, S. 51–78; Franks/Broyles/Hecht, JF 1977, S. 1513–1525.

tungsschema einführt. Die Periodenrenditen werden von Marsh (1979) durch die Quadratwurzel der Zeit geteilt, die zwischen zwei Transaktionen vergangen ist. Da eine OLS-Regression auch die Normalverteilungsannahme für die Störterme voraussetzt, schlägt Marsh (1979) unter Verweis auf Fama (1965) zusätzlich die Verwendung stetiger Renditen vor. Das von Marsh (1979) formulierte Trade-to-trade-Modell zeigt Gleichung (7).[15]

$$\frac{\ln\left(1+R_{i,t}\right)}{\sqrt{t}} = \frac{\alpha_i}{\sqrt{t}} + \beta_i \cdot \frac{\ln\left(1+R_{M,t}\right)}{\sqrt{t}} + \varepsilon_i \tag{7}$$

Dimson (1979) nennt einige Voraussetzungen, unter denen das Trade-to-trade-Verfahren effiziente Schätzungen liefert. So müssen für die jeweilige Aktie die Transaktionszeitpunkte bekannt und für die gleichen Zeitpunkte Marktindexwerte verfügbar sein. Des Weiteren darf der Marktindex nicht durch illiquiden Handel beeinflusst sein.[16]

2.3.2.2 Beta-Korrekturverfahren

Eine zweite Klasse von Beta-Schätzverfahren für unregelmäßig gehandelte Aktien stellen sogenannte Korrekturverfahren dar. Dimson (1979) präsentiert ein multivariates lineares Regressionsmodell aus unterschiedlichen Betas mit diversen äquidistanten Verschiebungen (Leads und Lags) gemäß Gleichung (8).

$$\beta_i^D = \sum_{k=-n}^{+n} \beta_{i,k} \text{ mit } R_{i,k} = \alpha_i + \sum_{k=-n}^{+n} \beta_{i,k} \cdot R_{M,k} + \varepsilon_i \tag{8}$$

Fowler/Rorke (1983) und Berglund/Liljeblom/Löflund (1989) empfehlen die Verwendung von jeweils zwei Leads und Lags, da sich mit zunehmender Zahl die Effizienz der Schätzer verringert.[17]

Cohen u.a. (1983) schätzen ein korrigiertes Beta unter Verwendung mehrerer einzelner OLS-Regressionen gemäß Gleichung (9), welche dieselben Leads und Lags enthalten.[18]

---

15 Für weitere Details zum Gewichtungsschema siehe Marsh, JF 1979, S. 849. Siehe zudem Fama, JB 1965, S. 34–105.
16 Vgl. Dimson, JFE 1979, S. 207.
17 Vgl. Fowler/Rorke, JFE 1983, S. 279–284; Berglund/Liljeblom/Löflund, JBF 1989, S. 57.
18 Vgl. Cohen u.a., JFE 1983, S. 270. Das Korrekturverfahren von Scholes/Williams (1977) ist ein Spezialfall des Schätzers nach Cohen u.a. (1983) für die Anzahl von einem Lead und Lag.

$$\hat{\beta}_j^{Cohen\,et\,al.} = \frac{b_j^0 + \sum\limits_{n=1}^{N} b_{j+n}^0 + \sum\limits_{n=1}^{N} b_{j-n}^0}{1 + \sum\limits_{n=1}^{N} b_{M+n}^0 + \sum\limits_{n=1}^{N} b_{M-n}^0} \tag{9}$$

Im Vergleich zum Trade-to-trade-Verfahren bedürfen die Korrekturverfahren keiner Unterscheidung zwischen taxierten und transaktionsbasierten Kursen. Zudem sind die Korrekturverfahren auch dann geeignet, wenn autokorrelierte Zeitreihen vorliegen.[19]

In der Fachliteratur gibt es noch eine Reihe weiterer Korrekturvorschläge. So leiten beispielsweise Fowler/Rorke/Jog (1989) für unterschiedliche Liquiditätsklassen diverse Korrekturfaktoren ab. Da sich für jede Kombination der Liquiditätsklassen von Aktie und Index unterschiedliche Korrekturfaktoren ergeben, scheint diese Vorgehensweise für praktische Anwendungen nur bedingt geeignet.

2.4 Studien zur Güte der Schätzverfahren

Dimson/Marsh (1983) und Maynes/Ramsey (1993) empfehlen die Anwendung des Trade-to-trade-Verfahrens bei unregelmäßig gehandelten Aktien. Maynes/Ramsey (1993) zeigen, dass bei allen in ihrer Studie analysierten Liquiditätsklassen das Trade-to-trade-Verfahren zu genauen Schätzergebnissen führt.[20]

Dimson/Marsh (1983) erklären die geschätzten OLS- bzw. Trade-to-trade-Betas britischer Aktien mit einer Maßzahl für unregelmäßigen Handel und schlussfolgern, dass das Trade-to-trade-Verfahren die Schätzfehler korrigieren kann, die auf einen unregelmäßigen Handel der Aktien zurückzuführen sind. Im Zusammenhang mit der Analyse zur zeitlichen Stabilität der Betafaktoren stellen sie jedoch eine stärkere Reduzierung des Schätzfehlers fest, wenn die Korrektur nach Blume (1975) oder nach Vasicek (1973) vorgenommen wird.[21] Nicht nur bei einer zeitlichen Nicht-Stationarität, sondern auch bei Vorliegen autokorrelierter Aktien- und Indexzeitreihen werden Probleme bei der Anwendung des Trade-to-trade-Verfahrens vermutet.[22] Ein anderes Problem ist bei Dimson (1979) zu beobachten. In seiner Simulation werden die Trade-to-trade-Betas im Vergleich zu den wahren Betas geringfügig überschätzt.[23]

---

19   Vgl. z.B. Dimson/Marsh, JF 1983, S. 756; Berglund u.a., JBF 1989, S. 44 f.
20   Vgl. Dimson/Marsh, JF 1983, S. 780; Maynes/Ramsey, JBF 1993, S. 146.
21   Vgl. Dimson/Marsh, JF 1983, S. 765 und S. 775. Siehe zudem Blume, JF 1975, S. 785–795, und Vasicek, JF 1973, S. 1233–1239.
22   Vgl. Berglund u.a., JBF 1989, S. 42.
23   Vgl. Dimson, JFE 1979, S. 210.

Nach Fowler/Rorke/Jog (1980) kann keines der gängigen Korrekturverfahren bei einer Untersuchung kanadischer Aktien überzeugen. Das Scholes/Williams-Verfahren (1977) kann zu niedrig geschätzte Betafaktoren korrigieren, doch erhöht sich dabei die Varianz der Schätzwerte (geringere Effizienz des Schätzers). Die Verwendung der Dimson-Methode (1979) lehnen die Autoren ab.[24] In einer Simulationsstudie können Fowler/Rorke/Jog (1989) zeigen, dass die Verfahren nach Dimson (1979) und nach Scholes/Williams (1977) im Vergleich zu OLS-Betas zu verbesserten Schätzungen führen. Es deutet sich auch hier an, dass eine höhere Genauigkeit mit einer höheren Varianz der Schätzwerte verbunden ist.[25]

McInish/Wood (1986) bilden fünf Portfolios mit einem identischen Risiko, aber maximalen Liquiditätsunterschieden zwischen den Portfolios 1 und 5. Die Methodik hat den Vorteil, dass tatsächlich existierende (NYSE-)Aktien verwendet werden und das theoretische Beta der Portfolios de facto bekannt ist (Durchschnittswert 1,0).[26] Die empirischen Schätzungen der Betafaktoren mit dem OLS-Modell führen zu Werten, die monoton von 0,744 (Portfolio mit geringster Liquidität) auf 1,494 (Portfolio mit höchster Liquidität) ansteigen. McInish/Wood (1986) schätzen dann die Betafaktoren mit den Verfahren von Scholes/Williams (1977), Dimson (1979), Fowler/Rorke/Jog (1980) und Cohen u.a. (1983) mit dem Ergebnis, dass mit allen Verfahren eine Reduzierung des Schätzfehlers erreicht werden kann, aber keines der Verfahren ihn völlig zu beseitigen vermag.

Berglund u.a. (1989) schätzen auf der Basis täglicher Renditen finnischer Aktien OLS-Betas, Trade-to-trade-Betas, Betas nach Cohen u.a. (1983) und Betas nach Vasicek (1973). Sie stellen fest, dass die im Vergleich zum OLS-Verfahren erwarteten Verbesserungen der Schätzergebnisse nicht nachgewiesen werden können.[27] Auch Zimmermann (1997) kommt in seiner Untersuchung zum deutschen Aktienmarkt zu dem Ergebnis, dass keines der gängigen Korrekturverfahren die bei einem unregelmäßigen Handel entstehenden Schätzfehler wirksam eliminiert. Zimmermann (1997) hält deshalb die Verlängerung des Renditeintervalls für sinnvoller als die Verwendung von Korrekturverfahren.[28]

3 Simulationsergebnisse

Die dargestellten Simulationsergebnisse basieren auf 20.000 Kurszeitreihen mit einer Länge von 720 Handels-tagen (drei Jahre).[29] Diese Studie weicht bewusst von der deutschen Bewertungspraxis ab, nach der seit rund zehn Jahren die Betaschät-

---

24 Vgl. Fowler/ Rorke/Jog, in: Capital Markets in Canada, Toronto 1980, S. 88.
25 Vgl. Fowler/Rorke/Jog, JFR 1989, S. 32.
26 Vgl. McInish/Wood, JF 1986, S. 282 f.
27 Vgl. Berglund u.a., JBF 1989, S. 61.
28 Vgl. Zimmermann, a.a.O. (Fn. 8), S. 374.
29 Vereinfachend wird unterstellt, dass ein Jahr 240 Handelstage hat. 240 ist sowohl durch 12 als auch durch 5 teilbar. Somit können aus den simulierten Tageskursen auch leicht wöchentliche und monatliche Renditen berechnet werden.

zung zur Ermittlung von Barabfindungsangeboten de facto nicht mehr auf der Basis von Tagesrenditen erfolgt.[30] Möglicherweise könnte die Verwendung wöchentlicher oder monatlicher Renditen de facto bereits eine gewisse Korrektur darstellen. Die damit einhergehende Verlängerung des Renditeintervalls ist aber bekanntlich nicht ausreichend, um Verzerrungen durch Illiquidität zu beseitigen. Die Verwendung von Tagesrenditen ermöglicht hingegen die isolierte Untersuchung der gängigen Beta-Schätzverfahren durch ökonometrische Messungen.

Ferner steht bei dieser Simulationsstudie im Vordergrund, ob die im Zusammenhang mit einem unregelmäßigen Handel auftretenden Verzerrungen bei der Betaschätzung für die Unternehmensbewertung praktisch bedeutsam sind. Aus diesem Grund wird der große Stichprobenumfang von 20.000 Simulationsläufen gewählt. Da aber auch ein bedeutungsloser Effekt bei einem derart großen Stichprobenumfang zu statistisch signifikanten Abweichungen führen kann, wäre es irreführend, die Abweichungen von den wahren Betas auf statistische Signifikanz zu unterlegen.[31]

Tab. 1 zeigt die Mittelwerte der 20.000 Simulationszeitreihen. Der Durchschnittswert des wahren Betas beträgt 1,00. Die Ergebnisse zeigen erstens, dass das OLS-Verfahren schon bei Fehlen von 10% aller Kurse (Liquiditätsklasse 90%) die Betafaktoren systematisch unterschätzt. Nimmt die Illiquidität weiter zu, vergrößern sich die Schätzfehler erheblich. Folglich ist bei Vorliegen eines unregelmäßigen Handels der Aktie die Verwendung des OLS-Verfahrens zur Betaschätzung abzulehnen.

Die mit dem Trade-to-trade-Verfahren geschätzten Betafaktoren zeigen im Durchschnitt über alle Liquiditätsklassen hinweg keine Abweichungen vom wahren Beta. Die von Dimson (1979) festgestellte Überschätzung der Betafaktoren kann in dieser Studie nicht bestätigt werden.

Das Verfahren nach Dimson (1979) liefert bis zu einer Liquidität von 50% weitestgehend unverzerrte Durchschnittswerte. Es ergeben sich erste Hinweise, dass mit einer Verlängerung der Leads und Lags von jeweils zwei auf vier Verbesserungen erreichbar sind. Die Ergebnisse des Ansatzes nach Cohen u.a. (1979) unterscheiden sich vom Ansatz nach Dimson (1979) nur marginal und werden aus Gründen der Übersichtlichkeit nicht aufgeführt.[32]

---

30 Vgl. Knoll/Kruschwitz/Lorenz, ZBB 2019, S. 192.
31 Vgl. vertiefend Döring/Bortz, Forschungsmethoden und Evaluation, 5. Aufl., Berlin/Heidelberg 2016, S. 808.
32 Die Autoren stellen diese Daten auf Wunsch gern zur Verfügung.

Liquidität der Aktie	Durchschnittliches geschätztes Beta (wahres Beta = 1,00)			
	OLS	Trade-to-trade	Dimson (2,2)	Dimson (4,4)
100 %	1,00	1,00	1,00	1,00
90 %	0,90	1,00	1,00	1,00
80 %	0,80	1,00	0,99	1,00
70 %	0,70	1,00	0,98	1,00
60 %	0,60	1,00	0,94	0,99
50 %	0,51	1,00	0,89	0,97
40 %	0,41	1,00	0,81	0,93
30 %	0,31	1,00	0,68	0,84
20 %	0,21	1,00	0,51	0,68
10 %	0,11	1,00	0,28	0,39

Tab. 1: Mittelwerte der geschätzten Betafaktoren bei unregelmäßig gehandelten Aktien

Bei der Betaschätzung für Zwecke der Unternehmensbewertung liegt nur eine Kurszeitreihe vor. Folglich ist die Höhe der Abweichungen zwischen den wahren und geschätzten Betas von Interesse. Deshalb informiert Tab. 2 darüber, wie groß die einzelne Abweichung zwischen den geschätzten und den wahren Betafaktoren für jede der 20.000 simulierten Aktien ist. Zu diesem Zweck werden die gemessenen Abweichungen für einzelne Intervalle ausgezählt und der mittlere Abweichungsbetrag der geschätzten von den wahren Betafaktoren angegeben, der sich nach Gleichung (10) berechnet.

$$ mB = \frac{1}{N} \sum_{i=1}^{N=20000} \left| \frac{\hat{\beta}_i - \beta_i^{wahr}}{\beta_i^{wahr}} \right| \tag{10}$$

Liquidität der Aktie	Abweichungen vom wahren Betafaktor in %				
	Häufigkeit in Intervallen in %				Mittlerer Abweichungsbetrag
	≤ 1%	>1 % und ≤ 5%	>5 % und ≤ 10 %	>10 %	
OLS					
100 %	21,9	44,1	20,0	14,1	5,0
90 %	2,5	12,6	32,6	52,3	11,0
80 %	0,5	2,4	4,9	92,2	20,3

Liquidität der Aktie	Abweichungen vom wahren Betafaktor in %				Mittlerer Abweichungs-betrag
	Häufigkeit in Intervallen in %				
	≤ 1%	>1 % und ≤ 5%	>5 % und ≤ 10 %	>10 %	
70 %	0,1	0,6	1,1	98,2	29,9
60 %	0,0	0,1	0,3	99,6	39,9
50 %	0,0	0,0	0,1	99,9	49,3
40 %	0,0	0,0	0,0	100,0	59,0
30 %	0,0	0,0	0,0	100,0	69,8
20 %	0,0	0,0	0,0	100,0	78,9
10 %	0,0	0,0	0,0	100,0	89,5
Trade-to-trade					
100 %	21,9	44,1	20,0	14,1	5,0
90 %	20,9	43,3	20,2	15,6	5,3
80 %	19,9	42,6	20,5	17,0	5,6
70 %	19,1	41,4	21,1	18,4	6,0
60 %	17,4	40,4	21,5	20,7	6,5
50 %	16,3	38,8	22,1	22,8	6,9
40 %	14,7	36,8	22,1	26,4	7,9
30 %	13,1	34,2	22,0	30,8	9,1
20 %	10,9	30,7	21,9	36,5	11,0
10 %	7,9	24,4	20,2	47,5	15,5
Dimson (2,2)					
100 %	11,0	13,5	30,6	36,3	10,8
90 %	10,3	13,2	30,8	36,6	10,9
80 %	9,3	12,9	30,9	37,0	11,1
70 %	7,9	11,6	28,8	39,1	11,5
60 %	6,0	8,5	23,2	45,3	12,6
50 %	3,2	5,0	14,1	61,9	15,7
40 %	1,5	2,3	6,1	82,2	21,9
30 %	0,6	0,8	2,2	93,9	32,7
20 %	0,2	0,2	0,6	98,3	49,0

| Liquidität der Aktie | Abweichungen vom wahren Betafaktor in % | | | | Mittlerer Abweichungs-betrag |
| | Häufigkeit in Intervallen in % | | | | |
	≤ 1%	>1 % und ≤ 5%	>5 % und ≤ 10 %	>10 %	
10 %	0,0	0,0	0,1	99,6	72,2
Dimson (4,4)					
100 %	8,6	26,9	20,8	43,7	13,9
90 %	8,1	26,7	21,2	44,0	14,0
80 %	7,8	26,3	21,9	43,9	14,1
70 %	7,1	26,1	22,1	44,7	14,1
60 %	7,2	25,4	21,7	45,8	14,4
50 %	6,2	23,5	22,6	47,7	14,7
40 %	4,5	18,3	21,2	56,0	16,4
30 %	2,3	9,5	13,4	74,8	21,6
20 %	0,6	3,2	4,3	92,0	34,7
10 %	0,2	0,6	0,8	98,4	61,0

Tab. 2: Abweichungen der geschätzten von den wahren Betafaktoren

| Betas nach Dimson (1979) | | | | | |
| (1) Mittelwert der Betafaktoren | | | | | |
Liquidität der Aktie	Dimson (1,1)	Dimson (2,2)	Dimson (3,3)	Dimson (4,4)	Dimson (5,5)	Dimson (6,6)
100 %	1,00	1,00	1,00	1,00	1,00	1,00
90 %	0,99	1,00	1,00	1,00	1,00	1,00
80 %	0,96	0,99	1,00	1,00	1,00	1,00
70 %	0,92	0,98	0,99	1,00	1,00	1,00
60 %	0,85	0,94	0,98	0,99	1,00	1,00
50 %	0,77	0,89	0,95	0,97	0,99	0,99
40 %	0,67	0,81	0,89	0,93	0,95	0,97
30 %	0,54	0,68	0,78	0,84	0,88	0,91
20 %	0,39	0,51	0,61	0,68	0,73	0,78
10 %	0,20	0,28	0,34	0,39	0,44	0,49

Betas nach Dimson (1979)						
(2) Mittlerer Abweichungsbetrag zwischen geschätzten und wahren Betas						
Liquidität der Aktie	Dimson (1,1)	Dimson (2,2)	Dimson (3,3)	Dimson (4,4)	Dimson (5,5)	Dimson (6,6)
100 %	8,6	10,8	12,5	13,9	15,2	16,6
90 %	8,8	10,9	12,6	14,0	15,3	16,7
80 %	9,6	11,1	12,7	14,1	15,4	16,8
70 %	12,1	11,5	12,9	14,1	15,5	16,9
60 %	16,8	12,6	13,1	14,4	15,6	17,0
50 %	23,9	15,7	14,2	14,7	15,8	17,2
40 %	33,6	21,9	17,3	16,4	16,7	17,7
30 %	46,0	32,7	25,2	21,6	20,1	19,9
20 %	61,0	49,0	40,4	34,7	30,9	28,3
10 %	79,6	72,0	65,9	61,0	56,8	52,9

Tab. 3: Betas nach Dimson (1979)

Die Ergebnisse von Tab. 2 bestätigen, dass das OLS-Verfahren bei unregelmäßig gehandelten Aktien zu deutlichen Verzerrungen der geschätzten Betafaktoren führt. Schon bei einer Reduktion von 10% der Tageskurse verdoppelt sich der mittlere Abweichungsbetrag. Bei einem noch geringeren Handel der Aktie ist das OLS-Verfahren aufgrund der beobachteten Schätzfehler zur Betaschätzung nicht mehr zu empfehlen.

Das Trade-to-trade-Verfahren führt von allen getesteten Verfahren zu den geringsten Abweichungen zwischen den geschätzten und den wahren Betafaktoren. Selbst bei einer zunehmenden Verringerung der Handelstage steigt der mittlere Abweichungsbetrag nur geringfügig an. Während das OLS-Verfahren einen mittleren Abweichungsbetrag von 11% bei 90% aller vorhandenen Kurse aufweist, wird dieser Schätzfehler beim Trade-to-trade-Verfahren erst bei Vorliegen von nur noch 20% der Kurse erreicht.

Das Verfahren nach Dimson (1979) verdoppelt bei vollständiger Liquidität den Schätzfehler im Vergleich zum OLS- und Trade-to-trade-Verfahren. Dennoch können damit die bei einem unregelmäßigen Aktienhandel auftretenden Verzerrungen der Betafaktoren reduziert werden. Die Ergebnisse deuten tendenziell darauf hin, dass bei höherer Liquidität eine geringere Zahl von Leads und Lags gewählt werden soll. Mit abnehmender Liquidität werden verbesserte Schätzergebnisse mit steigender Zahl von Leads und Lags erreicht. Bei sehr selten gehandelten Aktien führt das Verfahren nach Dimson (1979) allerdings auch zu deutlichen Abweichungen von den wahren Betafaktoren. Die Ergebnisse des Verfahrens nach Cohen u.a. (1979) unterscheiden sich wiederum nur marginal vom Verfahren nach Dimson (1979).[33]

Aufgrund eines vermuteten Zusammenhangs zwischen der Zahl der gewählten Leads und Lags und dem Liquiditätsgrad werden die Betas nach Dimson (1979) in einer Bandbreite zwischen 1/1 und 6/6 Leads und Lags weiter analysiert.

In Teil (1) von Tab. 3 ist zu erkennen, dass sich mit einer zunehmenden Zahl von Leads und Lags die Erwartungstreue des Schätzers erhöht. Zugleich zeigt Teil (2) von Tab. 3, dass sich auch der mittlere Abweichungsbetrag systematisch verändert. Bei einer höheren Liquidität steigt der mittlere Abweichungsbetrag mit einer sich erhöhenden Zahl von Leads und Lags. Eine Verringerung des mittleren Abweichungsbetrags bei zunehmender Zahl von Leads und Lags ergibt sich hingegen bei stärkerer Illiquidität. Um eine höhere Genauigkeit von geschätzten Einzelbetas zu erreichen, sollte die Zahl der Leads und Lags in Abhängigkeit vom Liquiditätsgrad gewählt werden. Da das Trade-to-trade-Verfahren auch bei einem breiteren Spektrum gewählter Lead- und Lag-Variablen dem Verfahren nach Dimson (1979) überlegen ist, ergeben sich aus den in Tab. 3 dargestellten Untersuchungen keine neuen Empfehlungen. Da aber das Verfahren nach Dimson (1979) auch bei einem dünnen Aktienhandel anwendbar ist, könnte die Festlegung der Zahl von Lead- und Lag-Variablen in diesem speziellen Fall relevant sein.[34]

4 Relevanz für die Unternehmensbewertung

Das wichtigste Ergebnis dieser Studie ist, dass auch bei einem unregelmäßigen Aktienhandel die unternehmensindividuellen Betafaktoren weitgehend verzerrungsfrei geschätzt werden können. Das Trade-to-trade-Verfahren ist dabei den Betakorrektur-Verfahren von Dimson (1979) und Cohen u.a. (1983) vorzuziehen. Unsere Ergebnisse können auch erklären, warum die bisherigen Studien zur Betaschätzung von unregelmäßig gehandelten Aktien unterschiedliche Ergebnisse aufweisen und unterschiedliche Aussagen zur Qualität der vorhandenen Korrekturverfahren getroffen werden. Mit der vorliegenden Simulationsstudie können die Effekte eines unregelmäßigen Aktienhandels von anderen Störungen in den Zeitreihen isoliert werden. Somit kann getestet werden, ob die für einen unregelmäßigen Aktienhandel entwickelten Verfahren ihren Zweck erfüllen.

Wird das CAPM als Methode zur Kapitalkostenschätzung akzeptiert, ergibt sich daraus als Konsequenz, die unternehmensindividuellen Betafaktoren zu schätzen.

---

33 Die Ergebnisse des Verfahrens nach Cohen u.a. (1979) werden auf Wunsch gern zur Verfügung gestellt.
34 Die vergleichbaren Ergebnisse zum Verfahren nach Cohen u.a. (1979) werden von den Autoren ebenfalls auf Wunsch zur Verfügung gestellt.

Nur für den Fall, dass diese nicht oder mit einem großen Standardfehler geschätzt werden können, kann vereinfachend auf Peer-Group-Betas ausgewichen werden. Die theoretische Grundlage für eine solche Vorgehensweise ist das von Modigliani/ Miller (1958, 1963) entwickelte Konzept identischer Risikoklassen.[35]

Die Verwendung von Peer Group-Betas führt zu weiteren methodischen Fallstricken. Aus der Forderung, dass das zu bewertende Unternehmen mit unbekanntem unternehmensindividuellen Betafaktor und die Peer-Group-Unternehmen derselben Risikoklasse angehören müssen, ergibt sich die ökonometrische und messbare Grundbedingung, dass die Betas der Peer Group derselben Verteilungsfunktion unterliegen müssen.[36] Bei aktienrechtlichen Strukturmaßnahmen kommt dann noch erschwerend hinzu, dass mit zunehmendem Konzerneinfluss im Durchschnitt die Betafaktoren sinken[37] und sich somit vom Durchschnittswert der Betas von (Vergleichs-)Unternehmen derselben Branche wegbewegen dürften.

Obwohl diese Studie zeigt, dass auch bei einem unregelmäßigen Aktienhandel die Betafaktoren im Durchschnitt verzerrungsfrei geschätzt werden können, ist im Einzelfall nicht auszuschließen, dass geschätzte Betafaktoren hohe Standardfehler aufweisen können. In einem solchen Fall müsste aus ökonometrischer Sicht die Korrektur nach Vasicek (1973) zur Anwendung kommen. Demnach sinkt das Gewicht des unternehmensindividuellen Betafaktors mit zunehmendem Standardfehler und steigt mit zunehmender Standardabweichung der Peer-Group-Betas.[38]

Quelle: WPg – Die Wirtschaftsprüfung 2020, S. 768.

---

35 Vgl. Modigliani/Miller, AER 1958, S. 261–297, bzw. Modigliani/Miller, AER 1963, S. 433–443.
36 Vgl. Ziemer/Knoll, ZBB 2017, S. 302.
37 Vgl. Brüchle/Ehrhardt/Nowak, ZfB 2008, S. 472.
38 Vgl. Vasicek, JF 1973, S. 1233–1239, und Bradfield, IAJ 2003, S. 49, für eine einfache Implementation. Welche Auswirkungen sich daraus im Einzelfall auf die Höhe des Betafaktors ergeben, zeigt die Studie von Nowak, Interessenskonflikte des Wirtschaftsprüfers als aktuelles Problem der Unternehmensbewertung – Eine empirische Fallstudie zum EnBW-Skandal (unveröffentlichtes Arbeitspapier 2020).

Debt Beta und WACS – Empfehlung Debt Beta der KSW (Österreich) und IDW Praxishinweis 2/2018 im Vergleich

WP/StB Dr. Kai Behling

I. Problemstellung

Nach den Verlautbarungen der österreichischen Arbeitsgruppe Unternehmensbewertung des Fachsenats für Betriebswirtschaft und Organisation der Kammer der Wirtschaftstreuhänder zur Berücksichtigung eines Debt Beta vom 21.05.2015 (Empfehlung Debt Beta) sowie zur Berücksichtigung des Insolvenzrisikos vom 30.05.2017 (Empfehlung Insolvenzrisiko) hat das deutsche IDW am 12.09.2018 mit dem IDW Praxishinweis 2/2018 zur Berücksichtigung des Verschuldungsgrades bei der Unternehmensbewertung[1] nachgezogen und dabei insb. den Umgang mit „hoher" Verschuldung thematisiert. Enzinger[2] hat jüngst als wesentlichen Unterschied zwischen beiden Verlautbarungen die Behandlung des unsystematischen Anteils an den Fremdkapitalzinsen (Wertabschlag Credit Spread, WACS) identifiziert. Bei näherer Betrachtung zeigt sich, dass die Höhe der Fremdkapitalzinsen, des Debt Beta, des WACS und des Tax Shield nur unter Einbeziehung indirekter Insolvenzkosten („operativer Ratingeffekte") gewürdigt werden können.

II. Fremdkapitalzinsen und Debt Beta bei ausfallgefährdetem Fremdkapital

Ausfallgefährdetes verzinsliches Fremdkapital (FK) bedeutet, dass der zukünftig erwartete Schuldendienst zustandsabhängig ist und erwartungsgemäß mehrere verschiedene Werte annehmen kann.[3] Dabei sichern sich rational handelnde FK-Geber gegen ihr potenzielles Ausfallrisiko ex ante durch Anhebung ihrer Zinsforderungen ab: Die vertraglich vereinbarten FK-Zinssätze werden dergestalt adjustiert, dass damit erwartungsgemäß in guten Zukunftslagen (kein Ausfall) ein so hohes Polster geschaffen wird, um mögliche Ausfälle in schlechten Zukunftslagen zu kompensieren. Unzulässig ist es, ein nur potenzielles Ausfallrisiko[4] bereits durch einen Abschlag vom Fremdkapital im Bewertungszeitpunkt abbilden zu wollen.[5]

---

1   Vgl. IDW Life 2018, S. 966–977.
2   Vgl. Enzinger, RWZ 2019, S. 88.
3   Vgl. zum Folgenden Drukarczyk/Schüler, Unternehmensbewertung, 7. Aufl. 2016, S. 355 ff.
4   Hiervon zu unterscheiden sind im Bewertungszeitpunkt bereits notleidende Kredite, die absehbar nicht geleistet werden können. Dann liegt der Marktwert des FK (z.B. 300) unterhalb des Nominalwerts (z.B. 800), sodass insofern eine Verschiebung von FK-Gläubigern zu EK-Gebern vorliegt. Dies betrifft vorzugsweise Sanierungsfälle, wobei vorrangig zu prüfen ist, ob die Bewertung überhaupt unter der Going-Concern-Prämisse erfolgen kann, vgl. Peemöller, BB 2018, S. 2795, 2798; IDW Praxishinweis 2/2018, Rz. 29, 51 ff. zu „überhöht verschuldeten Unternehmen".
5   So Koziol/Treuter, BWP 2014, S. 5 ff.: der Marktwert des FK nimmt in ein und demselben Zeitpunkt zwei verschiedene Werte an: 1.957 T€ (S. 10) vs. 1.484 T€ = 60% × 2.474 T€ (ebd.).

Tab. 1 zeigt einen Kredit i.H.v. 800 mit einer vertraglichen Verzinsung von rund 6,3% p.a. Dieser werde mit einer Wahrscheinlichkeit von 95% inklusive Zinsen getilgt (Rückzahlung in t = 1 somit rd. 850), falle jedoch mit 5% Wahrscheinlichkeit zum Teil aus (Zahlung dann 40% = 320). Dies entspricht einem Rating zwischen B und CCC.[6] Der Erwartungswert der Rückzahlung beträgt somit 824 und die erwarteten FK-Kosten 3,0% (824/800 − 1). Dabei handelt es sich jedoch nicht um „sicher" zu erwartende Größen, da immer noch das downside Szenario (Rückzahlung 320) eintreten kann.

pi	rMi	(1)	(2)	(3)
0,95	10%	-850		
0,05	-37%	-320		
EW	8%	-824	(-812)	(-850)
Kovarianz		12	0	39
SÄ		-812	-812	-812
PV@1,5%		**-800**	**-800**	**-800**
rFK		3,0%	1,5%	6,3%
ßd		0,23	0,00	0,74

Tab. 1: Skalierung der FK-Zinssätze

Der Wert des Gläubigeranspruchs im Bewertungszeitpunkt ergibt sich dann entweder als Barwert des Sicherheitsäquivalents (SÄ), diskontiert zum risikolosen Basiszinssatz oder durch Diskontierung des Erwartungswerts mit einem risikoadäquaten Diskontierungszinssatz. Auf Basis des CAPM benötigt man hierzu die Kovarianz des Kapitaldienstes mit der Marktrendite. Diese ist ein Maß für das Cashflow-Risiko des Gläubigeranspruchs im Verhältnis zum Cashflow-Risiko des Marktportfolios. Angenommen, die Marktrendite des Marktportfolios von 8% (1,5% Basiszinssatz + 6,5% MRP) entspräche einer erwarteten Renditeverteilung von rd. +10% und -37%, beträgt die Kovarianz des Schuldendienstes 12,0:

$$(0,95 \times 850 \times 10\%) + (0,05 \times 320 \times -37\%) - 824 \times 8\% = 12,0.$$

---

6   Vgl. Franken/Schulte/Brunner, in: Crasselt et al. (Hrsg.), Handbuch kapitalmarktorientierte Unternehmensbewertung, 2018, S. 146.

Daraus wiederum lässt sich gem. Tab. 1, Spalte (1) das zugehörige Debt Beta[7] (ßd) des Fremdkapitals ableiten, indem die Kovarianz der Gläubigeransprüche (12,0) zum Barwert (800) ins Verhältnis gesetzt und die so ermittelte renditebasierte Kovarianz (1,5%) durch die Varianz der Marktrendite bzw. die Marktrisikoprämie (MRP = 8% – 1,5% = 6,5%) dividiert wird: 1,5%/6,5% = 0,23. Die renditebasierte Kovarianz (1,5%) entspricht dem Credit Spread (3% – 1,5%).

Der Abzug des Debt Betafaktors und damit die rechnerische Verringerung des levered Betafaktors (siehe Erläuterungen zu Tab. 2) wird meist mit der Übernahme systematischer oder operativer Risiken der FK-Geber gleichgesetzt.[8] Entscheidend ist jedoch, ob ein potenzielles Ausfallrisiko der FK-Geber (ex ante) kompensiert wird oder nicht. Sehr deutlich formulieren Schüler/Schwetzler:

> **„Es ist unklar, wie das offensichtlich vom Ausfallrisiko abzugrenzende „operative Risiko" aussehen könnte, an dem die Fremdkapitalgeber beteiligt werden sollten. Wenn Risiko für die Fremdkapitalgeber als die Abweichung von den vertraglich zugesagten Zins- und Tilgungszahlungen definiert ist, ist ausschließlich das Ausfallrisiko relevant. „Operative Risiken", die nicht zu Zahlungsausfällen der Fremdkapitalgeber führen, sind irrelevant. Operative Risiken, die zu Ausfällen der Gläubiger führen, sind Bestandteil des Ausfallrisikos."[9]**

Der Debt Betafaktor fließt jedoch nur dann ins Bewertungskalkül ein, wenn mit erwarteten FK-Kosten oder vertraglichen FK-Zinsen gerechnet wird, obwohl das Sicherheitsäquivalent qua Annahme determiniert ist:

- Wird alternativ mit dem Sicherheitsäquivalent gerechnet, d.h. basiert die Cashflow-Planung auf dem Basiszinssatz (Tab. 1, Spalte (2)), beträgt ßd = 0.
- Bei Planung des zu diskontierenden Überschusses auf Basis der vertraglichen Zinssätze (Tab. 1, Spalte (3)) ergäbe sich ein ßd von 0,74.

Folglich führt die Skalierung der FK-Kosten laut Cashflow-Planung nicht zu unterschiedlichen Marktwerten des Fremdkapitals im Bewertungszeitpunkt. Tab. 2 friert zwecks Verdeutlichung dieses Phänomens den Tax Shield (TS) ein; hierzu wird

---

7   Kritisch zum Debt Beta Konzept, vgl. Ballwieser, CF 2016, S. 437, 445, der als Alternative auf eine „theoretisch schlüssige" Ableitung von WACC durch Kruschwitz/Löffler verweist; tatsächlich verwenden diese Autoren jedoch selbst Debt Beta, vgl. Kruschwitz/Löffler/Lorenz, WPg 2011, S. 672 ff. Formel (22) unter Bezug zu Kruschwitz/Löffler, Discounted Cash Flow, 2006, S. 58 ff.

8   Vgl. z.B. Aders/Wagner, FB 2004, S. 30; Enzinger/Mandl, RWZ 2015, S. 168; KSW (Hrsg.), Empfehlung der Arbeitsgruppe Unternehmensbewertung des Fachsenats für Betriebswirtschaft und Organisation der Kammer der Wirtschaftstreuhänder zur Berücksichtigung eines Debt Beta, 2015, Rz. 9; Enzinger, RWZ 2019, S. 91; Zwirner/Zimny, DB 2019, S. 1694 unter Hinweis auf OLG München vom 13.11.2018 – 31 Wx372/15, dort Rz. 72.

9   Schüler/Schwetzler, DB 2019, S. 1745, 1747.

eine von Kruschwitz/Löffler/Lorenz[10] entlehnte Formel verwendet und der unsichere Tax Shield unabhängig von den FK-Zinsen auf den Basiszinssatz skaliert: Der Wert der Tax Shields beträgt hier somit in allen Fällen 50 (800 × 1,5% (= 12,0) × 25% (Steuersatz)/6,05%).

CF/Barwert	(1) FK-Kosten			(2) Basiszinssatz			(3) Vertragliche FK-Zinsen		
	p.a	Zins		Barwert	p.a	Zins	Barwert	p.a	Zins	Barwert
EBIT n.St.	57,5	Ku	6,05%	950	57,5	6,05%	950	57,5	6,05%	950
TS	6,0	-	n.m.	50	3,0	6,05%	50	12,6	n.m.	50
TCF/GK	63,5	WACC	6,35%	1.000	60,5	6,05%	1.000	70,1	7,0%	1.000
ZA/FK	-24,0	rFK	3,00%	-800	-12,0	1,50%	-800	-50,4	6,30%	-800
FTE/EK (Marktwert)	39,5	Kl	19,75%	200	48,5	24,25%	200	19,7	9,85%	200
Verschuldungsgrad – FK/EK			4,00			4,00			4,00
Unlevered Beta – ßu			0,70			0,70			0,70
FK-Zinssatz – rFK			3,0%			1,5%			6,3%
Risikoloser Basiszinssatz – rf			1,5%			1,5%			1,5%
Debt Beta-faktor – ßd			0,23			0,00			0,74
Marktrisikoprämie – MRP			6,5%			6,5%			6,5%
Levered Beta – ßl			2,81			3,50			1,28
Levered EK-Kosten – Kl			19,75%			24,25%			9,85%

Tab. 2: Unternehmensbewertung mit Debt Beta

Tab. 2 zeigt die komponentenweise Zusammensetzung gem. dem APV-Ansatz mit einem aufsummierten Marktwert des Eigenkapitals von 200. Ohne Wachstum ist der FCF identisch mit dem EBIT n.St. (57,5) und wird (ohne TS) mit den unlevered EK-Kosten diskontiert:

$$Ku = rf + \ u \times MRP : \ 1{,}5\% + 0{,}7 \times 6{,}5\% = 6{,}05\%$$

Dies führt zu einem Barwert von 950 (57,5/6,05%). Inklusive fixiertem TS (50) ergibt sich ein Gesamtunternehmenswert von 1.000. Hiervon wird der Marktwert der am Bewertungsstichtag bestehenden Finanzschulden abgezogen (alternativ: 24/3% = 12/1,5% = 50,4/6,3% = 800). Bei einem FTE von alternativ rd. 40, 49 bzw. 20 entspricht dies rechnerischen levered EK-Kosten von 19,75%, 24,25% bzw. 9,85%. Diese ergeben sich bei der Ableitung des levered Betafaktors durch Berücksichtigung eines Debt Betafaktors ßd (= 0,23/0,00/0,74): Bsp. für Spalte (1):

---

10   Vgl. Kruschwitz/Löffler/Lorenz, WPg 2011, S. 672 ff., Formel (22). Abweichend von den Autoren wird hier auf die Miles/Ezzell-Variante (überwiegend unsichere Tax Shields) verzichtet und stattdessen die Harris-Pringle-Variante mit vollständig unsicheren Tax Shields verwendet.

$$\text{ßl} = \text{ßu} + (\text{ßu} - \text{ßd}(1-s)) \times FK / EK:$$
$$0{,}7 + (0{,}7 - 0{,}23 \times 0{,}75) \times 4{,}0 = 2{,}81$$
und
$$Kl = 1{,}5\% + 2{,}81 \times 6{,}5\% = 19{,}75\%$$

Die Multiplikation des Steuerterms (1 – s) mit ßd ist der Anwendung der Kruschwitz/Löffler/Lorenz-Formel geschuldet; die hier für einen von der FK-Zinsskalierung unabhängigen Wert des Tax Shield sorgt.

Der Marktwert des im Bewertungszeitpunkt bestehenden FK ist somit unabhängig von der Skalierung der FK-Zinsen, die in die Cashflow-Planung einfließen, wenn/weil der auf dieser Basis berechnete Debt Betafaktor die unterschiedlichen FTE-Werte ausgleicht; diese repräsentieren nicht etwa verschiedene Wohlstandsniveaus der EK-Geber; vielmehr sind die darin reflektierten FK-Zinsen lediglich Platzhalter für ein und denselben FK-Betrag.

Die Skalierung der FK-Zinssätze kann sich allenfalls im Detailplanungszeitraum auswirken, wenn dort keine vollständige Ausschüttung der Jahresüberschüsse erfolgt. Die Ausschüttungsannahme beeinflusst zwar nicht die geplante operative Mittelbindung (capital employed), jedoch dessen Finanzierung. Basiert die Cashflow-Planung bspw. auf den vertraglichen Zinssätzen, obwohl diese erwartungsgemäß nicht in dieser Höhe anfallen, wird das Eigenkapital bei teilweiser Thesaurierung zu niedrig und Net Debt zu hoch ausgewiesen; Falls weiterhin geplant ist, Finanzschulden aufzubauen statt gegenwärtig quasi unverzinsliche Liquidität abzubauen, kann dies zu einer Überzeichnung des Tax Shield im Detailplanungszeitraum führen. Dem Bewerter obliegt dann die Beurteilung, ob dieser Effekt überhaupt wesentlich genug ist, um den Aufwand der Abschätzung der FK-Kosten zu betreiben. Oft wird sich die Auswirkung im Promillebereich bewegen.

III. Wertabschlag Credit Spread (WACS)

In vorigem Abschnitt wurde der Marktwert des FK (800) mittels Diskontierung der FK-Zinsen mit dem jeweils risikoadäquaten Diskontierungszinssatz ermittelt; gem. h.M.[11] auf Basis der erwarteten FK-Kosten (12) und der FK-Kosten (3%). Dies entspricht dem IDW Praxishinweis 2/2018, der angesichts der praktischen Schwierigkeiten der FK-Kosten-Ermittlung alternativ auch die Verwendung der vertraglichen FK-Zinssätze zulässt.[12] Nach der Empfehlung Debt Beta wird das FK jedoch im Ergebnis abweichend bewertet, weil zusätzlich zum Marktwert des FK (hier 800) ein sog. Wertabschlag Credit Spread (WACS) vom Unternehmenswert abgezogen wird.

---

11 Vgl. z.B. Gleißner, BWP 2017, S. 42, 45; Meitner/Streitferdt, Unternehmensbewertung, 2011, S. 14 ff.
12 Vgl. IDW Praxishinweis 2/2018, Risikoszenarien I und II; dies gilt jedenfalls dann, wenn die Vertragszinssätze am Bewertungsstichtag aktuell sind, vgl. ebd. Rz. 36.

Die Empfehlung Debt Beta geht davon aus, dass selbst die erwarteten FK-Kosten (im Beispiel 3%) nicht CAPM-konform sind, weil darin unsystematische Bestandteile sowie Zuschläge für Kosten und Gewinn der FK-Geber enthalten seien (Tab. 3). Unter Berufung auf Kapitalmarktstudien[13] wird der systematische, CAPM-konforme Anteil des Credit Spread z.B. auf 30% (× 1,5% = 0,45%) geschätzt.

Basiszinssatz	1,50%
Zuschlag für systematisches Risiko	0,45%
FK-Kosten „lt. CAPM"	**1,95%**
Zuschlag für unsystematisches Risiko, Kosten und Gewinn	1,05%
Erwartete FK-Kosten	**3,00%**
Zuschlag für Ausfallrisiken	3,30%
Vertragliche FK-Zinsen	**6,30%**

Tab. 3: Zusammensetzung der FK-Zinssätze

Abweichend von Tab. 2 schwanken die finanzierungsbedingten Steuerersparnisse und damit der Total Cashflow (TCF) im Folgenden nach Maßgabe des jeweiligen FK-Zinssatzes. Bei Annahme unsicherer Tax Shields (s. Abschn. IV.) wird der TCF wiederum mit den unlevered EK-Kosten diskontiert (Tab. 4).[14] Die unlevered EK-Kosten lassen sich auch als Summe der gewichteten Kapitalkosten ausdrücken, z.B. für Tab. 4, Spalte (1):[15]

$$Ku = WACC_{TCF} = 6,05\% = 24\% \times 15,83\% + 76\% \times 3,0\%.$$

Wenn sich gem. Empfehlung Debt Beta, Rz. 10 der FK-Anteil des WACC auch nur nach diesen FK-Kosten laut CAPM (im Beispiel 1,95%) bemisst, sinkt der gewichtete FK-Anteil von 76% × 3% auf 76% × 1,95% und der WACC bzw. die unlevered EK-Kosten von 6,05% auf 5,25%:

$$Ku = WACC_{TCF} = 5,25\% = 24\% \times 15,83\% + 76\% \times 1,95\%.$$

Da der unsystematische Anteil der Zinsen (1,05% × 800 = 8,4) jedoch als erwartete Zahlung anfällt, so wird argumentiert, sei er gleichwohl abzubilden. Hierzu wird der aus dem Nenner (WACC) herausgebrochene unsystematische Zinsanteil in den

---

13 Vgl. Enzinger, RWZ 2019, S. 88, 94 unter Hinweis auf Meitner/Streitferdt, a.a.O. (Fn. 11), S. 18, die wiederum Elton et al, Journal of Finance 2001, S. 709–737, zitieren.

14 Dies entspricht dem Vorgehen des IDW Praxishinweises 2/2018, vgl. zu den Vorteilen des TCT Ansatzes Langemann, BWP 2017, S. 12; Behling, WPg 2019, S. 165.

15 Abweichend von der DCF-WACC-Methode, bei der der FCF (TCF ohne finanzierungsbedingte Steuerersparnis) diskontiert wird, fließt bei der TCF-Methode der Fremdkapitalzinssatz vor Steuerersparnis in die gewichteten FK-Kosten ein.

Zähler des Kalküls transformiert und dort als Korrektur des TCF dem Leistungs-bereich zugeordnet.[16] Es wird somit ein niedrigerer TCF (55,1 statt 63,5) mit einem niedrigeren Ku bzw. $WACC_{TCF}$ (5,25% statt 6,05%) diskontiert. Während der IDW Praxishinweis 2/2018 den Debt Betafaktor wie in Tab. 2 immer auf Basis der FK-Zins-sätze laut Cashflow-Planung bemisst, basiert das Debt Beta gem. der Empfehlung Debt Beta auf den „FK-Kosten nach CAPM" (1,95% – 1,5%)/6,5% = 0,07. Dies führt jedoch zu einem identischen Gesamtunternehmenswert von 1.050, der sich ledig-lich anders aufteilt, siehe Tab. 4, Spalte (2) im Vergleich zu Spalte (1).

Tatsächlich erfordert der WACS-Ansatz, die Perspektive zu wechseln und Tab. 4, Spalte (2) als Beispiel für das Unlevern auf Basis der Peer Group zu betrachten. Dann ist nachvollziehbar, dass sowohl die levered EK-Kosten Kl als auch die Gewichte von EK und FK im Vergleich zu Spalte (1) unangetastet bleiben, da es sich dabei um die beobachtbaren Parameter handelt. Die Empfehlung Debt Beta bedeutet jedoch eine abweichende Vorstellung von der Zusammensetzung des verschuldeten Unterneh-mens und damit der Art des Unleverns. Diese führt naturgemäß zu einem anderen unlevered Betafaktor (hier: 0,58 statt 0,7) und anderen unlevered EK-Kosten.

Allerdings halten sich die Protagonisten der Empfehlung Debt Beta nicht an ihre Vorgehensweise, denn die beispielhaften Darstellungen zu Bewertungen mit und ohne WACS basieren (wie in Spalte (2a)) jeweils auf identischen unlevered Betafak-toren[17] und führen zu der nicht sachgerechten Schlussfolgerung, dass die Marktwer-te des EK ohne Berücksichtigung des WACS überhöht seien (Spalte (1) im Vergleich zu Spalte (2a)). Die Vorgehensweise nach Empfehlung Debt Beta wirkt sich jedoch tatsächlich (nur) bei abweichenden Verschuldungsgraden von Peer Group und Be-wertungsobjekt aus. Davon abgesehen begegnet der von der Empfehlung Debt Beta propagierte, alternative Aufbau des verschuldeten Unternehmens Bedenken:

1. Zum einen geht aus Tab. 4 hervor, dass der erwartete Flow to Debt nach der Empfehlung Debt Beta in zwei Teilbeträge (in Spalte (2) z.B. 15,6 und 8,4) aufge-teilt und mit zwei verschiedenen Diskontierungszinssätzen (1,95% bzw. 6,05%) diskontiert wird. Dies führt zu Barwerten von 800 (Marktwert FK) zuzüglich 160 (WACS), zusammen 960. Die Empfehlung Debt Beta verändert somit massiv die Bewertung des Fremdkapitals, weil ein annahmegemäß nicht CAPM-kon-former „Schmutzanteil" der erwarteten FK-Kosten, der aber an die FK-Geber fließt (8,4), wie ein Sideeffect des Fremdkapitals (Tax Shields, operative Rating-effekte) behandelt wird, der *nicht* an die FK-Geber fließt. Dies ist nun seinerseits nicht konsistent zum CAPM, da das Fremdkapital einen eigenen Marktwert besitzt (800) und sich dieser wie in Tab. 4, Spalte (1) aus der Diskontierung er-

---

16   Vgl. Enzinger/Pellet/Leitner, RWZ 2014, S. 211, 215 f. (bei der DCF-WACC-Methode würde der FCF entsprechend adjustiert).

17   Vgl. Enzinger/Mandl, RWZ 2015, S. 168, 171 ff.; Enzinger, RWZ 2019, S. 88, 94 ff.; Vgl. Behling, BWP 2015, S. 18, 19, dort Fn. 17 zur Notwendigkeit des synchronen Un- und Releverns.

warteter FK-Zinsen (24) mit risikoadäquaten Diskontierungszinsen (erwarteten FK-Kosten i.H.v. 3%) ergibt[18] (siehe nur IFRS 13.38 (c) zur Fair-Value-Ermittlung nicht notierter financial liabilities).

2. Darüber hinaus führt die Empfehlung Debt Beta regelmäßig zu unplausiblen Ergebnissen: So mag der WACS auch aus der Beobachtung heraus entstanden sein, dass eine hohe Verschuldung und hohe FK-Zinssätze über einen entsprechenden Tax Shield c.p. zu höheren Gesamtunternehmenswerten führen. Dabei wird jedoch ausgeblendet, dass Verschuldungen immer entsprechende operative Ratingeffekte nach sich ziehen, m.a.W.: Ein aufgrund des Zinssatzes und der „Verschuldungsmenge" höherer Tax Shield kompensiert strukturell ebenso hohe negative operative Ratingeffekte.[19] Damit ist gemeint, dass sich die Finanzschulden negativ auf die operativen Überschüsse auswirken (indirekte Insolvenzkosten in Form möglicher Ertragsrückgänge und zu befürchtende zusätzliche Aufwendungen). Diese führen laut Tab. 4 oben zu einer EBIT Einbuße von 10 p.a. nach Steuern gegenüber dem schuldenfreien Unternehmen, wobei das Beispiel dem IDW Praxishinweis 2/2018 („Risikoszenario II mit hoher Verschuldung") nachgebildet ist. Bis auf das Beispiel in Spalte (3) übersteigt der Barwert der operativen Ratingeffekte bereits den Wert der Tax Shields; eines zusätzlichen WACS als Korrektiv bedarf es nicht. Sollten Zweifel an der Nachhaltigkeit des Geschäftsmodells auftreten, kämen diese im Erwartungswert der operativen Überschüsse zum Ausdruck.[20]

---

18   Vgl. Franken/Schulte, in IDW (Hrsg.), WPH Edition, Bewertung und Transaktionsberatung 2018, Rz. O69 ff.
19   Vgl. Behling, DB 2018, S. 2649.
20   Vgl. Fn. 4. Der mögliche Hinweis auf hohe „in der Praxis beobachtbare" Bewertungsabschläge bei hoch verschuldeten Unternehmen ginge fehl, da die Aufgabe bei objektivierten, von persönlichen Wertvorstellungen unabhängigen Bewertungen nicht in der Simulation von Preisfindungen bei Notverkäufen besteht.

CF/Barwert	(1) erwartete FK-Kosten (3%) ohne WACS			(2) FK-Kosten „lt. CAPM" (1,95%) mit WACS			(2a) FK-Kosten „lt. CAPM" (1,95%), mit WACS, aber ßu wie (1)			(3) FK-Kosten „lt. CAPM", mit WACS, aber ßu wie (1), Tax Shield auf Basis des vertraglichen FK-Zinssatzes (6,3%)		
	p.a	Zins	Barwert	p.a	Zins	Barwert	p.a	Zins	Barwert	p.a	Zins	Barwert
EBIT unverschuldet n.St.	67,5	6,05%	1.115	67,5	5,25%	1.285	67,5	6,05%	1.115	67,5	6,05%	1.115
operative Ratingeffekte n.St.	-10,0	6,05%	-165	-10,0	5,25%	-190	-10,0	6,05%	-165	-10,0	6,05%	-165
EBIT n.St.	57,5	6,05%	950	57,5	5,25%	1.095	57,5	6,05%	950	57,5	6,05%	950
TS	6,0	6,05%	100	6,0	5,25%	115	6,0	6,05%	100	12,6	6,05%	210
WACS^a)		-	-	-8,4	5,25%	-160	-8,4	6,05%	-140	-34,8	6,05%	-575
TCF/GK	63,5	6,05%	1.050	55,1	5,25%	1.050	55,1	6,05%	910	35,3	6,05%	585
ZA/FK	-24,0	3,00%	-800	-15,6	1,95%	-800	-15,6	1,95%	-800	-15,6	1,95%	-800
FTE/EK (Marktwert)	**39,5**	**15,83%**	**250**	**39,5**	**15,83%**	**250**	**39,5**	**35,78%**	**110**	**19,7**	**-9,10%**	**-215**
FK/EK			3,21			3,21			7,22			-3,69
FK/GK			76%			76%			88%			137%
EK/GK			24%			24%			12%			-37%
KI × EK/GK			3,76%			3,76%			4,34%			3,38%
FK-Zinssatz lt. Debt Beta × FK/GK			2,29%			1,49%			1,71%			2,67%
Ku = WACC$_{TCF}$			6,05%			5,25%			6,05%			6,05%
ßu			0,70			0,58			0,70			0,70
FK-Zinssatz (Cashplan)			3,0%			3,00%			3,00%			6,30%
FK-Zinssatz (Debt Beta)			3,0%			1,95%			1,95%			1,95%
rf			1,5%			1,5%			1,5%			1,5%
ßd			0,23			0,07			0,07			0,07
MRP			6,5%			6,5%			6,5%			6,5%
ßI^b)			2,20			2,20			5,27			-1,63
KI		**15,83%**			**15,83%**			**35,78%**			**-9,10%**	

a) Abweichend von dem Tableau definieren Enzinger/Mandl den WACS nach Steuern (hier: vor Steuern) und basieren den TS dafür auf den geringeren FK-Kosten nach CAPM (vgl. z.B. Enzinger/Mandl, RWZ 2015, S. 168, 170 ff.). Hierauf wird mangels Auswirkung auf den TCF aus Vereinfachungsgründen verzichtet.
b) Im Unterschied zu Tab. 2 ohne Steuerterm auf ßd; Beispiel für Spalte (1): KI = 0,7 + (0,7 – 0,23) × 3,21 = 2,2.

Tab. 4: Unternehmensbewertung ohne und mit WACS

3. Nicht nachvollziehbar ist Rz. 2 der Empfehlung Debt Beta, wonach die finanziellen Überschüsse auf den vertraglichen Fremdkapitalzinsen (hier: 6,3%) basieren sollen; dies führt bei gleichzeitiger Bemessung von Debt Beta nach den FK-Kosten „laut CAPM" wie in Tab. 4, Spalte (3) zu einem noch höheren WACS und entsprechend geringerem Marktwert des EK, der selbst bei grundsätzlicher Befürwortung des WACS-Konzepts nicht gerechtfertigt ist, da die Differenz zwischen 6,3% und 3% nicht erwartungsgemäß als Zahlung anfällt. Erkennbar beruht die Empfehlung Debt Beta auf einem überholten Stand, der noch nicht zwischen vertraglichen und erwarteten FK-Zinsen unterschieden hat.[21] Zwirner/Zimny[22] referieren den Praxishinweise 2/2018, d.h. Tab. 4 Spalte

---

21   Vgl. Enzinger/Mandl, RWZ 2015, S. 168 ff., sowie Enzinger/Pellet/Leitner, BWP 2014, S. 114 ff.
22   Vgl. Zwirner/Zimny, DB 2019, S. 77, 78.

(1) ebenfalls unter ausführlicher Erläuterung der Debt Beta-Ermittlung gem. Empfehlung Debt Beta laut Tab. 4 Spalte (3), d.h. unter Ignorierung des Korrekturbedarfs bei Rz. 2 der Empfehlung Debt Beta. Davon abgesehen, ist das Rechnen mit „FK-Kosten nach CAPM" in Deutschland nicht anerkannt und auch nicht verbreitet; es findet sich dementsprechend nicht in den Berechnungsbeispielen des IDW Praxishinweises 2/2018[23]. Allerdings muss angemerkt werden, dass Bewerter, die beim Un- und Relevern auf einen Debt Betafaktor gänzlich verzichten (ßd = 0), implizit einen WACS auf Basis des gesamten Credit-Spreads als Differenz zwischen den erwarteten FK-Kosten 3% und dem risikolosen Zinssatz 1,5% berücksichtigen.

4. Zutreffend wird der Debt Betafaktor als Differenz zwischen dem jeweiligen FK-Zinssatz laut Cashflow-Planung und dem Basiszinssatz, bezogen auf die Markrisikoprämie MRP errechnet (sog. indirekte Methode):[24] Hierbei ist der Nettozinsaufwand der jeweiligen Periode durch den Anfangsstand von Net Debt zu dividieren und der so ermittelte Mischzinssatz in die Debt Beta-Formel ((rFK – rf)/MRP) einzusetzen. Bei gegebenen FK-Zinssätzen erscheint eine zusätzliche direkte Ermittlung mittels linearer Regression von beobachtbaren Fremdkapitalrenditen gegenüber einem Vergleichsindex, ggf. i.V.m. einer Ermittlung und Gewichtung bei unterschiedlichen Fremdkapitaltiteln,[25] nicht notwendig.

IV. Tax Shields

Da Finanzierung und Investition zumindest ex post als voneinander unabhängig betrachtet werden,[26] haben Finanzschulden in der Unternehmensbewertung die folgenden Effekte:

- Zukünftige Auszahlungen i.H.d. kapitalisierten Schuldendienstes (Marktwert des Fremdkapitals).
- Verschuldungsbedingte Bereicherung in Form finanzierungsbedingter Steuerersparnisse (Tax Shields).
- Verschuldungsbedingte Entreicherung durch
  - operative Ratingeffekte, z.B. weil Lieferanten sich mangels Diversifikation durch höhere Preisforderungen gegen das verschuldungsbedingte Ausfallrisiko ihrer Kunden absichern.
  - Nach der Empfehlung Debt Beta kommt der WACS als weiterer negativer Effekt hinzu.

---

23 Das IDW lässt die Ableitung von FK-Kosten laut CAPM nach Einschätzung von Haesner/Jonas, WPg 2020, S. 159, 161 f. „bewusst" offen.
24 Vgl. KSW (Hrsg.), a.a.O. (Fn. 8), Rz. 11 ff.
25 Vgl. KSW (Hrsg.), a.a.O. (Fn. 8), Rz. 10 f.
26 Vgl. Chen/Kim, Journal of Finance 1979, S. 372: „because Vt (X) (Enterprise Value, d. Verf.) is independent of the firm's financing decisions when the firm's investment decisions have already been determined, the market value of the firm is also independent of financing decisions". Davon zu unterschieden ist die ex ante Planung von Investitionen auf Basis von Finanzierungsrestriktionen, die Investitionsvorhaben und -umfänge begrenzen mögen.

Nach Ansicht des Verfassers darf es bei objektivierten Unternehmenswerten aufgrund der Möglichkeit einer preiswerteren Rekonstruktion[27] *per Saldo* weder zu verschuldungsbedingten Be- noch Entreicherungen kommen.[28] Der IDW Praxishinweis 2/2018 liefert die zugehörige Lösung aufgrund des offenen Ausweises operativer Ratingeffekte auf dem Silbertablett: Danach ergäbe sich der Marktwert des EK aus dem Wert des schuldenfreien Unternehmens abzüglich der zur Beseitigung aller Verschuldungseffekte notwendigen Einlage i.H.d. Marktwerts des FK, somit 1.115 – 800 = 315. In der Praxis sind die operativen Ratingeffekte jedoch schwierig abzuschätzen. Schüler/Schwetzler halten zumindest eine verschuldungsbedingte Entreicherung, d.h. Überhang der negativen über die positiven Verschuldungseffekte nicht für sachgerecht und stellen daher mit einiger Berechtigung die Sinnhaftigkeit der in dem IDW Praxishinweis 2/2018 dargestellten Beispielrechnungen (vergleichbar Tab. 4 Spalte (1)) in Frage.[29] Somit obliegt es dem Bewerter, unter Berücksichtigung der operativen Ratingeffekte eine sachgerechte Abschätzung der Verschuldungseffekte inklusive Bestimmung der Tax Shields vorzunehmen.

Bei autonomer Finanzierungsstrategie beliefe sich der Barwert der dann sicheren (hier nicht wachsenden) Tax Shields unabhängig vom verwendeten FK-Zinssatz laut Cashflow-Planung auf das Produkt aus Steuersatz × FK, hier 25% × 800 = 200 (z.B. 6/3% oder 12,6/6,3%). Allerdings können sich auch (ex ante) sicher anfallende Zinsen steuerlich nicht auswirken, wenn in schlechten Zukunftslagen Verluste entstehen, die jedoch noch nicht zur Insolvenz führen (weil sie z.B. das Eigenkapital nicht übersteigen oder keine Cash-Verluste vorliegen). Daher ist sicheres Fremdkapital durchaus mit unsicheren Tax Shields kompatibel.[30] Entsprechend gehen der IDW Praxishinweis 2/2018 und die Empfehlung Debt Beta wie in Tab. 4 von unsicheren Tax Shields aus, die mit unlevered EK-Kosten (hier: 6,05%) diskontiert werden.[31]

Unsichere Tax Shields werden meist unausgesprochen mit der Höhe des verwendeten FK-Zinssatzes assoziiert und daraus die Befürchtung einer Überbewertung bei hoch verschuldeten Unternehmen abgeleitet.[32] Tab. 2 zeigt demgegenüber, dass dies nicht der Fall sein muss; hierzu ist der Debt Beta-Faktor ßd (beim Un- und Relevern) lediglich mit dem Term (1 – Steuersatz) zu multiplizieren. Allerdings ist diese Formel in der Praxis nicht anzutreffen; bei dem aktuellen Basiszinsniveau von „0%" würde der TS auch komplett eliminiert. Bei Verwendung der Formel nach Harris/Pringle wirkt sich (endlich) der Fremdkapitalzinssatz aus: Erwartete FK-Kos-

---

27 Vgl. Moser/Tesche/Hell, BWP 2015, S. 98 ff.
28 Vgl. Behling, DB 2018, S. 2649, 2652.
29 Vgl. Schüler/Schwetzler, DB 2019, S. 1748 ff. Die Autoren propagieren einen unternehmenswertoptimierenden Verschuldungsgrad, bei dem sich marginale positive und negative Effekte gerade ausgleichen, d.h. eine Bereicherung mit Überhang der gesamten Tax Shields über die gesamten negativen Verschuldungseffekte.
30 Vgl. Pawelzik, CF 2013, S. 261, 266 f.
31 Nicht nachvollziehbar Peemöller, BB 2018, S. 2795, 2797: „[...] d.h. die Berechnung erfolgt [bei unsicheren Tax Shields, der Verf.] ohne Tax shield".
32 Vgl. Haesner/Jonas, WPg 2020, S. 159, 165.

ten (hier: 3%) führen laut Tab. 4, Spalte (1) zu einem Tax Shield von 100, vertraglich vereinbarte FK-Zinssätze (hier 6,3%) zu einem Tax Shield von 210, Spalte (3).

Die vertraglichen FK-Zinssätze des Beispiels kommen jedoch nicht in Betracht, da sie mit 6,3% oberhalb der unlevered EK-Kosten von 6,05% liegen und der Barwert der unsicheren TS (210) den Wert sicherer TS (200) übersteigen würde. Der IDW Praxishinweis 2/2018 lässt in seinen Beispielen ("Risikoszenarien I und II") allerdings bei einem geringen Abstand (4% vertraglich vs. 3% erwartet) und bei unsicheren TS unter Hinweis auf die praktischen Schwierigkeiten der FK-Kostenermittlung auch die Verwendung der (aktuellen) vertraglichen FK-Zinsen zu.[33] Ggf. seien die FK-Kosten der Peer Group (nach dem Verständnis des Verfassers jedoch die "Verschuldungsmenge" des konkreten Bewertungsobjekts) zu verwenden.

Nicht sachgerecht erscheint jedenfalls die Verwendung des WACC und damit der "Verschuldungsmenge" einer operativ vergleichbaren, aber niedriger ("normal") verschuldeten Peer Group.[34] Der WACC dockt den Tax Shield mittels Kürzung der unlevered EK-Kosten an den Barwert des FCF an:[35] Bei einer FK-Quote der Peer Group von bspw. 40%, FK-Kosten von 2% und einem Steuersatz von 25% würde der WACC somit 5,85% (6,05% – 2% × 40% × 25%) und der Gesamtunternehmenswert inklusive Tax Shields rund 983 (57,5/5,85%) betragen mit der Folge, dass der Wert der Tax Shields (*der Peer Group*) von 33 (983 – 950) erheblich unter dem Barwert der operativen Ratingeffekte *des Bewertungsobjekts* (-165) läge.

V. Zusammenfassung

"It's the tax shield, stupid", gilt auch mehr als sechs Jahrzehnte nach Modigliani/Miller:[36] Insb. das IDW plagt ein Störgefühl, wenn Unternehmen mit hoher Verschuldung, FK-Zinssätzen und Zinsaufwendungen einen vermeintlich zu hohen, weil über der Peer Group liegenden Tax Shield und damit Gesamtunternehmenswert aufweisen. Dem wird mit folgendem Werkzeugkasten begegnet:

1. Das IDW und die h.M. präferieren grds. die Verwendung von FK-Kosten statt vertraglicher FK-Zinssätze. Tatsächlich hat der Zinssatz (vorbehaltlich des WACS) keine Auswirkung auf die Bewertung des FK selbst, sondern beeinflusst im Regelfall[37] nur den Tax Shield. Bei niedriger Verschuldung, geringem Abstand zwischen FK-Kosten und vertraglichen Zinssätzen kann jedoch auch die nach dem IDW Praxishinweis 2/2018 zulässige Verwendung vertraglicher Zinssätze in Betracht kommen. Der Ansatz des WACC einer normal verschuldeten Peer

---

33   Vgl. IDW Praxishinweis 2/2018, Anlage Berechnungsbeispiel, Risikoszenarien I und II.

34   Vgl. Haesner/Jonas, WPg 2020, S. 159, 165, unter Hinweis auf IDW Praxishinweis 2/2018, Rz. 48 i.V.m. Berechnungsbeispiel, Erläuterung zum Risiko-Szenario II. Kritisch hierzu mit weiteren Gesichtspunkten Schüler/Schwetzler, DB 2019, S. 1745, 1750.

35   Vgl. Behling, BWP 2015, S. 18, 24.

36   Vgl. Modigliani/Miller, American Economic Review 1958, S. 261 ff.; dies., American Economic Review 1963, S. 433 ff.

37   Ausnahme: Einfrieren des Tax Shield nach Kruschwitz/Löffler/Lorenz laut Tab. 2.

Group und damit ein niedriger Tax Shield bei hoch verschuldeten Unternehmen lässt sich hingegen nicht rechtfertigen, weil hohe Tax Shields unter dem Gesichtspunkt der Arbitragefreiheit entsprechend hohe operative Ratingkosten kompensieren müssen. Davon abgesehen korrespondiert der FK-Zinssatz laut Cashflow-Planung gem. IDW Praxishinweises 2/2018 immer mit dem FK-Zinssatz laut Debt-Beta-Berechnung; diese Vorgehensweise verhindert einen WACS.

2. Die Empfehlung Debt Beta schafft im Ergebnis ebenfalls ein Gegengewicht zu Tax Shields, ignoriert dabei aber ebenfalls operative Ratingeffekte; sie fügt diesen in Form des WACS einen zweiten und zudem offen ausgewiesenen negativen Verschuldungseffekt hinzu, sodass die Diskussion um verschuldungsbedingte Be- und Entreicherungen, nicht nur bei hoch verschuldeten Unternehmen eröffnet ist. So kommt es bei dem aktuellen Basiszinsniveau von 0% (FK-Zinssatz = Credit Spread) regelmäßig bereits zu einem Überhang des WACS über den Tax Shield, da der geschätzte unsystematische WACS-Anteil (z.B. 70%) auf den erwarteten FK-Zinssatz die Steuerersparnis (wegen Hinzurechnungen 25%) überschreiten wird. Einer Entreicherung (und entsprechenden Arbitrage-Gelegenheiten eines potenziellen Erwerbers durch (i) Erwerb des zu niedrig bewerteten Unternehmens (ii) Entschuldung durch Einlage des Marktwerts des FK unter (iii) Realisierung eines Gewinns durch Beseitigung des Überhangs des WACS über den Tax Shield) steht jedoch Modigliani/Millers Nachbaufiktion entgegen, sodass die Bewertung zu korrigieren wäre.

Obwohl das WACS Konzept einen bedenkenswerten konzeptionellen Überbau aufweist (während der IDW Praxishinweis die Frage unsystematischer FK-Zins-Komponenten nicht behandelt, vgl. Abschn. III (c)), liegt m.E. eine Überbewertung des FK vor. Hinzu kommt, dass sich der WACS-Ansatz nur insoweit auswirkt, wie sich die Verschuldungsgrade von Peer Group und Bewertungsobjekt unterscheiden und nicht erkennbar ist, dass der Kapitalmarkt gem. der Empfehlung Debt Beta „denkt" und Unternehmenswerte um einen WACS reduziert.

3. Selbst bei Befürwortung eines WACS wäre Rz. 2 der Empfehlung Debt Beta zu korrigieren (Abschn. III.), da die Differenz zwischen vertraglichen und erwarteten FK-Zinsen den WACS erhöht, obwohl dieses Delta nicht erwartungsgemäß als Zahlung anfällt.

Quelle: Bewertungspraktiker 03/2020, S. 69.

Debt Beta und Wertabschlag Credit Spread (WACS)

– Replik auf Behling, BWP 2020, S. 69 ff. –

WP/StB FH-Hon. Prof. MMag. Alexander Enzinger, CVA

I. Einleitung

Mittlerweile liegen sowohl in Deutschland[1] als auch in Österreich[2] Praxishinweise bzw. Empfehlungen vor, die sich mit der Berücksichtigung des Verschuldungs-grads, des Debt Beta und des Insolvenzrisikos bei der Unternehmensbewertung befassen. Der Autor hat in RWZ 2019/19 als wesentlichen Unterschied zwischen den österreichischen und deutschen Verlautbarungen die Ermittlung der für die Ablei-tung des Debt Beta erforderlichen Fremdkapitalkosten identifiziert.[3] Nach der ös-terreichischen Empfehlung Debt Beta[4] sind dafür die Fremdkapitalkosten lt. CAPM heranzuziehen, die ausschließlich den risikolosen Basiszinssatz und den Zuschlag für systematische Risiken beinhalten. Andere Komponenten des Credit Spread (wie z.B. Vergütungen für die Übernahme von unsystematischen Risiken, sons-tige Kosten sowie Gewinnzuschläge) sind zu eliminieren. Der IDW Praxishinweis 2/2018[5] behandelt hingegen nur die Korrektur um Insolvenz- bzw. Ausfallrisiken[6] und geht auf eine Differenzierung zwischen erwarteten Fremdkapitalzinsen, wie sie in der Planungsrechnung anzusetzen sind, und Fremdkapitalkosten zur Debt Beta Berechnung nicht ein. Behling greift dieses Thema in BWP 2020, S. 69 ff., auf und äußert mehrere Kritikpunkte an der österreichischen Empfehlung Debt Beta. Wie im Folgenden Beitrag gezeigt wird, erweisen sich die von Behling genannten Kritikpunkte bei korrekter Anwendung der Empfehlung Debt Beta als unberechtigt.

---

1 IDW, Praxishinweis zur Berücksichtigung des Verschuldungsgrads bei der Bewertung von Unternehmen (IDW Praxishinweis 2/2018), veröffentlicht am 12.09.2018.

2 Arbeitsgruppe Unternehmensbewertung des Fachsenats für Betriebswirtschaft der Kammer der Steuerberater und Wirtschaftsprüfer (KSW), Empfehlung zur Berücksichtigung eines Debt Beta (Empfehlung Debt Beta), veröf-fentlicht am 21.05.2015, und Empfehlung zur Berücksichtigung des Insolvenzrisikos (Empfehlung Insolvenzrisiko), veröffentlicht am 30.05.2017.

3 Vgl. Enzinger, RWZ 2019/19, S. 88.

4 Vgl. Enzinger/Mandl, RWZ 2015/46, S. 168.

5 IDW Praxishinweis 2/2018, IDW Life 2018, S. 966; IDW Praxishinweis 2/2018 (IDW visuell), WPg 2019, S. 114; Peemöller, BB 2018, S. 2795; Zwirner/Zimny, DB 2018, S. 2713; Zwirner/Zimny, DB 2019, S. 77; Schüler/Schwetzler, DB 2019, S. 1745; Haesner/Jonas, WPg 2020, S. 159.

6 Auf die Unterschiede zwischen Insolvenzrisiko und Ausfallrisiko soll in diesem Beitrag nicht näher eingegangen werden.

II. Fragestellungen

Aus dem Beitrag von Behling lassen sich m.E. folgende zentrale Fragestellungen in Bezug auf die österreichische Empfehlung Debt Beta ableiten, die in der Folge behandelt werden:[7]

1. Behling stellt prinzipiell in Frage, ob das Debt Beta die Übernahme von systematischen Risiken i.S.d. CAPM durch die Fremdkapitalgeber zum Ausdruck bringt. In der Folge wird gezeigt, dass es bei Anwendung eines Debt Beta zu einem Transfer von systematischen Risiken von den Eigenkapitalgebern zu den Fremdkapitalgebern und somit zu einer Reduktion des (Kapitalstruktur-) Risikos der Eigenkapitalgeber kommt.

2. Nach Behling müssen die erwarteten Fremdkapitalzinsen, wie sie in der Planungsrechnung anzusetzen sind, immer den Fremdkapitalkosten zur Debt Beta Berechnung entsprechen. Es wird gezeigt, dass dies nicht immer der Fall sein muss und eine Differenzierung zwischen erwarteten Fremdkapitalzinsen und Fremdkapitalkosten angezeigt sein kann.

3. Behling stellt den Wertabschlag Credit Spread (WACS) als das zentrale Element der österreichischen Empfehlung Debt Beta dar. Tatsächlich zielt die Empfehlung Debt Beta primär darauf ab, Überbewertungen durch eine unplausible Ermittlung des Debt Beta zu vermeiden. Es wird gezeigt, dass sich der WACS beim APV-Verfahren bloß als mathematische Folge der Annahmen bei der Ermittlung des Debt Beta ergibt.

4. Nach Behling soll es bei Anwendung der Empfehlung Debt Beta zu einer Überbewertung des Fremdkapitals kommen. Gleichzeitig zeigt er aber selbst, dass eine *„Skalierung"* der Fremdkapitalzinsen nicht zu unterschiedlichen Marktwerten des Fremdkapitals führt. Anhand der von Behling selbst dargestellten Grundlagen lässt sich zeigen, dass eine Bewertung im Einklang mit der Empfehlung Debt Beta den Marktwert des Fremdkapitals nicht verändert.

5. Nach Behling ignoriere die Empfehlung Debt Beta operative Ratingeffekte. Auch wenn sich die Empfehlung Debt Beta mit dieser Frage nicht auseinandersetzt, lässt sich zeigen, dass dies im Lichte des österreichischen Fachgutachten KFS/BW 1 unzutreffend ist.

6. Nach Behling halten sich die *„Protagonisten der Empfehlung Debt Beta"* selbst nicht an ihre Vorgehensweise. Er begründet dies mit einer angeblich inkonsistenten Vorgehensweise beim Unlevern und Relevern. Da die Prinzipien der Empfehlung Debt Beta sowohl beim Unlevern als auch beim Relevern zur Anwendung kommen müssen, lässt sich zeigen, dass die Aussage von Behling unzutreffend ist.

In der Folge wird auf diese Fragen näher eingegangen.

---

7   Es werden nur jene Aspekte des Beitrags von Behling behandelt, die aus Sicht der österreichischen Empfehlung Debt Beta wesentlich erscheinen. Andere Aspekte des Beitrags werden nicht kommentiert. Der Autor gibt seine persönliche Auffassung wieder.

III. Wirkungsweise des Debt Beta

Behling stellt grds. in Frage, ob das Fremdkapital Beta (Debt Beta) die Übernahme von systematischen Risiken i.S.d. CAPM durch die Fremdkapitalgeber zum Ausdruck bringt, indem er darauf verweist, dass der Abzug des Debt Betafaktors und damit die rechnerische Verringerung des levered Equity Betafaktors *„meist mit der Übernahme systematischer oder operativer Risiken der FK-Geber gleichgesetzt"* wird.[8] In der Folge zitiert er Schüler/Schwetzler, die ausführen, dass es unklar sei, wie das vom Ausfallrisiko abzugrenzende „operative Risiko" aussehen könnte, an dem die Fremdkapitalgeber beteiligt werden sollten und daraus folgern, dass operative Risiken, die zu Ausfällen der Gläubiger führen, Bestandteil des Ausfallrisikos sind.[9] Es entsteht der Eindruck, dass Fremdkapitalgeber, die Ausfallrisiko zu tragen haben, kein systematisches Risiko i.S.d. CAPM übernehmen können. Dies ist – wie im Folgenden gezeigt wird – unzutreffend.

Während die von Schüler/Schwetzler geäußerte Kritik hinsichtlich des Begriffs des „operativen Risikos" betreffend den IDW Praxishinweis 2/2018 berechtigt sein mag, geht sie bei der österreichischen Empfehlung Debt Beta ins Leere: Diese führt aus, dass die Berücksichtigung eines Debt Beta bei der Bestimmung der Renditeforderung der Eigenkapitalgeber zu einer Verminderung des (Kapitalstruktur-) Risikos – und somit gerade nicht des operativen Risikos – der Eigenkapitalgeber führt. Das operative Risiko wird durch das unverschuldete Equity Beta repräsentiert, das Kapitalstruktur- oder Finanzierungsrisiko bringt das veränderte Risiko der Unternehmenseigner aus einer veränderten Kapitalstruktur zu Ausdruck.[10] Auch aus dem Beitrag von Schüler/Schwetzler lässt sich ableiten, dass die Übernahme von Ausfallrisiko durch die Fremdkapitalgeber das Kapitalstrukturrisiko der Eigenkapitalgeber vermindert und zu einem Anstieg der Fremdkapitalkosten und somit des von den Fremdkapitalgebern zu tragenden Risikos führt.[11]

Hinsichtlich des im IDW Praxishinweis 2/2018 verwendeten Begriffs „Ausfallrisiko" ist darauf hinzuweisen, dass Schüler/Schwetzler an anderer Stelle ihres Beitrags ihre Vermutung zum Ausdruck bringen, dass *„mit der in der Empfehlung [IDW Praxishinweis 2/2018] gebrauchten Formulierung „Ausfallrisiken" tatsächlich die möglichen negativen finanziellen Auswirkungen einer tatsächlichen oder drohenden Insolvenz gemeint sind."*[12] Gemeint ist daher das Insolvenzrisiko bzw. die Insolvenzwahrscheinlichkeit, das bzw. die bei der Ermittlung der Erwartungswerte der Cashflows zu berücksichtigen ist. Zur näherungsweisen Ermittlung des Er-

---

8   Vgl. Behling, BWP 2020, S. 70.
9   Vgl. Schüler/Schwetzler, DB 2019, S. 1747.
10   Zu den Begriffen „operatives Risiko" und „Kapitalstrukturrisiko" siehe IDW, Bewertung und Transaktionsberatung (2018), Kap A, Tz. 336 ff. sowie die Abb. bei Tz. 417.
11   Vgl. Schüler/Schwetzler, DB 2019, S. 1747; siehe auch Drukarczyk/Schüler, Unternehmensbewertung, 7. Aufl. 2016, S. 380, die treffend ausführen, dass bei Kompensation des Ausfallrisikos die von den Fremdkapitalgebern „geschulterte" Risikomenge steigt.
12   Vgl. Schüler/Schwetzler, DB 2019, S. 1748.

wartungswerts der Fremdkapitalzinsen [E(i_{FK})] ist vom Vertragszins (i_{FK}) der erwartete Ausfall in Höhe der Insolvenzwahrscheinlichkeit in Abzug zu bringen.[13] Da der Erwartungswert der Fremdkapitalzinsen i.d.R. nicht risikolos ist, tragen die Fremdkapitalgeber auch das nicht erwartungsgemäß anfallende (Ausfall-)Risiko. Im Modellrahmen des CAPM ist die systematische Komponente des Ausfallrisikos unmittelbar im Betafaktor zu erfassen.[14] D.h., Ausfallrisiko und systematisches Risiko sind keine sich ausschließenden Begriffe.

Die Wirkungsweise des Debt Beta kann anhand der exemplarisch dargestellten Beta-Anpassungsformel nach Harris/Pringle wie folgt gezeigt werden:

$$\beta_v = \beta_u + (\beta_u - \beta_{FK}) \times \frac{FK}{EK} \tag{1}$$

Wie aus Formel (1) ersichtlich, führt das Debt Beta (β_{FK}) zu einer Verminderung des Kapitalstruktur-Risikos der Eigenkapitalgeber und folglich zu einer Verminderung der Kapitalkosten der Eigenkapitalgeber des verschuldeten Unternehmens (r_{EKv}). Da sowohl das unverschuldete Equity Beta (β_u) als auch das verschuldete Equity Beta (β_v) in der Modellwelt des CAPM nur systematische Risiken abbilden, vermindert das Debt Beta das von den Eigenkapitalgebern zu tragende systematische Risiko. Daraus lässt sich ableiten, dass bei der Ermittlung des Debt Beta darauf zu achten ist, dass es selbst auch nur systematische Risiken i.S.d. CAPM abbildet.[15] Andernfalls käme es zur Überschätzung der Risikominderung für die Eigenkapitalgeber. Eine CAPM-konforme Ermittlung der Eigenkapitalkosten setzt daher voraus, dass das Debt Beta nur systematische Risiken i.S.d. CAPM abbildet.[16]

Bei Anwendung eines Debt Beta wird daher ein Transfer von systematischen Risiken i.S.d. CAPM von den Eigenkapitalgebern zu den Fremdkapitalgebern und somit eine Reduktion des (Kapitalstruktur-) Risikos der Eigenkapitalgeber unterstellt. Das Debt Beta zeigt somit, in welchem Ausmaß die Fremdkapitalgeber systematisches Risiko i.S.d. CAPM übernehmen.[17] *„Risiko, das den Gläubigern aufgezwungen wird, muss von den Eigentümern nicht geschultert werden."*[18]

---

13 Vgl. Franken/Gleißner/Schulte, CF 2020, S. 84.
14 Vgl. Franken/Gleißner/Schulte, CF 2020, S. 90, die vereinfachend „Ausfallrisiko" und „Insolvenzrisiko" als identisch betrachten.
15 Für die Ableitung des Debt Beta wird i.d.R. unterstellt, dass das CAPM auch für Fremdkapitaltitel anwendbar ist. Vgl. Zwirner/Zimny, DB 2019, S. 78; kritisch Ballwieser, CF 2016, S. 437.
16 Vgl. Arbeitskreis Bewertung nicht börsennotierter Unternehmen des IACVA e.V., BWP 2011, S. 20; Lütkeschümer, Die Berücksichtigung von Finanzierungsrisiken bei der Ermittlung von Eigenkapitalkosten in der Unternehmensbewertung, 2012, S. 132.
17 Vgl. Lütkeschümer, a.a.O. (Fn. 16), S. 127.
18 Drukarczyk/Schüler, a.a.O. (Fn. 11), S. 371.

IV. Fremdkapitalzinsen und Fremdkapitalkosten

Nach Behling müssen die erwarteten Fremdkapitalzinsen, wie sie in der Planungsrechnung anzusetzen sind, immer den Fremdkapitalkosten zur Debt Beta Berechnung entsprechen.[19] Wie im Folgenden gezeigt wird, muss dies nicht immer der Fall sein, sodass eine Differenzierung zwischen erwarteten Fremdkapitalzinsen und Fremdkapitalkosten angezeigt sein kann.

In der Planungsrechnung sind die als Auszahlung zu berücksichtigen Fremdkapitalzinsen mit ihrem Erwartungswert anzusetzen.[20] Wie bereits ausgeführt, ist zur näherungsweisen Ermittlung des Erwartungswertes der Fremdkapitalzinsen $[E(i_{FK})]$ vom Vertragszins (i_{FK}) der erwartete Ausfall in Höhe der Insolvenzwahrscheinlichkeit in Abzug zu bringen.[21] In einer idealtypischen CAPM-Welt,[22] in der die Kapitalgeber nur eine Vergütung für die Übernahme von systematischen Risiken fordern und es keine Transaktionskosten gibt, entsprechen die erwarteten Fremdkapitalzinsen, wie sie in der Planungsrechnung anzusetzen sind, den Fremdkapitalkosten, die zur Ermittlung der Diskontierungssätze heranzuziehen sind. Unter dieser Annahme beinhaltet die Risikoprämie der Fremdkapitalgeber ausschließlich eine Vergütung für die Übernahme von systematischen Risiken i.S.d. CAPM. In der Praxis ist jedoch zu beobachten, dass die erwarteten Fremdkapitalzinsen neben der Vergütung für die Übernahme von systematischen Risiken i.S.d. CAPM auch andere Komponenten beinhalten können (z.B. Vergütung für die Übernahme unsystematischer Risiken, sonstige Kosten, Gewinnzuschläge).[23] Auch aus empirischen Studien[24] und Teilen der Bewertungsliteratur[25] ergibt sich, dass der Credit Spread nicht ausschließlich auf systematische Risiken entfallen muss und eine differenzierte Betrachtung angezeigt sein kann.

Wie oben gezeigt, darf das Debt Beta für eine CAPM-konforme Ermittlung der Eigenkapitalkosten nur systematische Risiken i.S.d. CAPM abbilden. Zur Ableitung

---

19   Vgl. Behling, BWP 2020, S. 72.
20   Vgl. IDW Praxishinweis 2/2018, Rz. 25, wonach im Bewertungskalkül stets Erwartungswerte der finanziellen Überschüsse anzusetzen sind.
21   Zur besseren Lesbarkeit wird in diesem Beitrag grds. auf die Verwendung von Erwartungswertoperatoren und Zeitindices verzichtet. Davon ausgenommen ist der Erwartungswert der Fremdkapitalzinsen, der mit $E(i_{FK})$ angegeben wird, um diesen klar vom Vertragszins i_{FK} abgrenzen zu können.
22   Vgl. dazu grundlegend Perridon/Steiner/Rathgeber, Finanzwirtschaft der Unternehmung, 17. Aufl. 2017, S. 290.
23   Vgl. Volkart/Vettiger/Forrer, in Seicht (Hrsg.), Jahrbuch für Controlling und Rechnungswesen, 2013, S. 117; Arbeitskreis Bewertung nicht börsennotierter Unternehmen des IACVA e.V., BWP 2011 S. 19; Enzinger, RWZ 2019/19, S. 92. Hinsichtlich der Komponenten des Credit Spread zustimmend Haesner/Jonas, WPg 2020, S. 161.
24   Vgl. dazu u.a. Elton/Gruber/Agrawal/Mann, The Journal of Finance 2001, S. 252; Almeida/Philippon, The Journal of Finance 2007, S. 2557; Pape/Schlecker, Analyse von Credit Spreads in Abhängigkeit des risikofreien Referenzzinsatzes (ESCP Europe Working Paper), 2010; Krones/Cremers, Eine Analyse des Credit Spreads und seiner Komponenten als Grundlage für Hedge Strategien mit Kreditderivaten, Frankfurt School-Working Paper Series 2012; Odermann/Cremers, Komponenten und Determinanten des Credit Spreads: Empirische Untersuchung während Phasen von Marktstress, Frankfurt School-Working Paper Series 2013.
25   Vgl. dazu u.a. Meitner/Streitferdt, Unternehmensbewertung, 2011, S. 18; Lütkeschümer, a.a.O. (Fn. 16), S. 132; Damodaran, Applied Corporate Finance, 4. Aufl. 2015, S. 354.

des Debt Beta sind daher Fremdkapitalkosten (r_{FK}) erforderlich, die ausschließlich nach dem CAPM definiert sind:[26]

$$r_{FK} = i_r + \beta_{FK} \times MRP \rightarrow \beta_{FK} = \frac{r_{FK} - i_r}{MRP} \tag{2}$$

Die „Fremdkapitalkosten lt. CAPM" (r_{FK}) beinhalten ausschließlich den risikolosen Zins (i_r) und einen Zuschlag für die Kompensation des systematischen Risikos ($\beta_{FK} \times MRP$). Zur Berechnung des Debt Beta wird die Differenz zwischen den Fremdkapitalkosten lt. CAPM (r_{FK}) und dem risikolosen Zinssatz (i_r) durch die Marktrisikoprämie (MRP) dividiert.

Wie gezeigt, müssen sich die erwarteten Fremdkapitalzinsen [$E(i_{FK})$], wie sie in der Planungsrechnung anzusetzen sind, und die Fremdkapitalkosten lt. CAPM (r_{FK}), die zur Ermittlung des Debt Beta heranzuziehen sind, nicht immer entsprechen. Wird die Differenz zwischen $E(i_{FK})$ und r_{FK} mit dem Bestand an Fremdkapital (FK) multipliziert, entspricht dies dem Erwartungswert von Auszahlungen für nicht-systematische Vergütungen der Fremdkapitalgeber (z.B. für die Übernahme von unsystematischen Risiken, sonstige Kosten und Gewinnzuschläge). Auch diese erwarteten Auszahlungen sind im Bewertungskalkül zu berücksichtigen, sodass ein Ansatz der Fremdkapitalkosten lt. CAPM (r_{FK}) zur Ermittlung der erwarteten Auszahlungen für Fremdkapitalzinsen in der Planrechnung i.d.R. ausscheidet.

Zur (indirekten) Ermittlung der Fremdkapitalkosten lt. CAPM und folglich des Debt Beta ist eine Schätzung des Anteils der systematischen Risiken (a_{sys}) am Credit Spread [$E(i_{FK}) - i_r$] erforderlich:

$$\beta_{FK} = \frac{[E(i_{FK}) - i_r] \times a_{sys}}{MRP} = \frac{r_{FK} - i_r}{MRP} \tag{3}$$

Die Frage, ob bzw. in welchem Ausmaß der Credit Spread [$E(i_{FK}) - i_r$] auf systematische Risiken i.S.d. CAPM zurückzuführen ist, kann nicht allgemein, sondern immer nur im konkreten Einzelfall beantwortet werden.[27] Wird z.B. mit einem Debt Beta von Null gerechnet, unterstellt man implizit, dass a_{sys} auch Null ist. Ermittelt man das Debt Beta anhand des vollen Credit Spreads [$E(i_{FK}) - i_r$] dann geht man von $a_{sys} = 100\%$ aus. Die Annahme über den systematischen Anteil am Credit Spread (a_{sys}) hat einen relevanten Einfluss auf den Unternehmenswert. Je mehr systematische Risiken die Fremdkapitalgeber übernehmen (d.h. je höher a_{sys} ist), desto geringer ist das bei den Eigenkapitalgebern verbleibende systematische Risiko, desto geringer sind die verschuldeten Eigenkapitalkosten (r_{EKv}) und desto höher ist folglich der Marktwert des Eigenkapitals.

---

26   Vgl. Lütkeschümer, a.a.O. (Fn. 16), S. 127; Zwirner/Zimny, DB 2019, S. 78.
27   Vgl. KFS/BW 1 E 3 (Empfehlung Debt Beta), Rz. 12.

In diesem Zusammenhang ist auf folgenden missverständlichen Verweis von Behling hinzuweisen. Unter Verweis auf die Empfehlung Debt Beta in seiner Fn. 24 führt er wie folgt aus:[28] *„Zutreffend wird der Debt Betafaktor als Differenz zwischen dem jeweiligen FK-Zinssatz laut Cashflow-Planung und dem Basiszinssatz, bezogen auf die Markrisikoprämie MRP errechnet (sog. indirekte Methode)"*. Dies entspricht jedoch *nicht* der Empfehlung Debt Beta. Nach dieser ist das Debt Beta gerade *nicht* aus dem Erwartungswert der Fremdkapitalzinsen lt. Cashflow-Planung, sondern anhand der Fremdkapitalkosten lt. CAPM abzuleiten. Behling bringt mit diesem Satz offensichtlich seine persönliche Meinung zum Ausdruck, dass der Credit Spread $[E(i_{FK}) - i_r]$ zur Gänze immer auf systematische Risiken i.S.d. CAPM zurückzuführen sein soll (d.h. $a_{sys} = 100\%$) – der Verweis auf die Empfehlung Debt Beta ist insoweit aber unzutreffend. Diese von Behling vertretene Auffassung weicht jedoch nicht nur von der Empfehlung Debt Beta, sondern auch vom IDW Praxishinweis 2/2018 ab, der die Berücksichtigung eines Debt Beta als Möglichkeit vorsieht, aber keinesfalls generell verlangt.[29] Da das IDW offensichtlich weiterhin Bewertungen ohne Debt Beta als vertretbar erachtet, geht es dabei – wie auch von Behling zutreffend aufgezeigt – implizit davon aus, dass der Credit Spread $[E(i_{FK}) - i_r]$ zur Gänze auf nicht-systematische Komponenten zurückzuführen ist ($a_{sys} = 0\%$). Als Folge dieser Annahme kommt es zwangsläufig zu einer Differenzierung zwischen erwarteten Fremdkapitalzinsen, wie sie in der Planungsrechnung anzusetzen sind, und Fremdkapitalkosten lt. CAPM zur Debt Beta Ermittlung. Auch wenn dies nicht explizit ausgeführt wird, finden sich im IDW Praxishinweis 2/2018 Hinweise, dass die Fremdkapitalkosten zur Debt Beta Ermittlung anhand des CAPM zu definieren sind.[30] Nach Ansicht von Haesner/Jonas hat der IDW Praxishinweis 2/2018 die Frage des systematischen Anteils am Credit Spread und somit der Definition der Fremdkapitalkosten lt. CAPM jedoch bewusst offen gelassen.[31] Es bleibt abzuwarten, ob bzw. wie sich das IDW dazu in weiterer Folge äußern wird. Die Aussage von Behling, dass *„der FK-Zinssatz laut Cashflow-Planung gem. IDW Praxishinweis 2/2018 immer mit dem FK-Zinssatz laut Debt Beta-Berechnung"* korrespondiert,[32] ist daher nicht uneingeschränkt zutreffend.

V. Wertabschlag Credit Spread (WACS)

Anders als von Behling dargestellt, ist der WACS nicht das zentrale Element der Empfehlung Debt Beta. Die Zielsetzung der Empfehlung Debt Beta besteht vielmehr darin, Überbewertungen durch eine unplausible Ermittlung des Debt Beta zu vermeiden. Die zentrale Aussage der Empfehlung Debt Beta ist, dass für eine CAPM-konforme Ermittlung der Eigenkapitalkosten bei der Ermittlung des Debt Beta nur

---

28 Vgl. Behling, BWP 2020, S. 72.
29 Vgl. Zwirner/Zimny, DB 2019, S. 81.
30 Vgl. z.B. Anlage zum IDW Praxishinweis 2/2018, IDW Life 2018, S. 975, wo ausgeführt wird, dass das Debt Beta auf Basis einer Risikoprämie zu ermitteln ist, die „in der Literatur häufig dem systematischen Risiko der Fremdkapitalgeber gleichgesetzt" wird.
31 Haesner/Jonas, WPg 2020, S. 161.
32 Vgl. Behling, BWP 2020, S. 74.

der Anteil der systematischen Risiken am Credit Spread (a_{sys}) herangezogen werden darf.[33]

Wie im Folgenden gezeigt wird, ergibt sich der *Wertabschlag für nicht durch das CAPM erklärbare Komponenten im Credit Spread (Wertabschlag Credit Spread, WACS*[34]) beim APV-Verfahren als bloße mathematische Folge der Differenzierung zwischen erwarteten Fremdkapitalzinsen [$E(i_{FK})$] und Fremdkapitalkosten lt. CAPM (r_{FK}). Die allgemein bekannte „Textbook" APV-Formel[35] führt nur dann zu mit den anderen DCF-Verfahren konsistenten Bewertungsergebnissen, wenn die erwarteten Fremdkapitalzinsen [$E(i_{FK})$] mit den Fremdkapitalkosten lt. CAPM (r_{FK}) übereinstimmen und somit der Credit Spread [$E(i_{FK}) - i_r$] zur Gänze auf systematische Risiken zurückzuführen ist (d.h. $a_{sys} = 100\%$). Ist dies nicht der Fall (d.h. $a_{sys} < 100\%$), führt die „Textbook" APV-Formel aus folgendem Grund zu Überbewertungen: Die erwarteten Auszahlungen für nicht-systematische Komponenten des Credit Spread (z.B. Vergütungen für die Übernahme von unsystematische Risiken, sonstige Kosten und Gewinnzuschläge) kürzen weder den unter der Fiktion einer vollständigen Eigenfinanzierung definierten Free Cashflow (FCF), noch sind sie in der Renditeforderung der Eigenkapitalgeber für das unverschuldete Unternehmen (r_{EKu}) enthalten. Kommt die „Textbook" APV-Formel zur Anwendung, bleiben diese erwarteten Auszahlungen im Bewertungskalkül unberücksichtigt, was zu Überbewertungen führt.

Die adaptierte APV-Formel in der Rentenphase unter Berücksichtigung des WACS lässt sich wie folgt darstellen[36]:

$$GK = \underbrace{\frac{FCF}{r_{EKu} - g}}_{EV_u} - \underbrace{\frac{FK \times [E(i_{FK}) - r_{FK}] \times (1-s)}{r_{EKu} - g}}_{WACS} + \underbrace{\frac{FK \times r_{FK} \times s}{r_{TS} - g}}_{WBTS} \tag{4}$$

Anhand dieser Formel wird offensichtlich, dass der WACS nur existiert, wenn $E(i_{FK}) \neq r_{FK}$. Der WACS führt in diesem Fall dazu, dass erwartete Auszahlungen für nicht-systematische Komponenten des Credit Spread im Bewertungskalkül berücksichtigt werden. Wenn sich $E(i_{FK})$ und r_{FK} entsprechen (d.h. wenn $a_{sys} = 100\%$), dann gibt es keinen WACS. Der WACS ist daher eine mathematische Folge der Annahmen zu a_{sys} bei der Berechnung des Debt Beta. Die Frage ist somit nicht, ob der WACS existiert oder nicht, sondern vielmehr, ob der Credit Spread [$E(i_{FK}) - i_r$] zur Gänze auf systematische Risiken i.S.d. CAPM zurückzuführen ist (d.h. $a_{sys} = 100\%$) oder nicht (d.h. $a_{sys} < 100\%$).

---

33   Vgl. KFS/BW 1 E 3 (Empfehlung Debt Beta), Rz. 10; Enzinger/Mandl, RWZ 2015/46, S. 168.
34   Dieser Begriff wurde erstmals von Enzinger/Pellet/Leitner, RWZ 2014/49, S. 211, verwendet.
35   Vgl. Mandl/Rabel, Methoden der Unternehmensbewertung (Überblick), in Peemöller (Hrsg.), Praxishandbuch der Unternehmensbewertung, 7. Aufl. 2019, S. 77.
36   Vgl. Enzinger/Pellet/Leitner, BWP 2014, S. 117.

Folgender Aussage von Behling ist daher uneingeschränkt zuzustimmen:[37]

> **„Allerdings muss angemerkt werden, dass Bewerter, die beim Un- und Relevern auf einen Debt Betafaktor gänzlich verzichten (ßd = 0), implizit einen WACS auf Basis des gesamten Credit-Spreads als Differenz zwischen den erwarteten FK-Kosten (…) und dem risikolosen Zinssatz (…) berücksichtigen.“**

Wendet man in diesen Fällen ($ß_{FK}$ = 0) neben dem Equity- und WACC-Ansatz auch das APV-Verfahren an, erkennt man, dass die „Textbook" APV-Formel zu überhöhten Werten führt und eine Korrektur notwendig ist.

Wie gezeigt, ist der WACS kein – wie Behling es nennt[38] – *„Gegengewicht zu den Tax Shields"*, sondern stellt bloß sicher, dass bei Anwendung des APV-Verfahrens alle erwartungsgemäß anfallenden Auszahlungen im Bewertungskalkül berücksichtigt werden.

VI. Bewertung des Fremdkapitals

Nach *Behling* soll es bei Anwendung der Empfehlung Debt Beta zu einer Überbewertung des Fremdkapitals kommen, *„weil zusätzlich zum Marktwert des FK [...] ein sog. Wertabschlag Credit Spread (WACS) vom Unternehmenswert abgezogen wird".*[39] Gleichzeitig zeigt er aber selbst, dass eine *„Skalierung"* der Fremdkapitalzinsen nicht zu unterschiedlichen Marktwerten des Fremdkapitals führt. Anhand der von Behling selbst dargestellten Grundlagen lässt sich zeigen, dass eine Bewertung im Einklang mit der Empfehlung Debt Beta den Marktwert des Fremdkapitals nicht verändert.[40]

Behling führt zutreffend aus, dass der Marktwert des Fremdkapitals unabhängig von der *„Skalierung der FK-Kosten laut Cashflow-Planung"* ist, sofern die in der Cashflow-Planung angesetzten Fremdkapitalzinsen (Flow to Debt) mit einem risikoadäquaten Diskontierungszinssatz abgezinst werden.[41] Werden als Flow to Debt in der Cashflow-Planung die Erwartungswerte der Fremdkapitalzinsen angesetzt, die auch den Erwartungswert des von Behling sog. *„nicht CAPM konformen Schmutzanteils"*[42] (Vergütung für unsystematische Risiken, sonstige Kosten und Gewinnanteil) beinhalten, erfolgt die Diskontierung mit $E(i_{FK})$, um den Marktwert des Fremdkapitals zu erhalten. Unter den hier getroffenen Annahmen entspricht $E(i_{FK})$ der erwarteten Rendite (expected yield) des Fremdkapitals. Soll die Abzinsung hingegen

---

37 Vgl. Behling, BWP 2020, S. 72.
38 Vgl. Behling, BWP 2020, S. 74.
39 Vgl. Behling, BWP 2020, S. 71.
40 Im Folgenden wird von Änderungen des Marktzinses und der Bonität des Schuldners, die zu einem Auseinanderfallen von Nominal- und Marktwert des Fremdkapitals führen können, abstrahiert.
41 Vgl. Behling, BWP 2020, S. 69 f.
42 Vgl. Behling, BWP 2020, S. 72.

mit den Fremdkapitalkosten lt. CAPM (r_{FK}) erfolgen, müssen – um der (Risiko- und Kosten-) Äquivalenz zu entsprechen – auch die zu diskontierenden Zinsen nach CAPM definiert werden, sodass der Flow to Debt konsequenterweise auch nur den risikolosen Zins zzgl. einer Vergütung für die Übernahme systematischer Risiken beinhalten kann. Ein *„nicht CAPM konformer Schmutzanteil"*, der als Erwartungswert anfällt, ist jedoch weiterhin bei der Ermittlung des Erwartungswerts des Flow to Equity zu berücksichtigen. Es handelt sich dabei jedoch nicht um einen – wie Behling es darstellt – zusätzlichen Flow to Debt. Dies wird offensichtlich, wenn man a_{sys} = 0% unterstellt: In diesem Fall entsprechen die Fremdkapitalkosten lt. CAPM (r_{FK}) dem risikolosen Zinssatz (i_r) und die Bewertung des Fremdkapitals entspricht der Sicherheitsäquivalenzmethode. Behling zeigt selbst, dass es bei Anwendung der Sicherheitsäquivalenzmethode zu keinem abweichenden Marktwert des Fremdkapitals kommt. Die Differenz zwischen dem Erwartungswert der Fremdkapitalzinsen und dem entsprechenden Sicherheitsäquivalent [FK • ($E(i_{FK}) - i_r$)] ist bei Anwendung der Sicherheitsäquivalenzmethode auch kein – wie Behling es nennt – „zusätzlicher" Flow to Debt, der zu einer Erhöhung des Marktwerts des Fremdkapitals führt, sondern bloß eine Anpassung des Flow to Debt an das äquivalente Risikoniveau des Diskontierungssatzes. Dieses Prinzip kann auch anhand der folgenden einfachen Umformung veranschaulicht werden:

$$
\begin{aligned}
FK &= \frac{FK \times E(i_{FK})}{E(i_{FK})} = \frac{FK \times E(i_{FK})}{r_{FK} + [E(i_{FK}) - r_{FK}]} \\
&= \frac{FK \times E(i_{FK}) - FK \times [E(i_{FK}) - r_{FK}]}{r_{FK}} = \frac{FK \times r_{FK}}{r_{FK}}
\end{aligned}
\tag{5}
$$

Dass beide Vorgehensweisen (Diskontierung des entsprechenden Flow to Debt mit $E(i_{FK})$ oder r_{FK}) zu identen Bewertungsergebnissen führen, ist offensichtlich. Da unterschiedliche Annahmen zu a_{sys} weder die erwarteten Zahlungen an die Fremdkapitalgeber noch die geforderte Rendite (expected yield) des Fremdkapitals verändern, kann es dadurch c.p. auch zu keiner Änderung des Marktwerts des Fremdkapitals kommen. Auch aus der Formel (4) oben ist ersichtlich, dass der WACS nichts mit der Bewertung des Fremdkapitals zu tun hat, sondern bei Anwendung des APV-Verfahrens ein Korrekturposten zum Marktwert des Gesamtkapitals ist. Den WACS zum Marktwert des Fremdkapitals zu addieren und zu vertreten, dass dadurch die Bewertung des Fremdkapitals verändert werde, ist daher unzutreffend. Die von Behling kritisierte Überbewertung des Fremdkapitals liegt somit nicht vor. Da bei korrekter Anwendung der Empfehlung Debt Beta auch kein *„zu niedrig bewertetes Unternehmen"* vorliegt, kann es auch keine – wie von Behling ausgeführt[43] – Arbitragegelegenheit geben.

---

43   Vgl. Behling, BWP 2020, S. 74.

VII. Operative Ratingeffekte

Nach Behling ignoriere die Empfehlung Debt Beta operative Ratingeffekte.[44] Auch wenn sich die Empfehlung Debt Beta mit dieser Frage nicht auseinandersetzt, lässt sich zeigen, dass dies im Lichte des österreichischen Fachgutachten KFS/BW 1, das in Rz. 67 ausdrücklich die Berücksichtigung von bewertungsrelevanten Insolvenzrisiken[45] vorsieht, unzutreffend ist.

Es ist Behling zuzustimmen, dass die Empfehlung Debt Beta sprachlich nicht zwischen vertraglichen und erwarteten Fremdkapitalzinsen differenziert. Da das Fachgutachten KFS/BW 1 generell fordert, dass die zu diskontierenden künftigen finanziellen Überschüsse Erwartungswerten entsprechen sollen, und dies somit auch für die Fremdkapitalzinsen gilt, geht die Empfehlung Debt Beta offensichtlich vereinfachend von nicht bewertungsrelevanten Insolvenzrisiken aus, sodass die vertraglich vereinbarten Fremdkapitalzinsen den Erwartungswerten der Fremdkapitalzinsen entsprechen.[46]

Unschlüssig ist jedoch die von Behling geforderte gesonderte Berücksichtigung von „operativen Ratingeffekten". Wenn die bewertungsrelevanten Cashflows aus einer mehrwertigen Planung unter Berücksichtigung von Insolvenzkosten zutreffend als Erwartungswerte abgeleitet werden, besteht keine Notwendigkeit, darüber hinaus noch zusätzlich „operative Ratingeffekte" zu berücksichtigen – dies würde vielmehr zu einer Doppelberücksichtigung und Fehlbewertung führen. Seine Ausführung, dass die Empfehlung Debt Beta operative Ratingeffekte ignoriere, ist daher unzutreffend, da die bewertungsrelevanten Cashflows nach KFS/BW 1 jedenfalls Erwartungswerte darstellen müssen.

VIII. Unlevern und Relevern

Nach Behling halten sich die *„Protagonisten der Empfehlung Debt Beta"* selbst nicht an ihre Vorgehensweise.[47] Er begründet dies mit einer angeblich inkonsistenten Vorgehensweise beim Unlevern und Relevern. Da die Prinzipien der Empfehlung Debt Beta sowohl beim Unlevern als auch beim Relevern zur Anwendung kommen müssen, lässt sich zeigen, dass die Aussage von Behling unzutreffend ist.

Unter Verweis auf sein Beispiel in Tab. 4, Spalte (2) im Vergleich zu Spalte (1) führt Behling aus, dass sich sowohl bei Berechnung des Debt Beta anhand des Erwartungswerts der Fremdkapitalzinsen (*„FK-Zinssätze lt. Cashflow-Planung"*) als auch anhand der FK-Kosten lt. CAPM ein identischer Marktwert des Gesamtkapitals ergeben soll.[48] Seiner Meinung nach soll sich daher die Höhe des Debt Beta weder auf

---

44 Vgl. Behling, BWP 2020, S. 72 und S. 74.
45 Vgl. KFS/BW 1 E 6 (Empfehlung Insolvenzrisiko).
46 Vgl. Enzinger, RWZ 2019/19, S. 92 f.
47 Vgl. Behling, BWP 2020, S. 71.
48 Vgl. Behling, BWP 2020, S. 71.

den Marktwert des Gesamtkapitals noch des Eigenkapitals auswirken.[49] Dies ist unzutreffend, da – wie oben in Abschn. III. und IV. gezeigt – die Annahmen zum Debt Beta den Unternehmenswert sehr wohl beeinflussen. Wie kommt nun Behling in seinem Beispiel in Tab. 4 in den Spalten (1) und (2) zu identischen Marktwerten des Gesamtkapitals? Er verändert das unverschuldete Equity Beta (β_u): In Spalte (1) rechnet Behling mit $\beta_u = 0,7$ und mit $\beta_{FK} = 0,23$, in Spalte (2) mit $\beta_u = 0,58$ und mit $\beta_{FK} = 0,07$. Die Anpassung von β_u erfolgt unzutreffenderweise genau in jener Höhe, um die Abweichung des Debt Beta auszugleichen. Die Berechnungen von Behling basieren nämlich auf einem grundlegenden Missverständnis: Seiner Meinung nach entspricht der WACC^{TCF} stets der Renditeforderung der Eigenkapitalgeber des unverschuldeten Unternehmens (r_{EKu} bzw. Ku).[50] Dies ist jedoch nur der Fall, wenn $E(i_{FK}) = r_{FK}$ (d.h. wenn $a_{sys} = 100\%$). Wenn $E(i_{FK}) \neq r_{FK}$ gilt:[51]

$$\text{WACC}^{TCF} = \underbrace{r_{EKv} \times \frac{EK}{GK} + r_{FK} \times \frac{FK}{GK}}_{r_{EKu}} + [E(i_{FK}) - r_{FK}] \times \frac{FK}{GK} \qquad (6)$$

Die Schlussfolgerung von Behling dass *„ein niedrigerer TCF (55,1 statt 63,5) mit einem niedrigeren Ku bzw. WACCTCF (5,25% statt 6,05%) diskontiert"* wird und dass dies zu einem identischen Gesamtunternehmenswert führe, der sich lediglich anders aufteile, ist Folge dieses Missverständnisses und unzutreffend. Bei richtiger Berechnung bleibt r_{EKu} bzw. Ku vielmehr unverändert.

Behling begründet die Anpassung des unlevered Equity Beta β_u auch mit der Vorgehensweise beim Unlevern auf Basis der Peergroup. Seinen Ausführungen zufolge ist *„Tab. 4, Spalte (2) als Beispiel für das Unlevern auf Basis der Peergroup zu betrachten."*[52] Es ist zutreffend, dass beim Unlevern und Relevern konsistent vorzugehen ist, d.h. sowohl beim Unlevern als auch beim Relevern ist zu prüfen, wie hoch der systematische Anteil des Credit Spread a_{sys} ist, und ist das Debt Beta entsprechend festzulegen. Es heißt jedoch nicht, dass a_{sys} beim Unlevern aus der Peergroup gleich hoch sein muss, wie a_{sys} beim Relevern für das konkret zu bewertende Unternehmen. Setzt sich die Peergroup z.B. aus großen Unternehmen zusammen, die sich durch großvolumige, unbesicherte und handelbare Anleihen finanzieren, kann im Rahmen des Unlevern näherungsweise ein a_{sys} i.H.v. 100% gerechtfertigt sein. Soll das daraus abgeleitete unlevered Equity Beta β_u bei der Bewertung eines KMU

---

49   Auch in seinem Beispiel in Tab. 2 erweckt Behling den Eindruck, dass die Höhe der Fremdkapitalzinsen lt. Cashflow-Planung auf das Bewertungsergebnis keinen Einfluss habe, da das Debt Beta unter der Prämisse $a_{sys} = 100\%$ bei der Ermittlung der Eigenkapitalkosten diese Unterschiede wieder ausgleiche. Dies ist jedoch nur in einer Welt ohne Steuern oder – wie im Beispiel in Tab. 2 von Behling – bei einem Barwert der Tax Shields zutreffend, der losgelöst von der Höhe der Tax Shields und dessen Diskontierungssatz als konstant angenommen wird. Wird hingegen der Barwert der Tax Shields anhand der Fremdkapitalzinsen lt. Cashflow-Planung und eines risikoadäquaten Diskontierungssatzes ermittelt, hat die Höhe der in der Cashflow-Planung angesetzten Fremdkapitalzinsen sehr wohl Auswirkungen auf das Bewertungsergebnis. Gleiches gilt für die Annahmen zum Debt Beta.

50   Vgl. Behling, BWP 2020, S. 71.

51   Vgl. Enzinger, APV-Verfahren und Debt Beta, Folie 22, Vortrag bei der 13. Jahreskonferenz der EACVA, 05.12.2019.

52   Vgl. Behling, BWP 2020, S. 71.

Anwendung finden, ist anhand der konkreten Finanzierungssituation des Bewertungsobjekts a_{sys} zu schätzen. Ist das KMU z.B. durch „klassische" Bankkredite[53] i.S.d. Empfehlung Debt Beta finanziert, kann es angemessen sein, von a_{sys} = 0% auszugehen. D.h., die Vorgehensweise lt. Empfehlung Debt Beta ist sowohl beim Unlevern als auch beim Relevern anzuwenden, die Ausprägung von a_{sys} kann jedoch – abhängig von der jeweiligen Finanzierungssituation der betrachteten Unternehmen – abweichen.

Überträgt man diese Gedanken auf das Beispiel von Behling in Tab. 4, bedeutet dies Folgendes: Offensichtlich geht er in Spalte (1) davon aus, dass a_{sys} = 100%. Wenn Spalte (1) ein Peergroup Unternehmen darstellt, für das diese Prämisse angemessen ist, dann lässt sich durch das Unlevern ein β_u von 0,7 ableiten, das wiederum Grundlage für das Relevern sein kann. In Spalte (2) geht er von a_{sys} = 30% aus. Es muss sich zweifellos um ein anderes Peergroup Unternehmen handeln, da die Finanzierungssituation dieses Unternehmens und folglich auch a_{sys} anders ist. Das gleiche Unternehmen kann im IST nicht gleichzeitig unterschiedliche Finanzierungsprämissen und unterschiedliche Werte für a_{sys} haben. Wenn man davon ausgeht, dass das Unternehmen in Spalte (2) ein relevantes Peergroup Unternehmen ist, so lässt sich ein β_u von 0,58 ableiten. Als Bewerter muss man sich nun entscheiden, ob das Unternehmen in Spalte (1) oder das Unternehmen in Spalte (2) repräsentativ für das konkrete Bewertungsobjekt ist. Dementsprechend wird man entweder ein β_u von 0,7 oder von 0,58 als Grundlage für das Relevern heranziehen.

Vor diesem Hintergrund wird klar, dass die Aussage, die Protagonisten der Empfehlung Debt Beta würden sich nicht an ihre Vorgehensweise halten, unberechtigt ist. Bei den zitierten Berechnungen[54] wird davon ausgegangen, dass – wie soeben erläutert – ein zutreffendes β_u abgeleitet wurde. Dieses definierte β_u wird dann im Zuge des Relevern auf unterschiedliche Bewertungsobjekte mit unterschiedlichen Annahmen zu a_{sys} angewendet, um aufzuzeigen, wie sich unterschiedliche Annahmen von a_{sys} c.p. auf das Bewertungsergebnis auswirken. D.h., a_{sys} wird bloß beim Relevern für unterschiedliche Finanzierungsannahmen variiert. Das ändert jedoch nichts an dem durch ein konsistentes Unlevern abgeleitetes β_u, das trotz unterschiedlicher Annahmen zu a_{sys} beim Relevern konstant bleibt.

IX. Fazit

Die von Behling in BWP 2020, S. 69 ff., geäußerten Kritikpunkte an der österreichischen Empfehlung Debt Beta sind bei richtigem Verständnis und korrekter Anwendung unberechtigt. Seine Aussage, dass die *„Empfehlung Debt Beta regelmäßig zu unplausiblen Ergebnissen"* führe,[55] für die er eine schlüssige Erläuterung und

---

53   Vgl. KFS/BW 1 E 3 (Empfehlung Debt Beta), Rz. 14.
54   Enzinger/Mandl, RWZ 2015/46, S. 171 ff.; Enzinger, RWZ 2019/19, S. 94 f.
55   Vgl. Behling, BWP 2020, S. 72.

Begründung schuldig bleibt, ist eine Folge der aufgezeigten Missverständnisse über die Empfehlung Debt Beta. Insb. seine Kritik am Wertabschlag Credit Spread (WACS) geht ins Leere. Da sich der WACS als mathematische Folge der Annahmen zum Anteil des systematischen Risikos am Credit Spread (a_{sys}) bei der Berechnung des Debt Beta ergibt, ist es müßig, diesen Korrekturterm beim APV-Verfahren als solchen zu kritisieren bzw. zu hinterfragen. Vielmehr ist es notwendig, sich mit der Prämisse zu a_{sys} auseinanderzusetzen. Die Frage ist somit nicht, ob der WACS existiert oder nicht, sondern vielmehr, ob der Credit Spread aus Erwartungswert der Fremdkapitalzinsen und risikolosem Basiszins $[E(i_{FK}) - i_r]$ zur Gänze auf systematische Risiken i.S.d. CAPM zurückzuführen ist (d.h. a_{sys} = 100%) oder nicht (d.h. a_{sys} < 100%). Behling vertritt hier – ohne schlüssige Begründung – offensichtlich die Auffassung, dass der Credit Spread $[E(i_{FK}) - i_r]$ stets zur Gänze auf systematische Risiken i.S.d. CAPM zurückzuführen sein muss (d.h. a_{sys} = 100%). Er widerspricht damit empirischen Studien und Teilen der Bewertungsliteratur, aus denen abgeleitet werden kann, dass der Credit Spread auch nicht-systematische Komponenten beinhalten kann.

Erfreulich ist, dass Behling dem – wie er es nennt – *„WACS Konzept"* einen *„bedenkenswerten konzeptionellen Überbau"* attestiert.[56] Da sich die österreichische Empfehlung Debt Beta explizit mit der Frage des systematischen Anteils am Credit Spread auseinandersetzt, hat sie zu einer Weiterentwicklung und Verfeinerung des Debt Beta Konzeptes beigetragen. Nur wenn die (partielle) Übernahme von systematischen Risiken durch die Fremdkapitalgeber plausibel erscheint, ist der Ansatz eines Debt Beta von ungleich Null gerechtfertigt. Dies ist nach der Empfehlung Debt Beta je nach Form und Ausgestaltung des Fremdkapitals im Einzelfall zu beurteilen. Durch diese differenzierte Vorgehensweise bei der Ableitung des Debt Beta wird eine Überschätzung des Debt Beta, folglich eine Unterschätzung der Eigenkapitalkosten und als Konsequenz das Risiko einer Überbewertung vermieden.

Quelle: Bewertungspraktiker 03/2020, S. 75.

---

56   Vgl. Behling, BWP 2020, S. 74.

Unternehmensbewertung in Zeiten negativer Zinsen

Prof. Dr. Dr. hc. Lutz Kruschwitz

Seit langer Zeit sind die Zinsen für risikolose Anlagen in Österreich und Deutschland auf extrem niedrigem Niveau und sogar negativ. Diese Tatsache bereitet vielfach Kopfzerbrechen, wenn es um die Bewertung von Unternehmen geht. Mit dem Zero-Beta-CAPM steht seit fast 50 Jahren ein Modell zur Verfügung, das der Niedrigzins-Situation deutlich besser gerecht wird als das Standard-CAPM in der Tradition von Sharpe, Lintner und Mossin. Bedauerlicherweise ist nicht damit zu rechnen, dass sich das konzeptionell bessere Modell auch praktisch durchsetzt, weil die Beschaffung der erforderlichen Daten nicht preiswert zu bewerkstelligen ist.

1. Einführung und Problemstellung

Als Gerwald Mandl im Jahr 1997 gemeinsam mit Klaus Rabel die heute immer noch beachtliche Monografie „Unternehmensbewertung: Eine praxisorientierte Einführung" veröffentlichte, widmete er dem risikolosen Zins (Basiszins) nicht viel Raum. Es wurde klar herausgearbeitet, dass sowohl das Prinzip der Laufzeitäquivalenz als auch das Stichtagsprinzip wichtig sind,[1] zwei Grundsätze, die im Jahr 1997 noch nicht ganz so selbstverständlich waren wie heute. Inzwischen ist die Literatur zum risikolosen Zins in der Unternehmensbewertung sehr stark angewachsen. Gäbe es eine Neuauflage des Buches von Mandl und Rabel, was sich viele – leider vergeblich – gewünscht haben, würden die Ausführungen zum risikolosen Zins vermutlich mehr Raum einnehmen. Ob Gerwald Mandl das, was ich zu dem Thema sagen will, in eine solche Neuerscheinung aufnehmen würde, mag offenbleiben. Zweifellos wird er mir nach Lektüre meines Aufsatzes kritische Fragen stellen, die mich dazu veranlassen werden, meine Aussagen noch einmal gründlich zu überdenken. Im Leben eines Wissenschaftlers gibt es nichts Besseres als solche aufmerksamen und zugleich neugierigen Gesprächspartner, die jeder Aussage eines Kollegen mit einem gesunden Maß an Skepsis begegnen.

Wir durchleben gegenwärtig eine Zeit, die lange völlig unvorstellbar war. Wer heute seine Ersparnisse sicher anlegen will, erhält kaum noch Zinsen in nennenswerter Höhe. Vielmehr muss er eventuell sogar Strafzinsen hinnehmen, ist also gezwungen, negative Zinsen zu akzeptieren. Ich erinnere mich an eine Vorlesung, die ich in den 1960er-Jahren als Student an der Freien Universität Berlin besuchte. Professor Helmut Arndt, dem ich lauschte, erklärte uns, dass es negative Zinsen überhaupt nicht geben könne, weil man ja sein Vermögen alternativ auch als Bargeld

---

[1]   Siehe Mandl/Rabel, Unternehmensbewertung (1997), S. 133 ff.

in der Kasse halten könne und damit besser führe. Dieses gelegentlich auch heute noch zu hörende Argument geht fehl, sofern es sich um größere Beträge handelt, weil Kassenhaltung nicht kostenlos betrieben werden kann. Man muss damit rechnen, bestohlen zu werden, und Sicherheit ist nun einmal nicht umsonst zu haben. Deswegen werden negative Zinsen „bis zu einem gewissen Grade" akzeptiert. Was bedeutet das für die Unternehmensbewertung?

2. Aktuelle Zinssituation

2.1. Fakten

Als Gerwald Mandl am 20.10.2020 sein achtes Lebensjahrzehnt vollendete, sah die Zinsstrukturkurve, die man mit den Daten der Deutschen Bundesbank ermittelte, so aus wie in Abb. 1.[2]

Man erkennt sofort, dass sämtliche Zinssätze im betrachteten Laufzeitintervall negativ waren. Ähnliche Zinsstrukturkurven erhielt man an vielen Börsentagen der Jahre 2019 und 2020. Bereits im Jahr 2015 hatte man sich daran gewöhnen müssen, dass die Kurve am kurzen Ende – also bei Laufzeiten bis zu fünf Jahren – negativ war. Die Laufzeitbereiche mit negativen Zinssätzen wurden im Zeitablauf immer größer, waren aber wenigstens am langen Ende noch positiv. Im Spätsommer 2019 gerieten sie schließlich für alle beobachtbaren Laufzeiten unter Wasser.

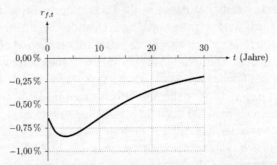

Abb. 1: Zinsstrukturkurve am 20.10.2020 (Quelle: Deutsche Bundesbank und eigene Berechnungen)

2.2. Reaktionen auf die Fakten

Bewertungspraktiker haben sich wegen der seit Jahren zu beobachtenden Talfahrt der Basiszinsen oft den Kopf zerbrochen. Ich kann und will deren Überlegungen hier nicht detailliert nachzeichnen und kommentieren. Allerdings gewann nicht nur ich den Eindruck, dass besonders niedrige Zinssätze bei einflussreichen Prak-

---

2   Die Bank macht die Daten auf ihrer Internetseite https://www.bundesbank.de/de/statistiken/geld-und-kapitalmaerkte/zinssaetze-und-renditen/taegliche-zinsstruktur-fuer-boersennotierte-bundeswertpapiere-650724 verfügbar. Sie bedient sich bei ihrer Ermittlung des Konzepts von Nelson/Siegel und Svensson. Deren Originalbeiträge waren Nelson/Siegel, Parsimonious Modeling of Yield Curves, Journal of Business 1987, S. 473 ff., sowie Svensson, Estimating Forward Interest Rates with the Extended Nelson & Siegel Method, Sveriges Riksbank Economic Review 1995, S. 13 ff.

tikern unerwünscht waren, weswegen Argumente gesucht wurden, mit denen sich rechtfertigen ließ, höhere Basiszinssätze zu veranschlagen.[3]

So hat die Beratungsgesellschaft Duff & Phelps schon bald nach Beginn der Finanzkrise im Jahr 2008 empfohlen, bei der Bestimmung von Kapitalkosten die sog. „normalized risk-free rate" anstelle aktueller Zinssätze zu verwenden, wenn die Spot Rates besonders niedrig und nicht nachhaltig zu sein schienen.[4] Die Idee dieses Konzepts besteht darin, anstelle eines tagesaktuellen Zinssatzes mit einem Durchschnittszins aus den vergangenen 12 Monaten zu operieren. Das widerspricht in eklatanter Weise dem Stichtagsprinzip. Wenger hat ein solches Vorgehen mit klaren Worten gegeißelt: „Wer statt mit zukünftigen Zinsen aus der Sicht des Bewertungsstichtags mit Durchschnittszinsen der Vergangenheit rechnet, tut so, als könne man zum Durchschnittszins der Vergangenheit Geld anlegen. Das ist etwa genauso absurd, wie die analoge Annahme, man könne Aktien zum Durchschnittskurs der letzten dreißig Jahre anlegen."[5]

Bartl/Patloch-Kofler schrieben kürzlich in dieser Zeitschrift: Ein „negativer Zinssatz bedeutet, dass künftige Cashflows mehr wert sind als Cashflows in der Gegenwart, was aus einer ökonomischen Perspektive kaum haltbar sein dürfte".[6] Und weiter: „Eine Negativverzinsung würde bedeuten, dass einem zukünftigen Cashflow ein höherer Barwert beigemessen wird als einem Cashflow, der gegenwärtig ausbezahlt werden könnte. Anders ausgedrückt ist in diesem Fall der künftige Konsum wertvoller ist als der gegenwärtige. (...) [Deshalb ist, Verf.] ein negativer risikoloser Basiszins abzulehnen."[7] Bartl/Patloch-Kofler plädieren anschließend dafür, den risikolosen Zins mit null anzusetzen. Warum die beschriebenen Konsequenzen negativer Zinsen aus ökonomischer Perspektive kaum haltbar sein sollen, wird indessen nicht begründet und lässt sich auch nicht begründen. Wer als Anleger negative Zinsen akzeptiert (oder akzeptieren muss), erklärt sich nun einmal damit einverstanden, morgen weniger zurückzubekommen, als er heute auf den Tisch legt. Er wird also für seine Bereitschaft, heute auf Konsum zu verzichten, nicht entschädigt, sondern muss noch draufzahlen. Negative Zinsen sind gewiss nicht angenehm. Warum sie aber aus einer ökonomischen Perspektive „kaum haltbar" und in der Unternehmensbewertung „abzulehnen" sind, bleibt das Geheimnis von Bartl/Patloch-Kofler.

---

3   Vgl. dazu bereits Wenger, Der unerwünscht niedrige Basiszins als Störfaktor bei der Ausbootung von Minderheiten, FS Drukarczyk (2003), S. 475 ff.

4   So heißt es im Risk Premium Report 2012 von Duff & Phelps auf Seite 14: "During periods in which risk-free rates appear to be abnormally low due to flight to quality issues (or other factors), one might consider (...) normalizing the risk-free rate."

5   Wenger, a.a.O. (Fn. 3), S. 483. Dasselbe Argument führt Fernández, "Normalized" Risk-Free Rate: Fiction or Science Fiction? http://ssrn.com/paper=3708863 (2020) ins Feld.

6   Bartl/Patloch-Kofler, Negativer Basiszins in der Unternehmensbewertung, RWZ (2019), S. 293.

7   Bartl/Patloch-Kofler, a.a.O. (Fn. 6), S. 297.

Mit Gerwald Mandl bin ich gewiss darin einig, dass Wissenschaftler der Wahrheit verpflichtet sind. Falls also bei der Unternehmensbewertung (präziser: bei der Ermittlung angemessener Kapitalkosten) risikolose Zinssätze benötigt werden, ist mit jenen Zinsen zu rechnen, die sich am Bewertungsstichtag gerade manifestieren, seien sie nun hoch oder niedrig oder sogar negativ.[8] Alles andere läuft auf Manipulation heraus.

3. Basiszins und CAPM

Macht es Sinn, sich mit dem Basiszins vor dem Hintergrund des CAPM zu beschäftigen? Im CAPM geht es doch *prima facie* gar nicht um den Basiszins, sondern um die Risikoprämie. Richtig, aber der risikolose Zins spielt dabei eine wichtige Rolle.

Um die Verbindung zur Unternehmensbewertung herzustellen, sei zunächst festgehalten, dass sowohl der österreichische als auch der deutsche Standardsetter der Bewertungspraxis nahelegt, die Kapitalkosten eines Unternehmens mithilfe des CAPM zu bestimmen.[9] Das CAPM ist allerdings kein eindeutig identifizierbares Modell; vielmehr gibt es eine gar nicht so leicht zu überschauende Reihe verschiedener Modellvarianten. Der Bewertungspraktiker denkt vermutlich vor allem an das Standard-CAPM und das Tax-CAPM. Es gibt indessen noch viel mehr.[10]

3.1. Standard-CAPM

Als Standard-CAPM bezeichne ich das Capital Asset Pricing Model in der Form, in der es von Sharpe, Lintner und Mossin entwickelt worden ist.[11] Ohne mich mit allen Details zu beschäftigen, will ich diskutieren, welche Rolle der risikolose Zins in dem Modell spielt. Das soll mir gelingen, indem ich Abb. 2 erläutere.

---

8   Diese Ansicht scheint neuerdings auch in der Praxis Platz zu greifen. Am 02.11.2020 wurde jedenfalls bekannt, dass man die den Aktionären der Osram AG im Rahmen eines Beherrschungs- und Gewinnabführungsvertrags anzubietende Abfindung erhöht hat, weil der der Unternehmensbewertung von Osram zugrunde liegende Basiszinssatz von 0,0% auf -0,1% gesunken ist. Siehe https://www.dgap.de/dgap/News/adhoc/osram-licht-aenderung-des-beherrschungs-und-gewinnabfuehrungsvertrags-mit-der-ams-offer-gmbh/?newsID=1406254

9   Vgl. KFS/BW 1 vom 26.03.2014 und IDW S1 vom 02.04.2008 passim.

10 Eine nicht mehr aktuelle, aber trotzdem immer noch lesenswerte Übersicht findet man bei Elton/Gruber, Non-Standard C.A.P.M.'s and the Market Portfolio, The Journal of Finance 1984, S. 911 ff.

11 Siehe Sharpe, Capital Asset Prices, The Journal of Finance 1964, S. 425 ff.; Lintner, The Valuation of Risk Assets and the Selection of Risky Investments in Stock Portfolios and Capital Budgets, Review of Economics and Statistics 1965, S. 13 ff.; Mossin, Equilibrium in a Capital Asset Market, Econometrica 1966, S. 768 ff.

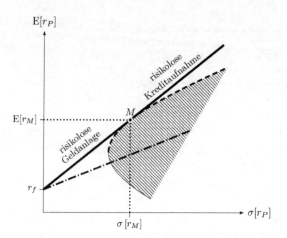

Abb. 2: Kapitalmarktlinie im Standard-CAPM

Im Standard-CAPM werden risikoscheue Investoren analysiert, die sich bei der Suche nach optimalen Entscheidungen an Erwartungswert $E[r]$ und Varianz $Var[r] = \sigma^2[r]$ orientieren. Sie sind ungesättigt und – mit unterschiedlicher Intensität – risikoavers. Die schraffierte eiförmige Fläche in Abb. 2 kennzeichnet sämtliche Rendite-Risiko-Positionen, die Investoren erreichen können, wenn sie ausschließlich riskante Positionen in den Blick nehmen. Die obere Grenzlinie in Form der gestrichelten Kurve bezeichnet man als effizienten Rand. Alle dort befindlichen Positionen sind für rationale Investoren erstrebenswerter als die übrigen Positionen auf der schraffierten Fläche, weil sie für gegebenes Risiko die jeweils höchste erwartete Rendite versprechen. Es wird nun davon ausgegangen, dass nicht nur riskante Positionen eingenommen werden können. Vielmehr wird unterstellt, dass man darüber hinaus zum risikolosen Zins r_f wahlweise Geld anlegen oder Kredit aufnehmen kann. Insb. darf man riskante Strategien mit risikolosen Aktionen kombinieren. Jemand, der dies tut, kann Positionen auf einer Geraden einnehmen, die die y-Achse an der Stelle r_f schneidet und durch einen beliebigen Punkt auf der eierschalenförmigen Fläche geht. Exemplarisch könnte das die strich-punktierte Gerade in Abb. 2 sein. Von allen denkbaren Geraden dieses Typs ist die fett gezeichnete Tangente am lukrativsten, weil sie bei gegebenem Risiko $\sigma[r_P]$ die jeweils höchste erwartete Rendite $E[r_P]$ markiert. Diese Tangente stellt die sog. Kapitalmarktlinie des Standard-CAPM dar. Sehr risikoscheue Marktteilnehmer suchen ihre optimalen Positionen auf der Tangente links des Punktes M, weniger risikoaverse Investoren rechts davon. Die Ersteren erwerben für einen Teil ihres Vermögens das Marktportfolio M und für den Rest die risikofreie Anlage. Weniger risikoscheue Marktteilnehmer nehmen zum risikolosen Zins Kredit auf und investieren diesen Betrag sowie ihr eigenes Vermögen in das Marktportfolio. Es lässt sich beweisen, dass für jedes riskante Projekt j die Gleichung

$$\mathrm{E}\,[r_j] = r_f + \overbrace{\underbrace{\big(\,\mathrm{E}[r_M] - r_f\,\big)}_{\text{Marktrisikoprämie}} \cdot \underbrace{\frac{\mathrm{Cov}[r_j, r_M]}{\mathrm{Var}[r_M]}}_{\text{Betafaktor } \beta_j}}^{\text{Risikoprämie}} \tag{1}$$

gelten muss, wenn alle Investoren ihre optimalen Positionen auf der Tangente suchen. Man bezeichnet Gleichung (1) auch als Wertpapiermarktlinie. Sie stellt die Kernbotschaft des Standard-CAPM dar. Die Rendite, die ein rationaler Investor erwarten darf, der sich im Projekt j engagiert, entspricht im Marktgleichgewicht seinen Kapitalkosten, $k_j = E[r_j]$.

Konzentrieren wir uns nun auf den risikolosen Zins r_f. Die Möglichkeit, zu diesem Zinssatz sowohl Geld anlegen als auch Kredit aufnehmen zu können, ist auf der einen Seite völlig absurd und auf der anderen Seite in der Finanzierungstheorie gang und gäbe. Man spricht in diesem wirklichkeitsfremden Fall vom vollkommenen Kapitalmarkt. Sowohl die Kapitalwertmethode zur Ermittlung der Vorteilhaftigkeit von Investitionen unter Sicherheit als auch Fishers Separationstheorem beruhen genau auf dieser realitätsfremden Prämisse. Beide verlieren ihre Gültigkeit, wenn man es mit einem unvollkommenen Kapitalmarkt zu tun bekommt. Rationale Entscheidungen unter der Bedingung voneinander abweichender Zinssätze zu treffen, ist methodisch viel komplizierter. Daher konnte man in einer früheren Auflage des Lehrbuchs von Brealey und Myers den folgenden einprägsamen Satz lesen: "Having glimpsed the problems of imperfect markets, we shall, like an economist in a shipwreck, simply assume our life jackets and swim safely to shore."[12] In aller Deutlichkeit muss gesagt werden, dass ein Bewerter, der das Standard-CAPM anwendet, eben dieser heroischen Annahme folgt, obwohl das bei der täglichen Arbeit gewiss nicht jedem bewusst ist.

Bei der Unternehmensbewertung handelt es sich grundsätzlich um ein mehrperiodiges Problem. Da das Standard-CAPM ein Einperioden-Modell ist, kann man es auf mehrperiodige Bewertungsprobleme nur um den Preis einer Reihe impliziter Prämissen anwenden.[13] Die übliche Vorgehensweise besteht darin, die Kapitalkosten für die Laufzeit t in der Form

$$k_{jt} = \mathrm{E}[r_{jt}] = r_{f,t} + \big(\,\mathrm{E}[r_M] - r_f\,\big) \cdot \frac{\mathrm{Cov}[r_j, r_M]}{\mathrm{Var}[r_M]} \tag{2}$$

anzusetzen.

---

12   Brealey/Myers, Principles of Corporate Finance, 5. Aufl. 1996, S. 24.
13   Einzelheiten diskutiert Fama, Multi-Period Consumption-Investment Decisions, American Economic Review 1970, S. 163 ff.

Die Kammer der Steuerberater und Wirtschaftsprüfer (KSW) empfiehlt ebenso wie das Institut der Wirtschaftsprüfer in Deutschland (IDW), bei der Ermittlung tagesaktueller laufzeitabhängiger Basiszinssätze die Zinsstrukturkurven der Deutschen Bundesbank zu verwenden.[14] Die Bank schätzt die für die Gewinnung solcher Zinsstrukturkurven erforderlichen Parameter börsentäglich nicht etwa deswegen, um der Bewertungspraxis bei der Ermittlung angemessener Kapitalkosten behilflich zu sein. Vielmehr verfolgt sie damit ureigene Interessen. Sie benötigt nämlich empirische Daten, auf die sie ihre geldpolitischen Maßnahmen stützen kann.[15] Die Bewertungspraktiker können sich dieser Informationen bedienen, ohne Gegenleistungen erbringen zu müssen (free rider). Abschließend halte ich für erwähnenswert, dass die von Nelson/Siegel und Svensson vorgeschlagene Methodik[16] inzwischen intensiv erforscht, weiterentwickelt und vervollkommnet worden ist.[17]

3.2. Zero-Beta-CAPM

Praktiker der Unternehmensbewertung denken nach meiner Wahrnehmung nur selten gründlich darüber nach, ob sie sich bei der empirischen Bestimmung des risikolosen Zinssatzes um einen Anlage- oder um einen Kreditzinssatz zu kümmern haben. Bei Bartl und Patloch-Kofler liest man bspw. in Bezug auf das Standard-CAPM: „In der Modellwelt (...) stellt der Basiszins die sichere Anlage dar,"[18] was – siehe Abb. 2 – schlicht falsch ist. Der risikolose Zinssatz im Standard-CAPM ist ein Zinssatz, zu dem wahlweise Geld angelegt oder auch Kredit aufgenommen werden kann (vollkommener Kapitalmarkt).

Die im Modell abgebildeten Subjekte sind Individuen, die optimale Entscheidungen darüber suchen, wie viel sie in der Gegenwart (in $t = 0$) konsumieren und welchen Betrag sie heute investieren, um die Rückflüsse aus diesen Anlagen zukünftig (in $t = 1$) konsumieren zu können. Ich bezeichne diese Wirtschaftssubjekte als Marktteilnehmer. Nun dürften folgende zwei Aussagen auf keinen Widerspruch stoßen:

1. Jeder Marktteilnehmer besitzt die Möglichkeit, Staatspapiere zu erwerben, die eine quasi-sichere Rendite r_f versprechen. Diese Renditen können positiv, null oder negativ sein.
2. So gut wie kein Marktteilnehmer ist aber ebenso kreditwürdig wie der Staat, weswegen er sich nicht zu demselben niedrigen Zinssatz verschulden kann wie dieser. Das gilt ganz prinzipiell, und es wird ganz besonders augenfällig, wenn dieser Zinssatz negativ wird.

---

14   Vgl. dazu Rabel, Empfehlung KFS/BW 1 E 7 zu Basiszins und Marktrisikoprämie, BewP 1/2018, S. 2 ff.
15   Siehe Schich, Schätzung der deutschen Zinsstrukturkurve, Diskussionspapier 4/97, Volkswirtschaftliche Forschungsgruppe der Deutschen Bundesbank (1997), S. 1 f.
16   Siehe Fn. 2.
17   Weiterführende Literaturhinweise dazu findet man bei Kruschwitz, Das Problem der Anschlussverzinsung, ZfbF 2018, S. 29 f.
18   Bartl/Patloch-Kofler, a.a.O. (Fn. 6), S. 297. Die beiden Autoren sind mit ihrer Fehleinschätzung sicher nicht allein.

3.2.1. Grundlagen

Wer diese beiden Behauptungen akzeptiert, muss einräumen, dass das Standard-CAPM die Realität überhaupt nicht wirklichkeitsnah abbildet, wenn die risikolosen Zinsen negativ sind. Diese Schwäche kann mit dem Zero-Beta-CAPM überwunden werden, das 1972 von Fischer Black vorgestellt worden ist.[19] Es gibt zwei Modellvarianten. In der ersten Variante existiert überhaupt kein risikoloser Zinssatz; in der zweiten Variante kann man zum risikolosen Zinssatz zwar Geld anlegen, aber keinen Kredit aufnehmen. Das entspricht genau der Situation, mit der wir es gegenwärtig zu tun haben.

Die Kapitalmarktlinie des Zero-Beta-CAPM (in der zweiten Variante) weicht von der Kapitalmarktlinie des Standard-CAPM selbstverständlich deutlich ab, siehe Abb. 3. Sie beginnt auf der y-Achse an der Stelle r_f und verläuft linear bis zum Punkt M. Von dort aus folgt die Kapitalmarktlinie mit zunehmendem Risiko dem effizienten Rand der eierschalenförmigen Fläche.

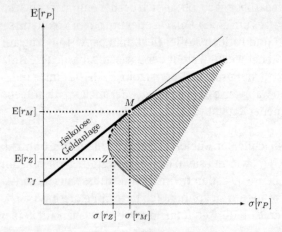

Abb. 3: Kapitalmarktlinie im Zero-Beta-CAPM, wenn Geldanlagen zum sicheren Zins möglich, aber Kreditaufnahmen zu diesem Zins unmöglich sind

Black hat gezeigt, dass bei völligem Fehlen eines risikolosen Zinssatzes für die Wertpapiermarktlinie nicht mehr Gleichung (1) zutrifft. Stattdessen gilt Gleichung

$$\mathrm{E}\left[r_j\right] = \mathrm{E}[r_Z] + \big(\mathrm{E}[r_M] - \mathrm{E}[r_Z]\big) \cdot \frac{\mathrm{Cov}[r_j, r_M]}{\mathrm{Var}[r_M]}. \tag{3}$$

Formal unterscheiden sich die Gleichungen (1) und (3) lediglich dadurch voneinander, dass $E[r_Z]$ an die Stelle von r_f tritt. $E[r_Z]$ ist die Rendite des sog. Zero-Beta-Portfolios, einer Position, die sich durch die Bedingung

$$\frac{\mathrm{Cov}[r_Z, r_M]}{\mathrm{Var}[r_M]} = 0 \tag{4}$$

---

19   Siehe Black, Capital Market Equilibrium with Restricted Borrowing, Journal of Business 1972, S. 444 ff.

auszeichnet. Da die Varianz der Rendite des Marktportfolios zwingend positiv ist, muss in solchen Fällen die Kovarianz des Z-Portfolios mit dem Marktportfolio null sein, $Cov[r_Z,r_M]=0$. Es gibt mehrere solche Portfolios, wenn man zulässt, dass die riskanten Wertpapiere gekauft und (leer) verkauft werden dürfen. Es lässt sich allerdings zeigen, dass alle diese Portfolios dieselbe erwartete Rendite $E[r_Z]$ aufweisen. Black bezeichnete jene Position aus dieser Menge als Zero-Beta-Portfolio, die auf dem Rand der eierschalenförmigen Fläche liegt, also minimales Risiko besitzt.

Im hier interessierenden Zusammenhang ist die zweite Variante des Zero-Beta-CAPM von Interesse, also der Fall, in dem man zum Zins r_f zwar Geld anlegen, aber keinen Kredit aufnehmen kann. Ebenso wie bei der ersten Variante gilt Gleichung (3). Den Beweis dafür hat Vašíček im Jahr 1971 in einer nicht publizierten Arbeit erbracht.[20] Auf Nachfrage hat Vašíček dem Verfasser ausdrücklich bestätigt, dass die hier referierten Ergebnisse auch dann zutreffen, wenn $r_f < 0$ sein sollte.

Bevor ich mich der Frage zuwende, ob und wie man die Ergebnisse des Zero-Beta-CAPM praktisch umsetzen kann, will ich noch zwei modellanalytische Tatsachen festhalten. Black hat die Relationen

$$r_f < E[r_Z] < E[r_M] \tag{5}$$

bewiesen.[21] Ich will die Differenz $E[r_Z]-r_f$ als Zero-Beta-Prämie bezeichnen und feststellen, dass diese notwendigerweise kleiner als die Marktrisikoprämie ist, weil aus (5) sofort

$$\underbrace{E[r_Z] - r_f}_{\text{Zero-Beta-Prämie}} < \underbrace{E[r_M] - r_f}_{\text{Marktrisikoprämie}} \tag{6}$$

folgt. Ob die Zero-Beta-Prämie groß oder vernachlässigungsfähig gering ist, hat Black nicht untersucht. Diese Frage lässt sich modelltheoretisch auch nicht beantworten, sondern muss empirisch geklärt werden. Daher verschließe ich mich übrigens den Überlegungen von Knoll und Wenger. Diese behaupten nämlich, dass zwischen $E[r_Z]$ und r_f kein nennenswerter Unterschied bestehen kann, ohne dafür empirische Studien ins Feld zu führen.[22]

Verharrt man noch einen weiteren Moment bei modellanalytischen Betrachtungen, so lässt sich anmerken, dass es sich bei einem Z-Portfolio notwendigerweise

---

20   Siehe Vašíček, Capital Asset Pricing Model with No Riskless Borrowing, Memorandum vom 10.03.1971 für die Wells Fargo Bank.
21   Black, a.a.O. (Fn. 19), S. 453.
22   Knoll/Wenger, Flexible Marktrisikoprämie für starre Unternehmenswerte? Anmerkungen zu Castedello/Jonas/Schieszl/Lenckner, Spruchverfahren aktuell 3/2018, S. 79.

stets um eine ineffiziente Rendite-Risiko-Position handelt.[23] Berücksichtigt man, dass das Marktportfolio auf jeden Fall effizient ist, kann man wohl damit rechnen, dass die Zero-Beta-Prämie deutlich kleiner ist als die Marktrisikoprämie.

Grundsätzlich darf man feststellen, dass seit nunmehr fast 50 Jahren ein theoretisches Modell bekannt ist, das negativen Basiszinsen konzeptionell weit besser gerecht wird als das Standard-CAPM. Wenn es für Zwecke der Unternehmensbewertung bisher trotzdem nicht verwendet wird, hat das Gründe.

3.2.2. Praktische Umsetzung

Will man das Zero-Beta-CAPM praktisch nutzen, sind viele Entscheidungen zu treffen. Erstens und vor allem muss festgelegt werden, mit welcher Methodik die Zero-Beta-Rendite $E[r_Z]$ ermittelt werden soll. Hierzu gibt es inzwischen eine Reihe gut durchdachter Vorschläge.[24] Allerdings sind diese noch lange nicht so reichhaltig wie die Literatur zum Konzept von Nelson/Siegel und Svensson. Zweitens ist zu entscheiden, mit welcher Laufzeit man den risikolosen Zins ansetzt, wenn es um die Bestimmung einer Zero-Beta-Prämie geht. Da bei einer Unternehmensbewertung fast immer davon auszugehen ist, dass das zu bewertende Unternehmen noch „lange" existieren wird, kommen risikolose Zinsen für kurze Laufzeiten kaum in Betracht. Vielmehr wird man wohl besser mit Laufzeiten von mindestens zehn Jahren arbeiten.

Als Black, Jensen und Scholes den Versuch unternahmen, das Standard-CAPM empirisch zu testen, stellten sie fest, dass die beobachtete Wertpapiermarktlinie die Ordinate an einer Stelle schnitt, die signifikant größer als r_f war und zudem eine deutlich kleinere Steigung als die Marktrisikoprämie $E[r_M]-r_f$ aufwies.[25] Daraus folgerte man, dass das Zero-Beta-CAPM gemäß Gleichung (3) die Realität besser erklärt als das Standard-CAPM gemäß Gleichung (1). Als risikoloser Zins wurde in dieser Studie der 30-Tage-Satz für US-Schatzwechsel verwendet.[26] Das ist von einer langen Laufzeit meilenweit entfernt.

Empirische Studien zur Zero-Beta-Rendite $E[r_Z]$ oder zur Zero-Beta-Prämie $E[r_Z]-r_f$ sind ausgesprochen rar. Untersuchungen, die solche Informationen aus österreichischen oder deutschen Kapitalmarktdaten gewonnen hätten, mag es geben, sind mir jedoch unbekannt. Eine der wenigen öffentlich zugänglichen Arbeiten zu die-

23 Das beweist Fama, Foundations of Finance (1976), S. 286.
24 Siehe bspw. Fama/MacBeth, Risk, Return, and Equilibrium, Journal of Political Economy 1973, S. 607 ff.; Gibbons, Multivariate Tests of Financial Models, Journal of Financial Economics 1982, S. 3 ff.; Shanken, Multivariate Tests of the Zero-Beta CAPM, Journal of Financial Economics 1985, S. 327 ff.; MacKinlay, On Multivariate Tests of the CAPM, Journal of Financial Economics 1987, S. 341 ff.; Chou, Alternative Tests of the Zero-Beta CAPM, Journal of Financial Research 2000, S. 469 ff., sowie Beaulieu/Dufour/Khalaf, Identification-Robust Estimation and Testing of the Zero-Beta CAPM, Review of Economic Studies 2013, S. 892 ff., um nur einige wichtige zu nennen.
25 Black/Jensen/Scholes, The Capital Asset Pricing Model: Some Empirical Tests, in Jensen (Hrsg), Studies in the Theory of Capital Markets (1972).
26 Black/Jensen/Scholes, a.a.O. (Fn. 25), S. 85.

sem Thema stammt aus dem Jahr 2013 und wurde im Auftrag der britischen Energy Networks Association durchgeführt. Für diese Studie wurden Daten des australischen Aktienmarkts aus den Jahren 1964 bis 2007 herangezogen; der risikolose Zins wurde als Rendite von zehnjährigen Staatsanleihen abgebildet.[27] Die Auftragnehmer sollten die Zero-Beta-Prämie schätzen und außerdem beantworten, ob diese im Zeitablauf stabil ist. Die Prämie erwies sich als zeitstabil. Merkwürdigerweise unterschied sie sich aber nicht wesentlich von der Marktrisikoprämie.[28] Letzteres ist mit der oben erwähnten Erkenntnis, wonach das Z-Portfolio immer ineffizient ist, nur schwer vereinbar, weil sich aus der zitierten Studie ja $E[r_Z] \approx E[r_M]$ ergab.

Jonas ist wohl bisher der erste und einzige deutsche Autor, der sich angesichts ständig sinkender risikoloser Zinsen dafür ausgesprochen hat, das Zero-Beta-CAPM bei der Bewertung von Unternehmen heranzuziehen.[29] Er beschränkte sich nicht auf ein prinzipielles Plädoyer, sondern unterbreitete zudem einen leicht umsetzbaren Vorschlag, wie die erwartete Zero-Beta-Rendite $E[r_Z]$ praktisch festgelegt werden könne. Als Jonas seinen Vorschlag im Jahr 2014 unterbreitete, lagen die risikolosen Zinsen über alle Laufzeiten noch fast immer im Intervall zwischen 0% und 2% und waren allenfalls am kurzen Ende geringfügig negativ. Jonas vertrat die Ansicht, dass sich Interbankenzinssätze wie der LIBOR eignen könnten, um die Zero-Beta-Rendite $E[r_Z]$ abzuschätzen. Ihm war dabei absolut klar, dass es sich beim LIBOR um einen äußerst kurzfristigen Zinssatz handelt, dessen Laufzeit maximal 12 Monate beträgt. Er beobachtete, dass der LIBOR etwa 0,5% bis 1,0% über der Rendite von Staatsanleihen lag und schlug daher vor, diesen für die kurze Frist beobachteten Spread auch auf die langfristigen Zinsen anzuwenden, um eine Abschätzung für die Zero-Beta-Rendite zu gewinnen. Ermittelt man die entsprechenden Daten für den 20.10.2020, erhält man die in Abb. 4 wiedergegebene Grafik.

---

27 Siehe Wheatley/Quach, Estimates of the Zero-Beta Premium: A Report for the Energy Networks Association (2013).
28 Wheatley/Quach, a.a.O. (Fn. 27) i und iii.
29 Siehe Jonas, Kapitalmarktgestützte Bewertungsmodelle in Zeiten von Kapitalmarktverwerfungen, FS Ballwieser (2014), S. 379 ff. Die Arbeit von Castedello/Jonas/Schieszl/Lenckner, Die Marktrisikoprämie im Niedrigzinsumfeld, Wpg 2018, S. 806 ff., bedarf keiner besonderen Betrachtung, weil die dort relevanten Passagen weitgehend wörtlich aus Jonas (2014) übernommen wurden.

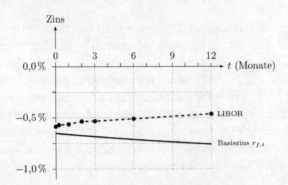

Abb. 4: Euro-LIBOR und Zinsstrukturkurve am 20.10.2020 (Quellen: global-rates.com, Deutsche Bundesbank und eigene Berechnungen)

Ich halte Jonas' Vorschlag für äußerst fragwürdig. Um diese Ansicht zu begründen, beginne ich mit der Feststellung, dass Jonas sich auf eine einzige Literaturquelle bezieht. Er weist auf sieben Zeilen aus einem Lehrbuch hin, die ich hier wörtlich wiedergebe: "Most academic studies of the CAPM have used short-term Treasury bill returns as proxies for the risk-free return. However, as Black, Jensen, and Scholes (1972), among others, have noted, this rate seems to be lower than the typical average return of a zero-beta risky stock. An alternative is to use the zero-beta expected return estimate that comes from fitting the intercept in the risk-expected return equation to all stocks. Interestingly, the risk-free rate employed in derivative securities pricing models, which is the London interbank offered rate (LIBOR), appears to be much closer to this fitted number."[30] Das zitierte Lehrbuch ist mittlerweile fast 20 Jahre alt und nennt seinerseits keine einzige Quelle, mit der die zuletzt aufgestellte Behauptung gestützt wird. Damit der LIBOR als Näherung für die Zero-Beta-Rendite akzeptiert werden kann, muss er die Bedingung (4) erfüllen. Bisher hat wohl noch niemand empirisch nachgewiesen, dass $Cov[\text{LIBOR}, r_M] \approx 0$ gilt. Schauen wir uns schließlich Abb. 4 an. Am Ende des Zeitfensters von 12 Monaten erreicht der Spread zwischen LIBOR und risikolosem Zins einen Wert von ungefähr 0,25%, was deutlich kleiner ist als das, was Jonas im Jahr 2014 beobachtete. Die LIBOR-Kurve verläuft fast vollkommen flach, während die Zinsstrukturkurve in diesem Laufzeitbereich monoton fällt. Wir wissen aber aus Abb. 1, dass sie mit zunehmender Laufzeit wieder deutlich ansteigt und bei 30 Jahren einen Wert von etwas mehr als −0,25% erreicht. Welche LIBOR-Werte für solch lange Laufzeiten projiziert werden dürfen, ist schlichtweg spekulativ. Aber ein über 12 Monate hinausreichender gleich bleibender Spread von 0,25% würde voraussetzen, dass die – in die ferne Zukunft verlängerte – LIBOR-Kurve ganz plötzlich einen beachtlichen Sprung nach oben macht. Welches sachliche Argument könnte man für solch einen Sprung ins Feld führen? Mir fällt keines ein.

---

30   Grinblatt/Titman, Financial Markets and Corporate Strategy, 2. Aufl. 2002, S. 155.

4. Conclusio

Aus theoretischer Sicht ist – insb. in Zeiten negativer Zinsen – das Zero-Beta-CAPM dem Standard-CAPM klar überlegen, weil es zwar davon ausgeht, dass man zu diesem Zins Geld anlegen kann, aber nicht unterstellt, dass man zum selben Satz auch Kredit aufnehmen kann.

Trotz dieser konzeptionellen Überlegenheit hat das Modell keine Chancen, in der Praxis der Unternehmensbewertung eine gewichtige Rolle zu spielen. Warum? Es ist weit und breit keine Institution zu sehen, die die Bewertungspraxis mit Daten versorgen würde, aus denen sich tagesaktuelle Zero-Beta-Renditen $E[r_Z]$ für den österreichischen, deutschen oder europäischen Kapitalmarkt ermitteln ließen. Falls es dafür Bedarf gibt, müssten die Standardsetter selbst Geld in die Hand nehmen, um solche Daten zu gewinnen. Angesichts der Tatsache, dass die Deutsche Bundesbank Daten zur Ermittlung tagesaktueller Zinsstrukturkurven kostenlos bereithält, wird eine solche Entwicklung nicht eintreten, auch wenn manchmal Wunder geschehen.

Schließlich sei angemerkt: Man weiß inzwischen recht gut, wie man Steuern, die auf Anteilseignerebene anfallen, in das Standard-CAPM einbaut. Davon macht zumindest die deutsche Bewertungspraxis auch rege Gebrauch. Wie vorzugehen ist, um das Zero-Beta-CAPM um persönliche Steuern anzureichern, hat nach meiner Kenntnis bislang noch niemand zu klären versucht.

Obwohl unser Wissen über die Höhe der Zero-Beta-Rendite kaum über Blacks Ungleichung (5) hinausgeht, kann man die Frage stellen, wie groß denn der Fehler ungefähr ausfällt, wenn man die Kapitalkosten eines Unternehmens mit dem Standard-CAPM anstelle des Zero-Beta-CAPM bestimmt. Zu diesem Zweck zieht man die rechte Seite von Gleichung (1) von der rechten Seite von (3) ab. Die Differenz ergibt sich zu[31]

$$\underbrace{\left(\mathrm{E}[r_Z] - r_f \right)}_{\text{Zero-Beta-Prämie}} \left(1 - \beta_j \right). \tag{7}$$

Man erkennt, dass die Differenz vernachlässigt werden kann, wenn der Betafaktor in die Nähe von eins gerät. Über die Höhe der Zero-Beta-Prämie kann man nur spekulieren. Dass sie selten größer ist als die halbe Marktrisikoprämie, erscheint mir als erste Einschätzung nicht abwegig.

Quelle:[32] RWZ – Zeitschrift für Recht und Rechnungswesen 2020, S. 396.

---

31   So auch Knoll/Wenger, a.a.O. (Fn. 22), S. 80.
32   Die Veröffentlichung erfolgt mit freundlicher Genehmigung des Verlages LexisNexis.

Die Prognostizierbarkeit der Marktrendite

– Implikationen für die langfristige Aktienanlage und der Covid-19 bedingte Renditeschock –

Siegfried Köstlmeier, MBA | Prof. Dr. Klaus Röder

I. Einleitung

Langfristig sind Aktienmarktrenditen durch fundamentale Bewertungskennzahlen wie die Dividendenrendite, das Kurs-Buchwert-Verhältnis oder das Kurs-Gewinn-Verhältnis prognostizierbar.[1] Prinzipiell ist hierfür jedes Verhältnis zweier Marktkennzahlen geeignet, soweit deren logarithmierte Zeitreihen kointegriert sind. In diesem Fall erfassen die Bewertungskennzahlen die langfristig beobachtbare Mean-Reversion-Komponente von Aktienrenditen, wonach die Marktrendite aktiv zu einem langfristigem Renditemittelwert zurückstrebt. Die kurzfristige Random-Walk-Komponente von Aktienrenditen verhindert demgegenüber deren Prognostizierbarkeit über kurze Zeiträume.[2]

Ist die Dividendenrendite hoch, muss Diskontierungsmodellen zufolge entweder das zukünftig erwartete Dividendenwachstum gering, die zukünftig erwartete Marktrendite hoch, oder beides zugleich zutreffend sein.[3] Misst man der Random-Walk-Komponente von Aktienrenditen eine hohe Relevanz zu, so bedeutet eine geringe Dividendenrendite, dass die aggregierten Marktpreise relativ hoch sind. Diese positive Kursentwicklung sollte daher ein hohes erwartetes Dividendenwachstum signalisieren. Auf Jahre niedriger (hoher) Dividendenrenditen sollen steigende (sinkende) Dividendenausschüttungen folgen, wohingegen Marktrenditen grundsätzlich nicht prognostizierbar bleiben.[4] Diese Aussage kennzeichnet die „klassische Ansicht" der vorherrschenden Meinung in den siebziger Jahren des zwanzigsten Jahrhunderts.[5] Im Vergleich dazu fasst Abb. 1 grafisch die neuen Erkenntnisse der vorliegenden Studie für den deutschen Kapitalmarkt im Zeitraum von 1971 bis 2019 zusammen, wonach eine hohe Dividendenrendite für die Zukunft gleichermaßen ein negatives Dividendenwachstum vorhersagt, aber auch zugleich eine höhere erwartete Marktrendite prognostiziert:

---

1   Vgl. Ball, Journal of Financial Economics 1978, S. 103; Blume, Review of Economics and Statistics 1980, S. 567; Rosenberg/Reid/Lanstein, Journal of Portfolio Management 1985, S. 9 und Basu, Journal of Finance 1977, S. 663.
2   Vgl. Fama/French, Journal of Political Economy 1988, S. 246.
3   Vgl. Gordon, The Review of Economics and Statistics 1959, S. 101 f.
4   Vgl. Cochrane, Financial Markets and the Real Economy, NBER Working Paper No. 11193, 2006, S. 7–10.
5   Vgl. Fama, Financial Analysts Journal 1965, S. 55–59 und Malkiel, A Random Walk Down Wall Street, 1. Aufl. 1973.

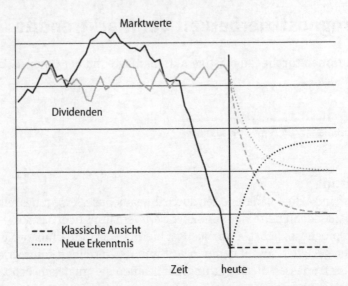

Abb. 1: Auswirkungen einer hohen Dividendenrendite auf die langfristige Entwicklung von Dividenden und Marktwerten

Die vorliegende Arbeit folgt dem Ansatz von Cochrane (2008, 2011), wonach der Zusammenhang zwischen der Marktrendite, Dividendenrendite und Dividendenwachstumsrate in Prognosemodellen nicht separat voneinander zu untersuchen ist und die ökonomisch zugrunde liegende Dynamik betrachtet werden sollte, welche die kurzfristige mit der langfristigen Betrachtung verknüpft. Über diese simultane Betrachtung hinaus wird gezeigt, wie die langfristige Prognosefähigkeit von Marktrenditen auf kurzfristige ökonomische Zusammenhänge zurückzuführen ist.[6] Ziel dieses Artikels ist es zu zeigen,

- inwiefern die langfristige Marktrendite prinzipiell prognostizierbar ist.[7]
- wie die langfristige Marktrendite in der kurzfristigen Dynamik der Dividendenrendite begründet ist.

Der Beitrag gliedert sich wie folgt: In Abschn. II werden relevante Studien zur Prognostizierbarkeit der Marktrendite durch die Dividendenrendite zusammengefasst. Danach wird in Abschn. III.1 die Datenbasis und Methodik erläutert. Die Abschn. III.2 und III.3 gehen auf die statistischen Testverfahren der empirischen Untersuchung und die ökonometrischen Zusammenhänge ein. Die Ergebnisse werden in Abschn. III.4 gezeigt und deren praktische Relevanz zusammen mit einem Ausblick in Abschn. III.5 diskutiert. Dabei geht der Ausblick insbesondere auf den negativen Renditeschock infolge der Covid-19-Pandemie Anfang 2020 ein und betrachtet

---

6   Vgl. Cochrane, Review of Financial Studies 2008, S. 1538 f. und Cochrane, Journal of Finance 2011, S. 1047–1051.
7   Damit zeigt der Beitrag nicht die „beste" Vorgehensweise, um Marktrenditen mit möglichst hohem Bestimmtheitsmaß zu prognostizieren, sondern wie die Prognostizierbarkeit grundsätzlich ökonomisch begründet ist.

dessen langfristige Auswirkung auf die erwartete Marktrendite. Abschließend folgt in Abschn. IV eine knappe Zusammenfassung des Beitrags.

II. Literaturübersicht

Fama/French (1988) zeigen mit gewöhnlichen Regressionsmodellen für den US-amerikanischen Kapitalmarkt, dass eine Erhöhung der Dividendenrendite um einen Prozentpunkt mit einer Erhöhung der zukünftigen, vierjährigen Marktperformance um 12,86 Prozentpunkte einhergeht. Dabei können bei Prognosezeiträumen von bis zu vier Jahren zwischen 19% und 47% der künftigen Renditeschwankung durch die Dividendenrendite erklärt werden.[8] Schwankungen der Dividendenrendite sind jedoch größtenteils auf Fluktuationen der Marktwerte zurückzuführen. Als unabhängige Prognosevariable ist sie daher mit der Marktrendite der nachfolgenden Zeitperiode hoch korreliert, was die entsprechende Teststatistik stark verzerren kann.[9] Ein Bestimmtheitsmaß i.H.v. 38% wie bei Fama/French (1988) erscheint daher selbst dann nicht ungewöhnlich, wenn Aktienrenditen vollständig einem nicht prognostizierbarem Random-Walk folgen.[10] In einer nachfolgenden Studie zeigen Ang/Bekaert (2007), dass in den USA, Großbritannien, Frankreich und Deutschland die langfristige Überschussrendite des Marktes nicht durch die Dividendenrendite prognostiziert werden kann. Vielmehr finden sie Hinweise für eine kurzfristige Prognosefähigkeit, sobald weitere unabhängige Variablen wie die risikolose Rendite den Prognosemodellen hinzugefügt werden.[11]

Annahmen über die Art der Reinvestition unterjährig ausbezahlter Dividenden entweder direkt in das jeweilige Unternehmen, in eine risikolose Anlage oder in den Gesamtmarkt, erschweren die Vergleichbarkeit einzelner Studien. Die Volatilität der Dividendenwachstumsrate in den USA im Zeitraum von 1946 bis 2007 beträgt 6,22% bei risikoloser Reinvestition und erhöht sich auf 12,32% bei Reinvestition in den Gesamtmarkt. Darüber hinaus beeinträchtigen strukturelle Veränderungen die Aufarbeitung konträrer Studien, wonach die Prognostizierbarkeit der Marktrendite seit dem Jahr 1990 nicht weiter vorhanden zu sein scheint.[12]

In Ergänzung zu den regressionsbasierten Prognosemodellen zeigt Cochrane (1992) durch eine Varianzzerlegung der Dividendenrendite, dass diese in den USA überwiegend auf rd. 130% der Varianz der erwarteten Marktrendite und zu rd. -30% auf die Varianz der erwarteten Dividendenwachstumsrate zurückzuführen ist. Demgemäß ist die zukünftig erwartete Marktrendite sogar überprognostizierbar, d.h. sie steigt bei einer Erhöhung der Dividendenrendite zu sehr, so dass das erwartete

8   Vgl. Fama/French, Journal of Financial Economics 1988, S. 4–13.
9   Vgl. Stambaugh, Journal of Financial Economics 1999, S. 384.
10 Vgl. Goetzmann/Jorion, Journal of Finance 1993, S. 664 f.
11 Vgl. Ang/Bekaert, Review of Financial Studies 2007, S. 661–663.
12 Vgl. Goyal/Welch, Management Science 2003, S. 641–644 und van Binsbergen/Koijen, Journal of Finance 2010, S. 1453–1455.

Dividendenwachstum als ausgleichender Effekt für das Preisgleichgewicht ebenfalls steigen sollte. Eine derart hohe Volatilität der erwarteten Marktrendite ist zudem nicht mit beobachtbaren Risikoprämien für Aktien oder konsumbasierten Risikomodellen vereinbar. Vergleichbare Studien zur Varianzdekomposition der Dividendenrendite bestätigen die prinzipielle Prognostizierbarkeit der langfristigen Marktrendite in Abhängigkeit einer nicht vorhersagbaren Entwicklung der künftigen Dividendenwachstumsrate.[13]

Vergleichbare Studien für den deutschsprachigen Raum sind eher selten. Walkshäusl (2017) untersucht separat voneinander ein- und zehnjährige Renditeprognosen und führt die fundamentalen Bewertungskennzahlen CAPE[14] und Kurs-Buchwert-Verhältnis als die am besten geeignetsten Prognosevariablen für den zehnjährigen Zeithorizont an.[15] Hinsichtlich des einjährigen Zeitraums ist die Marktrendite durch die Dividendenrendite prognostizierbar, was Ang/Bekaert (2007) sogar bei Hinzunahme des kurzfristigen, risikofreien Zinssatzes als zusätzliche Prognosevariable bestätigen.[16] Die einzige uns bekannte Studie zu Varianzzerlegungen der Dividendenrendite in Deutschland gemäß Cochrane (1992) ist Hillebrand (2013), wonach über einen fünfjährigen Betrachtungszeitraum seit 1953 rd. 71% der Renditevarianz des Marktes auf die Dynamik der Dividendenrendite zurückzuführen ist.[17] Der entsprechende Anteil der erwarteten Varianz der Marktrendite beträgt für den Schweizer Aktienmarkt bei kurzfristigerer Betrachtung rd. 12% bis 20%. Zudem korrespondiert eine Erhöhung der Dividendenrendite um einen Prozentpunkt mit einer Erhöhung der gesamten dreijährigen Schweizer Marktrendite um 9,06 Prozentpunkte (t-Statistik: 3,13).[18] Fazit beider Studien ist, dass die Dividendenrendite nicht nur gemäß der Random-Walk-Hypothese das künftige Verhalten des Dividendenwachstums widerspiegelt, sondern auch Prognosen der erwarteten Marktrendite erlaubt.

III. Empirische Analyse

1. Datenbasis und Methodik

Die empirische Untersuchung basiert auf einem jährlichen Performance- und Kursindex aller Stammaktien des deutschen Kapitalmarkts im Zeitraum von 1971 bis 2019. Wir kombinieren hierfür eigene Performance- und Kursberechnungen (ab 1989) mit dem Datensatz von Gielen (1994) (bis 1988), der die Aktienperformance und die Dividendenrendite in Deutschland kontinuierlich ab dem Jahr 1870

---

13 Vgl. Cochrane, Review of Financial Studies 1992, S. 263–269; Campbell, Economic Journal 1991, S. 157–179 und Campbell/Ammer, Journal of Finance 1993, S. 3–37.
14 Kurz für cyclically adjusted price-earnings ratio, vgl. Campbell/Shiller, Journal of Portfolio Management 1998, S. 11–26.
15 Vgl. Walkshäusl, CF 2017, S. 197–202.
16 Vgl. Ang/Bekaert, Review of Financial Studies 2007, S. 664–667.
17 Vgl. Hillebrand, wisu: Das Wirtschaftsstudium 2013, S. 1134–1138.
18 Vgl. Drobetz, Finanzmarkt und Portfolio Management 2000, S. 373–375.

bis September 1993 ausgewertet hat.[19] Der Einbezug historisch bedeutender und unvorhergesehener Abschnitte wie die Zeit der Hyperinflation von 1918 bis 1923, des Zweiten Weltkriegs von 1939 bis 1945 oder der nachfolgenden Hausse bis 1961 erscheint nicht geeignet für eine Analyse rationaler, fundamental gerechtfertigter Renditeerwartungen. Wir beginnen die Analyse daher im Jahr 1971 und damit in dem Jahrzehnt, in dem der Nachkriegsboom mit Beginn der ersten Ölkrise als beendet gilt.[20]

Für die eigene Berechnung der Aktienperformance seit 1989 wird die diskrete Total-Return (d.h. inkl. reinvestierter Dividenden) und der um Kapitalmaßnahmen bereinigte Monatsschlusskurs aller deutschen Stammaktien der Finanzdatenbank Thomson Reuters Datastream entnommen. Weiterhin werden sämtliche Dividendenausschüttungen an Investoren monatsgenau aus WORLDSCOPE erhoben. Zur Bereinigung etwaiger Datenfehler folgen wir der Datenbereinigung gemäß Ince/Porter (2006) und schließen sowohl monatliche Renditebeobachtungen größer als 990% aus, als auch Beobachtungen mit einem Kursanstieg i.H.v. 300%, der um den Monat des Anstiegs herum durch entsprechende Kursverluste unmittelbar ausgeglichen wird.[21] Um den Einfluss von illiquiden Aktien zu verringern, schließen wir jährlich je die 5% der kleinsten Unternehmen hinsichtlich ihrer Marktkapitalisierung aus. Zudem bleiben Unternehmen unberücksichtigt, wenn der Kurswert der Aktie am Vorjahresende kleiner als 1€ ist.[22]

Die risikolose Verzinsung im Zeitraum 1971 bis 1988 ist der Tagesgeld-Zinssatz aus Morawietz (1994).[23] Von 1989 bis Ende 1998 wird die dreimonatige Frankfurt Interbank Rate (FIBOR) als risikolose Verzinsung verwendet und ab 1999 die dreimonatige Euro Interbank Offered Rate (EURIBOR).

Alle Daten sind einheitlich in der Währung € denominiert. Die Performancerendite R_t des deutschen Aktienmarkts im Jahr t ist die wertgewichtete Total-Return aller berücksichtigten Einzelaktien bis zum Ende des Jahres t. Analog dazu bezeichnet Rx_t die jährliche Kursperformance des Gesamtmarkts ohne Dividendenausschüttungen. Die jährliche Dividendenrendite DIV_t ist der wertgewichtete Mittelwert aller individuellen Dividendenrenditen (je bezogen auf den Marktwert am Ende des Vormonats) eines Jahres.

---

19   Vgl. Gielen, Können Aktienkurse noch steigen?, 1. Aufl. 1994, S. 159–197.
20   Vgl. Schildt/Siegfried, Deutsche Kulturgeschichte. Die Bundesrepublik von 1945 bis zur Gegenwart, 1. Aufl. 2009, S. 181.
21   Vgl. Ince/Porter, Journal of Financial Research 2006, S. 472–475.
22   Vgl. Ang et al., Journal of Financial Economics 2009, S. 4.
23   Vgl. Morawietz, Rentabilität und Risiko deutscher Aktien- und Rentenanlagen seit 1870; 1. Aufl. 1994, S. 336–343.

2. Statistische Testverfahren

Es soll umfassend sichergestellt werden, dass sämtliche Resultate auf validen und robusten Testentscheidungen basieren. Daher geben wir in sämtlichen Regressionsmodellen in Abschn. III.4 Teststatistiken auf Basis robuster Standardfehler an, welche um Autokorrelation und Heteroskedastizität korrigieren. Wir verwenden unter der Abkürzung HH (1980) robuste Standardfehler gemäß Hansen/Hodrick (1980), wobei die Kovarianzterme der Residuen über verschiedene Zeithorizonte hinweg stets gleich gewichtet werden. Dies garantiert zwar einen konsistenten Schätzer, jedoch ist nicht garantiert, dass die Varianz-Kovarianz-Matrix der Residuen positiv semi-definit ist. Dadurch könnte die Schätzung der langfristigen Varianz ökonomisch nicht plausible, negative Werte annehmen. Aus diesem Grund geben wir unter dem Kürzel NW (1987) robuste Standardfehler gemäß Newey/West (1987) an. Beide Verfahren unterscheiden sich nur darin, dass Letzteres Autokorrelationen mit zunehmend höherer Ordnung abnehmend gewichtet. Ein Vergleich der Teststatistiken erlaubt daher Einblicke in die Struktur der zugrunde liegenden Autokorrelation. Der Zeithorizont der Regressionen in Abschn. III.4 stimmt dabei stets mit der Zeitspanne überein, für die Autokorrelationen der Residuen berücksichtigt werden.[24]

Abschließend geben wir mit der Bezeichnung GMM robuste Standardfehler gemäß der generalisierten Momentenmethode nach Hansen (1982) an. Dabei bilden wir die gewöhnliche, lineare Regression mittels exakt identifizierender Momentenbedingungen ab. Dabei erhalten wir robuste Standardfehler, welche Autokorrelationen der Residuen sämtlicher im Sample vorliegender Ordnungen berücksichtigen.[25]

3. Ökonometrische Zusammenhänge

Die Dividendenwachstumsrate DG_t wird aus der Dividendenrendite DIV_t und dem Kursindex Rx_t abgeleitet:[26]

$$DG_{t+1} = \frac{D_{t+1}}{D_t} = \frac{D_{t+1} / P_{t+1}}{D_t / P_t} \times (1 + Rx_{t+1})$$

$$= \frac{DIV_{t+1}}{DIV_t} \times (1 + Rx_{t+1}). \tag{1}$$

Dabei bezeichnet P_t den aggregierten Marktwert aller Unternehmen und D_t die entsprechend aggregierten Dividenden.

---

24 Vgl. Newey/West, Econometrica 1987, S. 703–708 und Hansen/Hodrick, Journal of Political Economy 1980, S. 829–853.

25 Vgl. Hansen, Econometrica 1982, S. 1029–1054 und Hansen/Singleton, Econometrica 1982, S. 1269–1286.

26 Der Zusammenhang aus Gleichung (1) unterstellt, dass unterjährig ausgeschüttete Dividenden bis zum Jahresende in das Gesamtmarktportfolio statt in das jeweilige Unternehmen (was die Total-Return-Berechnung in Thomson Reuters Datastream annimmt) reinvestiert werden. Die Performancerendite des Marktes auf Basis von Jahresendwerten entspricht daher nicht länger exakt der Summe aus Kursperformance und Dividendenrendite. Cochrane, Review of Financial Studies 2008, S. 1566 f. zeigt aber, dass die hier verwendeten Testverfahren robust sind hinsichtlich einer aktiven Ausschüttungspolitik wie Dividendenglättung oder sogar nicht ausschüttender Unternehmen im Sample.

Ausgangspunkt unserer Betrachtungen ist die Definition der Rendite in einer linearisierten Form nach Campbell/Shiller (1988):[27]

$$r_{t+1} = \rho\,(p_{t+1} - d_{t+1}) - (p_t - d_t) + \Delta d_{t+1}. \tag{2}$$

In Kleinbuchstaben notierte Variablen sind logarithmierte Werte bekannter Variablen. Ferner bezeichnet ρ das langfristige Verhältnis aggregierter Marktwerte zur Summe von aggregierten Marktwerten und absoluten Dividendenausschüttungen und nimmt daher stets Werte kleiner Eins an.

Ausgehend von Gleichung (2) erhält man bei iterativer Anwendung über zukünftige Zeitpunkte die folgende Barwertidentität der logarithmierten Dividendenrendite:

$$\begin{aligned} \log(DIV_t) = \; & d_t - p_t = \sum_{j=1}^{\infty} \rho^{j-1}\,(r_{t+j} - \Delta d_{t+j}) \\ & + \lim_{k \to \infty} \rho^k\,(d_{t+k} - p_{t+k}). \end{aligned} \tag{3}$$

Ökonomisch betrachtet kann der Grenzwert im letzten Term als eine „rationale Blase" interpretiert werden, d.h. die heutige Dividendenrendite steigt, weil in Zukunft höhere Dividendenrenditen erwartet werden.

Gleichung (3) basiert nicht auf ökonomischen Modellen und gilt daher allein aufgrund der grundlegenden Definition der Renditeberechnung. Als Identitätsangabe gilt sie daher sowohl ex post, als auch ex ante zum Zeitpunkt t mit einer beliebigen Informationsmenge Φ_t, soweit sie die heutige Dividendenrendite beinhaltet. Definieren wir die langfristigen Variablen mit Superskript lr bezüglich Renditen

$$r_t^{lr} \equiv \sum_{j=1}^{\infty} \rho^{j-1} r_{t+j} \tag{4}$$

und der Dividendenwachstumsrate,

$$\Delta d_t^{lr} \equiv \sum_{j=1}^{\infty} \rho^{j-1} \Delta d_{t+j}, \tag{5}$$

so kann Gleichung (3) wie folgt repräsentiert werden:

$$d_t - p_t = E[r_t^{lr} - \Delta d_t^{lr} \,|\, \Phi_t]. \tag{6}$$

Gleichung (6) verdeutlicht, warum die langfristigen Variablen aus den Gleichungen (4) und (5) prinzipiell gut geeignete Prognosevariablen sind: Die heutige Dividendenrendite offenbart uns die Erwartung von Investoren an die langfristige Entwicklung von Renditen und Dividendenwachstumsraten. Falls man daher eine

---

27   Vgl. Campbell/Shiller, Review of Financial Studies 1988, S. 198–202.

Variation in erwarteten Renditen $E[r_t|\Phi_t]$ beobachtet, dann ist dies vermutlich im Niveau der heutigen Dividendenrendite reflektiert.[28] Dies ist empirisch mit folgenden Regressionsgleichungen testbar. Dabei werden alle Terme aus Gleichung (3) auf die Dividendenrendite regressiert, wobei methodisch lediglich der endliche Zeithorizont k statt des infiniten Zeitraums berücksichtigt werden kann:

$$r_t^{lr} = a_r + b_r^k \times (d_t - p_t) + \varepsilon_{t+k}^r \tag{7}$$

$$\Delta d_t^{lr} = a_d + b_d^k \times (d_t - p_t) + \varepsilon_{t+k}^d \tag{8}$$

$$d_{t+k} - p_{t+k} = b_{dp}^k \times (d_t - p_t) + \varepsilon_{t+k}^{dp}. \tag{9}$$

Werden die Variablen aus der Barwertidentität in Gleichung (3) durch obige Zusammenhänge ersetzt, so folgt, dass die Regressionskoeffizienten und Residualterme der folgenden Restriktion unterliegen:

$$1 \approx b_r^k - b_d^k + \rho^k b_{dp}^k \tag{10}$$

$$0 = \varepsilon_{t+k}^r - \varepsilon_{t+k}^d + \rho^k \varepsilon_{t+k}^{dp}. \tag{11}$$

Nachdem beide Seiten der Gleichung (10) mit der Varianz der Dividendenrendite multipliziert werden, erhalten wir unter Annahme j = 0 für j > k in Gleichungen (4) und (5) folgenden Zusammenhang:

$$\begin{aligned} \text{var}(d_t - p_t) = \ & \text{cov}(d_t - p_t, r_t^{lr}) - \text{cov}(d_t - p_t, \Delta d_t^{lr}) \\ & + \text{cov}(d_t - p_t, \rho^k(d_{t+k} - p_{t+k})). \end{aligned} \tag{12}$$

Falls die Dividendenrendite im Zeitablauf schwankt, muss sie dadurch formal mathematisch entweder die langfristige Rendite, die langfristige Dividendenwachstumsrate oder eine rationale Blase einer immer höheren Dividendenrendite prognostizieren. Statistisch entsprechen die Regressionskoeffizienten der Gleichungen (7) bis (9) den einzelnen Beiträgen der Gesamtvarianz der Dividendenrendite in Gleichung (12).[29] So gibt bspw. der Wert b_r^k den Anteil der Varianz der Dividendenrendite wieder, der in der Varianz der langfristigen Rendite r_t^{lr} begründet ist.

Neben dieser langfristigen Betrachtung stellen die Gleichungen (7) bis (9) unter der Annahme k = 1ein vektorautoregressives Modell (VAR) erster Ordnung dar und

---

28   Dies ist jedoch nicht allgemein gültig. Eine Variation von $E[r_{t+1}|\Phi_t]$ könnte durch eine entsprechende Variation von $E[\Delta d_{t+1}|\Phi_t]$ oder von $E[r_{t+2}|\Phi_t]$ ausgeglichen werden.

29   Die einzelnen Varianzbeiträge werden sich dabei nicht exakt zu 100% addieren, da die einzelnen Terme nicht orthogonal zueinander sind.

ermöglichen somit eine entsprechende kurzfristige Analyse.[30] Dadurch erhalten wir bezüglich des einjährigen VAR-Systems folgenden Zusammenhang der Regressionskoeffizienten und deren Residuen:

$$b_r = 1 - \rho b_{dp}^k + b_d \tag{13}$$

$$\varepsilon_{t+1}^r = \varepsilon_{t+1}^d - \rho \varepsilon_{t+1}^{dp}. \tag{14}$$

Gleichung (14) ermöglicht quantitative Aussagen darüber, wie sich einzelne exogene Schocks auf die Dynamik der zukünftig erwarteten Dividendenwachstumsrate, Dividendenrendite und Marktrendite auswirken. Ökonomisch ist dabei insbesondere folgender Schock von besonderem Interesse:

$$[\varepsilon_1^r, \varepsilon_1^d, \varepsilon_1^{dp}] = [-\rho, 0, 1]. \tag{15}$$

Dabei zeigt Gleichung (15), dass wir einen (negativen) Schock der Marktrendite $\varepsilon_1^r = -\rho$ betrachten, der auf Veränderungen der Dividendenrendite ε_1^{dp} zurückzuführen ist. Diese negative Marktwertveränderung hat dabei Auswirkungen auf die Entwicklung des zukünftig erwarteten Dividendenwachstums und der zukünftig erwarteten Marktrendite.

Darüber hinaus erlaubt die kurzfristige Analyse des VAR-Systems zusammen mit der Barwertidentität aus Gleichung (3), deren langfristige Auswirkung zu berechnen. Die langfristige Implikation der kurzfristigen VAR-Systems bezüglich der Rendite ist gegeben durch:

$$E[r_t^{lr}] = E\left[\sum_{j=1}^{\infty} \rho^{j-1} r_{t+j}\right] = \frac{1}{1-\rho\phi}(d_t - p_t). \tag{16}$$

Im Ergebnis ermöglicht uns diese methodische Vorgehensweise, die kurz- und langfristige Renditeprognose miteinander zu verknüpfen. Gleichung (7) beschreibt die langfristige Prognose von Marktrenditen, wie sie üblicherweise direkt durch lineare Regressionen ermittelt wird. Als kurzfristiges VAR-System ermöglichen uns die Gleichungen (7) bis (9), die einjährige Entwicklung der Marktrendite durch die Dividendenrendite und die Dividendenwachstumsrate zu beschreiben. Eine iterative Anwendung dieses VAR-Systems erlaubt anschließend indirekt, die Prognostizierbarkeit der langfristigen Marktrendite durch das kurzfristige Verhalten der Dividendendynamik zu beschreiben. Der Vergleich beider Methoden gibt daher direkt Aufschluss darüber, wie die langfristige Prognostizierbarkeit aus kurzfristigen, ökonomischen Zusammenhängen erwächst.

---

30 Die abhängigen Variablen der Gleichungen (7) und (8) sind hierfür die logarithmierte Marktrendite bzw. Dividendenwachstumsrate des jeweiligen Folgejahres statt deren langfristigen Werte gemäß den Gleichungen (4) und (5).

4. Ergebnisse

Zunächst zeigen wir in Tab. 1 die deskriptive Statistik der verwendeten Variablen dieses Beitrags. Die durchschnittliche, jährliche Performancerendite R_t des Gesamtmarkts beträgt im Zeitraum von 1971 bis 2019 rd. 10,73% bei einer Standardabweichung in Höhe von 21,23%. Bei einer durchschnittlichen risikolosen Verzinsung von 4,34% p.a. resultiert daraus eine Sharpe-Ratio von 0,29. Zum Vergleich beträgt die Sharpe-Ratio des US-amerikanischen Gesamtmarkts im selben Zeitraum 0,43.[31]

Variable	Mittelwert	Median	Standardabweichung
Rt	10,73	13,62	21,23
Rt – Rft	6,40	10,26	21,80
Rft	4,34	4,14	2,95
Rxt	7,44	9,55	20,67
Divt	2,81	2,64	0,72
DGt	7,87	3,27	26,11

Tab. 1 zeigt den Mittelwert, Median und die Standardabweichung der wertgewichteten Performancerendite des Marktportfolios R_t, der Überschussrendite über den risikolosen Zinssatz Rf_t, der wertgewichteten Kursperformance Rx_t, der Dividendenrendite Div_t und der Dividendenwachstumsrate DG_t. Sämtliche Werte sind jährliche Angaben im Zeitraum von 1971 bis 2019 und in % denominiert.

Tab. 1: Deskriptive Statistik

Bei einer geringen Volatilität von 0,72% beträgt die jährliche Dividendenrendite 2,81%. Dabei nahm sie mit nur 1,53% im Jahr 1998 den geringsten Wert an und erreichte im Jahr 2009 mit 4,46% ihren Höchststand. Die Zeitpunkte extremer Ausprägungen stimmen mit den Marktphasen des Dotcom-Booms (1996 bis 1999, durchschnittliche Marktperformance i.H.v. 26,70% p.a.) und der internationalen Finanzkrise (2007 bis 2009, Marktperformance von -41,38% in 2008) überein.[32] Das Dividendenwachstum im Gesamtzeitraum beträgt 7,87% und ist mit 26,11% sogar volatiler als die Rendite des Gesamtmarkts.

Tab. 2 zeigt die Korrelationskoeffizienten nach Bravais-Pearson und in der Hauptdiagonalen die Werte der Autokorrelation erster Ordnung. Die hohen Werte der Autokorrelation von Rf_t (0,83) und Div_t (0,76) verdeutlichen ihre langfristige Persistenz und geringe Volatilität. Eine hohe Dividendenrendite oder risikolose Verzinsung ist somit häufig auch im Folgejahr zu beobachten. Zudem zeigt sich, dass mit einem Wert von 0,68 eine hohe Korrelation zwischen dem Dividendenwachstum und der Marktperformance besteht. Sind die Dividendenausschüttungen im Vergleich

---

31 Die hierfür verwendeten Daten stammen von Kenneth French, Data Library, http://hbfm.link/1861 (Abruf: 06.04.2020).
32 Vgl. Shiller, Irrational Exuberance, 3. Aufl. 2016, S. 1–6.

zum Vorjahr gestiegen, sind tendenziell hohe Marktrenditen zu erzielen. Dennoch zeigt die Autokorrelation von -0,47 einen tendenziell wechselnden Verlauf des Dividendenwachstums im Zeitablauf. Auf Jahresbeobachtungen mit hohem Dividendenwachstum und zeitgleich hohen Marktzuwächsen folgen Jahre mit geringeren Dividendenauszahlungen in negativen Marktentwicklungen.

Variable	Rt	Rt – Rft	Rft	Rxt	Divt	DGt
Rt	-0,10					
Rt – Rft	0,99	-0,09				
Rft	-0,13	-0,26	0,83			
Rxt	1,00	0,99	-0,14	-0,10		
Divt	-0,04	-0,04	0,01	-0,08	0,76	
DGt	0,68	0,68	-0,12	0,67	0,17	-0,47

Tab. 2: Korrelationsanalyse

Für die langfristige Analyse zeigen wir in Tab. 3 die Ergebnisse der folgenden Prognoseregression mit der Dividendenrendite Div_t als unabhängige Variable:

$$R_{t\to t+k}^e \equiv (R - Rf)_{t\to t+k} = a + b \times Div_t + \varepsilon_{t\to t+k}. \tag{17}$$

Dabei bezeichnet $R_{t\to t+k}^e$ die kumulierte Überschussrendite des Marktes über k Zeitperioden hinweg.

k	b	t(b) HH1980	t(b) NW1987	t(b) GMM	adj. R2	$\sigma(E[R_{t\to t+k}^e])$	$\dfrac{\sigma(E[R_{t\to t+k}^e])}{(E[R_{t\to t+k}^e])}$	N
1	3,27	0,83	0,83	0,83	0,00	2,36	0,02	48
3	7,31	1,02	0,89	1,02	0,00	5,40	0,28	46
5	18,87	2,10	1,51	1,84	0,05	14,22	0,43	44
7	28,37	2,20	2,05	3,14	0,14	21,60	0,50	42
10	39,06	6,64	3,68	3,70	0,29	29,79	0,50	39

Die t-Statistik ist unter Berücksichtigung robuster Standardfehler nach Hansen/Hodrick (1980) korrigiert (HH1980), nach Newey/West (1987) korrigiert (NW1987) oder nach Hansen (1982) korrigiert (GMM).

Tab. 3: Regressionsanalyse der zukünftigen Marktüberschussrendite

Die statistische Signifikanz der Koeffizienten aus Tab. 3 ist für kürzere Zeiträume nicht gegeben. Das adj. Bestimmtheitsmaß beträgt für Zeiträume bis zu fünf Jahren in die Zukunft weniger als 5% und die Werte sämtlicher Teststatistiken sind kleiner als zwei. Über einen Zeitraum von sieben bis zehn Jahren hinweg schätzt die heutige Dividendenrendite jedoch statistisch höchst signifikant die langfristig kumulierte Marktentwicklung. Das monoton steigende Verhalten der geschätzten Koeffizienten, der zugehörigen t-Werte und des adj. Bestimmtheitsmaßes in Abhängigkeit des Zeithorizonts entspricht den Erkenntnissen aus Fama/French (1988), wonach die Variablen aufgrund funktionaler Zusammenhänge mit der Zeit ansteigen.[33]

Die ökonomische Signifikanz der Regressionskoeffizienten in Tab. 3 ist enorm. Die Erhöhung der heutigen Dividendenrendite um einen Prozentpunkt signalisiert eine Erhöhung der zehnjährigen kumulierten Marktrendite um 39,06 Prozentpunkte, was somit 3,91% p.a. entspricht. Zudem können rd. 29% der zukünftigen Renditevariation mittels heutiger Schwankungen der Dividendenrendite prognostiziert werden. Warum ist dieses Resultat aus Tab. 3 ökonomisch so bedeutend? Tab. 1 entnehmen wir eine durchschnittliche Risikoprämie i.H.v. 6,40% p.a. für den deutschen Kapitalmarkt. Ähnliche Werte sind im internationalen Vergleich in den USA (6,37%) und im europäischen Durschnitt zu finden (5,08%), was als *Equity Premium Puzzle* bekannt ist.[34] Wenn daher schon alleine das hohe Niveau der Risikoprämie verwunderlich erscheint, so verdeutlicht insbesondere die Standardabweichung der *erwarteten* kumulierten Marktrendite über die nächsten zehn Jahre hinweg i.H.v. 29,79% – was der Hälfte ihres Erwartungswertes entspricht – die deutliche ökonomische Signifikanz der Werte aus Tab. 3. Annualisiert beträgt die Schwankung der erwarteten Rendite 9,42% und ist damit sogar noch um rd. drei Prozentpunkte höher als das bereits als außergewöhnlich betrachtete Niveau der erwarteten Risikoprämie.

Ein undifferenzierter Investor könnte zudem davon ausgehen, dass der Koeffizient b aus Gleichung (17) für k = 1 den Wert Eins annehmen müsste. Die Dividendenrendite steigt demgemäß um einen Prozentpunkt, was mit einer einprozentigen Renditesteigerung einhergehen sollte. Für einen (kumulativen) zehnjährigen Zeitraum sollte daher b = 10 statt dem Wert 39,06 zu erwarten sein. Beobachtet man daher eine (marktweite) Erhöhung der heutigen Dividendenrendite um einen Prozentpunkt, so werden in den nachfolgenden Jahren zusätzlich Dividendenausschüttungen oder Aktienrenditen zugunsten des Investors steigen. Dabei soll im Folgenden darauf eingegangen werden, in welchem Ausmaß diese beiden Effekte jeweils zutreffend sind.

---

33   Vgl. Fama/French, Journal of Financial Economics 1988, S. 14 f. und Cochrane, Asset Pricing, rev. Edition 2005, S. 394 f.

34   Vgl. Avdis/Wachter, Journal of Financial Economics 2017, S. 589–609 und Mehra/Prescott, Journal of Monetary Economics 1985, S. 155 f.

Abhängige Variable	b	b (VAR impliziert)	σ(b)	t(b) GMM	adj. R2	σ(E[b̂x])	N
r_{t+1}	0,106	0,101	0,11	0,98	0,02	0,03	48
Δd_{t+1}	-0,148	-0,143	0,13	-1,17	0,03	0,04	48
$d_{t+1} - p_{t+1}$	0,771	0,765	0,09	8,42	0,62	0,20	48

Tab. 4 zeigt die Ergebnisse einer einjährigen Prognoseregression gemäß den Gleichungen (7) bis (9) mit der Dividendenrendite als unabhängiger Variable.

Tab. 4: Kurzfristige Prognose der Marktüberschussrendite

Tab. 4 zeigt zunächst die Koeffizienten einer kurzfristigen, einjährigen Prognoseregressionen gemäß den Gleichungen (7), (8) und (9) für k = 1 mit den entsprechenden Werten des nachfolgenden Jahres als abhängige Variablen. Über den kurzfristigen Zeitraum eines Jahres ist sowohl die Marktrendite als auch das Dividendenwachstum nicht durch die Dividendenrendite prognostizierbar. Die Dividendenrendite des Folgejahres ist hingegen höchst signifikant vorhersagbar (t-Statistik: 8,42). Dies ist auf deren hohe Autokorrelation erster Ordnung zurückzuführen (siehe Tab. 2) und verdeutlicht deren hohe Persistenz im Zeitablauf. Die zweite Spalte gibt die implizit ermittelten Koeffizienten an, die aufgrund des Zusammenhangs der Variablen im Rahmen des VAR-Systems erster Ordnung der Gleichung (10) berechnet werden.

Variable	rt+1	Δdt+1	dt+1 – pt+1
r_{t+1}	0,21	0,76	-0,21
Δd_{t+1}	0,76	0,23	0,49
$d_{t+1} - p_{t+1}$	-0,21	0,49	0,16

Tab. 5 zeigt in Ergänzung zu Tab. 4 die Werte des Korrelationskoeffizienten nach Bravais-Pearson für die Residuen der kurzfristigen Prognoseregression, sowie in der Hauptdiagonalen die Werte der entsprechenden Standardfehler der Regressionen.

Tab. 5: Korrelationsanalyse des kurzfristigen Prognosemodells

Tab. 5 gibt die zu Tab. 4 zugehörige Matrix der Standardfehler der Regressionen in der Hauptdiagonalen an. Die übrigen Einträge sind die Korrelation der Residuen nach Bravais-Pearson. Die hohe Persistenz der Dividendenrendite zeigt sich in dem über alle betrachteten Variablen hinweg geringsten Standardfehler der Regression i.H.v. 16%. Ökonomisch impliziert dies eine Volatilität der erwarteten, einjährigen Marktrendite i.H.v. 1,70% aufgrund von Schocks der Dividendenrendite:

$$\sigma[E_{t+1} - E_{t+1}(r_{t+1})] = \sigma(b_r \varepsilon_t^{dp}) \approx 0,106 \times 0,16 = 1,70\%. \tag{18}$$

Insofern erklären Schocks der Dividendenrendite bei einjährigem Prognosehorizont bereits rd. 72% der Volatilität der erwarteten Marktrendite von 2,36% (siehe Tab. 3). Die Volatilität von einjährigen Renditeschocks beträgt rd. 21% und ist deutlich höher als die Volatilität der erwarteten Marktrendite, wodurch die Differenz zwischen Schock- und tatsächlicher Rendite-Volatilität nur gering sein sollte. Dies bestätigen die Ergebnisse aus Tab. 1, welche eine Volatilität der jährlichen Marktrendite i.H.v. 21,23% vergleichbar der Schockvolatilität ausweist.

Das Dividendenwachstum ist bezüglich der Residuen mit einem Wert von 23% am volatilsten. Da unterjährige Dividendenzahlungen implizit in den Gesamtmarkt statt in das ausschüttende Unternehmen reinvestiert werden, spiegeln die Residuen ε_{t+1}^d auch anteilig die hohe Varianz der Marktrendite wider. Mit einer Korrelation der Residuen i.H.v. -0,21 zeigt sich ein tendenziell negativer Zusammenhang zwischen der Dividendenrendite und der Entwicklung der Marktrendite über den kurzfristigen Zeitraum eines Jahres. Letztlich zeigt der hohe Wert des Korrelationskoeffizienten von 0,76, dass Beobachtung unerwartet hoher (niedriger) Marktrenditen mit deutlich unterschätzten (überschätzten) Dividendenwachstumsraten einher gehen.

Schätzung	k	b_r^k	b_r^k (ungew.)	b_d^k	b_{dp}^k	$b_r^k - b_d^k + \rho^k b_{dp}^k$
Direkt		0,77	0,86	-0,44	-0,07	
t(b) GMM	10	(4,24)	(4,22)	(-4,01)	(-0,59)	1,14
t(b) NW1987		(3,76)	(3,78)	(-3,71)	(-0,42)	
VAR	10	0,40	0,43	-0,56	0,06	0,90
VAR	15	0,42	0,45	-0,59	0,01	1,00
VAR	∞	0,43	0,46	-0,59	0,00	1,02

Tab. 6 zeigt die Koeffizienten langfristiger Prognoseregressionen (Direkt) der nächsten k Jahre gemäß Gleichungen (7) bis (9) über k Zeithorizonte mit der Dividendenrendite als unabhängiger Variable, als auch die implizierten Koeffizienten eines kurzfristigen VAR-Systems.

Tab. 6: Langfristige Prognose der Marktüberschussrendite

Für die Beurteilung der langfristigen Prognostizierbarkeit von Marktrenditen benötigen wir zunächst den Wert von ρ aus Gleichung (2), welcher in unserer Stichprobe etwa 0,97 ist. Tab. 6 zeigt bei der Schätzung „Direkt" die Koeffizienten langfristiger Regressionen der Gleichungen (7), (8) und (9) mit der Dividendenrendite als unabhängiger Variablen. Der Koeffizient b_r^k i.H.v. 0,77 zeigt für den zehnjährigen Zeitraum, dass die zukünftige Marktentwicklung statistisch höchst signifikant durch die heutige Dividendenrendite bestimmt wird. Da es sich um logarithmierte Variablen handelt, charakterisiert eine Verdoppelung der heutigen Dividendenrendite eine zusätzliche Erhöhung der zehnjährigen Wertentwicklung des Marktes um 77%. Dies entspricht 7,7% p.a. und ist daher von großer ökonomischer Bedeutung. Analog dazu kann das zehnjährige Gesamtwachstum der Dividendenzahlungen ebenfalls höchst signifikant von der heutigen Dividendenrendite erfasst werden. Im Ergebnis beobachten wir bei einem Wechsel von kurzfristiger auf langfristige Betrachtung eine gegensätzliche Beurteilung der Prognostizierbarkeit. Insbesondere die kurzfristig höchst persistente Dividendenrendite ist hinsichtlich eines zehnjährigen Zeitraums nicht länger prognostizierbar. Für eine bessere Vergleichbarkeit der Ergebnisse mit anderen Studien wird zusätzlich der Koeffizient einer ungewichteten Prognoseregression nach Gleichung (7) angegeben. Die Marktrendite der nächsten zehn Jahre wird dabei gewöhnlich kumuliert, statt gemäß Gleichung (4) die einzelnen Renditewerte mit ρ zu gewichten.

Das negative Vorzeichen des Koeffizienten b_d^k i.H.v. -0,44 entspricht dabei ökonomischen Erwartungen an die Dividendenwachstumsrate. So suggeriert etwa eine hohe heutige Dividendenrendite geringe aggregierte Marktpreise, was ein tendenziell negatives Marktumfeld kennzeichnet. Die geringe Bewertung von Unternehmen am Kapitalmarkt geht in ökonomisch schwierigen Phasen mit Dividendenkürzungen einher, was der negative Koeffizient bestätigt. Der Koeffizient b_{dp}^k ist mit einem Wert i.H.v -0,07 statistisch nicht signifikant, was den theoretisch abgeleiteten Erwartungen aus Gleichung (3) entspricht, wonach dieser Koeffizient eine rationale Blase immer höher werdender Dividendenrenditen kennzeichnen würde. Zudem müsste $b_{dp}^k \geq 1,34$ gelten, damit der Grenzwert in Gleichung (3) für $\rho = 0,97$ nicht gegen Null konvergiert. Im Ergebnis ist das Vorliegen einer rationalen Blase in diesem ökonomischen Kontext daher klar zu verneinen.

Bezüglich der Schätzmethode „VAR" zeigt Tab. 6 für verschiedene Zeithorizonte k die langfristig aus dem kurzfristigen VAR-System implizierten Koeffizienten. Dabei bestätigt sich zunächst der in Gleichung (10) angegebene Zusammenhang der einzelnen Koeffizienten, welcher in den Wert Eins resultieren sollte. Während die langfristige Implikation des kurzfristigen VAR-Systems dieser Restriktion genügt, offenbart der Wert von 1,14 die Schwächen klassischer Renditeprognosen. Diese sind im Wesentlichen darin begründet, dass langfristige Prognosemodelle kurzfristige Zusammenhänge und Dynamiken der einzelnen Variablen nicht berücksichtigen können. Zudem erfordern langfristige Prognosen modellunabhängig, dass Marktrenditen zeitabhängig gemäß Gleichung (4) zu gewichten sind. Dennoch verwenden nahezu alle Studien kumulierte, ungewichtete Renditedaten in Prognosemodellen. Während die statistischen Eigenschaften nahezu unverändert bleiben, erhöht sich jedoch der Koeffizient von 0,77 auf 0,86. Daher ist festzustellen, dass klassische, ungewichtete Renditeprognosen die ökonomische Signifikanz bei ihrer Beurteilung unterschätzen. Demgegenüber führt die Gewichtung der Marktrendite bei den langfristig aus dem kurzfristigen VAR-System geschätzten Koeffizienten zu einer deutlich geringeren Differenz von durchschnittlich 0,03.

Gemäß Gleichung (12) beschreiben die ermittelten Koeffizienten deren jeweiligen Beitrag an der Gesamtvarianz der Dividendenrendite. In der Gesamtbetrachtung ist daher festzuhalten, dass sowohl eine Schwankung der *erwarteten* Marktrendite als auch des *erwarteten* Dividendenwachstums zur Varianz der *beobachtbaren* Dividendenrendite beitragen. Die direkte Schätzung mittels Regression zeigt dabei einen wesentlich höheren Beitrag der Varianz der erwarteten Rendite (77%) als die implizit ermittelten Varianzbeiträge (40% bis 43%). Dies ist sowohl auf den Sample-spezifischen Wert i.H.v. -0,148 des statistisch nicht vom Wert Null verschiedenen Koeffizienten b_d zurückzuführen (siehe Tab. 4), als auch auf die Verwendung eines hier lediglich einjährigen Zusammenhangs beider Variablen als Grundlage für die langfristige Renditewirkung.

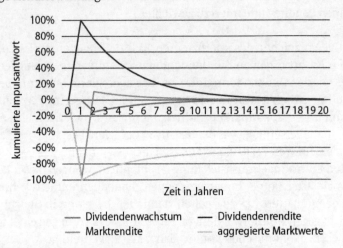

Abb. 2: Kumulierte Impulsantwort eines negativen Schocks der Marktrendite

Abb. 2 fasst grafisch die zentralen Ergebnisse dieses Abschnitts mittels einer langfristigen, kumulativen Impulsantwort gemäß Gleichung (15) zusammen. Dabei wird von einem negativen Schock der Marktrendite in t_0 ausgegangen. Wie Gleichung (14) zeigt, ist ein derartiger Renditeschock nur dann beobachtbar, wenn sich entweder die Dividendenrendite (indirekt über die Veränderung von Marktpreisen) oder das Dividendenwachstum verändert. Wir betrachten hier lediglich die entsprechende Erhöhung der Dividendenrendite und lassen das Dividendenwachstum vom originären Schock unberührt.[35]

Das in t_1 wahrgenommene hohe Niveau der Dividendenrendite hat zur Folge, dass ein Rückgang der zukünftigen Dividendenzahlungen um 14,80% erwartet wird. Zugleich steigt die zukünftig erwartete Markrendite um 10,60% an. Beide Entwicklun-

---

35 Ein (positiver) Renditeschock, der in einer Erhöhung des Dividendenwachstums begründet ist, erhöht zum Zeitpunkt des Schocks lediglich die Marktwerte und dadurch die Marktrendite, weshalb die Dividendenrendite unverändert bleibt. In den nachfolgenden Perioden verbleiben die Marktpreise lediglich auf dem höheren Niveau, ohne dass weitere Veränderungen in sämtlichen Variablen zu beobachten wären.

gen wirken gleichermaßen auf eine Verringerung der zukünftigen Dividendenrendite hin, was die sukzessive Erwartung an die Dividendenwachstumsrate und die Marktrendite im Vergleich zu den Vorperioden abschwächt. Selbst zehn Jahre nach dem originären Schock verbleibt die Dividendenrendite auf einem um rd. 9,59% höheren Niveau, während der Einfluss auf die erwartete Marktrendite (+1,32%) und die erwartete Dividendenwachstumsrate (-1,84%) deutlich geringer ausgeprägt ist.

5. Praktische Relevanz für langfristige Renditeprognosen und zukünftiger Ausblick

Die Vorhersage der langfristigen Marktrendite durch fundamentale Bewertungskennzahlen ist prinzipiell möglich. Abb. 3 verdeutlicht dabei, wie aus der aktuell beobachtbaren Dividendenrendite die erwartete Marktrendite der einzelnen Folgejahre prognostizierbar wird:

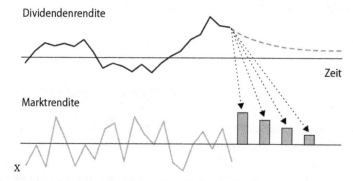

Abb. 3: Kumulierte Impulsantwort eines negativen Schocks der Marktrendite

Ein hohes Niveau der heutigen Dividendenrendite führt dazu, dass in den Folgejahren gleichermaßen die erwartete Dividendenwachstumsrate sinkt und die erwartete Markrendite steigt, um die Dividendenrendite im Zeitablauf zu stabilisieren. Da kurzfristig die Random-Walk-Komponente von Aktienrenditen dominiert, ist die kurzfristige Prognose häufig statistisch nicht signifikant möglich.

Persistente Prognosevariablen wie die Dividendenrendite verstärken jedoch die langfristige Vorhersagbarkeit von Marktrenditen über die Zeit hinweg. Selbst wenn die in Abb. 3 gezeigten einzelnen Renditeprognosen ökonomisch nur von geringer Bedeutung sind und statistisch nicht signifikant erscheinen, verstärken sich die einzeln betrachtet nur geringen erwarteten Marktrenditen im Zeitablauf. Dies ist darin begründet, dass die persistente Dividendenrendite je gleichgerichtet auf die einzelnen Renditeprognosen der jeweiligen Jahreswerte wirkt. Langfristig kumulieren sich die einzelnen Renditeprognosen in Abb. 3 daher zu einem deutlichen Effekt, der statistisch signifikant ermittelt werden kann.

Neben dieser prinzipiellen Prognostizierbarkeit der langfristigen Marktrendite erhöht die Hinzunahme weiterer unabhängiger Variablen automatisch das Bestimmtheitsmaß und somit die Prognosegüte. Der vorliegende Beitrag zeigt, dass rd. je die Hälfte der Varianz der Dividendenrendite auf die Varianz der erwarteten Marktrendite und der Dividendenwachstumsrate zurückzuführen ist. Jede Variable, die über die Dividendenrendite hinaus daher geeignet ist, die Marktrendite zu prognostizieren, ist daher zugleich in der Lage, die Dividendenwachstumsrate zu prognostizieren. Befinden wir uns z.B. nach einer Rezession gerade im Beginn der wirtschaftlichen Wachstumsphase, wird das erwartete Dividendenwachstum und ebenfalls noch die Marktrisikoprämie, d.h. die erwartete Marktrendite hoch sein. Daher ist für die Praxis die Empfehlung auszusprechen, langfristige Renditeprognosen auf Variablen wie die Inflationsrate, Anleihespreads oder Gewinnkennzahlen zu stützten, die im Zusammenhang mit Rezessionen/Marktphasen stehen und zusätzlich das Dividendenwachstum erfassen.[36]

Neben Diversifizierung zur Risikoreduktion wird insbesondere Privatanlegern häufig der Grundsatz vermittelt, dass Aktieninvestitionen langfristig im Vergleich zu kurzfristigen Anlagezeiträumen sicherer sind.[37] Die vorliegenden Ergebnisse verdeutlichen jedoch, dass selbst das bestmöglich diversifizierte Marktportfolio langfristig nicht wesentlich risikoärmer wird. Wie Tab. 3 zeigt, beträgt bereits die Volatilität der erwarteten zehnjährig kumulierten Marktrendite im Durchschnitt 29,79% (9,42% p.a.). Im Zeitraum von 1971 bis 2019 betrug die zehnjährig kumulierte Marktrendite rd. 59,77% bei einer Volatilität von 53,52% (16,92% p.a.). Dabei waren von den insgesamt 39 Beobachtungen acht zehnjährige Zeiträume enthalten, in denen Anleger Kursverluste von durchschnittlich 16,78% hinnehmen mussten. Insofern sollten Anleger diversifizierte Aktienanlagen selbst bei zehnjährigem Zeithorizont nicht als eine risikoarme Investition betrachten. Hierfür ist zu empfehlen, stets kumulierte Werte der Marktrendite oder Marktvolatilität für eine adäquate Risikobeurteilung heranzuziehen, da die annualisierte Volatilität von Renditen rein funktional mit zunehmendem Zeithorizont abnimmt und somit fälschlicherweise eine Risikoreduktion suggeriert. Zudem impliziert die langfristige Prognostizierbarkeit von Marktrenditen nicht, dass die einzelnen Jahreswerte korreliert sein müssen, was der geringe Korrelationskoeffizient von -0,10 aus Tab. 2 verdeutlicht.[38]

Die aggregierte Dividendenrendite des deutschen Kapitalmarkts zum 31.12.2019 beträgt 3,25% und liegt damit über dem langfristigen Durchschnittswert von 2,81%. Davon ausgehend ermitteln wir mit der in Gleichung (17) gezeigten Prognoseregression eine erwartete Marktrendite von 8,54% pro Jahr bis zum 31.12.2029. Zum

---

36 Vgl. Møller/Sander, Journal of Banking & Finance 2017, S. 155–161 und Cochrane, Review of Finance 2017, S. 945–985.

37 Vgl. Siegel, Stocks for the Long Run, 1. Aufl. 1994. Für diese Hypothese gibt es empirisch jedoch keinerlei signifikant belegbare Hinweise, siehe z.B. Bodie, Financial Analysts Journal 1995 S. 18–22 oder Shiller, a.a.O. (Fn. 32), S. 214–222.

38 Vgl. Cochrane, Investment Notes: The fallacy of time-diversification, Working Paper Januar 2005, S. 43 f.

Vergleich prognostiziert Walkshäusl (2017) mittels der Dividendenrendite eine erwartete Marktrendite i.H.v. 8,06% für den Zeitraum von 2017 bis 2026. Der hier ermittelte höhere Erwartungswert an die Marktrendite ist darauf zurückzuführen, dass sich die Dividendenrendite seit 2017 sukzessive von 2,70% (2018: 2,93%) auf das heutige Niveau erhöht hat. Diese klassische Prognose berücksichtigt jedoch nicht den simultanen Einfluss der heutigen Dividendenrendite auf die zukünftige Dividendenwachstumsrate. Diese hat sich ausgehend von 2,70% in 2017 ebenfalls erhöht und beträgt Ende 2019 rd. 3,25%. Die zehnjährige Prognose resultiert hier in einen Rückgang auf rd. 0,65% zum Jahr 2029. Berücksichtigen wir dies in unserer langfristigen Prognose mittels des kurzfristigen VAR-Systems, so erhalten wir eine erwartete Marktrendite i.H.v. 11,78% pro Jahr. Die erwartete Marktrendite ist damit deutlich höher als der Wert von 8,54% pro Jahr der klassischen Prognoseregression. Dies ist darin begründet, dass der in Zukunft erwartete Dividendenrückgang die Rendite von Aktieninvestments negativ beeinträchtigt. Dadurch steigen die Risikoprämien in Form erwarteter Marktrenditen, um Investoren für das Risiko etwaig sinkender Dividenden zu entschädigen.

Der Zeitpunkt dieser Studie fällt zusammen mit dem Auftreten der Covid-19-Pandemie, einer Atemwegsinfektion durch das neuartige Corona-Virus SARS-CoV-2. In Deutschland ist die Pandemie seit Ende Januar 2020 präsent. Der marktbreite CDAX-Index (Composite DAX) als Performanceindex aller an der Frankfurter Wertpapierbörse notierten Aktien (Prime Standard und General Standard) erreichte vor Zuspitzung der gesundheitlichen Gefährdungslage am 19.02.2020 mit 1.285,19 Punkten den höchsten Tagesschlusskurs im Jahr 2020. Am 17.03.2020 revidierte das Robert-Koch-Institut seine Risikoeinschätzung auf den Status „hoch" und das gesellschaftliche und wirtschaftliche Leben im Bundesgebiet kam durch Ausgangsbeschränkungen und die Schließung zahlreicher Geschäfte nahezu vollständig zum Erliegen. An diesem Tag notierte der CDAX mit 784,77 Punkten zum bisherigen Jahresminimum, wodurch innerhalb eines Monats ein Performanceverlust von rd. 38,94% festzustellen war. Mehr als ein Viertel der DAX, MDAX oder SDAX Unternehmen plant aufgrund der negativen wirtschaftlichen Folgen der Pandemie keine Dividende auszubezahlen. Unternehmen, die Dividenden ausschütten, kürzen diese im Durchschnitt um rd. 14% im Vergleich zu 2019.[39]

Die negative Marktentwicklung von Februar bis März 2020 kann als exogener Renditeschock gemäß Gleichung (15) betrachtet werden. Die negative Marktentwicklung von 38,94% innerhalb eines Monats hat eine positive Impulsantwort auf die Dividendenrendite zur Folge, weshalb sie c.p. selbst ein Jahr nach dem Renditeschock auf einem rd. 2,81 Prozentpunkte höheren Niveau verbleibt (absolut:

---

[39] Vgl. Robert-Koch-Institut, Steckbrief zur Coronavirus-Krankheit-2019, 2020, www.rki.de (Abruf: 16.04.2020), Bundesgesundheitsministerium, Tagesaktuelle Informationen zum Coronavirus, 2020, www.bundesgesundheitsministerium.de (Abruf: 16.04.2020) und FAZ, Dividenden-Boom ade, 02.04.2020, www.faz.net (Abruf: 16.04.2020).

6,06%). Für den Folgemonat nach dem Renditeschock resultiert eine unmittelbare Erhöhung der erwarteten jährlichen Marktrendite um 4,03 Prozentpunkte, wovon c.p. nach einem Jahr noch 0,39 Prozentpunkte als Erhöhung infolge des Renditeschocks verbleiben. Unter Berücksichtigung des aktuellen Renditeschocks in langfristigen Prognosen erhalten wir somit eine erwartete jährliche Marktrendite von 12,09% für den Zeitraum von 2019 bis 2029. Dieses außerordentlich hohe Niveau der erwarteten Rendite kennzeichnet einen negativen Marktausblick und verdeutlich die höhere Risikoaversion von Investoren für das kommende Jahrzehnt.

IV. Zusammenfassung

Ergänzend zu den empirischen Erkenntnissen des US-amerikanischen Aktienmarkts untersucht der vorliegende Beitrag die langfristige Prognostizierbarkeit der Marktrendite. Dabei wird insbesondere dargelegt, wie die langfristige Prognosefähigkeit aus der kurzfristigen Dynamik der aggregierten Dividendenrendite resultiert. Zusätzlich zu klassischen Regressionsmodellen als Prognoseinstrument finden wir durch die integrierte Betrachtung von kurz- und langfristiger Sichtweise folgende Ergebnisse für den deutschen Kapitalmarkt im Zeitraum von 1971 bis 2019:

1. Die einjährige Marktrendite beträgt durchschnittlich 10,73% und weist eine Volatilität von 21,23% auf. Die kumulierte Marktrendite ist bis zu einem Zeithorizont von fünf Jahren nicht durch die aggregierte Dividendenrendite prognostizierbar.

2. Ab einem siebenjährigen Zeithorizont ist eine Prognose der Marktrendite durch fundamentale Bewertungskennzahlen möglich. Eine Erhöhung der Dividendenrendite um einen Prozentpunkt impliziert eine Erhöhung der zehnjährigen Marktrendite um je 3,91% p.a.

3. Langfristige Prognosen der Marktrendite sind möglich, wenn persistente Prognosevariablen verwendet werden. Die kurzfristige Renditeprognose wird durch die Dominanz der kurzfristig wirkenden Random-Walk-Komponente von Aktienrenditen verhindert. Eine Veränderung der Dividendenrendite wirkt jedoch über alle Zeitperioden hinweg gleichartig auf die erwartete Marktrendite (positiver Zusammenhang) und die erwartete Dividendenwachstumsrate (negativer Zusammenhang). Diese kurzfristig nicht signifikanten Effekte kumulieren sich folglich mit der Zeit und ermöglichen die langfristige Vorhersage der Marktrendite.

4. Die Varianz der Dividendenrendite im Zeitablauf ist zu rd. 40% in der Varianz der erwarteten Marktrendite und zu rd. 60% in der Varianz der erwarteten Dividendenwachstumsrate begründet.

5. Für den nachfolgenden 10-Jahres-Zeitraum bis Ende 2029 ermitteln wir eine erwartete Marktrendite i.H.v. 8,54% p.a. (klassische Prognoseregression) bzw. 11,78% p.a. (langfristige Implikation des kurzfristigen VAR-Systems). Unter Berücksichtigung des negativen Renditeschocks im Februar/März 2020 infolge der Covid-19 Pandemie i.H.v. -38,94% steigt die erwartete Marktrendite auf 12,09% p.a., was einen negativen Marktausblick mit entsprechend höherer Risikoaversion verdeutlicht. Investoren fordern aufgrund des Covid-19-bedingten Renditeschocks daher insgesamt eine um bis zu 41,74 Prozentpunkte höhere kumulierte Gesamtperformance über die nächsten zehn Jahre als zusätzliche Risikoprämie für die Aktienanlage.

Quelle: CORPORATE FINANCE 2020, S. 220.

Zu den Bandbreiten-Empfehlungen des FAUB für die Marktrisikoprämie

WP StB Dr. Matthias Popp[1]

1 Einleitung

Im Rahmen des Spruchverfahrens in Sachen Realtime vertritt das OLG München auf der Grundlage der Ausführungen des dortigen Angemessenheitsprüfers die Auffassung, dass die (damals) aktuelle Nach-Steuer-Empfehlung von 5,00% bis 6,00% die korrespondierende Bandbreite für die Marktrisikoprämie (MRP) vor Steuern zwischen 5,5% und 7,00% nicht bzw. nicht vollständig abdecke, was jedoch insgesamt nicht zu einer „rechnerisch falschen und völlig unplausiblen" Empfehlung des FAUB führe.[2]

Der vorliegende Beitrag greift diesen Gesichtspunkt auf. In Kapitel 2 werden dazu drei unterschiedliche Methoden zur Ableitung von MRP nach Steuern dargestellt. Sodann geht es in Kapitel 3 um generelle Fragen zur Orientierung innerhalb von empfohlenen Bandbreiten im Hinblick auf die Verdichtung auf eine Punktschätzung. Abschließend wird das Verhältnis zwischen den Bandbreiten-Empfehlungen des FAUB für die Vor-Steuer- und die Nach-Steuer-MRP dargelegt und erläutert (Kapitel 4).

2 Ableitung der Nach-Steuer-Marktrisikoprämie

Marktrisikoprämien sind keine unmittelbar am Kapitalmarkt beobachtbaren Größen. Für ihre Ableitung kann unter Rückgriff auf das CAPM bzw. das Tax-CAPM auf historisch gemessene oder künftige geschätzte (implizite) Aktien-Renditen zurückgegriffen werden, indem davon der risikolose Basiszins in Abzug gebracht wird. In diesem Beitrag werden keine neuen und eigenständigen Berechnungen zur MRP vorgelegt, sondern nur Bezug genommen auf die Bandbreiten-Empfehlungen des FAUB.

Soweit die objektivierte Unternehmensbewertung unter unmittelbarer Berücksichtigung der persönlichen Steuern der Anteilseigner erfolgt,[3] sind die finanziellen Überschüsse ebenso wie die Kapitalkosten nach persönlichen Steuern anzusetzen. Dies zieht die Verwendung einer Nach-Steuer-MRP nach sich.

---

1   Der Verfasser legt seine persönliche fachliche Meinung dar.
2   Vgl. OLG München, Beschluss vom 20.03.2019 – 31 Wx 185/17, Tz. 52 (BeckRS), ZIP 2019, S. 712.
3   Vgl. IDW Standard: Grundsätze zur Durchführung von Unternehmensbewertungen (IDW S 1 i. d. F. 2008) (Stand: 04.07.2016), Tz. 43 ff.

Stehle-Studie (2004) und Bandbreiten-Empfehlung Halbeinkünfteverfahren						
Stehle-Studie (vor Steuern)	Histori-sche Werte	Abschlag Von	Abschlag Bis	Ergebnis Von	Ergebnis Bis	
Aktien-Rendite	12,40 %					
– Risikoloser Zins	6,94 %					
= CDAX-REXP 1955 bis 2003 (vor Steuern)	5,46 %	–1,50 %	–1,00 %	3,96 %	4,46 %	
Stehle-Studie (nach Steuern)	Histori-sche Werte	Abschlag Von	bis	Ergebnis von	bis	Schätzung etwa
Aktien-Rendite	11,16 %					
– Risikoloser Zins	4,50 %					
= CDAX-REXP 1955 bis 2003 (nach Steuern)	6,66 %	–1,50 %	–1,00 %	5,16 %	5,66 %	5,50 %
FAUB-Empfehlung (ab 31.12.2004)				Bandbreite von	bis	Punktwert
Vor Steuern						
Basiszins						5,00 %
MRP vor Steuern				4,00 %	5,00 %	
Nach Steuern (Halbeinkünfteverfahren)						
Basiszins						3,25 %
MRP nach Steuern				5,00 %	6,00 %	

Tab. 1: Stehle-Studie (2004) und Bandbreiten-Empfehlung Halbeinkünfteverfahren

2.1 Nach-Steuer-Studie zu historischen Marktrisikoprämien

Soweit ersichtlich handelt es sich bei der Studie von Stehle[4] um die bislang einzige Untersuchung zu historischen MRP nach persönlichen Steuern. Stehle setzt dabei an den über einen langen Zeitraum jahresweise ermittelten Renditen an und ermittelt sowohl für die jährliche Aktien-Rendite als auch für die REXP-Rendite jeweils Nach-Steuer-Größen. Während Zinszahlungen sowie Dividenden um persönliche Steuern vermindert werden, bleiben Kursgewinne (sowohl beim DAX bzw. CDAX als auch beim REXP) entsprechend den damals geltenden Steuersystemen steuerfrei.[5]

---

4   Vgl. Stehle, WPg 2004, S. 906 ff.
5   Vgl. Stehle, WPg 2004, S. 906 ff.

Ausgehend von historisch gemessenen Werten für einen Zeitraum von 1955 bis 2003 sowie von einem qualitativen Abschlag stuft Stehle am Jahresende 2003 bzw. Anfang 2004 einen Schätzwert für die Nach-Steuer-MRP von etwa 5,5% als vertretbar ein. Tab. 1 fasst in ihrem oberen Teil die Ergebnisse von Stehle zusammen.

Unter Bezugnahme auf die 84. Sitzung des (damaligen) Arbeitskreises Unternehmensbewertung (AKU) des IDW vom 10.12.2004 wurde die Empfehlung für einen Basiszins von 5,00% vor Steuern ab dem 31.12.2004 ausgesprochen, der zu einem Nach-Steuer-Wert von 3,25% führte. Am Rande sei darauf hingewiesen, dass die 86. Sitzung des AKU vom 29.06.2005 zugleich einen Paradigmenwechsel markierte, da es seither keine Empfehlungen über einen bestimmten Basiszins mehr gibt, sondern sich der AKU bzw. FAUB darauf beschränkt, das Svensson-Verfahren zu empfehlen.

Des Weiteren sprach das IDW für die Zeit ab dem 31.12.2004 eine Empfehlung für die MRP vor Steuern von 4,00% bis 5,00% und für die MRP nach Steuern von 5,00% bis 6,00% (Geltung des Halbeinkünfteverfahrens) aus.[6]

Implizite DAX-Renditen nach Beumer			
	DAX		
	Vor Steuern	Nach Steuern	Delta
Mittelwert Q1/2008 bis Q2/2015	6,61 %	5,81 %	0,80 Prozent-Punkte

Tab. 2: Implizite DAX-Renditen nach Beumer

Tax-CAPM-Überleitung (Halbeinkünfteverfahren)				
Halbeinkünfteverfahren	Vor Steuern	Nach Steuern	Steuern	Steuersatz
MRP	4,50 %	5,50 %		
Basiszins	5,00 %	3,25 %	−1,75 %	35,00 %
Nominelle Aktien-Rendite	9,50 %	8,75 %	−0,75 %	
Dividenden-Rendite	4,29 %	3,54 %	−0,75 %	17,50 %
Kurs-Rendite	5,21 %	5,21 %	0,00 %	0,00 %
Nominelle Aktien-Rendite	9,50 %	8,75 %	−0,75 %	

Tab. 3: Tax-CAPM-Überleitung (Halbeinkünfteverfahren)

---

6   Vgl. FN-IDW 2005, S. 71.

2.2 Nach-Steuer-Studie zu impliziten Marktrisikoprämien

Für die Berechnung impliziter MRP nach Steuern hat Beumer ein Modell entwickelt, das an Zahlungsströmen ansetzt und die Methodik von Stehle in Bezug auf Renditen ergänzt. Für seine Ableitung impliziter MRP verknüpft Beumer ein Ertragswertmodell mit Börsenkapitalisierungen und Analystenschätzungen für das Ergebnis oder Cashflow-Erwartungen.[7] Vereinfacht ausgedrückt ergibt sich die implizite MRP aus dem Quotienten von Dividende und Ertragswert (approximiert durch die Marktkapitalisierung) zuzüglich des Wachstumsabschlags und abzüglich des risikolosen Basiszinses.[8] Das Modell kann um die Wirkungen der persönlichen Steuern auf den Wertbeitrag aus Ausschüttungen, den Wertbeitrag aus Thesaurierungen sowie auf den risikolosen Basiszins ergänzt werden.[9] Bezogen auf den DAX ergeben sich für den Zeitraum vom ersten Quartal 2008 bis (einschließlich) zum zweiten Quartal 2015 die durchschnittlichen Werte gemäß Tab. 2.[10]

Der Abstand zwischen der MRP vor und nach Steuern beläuft sich demnach auf 0,80 Prozent-Punkte. Während anfänglich die Differenz deutlich unter einem Prozentpunkt lag, stieg sie im zweiten Quartal 2011 sprunghaft an und liegt seither bei durchschnittlich rund 1,00 Prozent-Punkten.

2.3 Anwendung des Tax-CAPM

Soweit keine eindeutige und belastbare Studie zur MRP nach Steuern vorliegt, kann zur Überleitung von der MRP vor Steuern auf die MRP nach persönlichen Steuern auf Modellrechnungen zurückgegriffen werden. Die grundlegenden Überlegungen zum formelhaften Zusammenhang unter Verwendung des Tax-CAPM finden sich unter anderem im Anhang von *IDW ES 1 i.d.F. 2004*[11] und von *IDW S 1 i.d.F. 2005*.[12] Dies mag für das Halbeinkünfteverfahren entbehrlich sein, weil dort bereits eine explizite Nach-Steuer-Rechnung von Stehle vorlag. Gleichwohl kann die Bandbreiten-Empfehlung aus dem Jahr 2005 wie in Tab. 3 verdeutlicht werden, die auch späteren Bandbreiten-Empfehlungen zugrunde liegt.

Die formelhafte Überleitung geht davon aus, dass die Größe „Nominelle Aktien-Rendite vor und nach Steuern" durch zwei Gleichungen erklärt werden kann, und zwar zum einen durch die Größen „Dividenden-Rendite" und „Kurs-Rendite" und zum anderen durch die Größen „Basiszins" und „MRP".

Während die Kurs-Rendite aufgrund der – damaligen – Steuerfreiheit von Veräußerungsgewinnen vor und nach Steuern unverändert bleibt (hier im Beispiel: 5,21%),

---

7	Vgl. Beumer, CF 2015, S. 330 f.
8	Vgl. Beumer, CF 2015, S. 330 ff.
9	Vgl. Beumer, CF 2015, S. 330 ff.
10	In Anlehnung an Beumer, CF 2015, S. 330 ff.
11	WPg 2005, S. 28 ff.; FN-IDW 2005, S. 13 ff.
12	WPg 2005, S. 1303 ff.; FN-IDW 2005, S. 690 ff.

wird die Dividenden-Rendite um die typisierte Einkommensteuer im Halbeinkünfteverfahren (17,50%) vermindert (hier von 4,29% auf 3,54%). Die nominelle Aktien-Rendite vor Steuern (9,50%) geht durch die Besteuerung insgesamt auf einen Wert von 8,75% zurück. Überträgt man dieses Ergebnis auf die „andere Seite der Medaille", sind zunächst der beispielhaft verwendete Basiszins von 5,00% vor Steuern und die damit verbundenen Zinseinkünfte um die relevante Steuer von 35,00% in einen Nach-Steuer-Wert von 3,25% umzurechnen. Die gesuchte MRP nach Steuern (hier 5,50%) ergibt sich als Differenz zwischen der Aktien-Rendite nach Steuern in Höhe von 8,75% und dem Basiszins nach Steuern. Der beispielhaft für die modellhafte Überleitung herangezogene Basiszins entsprach den damaligen Kapitalmarktverhältnissen und der damaligen Empfehlung des IDW.

Bei der vorstehenden beispielhaften Überleitungsrechnung ergibt sich implizit aus dem Verhältnis der Dividenden-Rendite (hier: 4,29%) zur nominellen Aktien-Rendite (hier: 9,50%) eine Ausschüttungsquote von rund 45%, die dem empirisch beobachtbaren Verhalten entsprach.[13]

Allgemein können mittels Tax-CAPM modellhaft Nach-Steuer-MRP unter Berücksichtigung des jeweiligen Steuerregimes aus einem Zusammenspiel von nominellen Aktien-Renditen, Annahmen über die typisierten Haltedauern, Ausschüttungsquote und nicht zuletzt des jeweiligen Niveaus des risikolosen Zinssatzes abgeleitet werden.

2.4 Zwischenergebnis

Von allen drei skizzierten Rechenmodellen zur Ableitung einer Nach-Steuer-MRP ist der Arbeitsaufwand für die Anwendung des formelhaften Zusammenhangs beim Tax-CAPM am geringsten. Aufgrund der Vielzahl an Annahmen und Vereinfachungen ist zwar auch damit keine exakte Überleitung von der Vor-Steuer-MRP auf die Nach-Steuer-MRP möglich, es lässt sich aber eine rechnerische Plausibilisierung vornehmen, ob die MRP vor und nach Steuern zueinander passen.[14] Die Forderung nach einer Vorgabe für eine Umrechnungsformel[15] übersieht, dass es sich bei allen Eingabe-Parametern des Tax-CAPM nicht um einwertige Größen handelt: Die Annahme des effektiven Veräußerungssteuersatzes beruht auf Typisierungen,[16] die historisch beobachtbare Ausschüttungsquote umfasst eine Bandbreite. Dies legt nahe, sowohl für die Vor-Steuer-MRP als auch für die Nach-Steuer-MRP keinen Punktwert vorzugeben, sondern eine Bandbreite an Werten zu empfehlen.

---

13 Vgl. Wagner u.a., WPg 2004, S. 889 ff.; Wagner u.a., WPg 2006, S. 1005 ff.
14 Vgl. Castedello u.a., WPg 2018, S. 806 ff.
15 Vgl. Knoll, DB 2019, S. 2759.
16 Für alle: OLG München, Beschluss vom 02.09.2019 – 31 Wx 358/16, Tz. 99 (BeckRS), ZIP 2020, S. 218.

3 Orientierung innerhalb der Bandbreite

Weder die Empfehlung zum Halbeinkünfteverfahren noch die folgenden Empfehlungen des FAUB (2009) anlässlich der Einführung der Abgeltungsteuer sowie die Aktualisierungen aufgrund der Kapitalmarktverhältnisse im Januar 2012, September 2012 oder Oktober 2019 empfehlen einen Punktwert, sondern umfassen eine Bandbreite.

Die Gründe dafür sind mannigfaltig. Ohne Anspruch auf Vollständigkeit sind zu nennen:

- Die zugrunde liegenden Daten und Studien führen ihrerseits nicht zu einem einzigen Wert.
- Früher dominierende historische Untersuchungen, die in der Regel einen langfristigen Beobachtungszeitraum von mindestens 50 Jahren umfassen sollten, um unterschiedliche Konjunkturzyklen abdecken zu können, legen eine längerfristige Anwendbarkeit nahe.
- Eine alternativ denkbare Fixierung einer Bandbreite der Aktien-Rendite unter Abzug des jeweils aktuellen risikolosen Zinssatzes führt zu „atmenden" MRP und verschiebt damit die Fragestellung von der Ebene der MRP auf die Bandbreite der Aktien-Renditen.
- Weder das Niveau des risikolosen Basiszinses noch die steuerlichen Rahmenbedingungen sind statisch, sodass Veränderungen innerhalb eines gewissen Rahmens durch eine Bandbreiten-Empfehlung sachgerecht abgedeckt werden können.
- Drastische Veränderungen – etwa die Finanzmarktkrise, die Unternehmensteuerreform 2008 samt Wechsel zur Abgeltungsteuer, veränderte Verhältnisse am Kapitalmarkt, die expansive Geldpolitik der EZB – müssen als Impulse zu Anpassungen in einem langfristigen Rhythmus führen.

Im Rahmen ihrer Eigenverantwortung müssen Wirtschaftsprüfer, sofern sie auf die Bandbreiten-Empfehlung des FAUB zurückgreifen, diese auf eine Punktschätzung verdichten. Gleiches gilt für die Rechtsprechung im Rahmen der richterlichen Schätzung (§ 287 ZPO). Eine berufsständische Vorgabe dafür ist nicht ersichtlich. In der Praxis zeigt sich, dass ganz überwiegend eine Festlegung in der Mitte der Nach-Steuer-MRP erfolgt. Gründe für die Annahme einer MRP am oberen Rand der Bandbreite können vor allem in einer am Kapitalmarkt beobachtbaren erhöhten Unsicherheit und der damit zum Ausdruck gebrachten gestiegenen Risikoaversion liegen, wie dies den Empfehlungen des FAUB vom 10.01.2012 zu den Auswirkungen der Kapitalmarktsituation auf die Ermittlung des Kapitalisierungszinssatzes zugrunde lag.[17] Anhaltspunkte für die Annahme einer MRP am unteren Rand der Bandbreite können spiegelbildlich unter anderem bei einer geringeren Unsicher-

---

17   Vgl. FN-IDW 2012, S. 122; OLG Schleswig-Holstein, Beschluss vom 09.03.2020 – 9 W 169/15, Beschlusstext S. 18.

heit am Kapitalmarkt und einer gesunkenen Risikoaversion vorliegen.[18] Die Entscheidung darüber ist im Einzelfall zu treffen. Dabei ist aber zu berücksichtigen, dass nicht jede Zahl innerhalb der Bandbreite zu einem sachgerechten und willkürfreien Ergebnis führt. Vor allem besteht für die Parameter kein Meistbegünstigungsprinzip.[19]

4 Bandbreiten-Empfehlungen und Überleitungsrechnungen

4.1 Vorbemerkung

Der in Abschnitt 2.3 dargestellte formelhafte Zusammenhang zwischen der Marktrisikoprämie vor und nach Steuern lässt sich beliebig umformen, sodass unterschiedliche Zusammenhänge rechnerisch abgeleitet werden können. Knoll hat dabei den Zusammenhang von Ausschüttungsquote und MRP untersucht und ausgehend von einer gegebenen Ausschüttungsquote (40,00%, 50,00% und 60,00%), der Bandbreite der Vor-Steuer-MRP und unterschiedlichen risikolosen Zinssätzen die sich formelhaft ergebende Nach-Steuer-MRP als resultierende Größe ermittelt.[20] Der Entscheidung des OLG München in Sachen Realtime liegt eine andere Auswertungslogik zugrunde: Ausgehend von der Bandbreite der Vor-Steuer-MRP und einem konstanten Niveau des risikolosen Zinses (2,00% vor Steuern) wurde die sich formelhaft ergebende Nach-Steuer-MRP jeweils für Ausschüttungsquoten zwischen 40,00% und 60,00% ermittelt.

Im Folgenden werden bei den Überleitungen für die empfohlenen Bandbreiten jeweils beide Auswertungsformen dargestellt. Zur Fokussierung werden die MRP vor Steuern mit Schritten von 25 Basispunkten dargestellt; die sich ergebende MRP nach Steuern wird kaufmännisch auf 25 Prozent-Punkte[21] gerundet ausgewiesen.

4.2 Empfehlung zum Halbeinkünfteverfahren (2005)

Die Kreuztabelle in Tab. 4 basiert auf dem Niveau für den risikolosen Basiszins von 5,00% rund um den Zeitpunkt der Veröffentlichung der entsprechenden Empfehlung des AKU des IDW. Die MRP vor Steuern umfasst die Bandbreite von 4,00% bis 5,00%. Die Ausschüttungsquote wird in einer Bandbreite von 40,00% bis 60,00% variiert.

Für diese Parameter ergibt sich eine MRP nach Steuern zwischen rund 5,00% und rund 6,00%, die die vollständige Bandbreiten-Empfehlung abdeckt. Für die Konstellation „MRP vor Steuern: 4,00% und Ausschüttungsquote: 60,00%" liegt das

---

18   Vgl. auch Großfeld/Egger/Tönnes, Recht der Unternehmensbewertung, 8. Aufl., Köln 2016, S. 250.
19   Vgl. OLG München, Beschluss vom 02.09.2019 – 31 Wx 358/16, Tz. 32 (BeckRS); OLG München, Beschluss vom 20.03.2019 – 31 Wx 185/17, Tz. 29 (BeckRS); OLG Schleswig-Holstein, Beschluss vom 09.03.2020 – 9 W 169/15, Beschlusstext S. 20.
20   Vgl. Knoll, DB 2018, S. 1933 ff.
21   Vgl. die Rundungsempfehlung des FAUB, FN-IDW 2005, S. 555 f., in anderem, aber vergleichbaren Zusammenhang.

rechnerische Ergebnis leicht unterhalb der Bandbreiten-Empfehlung (hellgrau unterlegt in Tab. 4).

Tax-CAPM-Matrix (Halbeinkünfteverfahren)						
		Basiszins vor Steuern				
		5,00 %	5,00 %	5,00 %	5,00 %	5,00 %
		MRP vor Steuern				
		4,00 %	4,25 %	4,50 %	4,75 %	5,00 %
Ausschüttungsquote	40,00 %	5,00 %	5,25 %	5,50 %	5,75 %	6,00 %
	45,00 %	5,00 %	5,25 %	5,50 %	5,75 %	6,00 %
	50,00 %	5,00 %	5,25 %	5,50 %	5,75 %	6,00 %
	55,00 %	5,00 %	5,00 %	5,25 %	5,50 %	5,75 %
	60,00 %	4,75 %	5,00 %	5,25 %	5,50 %	5,75 %

Tab. 4: Tax-CAPM-Matrix (Halbeinkünfteverfahren)

In den drei Kreuztabellen in Tab. 5a, Tab. 5b und Tab. 5c wird für Ausschüttungs-quoten von 40,00%, 50,00% und 60,00% jeweils die MRP nach Steuern ausgewie-sen. Dabei umfasst die MRP vor Steuern die Bandbreite von 4,00% bis 5,00%. Der Basiszins vor Steuern variiert in einer Bandbreite zwischen 4,50% und 5,25%.

Basiszins/Ausschüttungsquote-Matrix 2005 (Ausschüttungsquote: 40,00 %)						
		Ausschüttungsquote				
		40,00 %	40,00 %	40,00 %	40,00 %	40,00 %
		MRP vor Steuern				
		4,00 %	4,25 %	4,50 %	4,75 %	5,00 %
Basiszins vor Steuern	4,50 %	5,00 %	5,25 %	5,50 %	5,75 %	6,00 %
	4,75 %	5,00 %	5,25 %	5,50 %	5,75 %	6,00 %
	5,00 %	5,00 %	5,25 %	5,50 %	5,75 %	6,00 %
	5,25 %	5,25 %	5,50 %	5,75 %	6,00 %	6,00 %

Tab. 5a: Basiszins/Ausschüttungsquote-Matrix 2005 (Ausschüttungsquote: 40,00%)

Basiszins/Ausschüttungsquote-Matrix 2005 (Ausschüttungsquote: 50,00 %)						
		Ausschüttungsquote				
		50,00 %	50,00 %	50,00 %	50,00 %	50,00 %
		MRP vor Steuern				
		4,00 %	4,25 %	4,50 %	4,75 %	5,00 %
Basiszins vor Steuern	4,50 %	4,75 %	5,00 %	5,25 %	5,50 %	5,75 %
	4,75 %	5,00 %	5,25 %	5,25 %	5,50 %	5,75 %
	5,00 %	5,00 %	5,25 %	5,50 %	5,75 %	6,00 %
	5,25 %	5,00 %	5,25 %	5,50 %	5,75 %	6,00 %

Tab. 5b: Basiszins/Ausschüttungsquote-Matrix 2005 (Ausschüttungsquote: 50,00%)

Basiszins/Ausschüttungsquote-Matrix 2005 (Ausschüttungsquote: 60,00 %)						
		Ausschüttungsquote				
		60,00 %	60,00 %	60,00 %	60,00 %	60,00 %
		MRP vor Steuern				
		4,00 %	4,25 %	4,50 %	4,75 %	5,00 %
Basiszins vor Steuern	4,50 %	4,75 %	5,00 %	5,25 %	5,25 %	5,50 %
	4,75 %	4,75 %	5,00 %	5,25 %	5,50 %	5,75 %
	5,00 %	4,75 %	5,00 %	5,25 %	5,50 %	5,75 %
	5,25 %	4,75 %	5,00 %	5,25 %	5,50 %	5,75 %

Tab. 5c: Basiszins/Ausschüttungsquote-Matrix 2005 (Ausschüttungsquote: 60,00%)

Die relevanten Bandbreiten für die Vor-Steuer-MRP und die Nach-Steuer-MRP passen plausibel zueinander und stellen konsistente Empfehlungen dar.

Konstellationen, die rechnerisch leicht unterhalb der Bandbreiten-Empfehlung liegen, sind wieder hellgrau unterlegt. Dies betrifft besonders Fälle mit einer relativ hohen Ausschüttungsquote von 60,00%.

Die Bandbreiten sind untereinander schlüssig und plausibel ineinander überzuleiten. Bezogen auf den jeweiligen Mittelwert der FAUB-Empfehlung zum Halbeinkünfteverfahren beläuft sich der Abstand zwischen der MRP vor Steuern und der MRP nach Steuern auf –1,00 Prozent-Punkte. Die Studie von Stehle führt mit – 1,14 Prozent-Punkten zu einem sehr ähnlichen Differenzintervall (Tab. 6).

Renditedifferenz Halbeinkünfteverfahren			
	Vor Steuern	Nach Steuern	Delta
Stehle CDAX 1955 bis 2003 (vor Abschlag)	5,46 %	6,60 %	–1,14 Prozent-Punkte
Mittelwert FAUB-Empfehlung	4,50 %	5,50 %	–1,00 Prozent-Punkte

Tab. 6: Renditedifferenz Halbeinkünfteverfahren

4.3 Empfehlung zur Abgeltungsteuer (2009)

Im Zusammenhang mit der Unternehmensteuerreform 2008 samt Einführung der Abgeltungsteuer hat der FAUB die Bandbreiten-Empfehlung angepasst. Die Kreuztabelle in Tab. 7 basiert auf dem damaligen Niveau für den risikolosen Basiszins von rund 4,75%. Die MRP vor Steuern umfasst die Bandbreite von 4,50% bis 5,50%. Die Ausschüttungsquote wurde in einer Bandbreite von 35,00%[22] bis 60,00% variiert.

Tax-CAPM-Matrix (Abgeltungsteuer 2009)						
		Basiszins vor Steuern				
		4,75 %	4,75 %	4,75 %	4,75 %	4,75 %
		MRP vor Steuern				
		4,50 %	4,75 %	5,00 %	5,25 %	5,50 %
Ausschüttungsquote	35,00 %	4,00 %	4,25 %	4,50 %	4,75 %	5,00 %
	40,00 %	4,00 %	4,25 %	4,50 %	4,75 %	4,75 %
	45,00 %	4,00 %	4,25 %	4,50 %	4,50 %	4,75 %
	50,00 %	4,00 %	4,00 %	4,25 %	4,50 %	4,75 %
	55,00 %	3,75 %	4,00 %	4,25 %	4,50 %	4,75 %
	60,00 %	3,75 %	4,00 %	4,25 %	4,50 %	4,50 %

Tab. 7: Tax-CAPM-Matrix (Abgeltungsteuer 2009)

Für diese Parameter ergibt sich eine MRP nach Steuern zwischen rund 4,00% und rund 5,00%, die die vollständige Bandbreiten-Empfehlung abdeckt. Die Bedeutung der höheren Ausschüttungsquoten geht dabei weiter zurück. Die entsprechenden Konstellationen, die rechnerisch leicht unterhalb der Bandbreiten-Empfehlung liegen, sind hellgrau unterlegt.

---

22 Die Parameter zum Zeitpunkt der konzeptionellen Überlegungen führten seinerzeit sowohl für das Halbeinkünfteverfahren als auch für das Abgeltungsteuer-System zu einer impliziten Ausschüttungsquote von rund 37%; vgl. Jonas, WPg 2008, S. 826 ff., Übersicht 5.

In den drei Kreuztabellen in Tab. 8a, Tab. 8b und Tab. 8c wird für Ausschüttungsquote von 40,00%, 50,00% sowie 60,00% jeweils die MRP nach Steuern dargestellt.
Dabei umfasst die MRP vor Steuern die Bandbreite von 4,50% bis 5,50%. Der Basiszins vor Steuern variiert – entsprechend dem zu beobachtenden sukzessiven Rückgang – in einer Bandbreite zwischen 4,25% und 5,00%.

Basiszins/Ausschüttungsquote-Matrix 2009 (Ausschüttungsquote: 40,00 %)						
		Ausschüttungsquote				
		40,00 %	40,00 %	40,00 %	40,00 %	40,00 %
		MRP vor Steuern				
		4,50 %	4,75 %	5,00 %	5,25 %	5,50 %
Basiszins vor Steuern	4,25 %	4,00 %	4,25 %	4,50 %	4,50 %	4,75 %
	4,50 %	4,00 %	4,25 %	4,50 %	4,75 %	4,75 %
	4,75 %	4,00 %	4,25 %	4,50 %	4,75 %	4,75 %
	5,00 %	4,00 %	4,25 %	4,50 %	4,75 %	5,00 %

Tab. 8a: Basiszins/Ausschüttungsquote-Matrix 2009
(Ausschüttungsquote: 40,00%)

Basiszins/Ausschüttungsquote-Matrix 2009 (Ausschüttungsquote: 50,00 %)						
		Ausschüttungsquote				
		50,00 %	50,00 %	50,00 %	50,00 %	50,00 %
		MRP vor Steuern				
		4,50 %	4,75 %	5,00 %	5,25 %	5,50 %
Basiszins vor Steuern	4,25 %	4,00 %	4,00 %	4,25 %	4,50 %	4,75 %
	4,50 %	4,00 %	4,00 %	4,25 %	4,50 %	4,75 %
	4,75 %	4,00 %	4,00 %	4,25 %	4,50 %	4,75 %
	5,00 %	4,00 %	4,25 %	4,25 %	4,50 %	4,75 %

Tab. 8b: Basiszins/Ausschüttungsquote-Matrix 2009 (Ausschüttungsquote: 50,00%)

Basiszins/Ausschüttungsquote-Matrix 2009 (Ausschüttungsquote: 60,00 %)						
		Ausschüttungsquote				
		60,00 %	60,00 %	60,00 %	60,00 %	60,00 %
		MRP vor Steuern				
		4,50 %	4,75 %	5,00 %	5,25 %	5,50 %
Basiszins vor Steuern	4,25 %	3,75 %	4,00 %	4,25 %	4,25 %	4,50 %
	4,50 %	3,75 %	4,00 %	4,25 %	4,50 %	4,50 %
	4,75 %	3,75 %	4,00 %	4,25 %	4,50 %	4,50 %
	5,00 %	3,75 %	4,00 %	4,25 %	4,50 %	4,50 %

Tab. 8c: Basiszins/Ausschüttungsquote-Matrix 2009 (Ausschüttungsquote: 60,00%)

Konstellationen, die rechnerisch leicht unterhalb der Bandbreiten-Empfehlung liegen, sind hellgrau unterlegt.

Dies betrifft ausschließlich Fälle mit einer relativ hohen Ausschüttungsquote von 60,00%.

Indes ist das Verhältnis zwischen den vorrangigen Überlegungen zur Entwicklung der MRP und der – als zweitem Schritt – darauf basierenden Bandbreiten-Empfehlung klarzustellen.

Zu den konzeptionellen Überlegungen für die Ableitung der MRP vor und nach Steuern im System der Abgeltungsteuer sei auf den Online-Ergebnisbericht der 95. FAUB-Sitzung vom 29.11.2007[23] sowie auf die Beträge von Wagner/Saur/Willershausen,[24] Zeidler/Schöniger/Tschöpel,[25] Jonas[26] und Popp[27] verwiesen. Tab. 9 greift die tabellarischen Modellüberlegungen von Wagner/Saur/Willershausen[28] auf. Ausgangspunkt ist dabei der jeweilige Mittelwert der Bandbreiten-Empfehlung für das Halbeinkünfteverfahren mit einer MRP vor Steuern von 4,50% bzw. nach Steuern von 5,50%. Diese Mittelwerte werden dann in das System der Abgeltungsteuer übergeleitet und führen zu einer Anhebung der MRP vor Steuern auf 5,00% und einer Absenkung der MRP nach Steuern auf 4,50%. Da es sich dabei um Schätzungen handelt, wird als letzter Schritt die Bandbreite gebildet. Dazu wird – jeweils – entsprechend dem üblichen Schätzraster[29] der relevante Mittelwert um 0,5 Pro-

---

23   Im Mitgliederbereich der Website des IDW.
24   Vgl. Wagner/Saur/Willershausen, WPg 2008, S. 731 ff.
25   Vgl. Zeidler/Schöniger/Tschöpel, FB 2008, S. 276 ff.
26   Vgl. Jonas, WPg 2008, S. 826 ff.
27   Vgl. Popp, Der Konzern 2015, S. 193 ff.
28   Vgl. Wagner/Saur/Willershausen, WPg 2008, S. 731 ff.
29   Vgl. Wagner/Saur/Willershausen, WPg 2008, S. 731 ff.

zent-Punkte erhöht bzw. um 0,5 Prozent-Punkte vermindert (siehe die hellgrau unterlegten Felder in Tab. 9).

Übergang vom Halbeinkünfteverfahren zur Abgeltungsteuer 2009				
	Halbeinkünfteverfahren		Abgeltungsteuer	
	Vor Steuern	Nach Steuern	Vor Steuern	Nach Steuern
Basiszins	4,75 %	3,09 %	4,75 %	3,50 %
MRP	4,50 %	5,50 %	5,00 %	4,50 %
Aktien-Rendite	9,25 %	8,59 %	9,75 %	8,00 %
Bandbreiten-Empfehlung				
Unterer Rand (– 0,5 Prozent-Punkte)	4,00 %	5,00 %	4,50 %	4,00 %
Oberer Rand (+0,5 Prozent-Punkte)	5,00 %	6,00 %	5,50 %	5,00 %

Tab. 9: Übergang vom Halbeinkünfteverfahren zur Abgeltungsteuer 2009

Die Bandbreiten sind zueinander schlüssig und plausibel ineinander überleitbar. Bezogen auf den jeweiligen Mittelwert der FAUB-Empfehlung anlässlich der Einführung des Abgeltungsteuer-Systems beläuft sich der Abstand zwischen der MRP vor und nach Steuern auf 0,50 Prozent-Punkte. Die Studie von Beumer[30] für die Anfangsjahre führt mit 0,59% zu einem sehr ähnlichen Differenzintervall (Tab. 10).

Renditedifferenz Abgeltungsteuer 2009			
	Vor Steuern	Nach Steuern	Delta
Beumer-Mittelwert Q1/2008 bis Q2/2011	5,93 %	5,34 %	0,59 Prozent-Punkte
Mittelwert FAUB-Empfehlung	5,00 %	4,50 %	0,50 Prozent-Punkte

Tab. 10: Renditedifferenz Abgeltungsteuer 2009

4.4 Empfehlung zur Abgeltungsteuer (2012)

Die noch im Jahr 2009 geäußerte Erwartung, dass der FAUB angesichts der seinerzeitigen Entwicklungen an den Kapitalmärkten keinen Anlass sah, die Höhe der MRP anzupassen, war im Jahr 2012 nicht weiter vertretbar. Nach der zu Beginn des Jahres 2012 konstatierten höheren Unsicherheit am Kapitalmarkt und der Empfehlung zu prüfen, ob dieser Situation durch den Ansatz am oberen Rand der Bandbreiten-Empfehlung Rechnung getragen werden kann, empfahl der FAUB im September

---

30   Vgl. Beumer, CF 2015, S. 330 ff.

2012 eine Anpassung. Demnach wurde bei einem Zinsniveau von knapp über 2,00% eine Orientierung an der Bandbreite von 5,50% bis 7,00% für die MRP vor Steuern als sachgerecht eingestuft. In diesem Zusammenhang kann auf die Stellungnahmen des FAUB[31] sowie auf die Beiträge von Zimmermann/Meser,[32] Bassemir/Gebhardt/Ruffing,[33] Wagner u.a.[34] sowie Zeidler/Tschöpel/Bertram[35] verwiesen werden.

Ausgangspunkt für die konzeptionellen Überlegungen in der andauernden Niedrigzinsphase ist dabei der jeweilige Mittelwert der Bandbreiten-Empfehlung aus der Einführung des Abgeltungsteuer-Systems und einem Zuschlag von rund 1,5 Prozent-Punkten vor Steuern bzw. rund 1,0 Prozent-Punkten nach Steuern.[36] Die relevante MRP vor Steuern steigt somit von 5,00% um 1,50 Prozent-Punkte auf 6,50%. Die korrespondierende MRP nach Steuern erhöht sich von 4,50% um 1,00 Prozent-Punkte auf 5,50%. Da es sich dabei um Schätzungen handelt, wird als letzter Schritt die Bandbreite gebildet. Dazu wird – jeweils – entsprechend dem üblichen Schätzraster[37] der relevante Mittelwert um 0,5 Prozent-Punkte erhöht bzw. um 0,5 Prozent-Punkte vermindert (siehe die hellgrau unterlegten Felder in Tab. 11). Um nahtlos an die vorangegangene Empfehlung vom Januar 2012 anzuschließen, wird als unterer Wert die bisherige Obergrenze von 5,50% vor Steuern ergänzt.

Übergang Abgeltungsteuer vom Januar zum September 2012				
	Januar 2012		September 2012	
	Abgeltungsteuer-System		Abgeltungsteuer-System	
	Vor Steuern	Nach Steuern	Vor Steuern	Nach Steuern
Basiszins	2,75 %	2,02 %	2,50 %	1,84 %
MRP	5,50 %	5,00 %	6,50 %	5,50 %
Aktien-Rendite	8,25 %	7,02 %	9,00 %	7,34 %
Bandbreiten-Empfehlung				
Überleitung Vorempfehlung			5,50 %	
Unterer Rand (– 0,5 Prozent- Punkte)			6,00 %	5,00 %
Oberer Rand (+ 0,5 Prozent- Punkte)	5,50 %	5,00 %	7,00 %	6,00 %

Tab. 11: Übergang Abgeltungsteuer vom Januar zum September 2012

---

31   Vgl. FAUB, FN-IDW 2012, S. 122, und FN-IDW 2012, S. 568 f.
32   Vgl. Zimmermann/Meser, CF biz 2013, S. 1 ff.
33   Vgl. Bassemir/Gebhardt/Ruffing, WPg 2012, S. 882 ff.
34   Vgl. Wagner u.a., WPg 2013, S. 948 ff.
35   Vgl. Zeidler/Tschöpel/Bertram, CF biz 2012, S. 70.
36   Vgl. Zeidler/Tschöpel/Bertram, CF biz 2012, S. 70 ff.
37   Vgl. Wagner/Saur/Willershausen, WPg 2008, S. 731 ff.

Die Kreuztabelle in Tab. 12 basiert auf dem Niveau für den risikolosen Basiszins von etwa 2,50% rund um den Zeitpunkt der Veröffentlichung der entsprechenden FAUB-Empfehlung. Die MRP vor Steuern umfasst die Bandbreite von 5,50% bis 7,00%. Die Ausschüttungsquote wird in einer Bandbreite von 40,00% bis 60,00% variiert.

Tax-CAPM-Matrix (Abgeltungsteuer 2012)							
		Basiszins vor Steuern					
		2,50 %	2,50 %	2,50 %	2,50 %	2,50 %	2,50 %	2,50 %
		MRP vor Steuern					
		5,50 %	5,75 %	6,00 %	6,25 %	6,50 %	6,75 %	7,00 %
	40,00 %	4,75 %	5,00 %	5,00 %	5,25 %	5,50 %	5,75 %	6,00 %
	45,00 %	4,75 %	4,75 %	5,00 %	5,25 %	5,50 %	5,75 %	5,75 %
Ausschüttungsquote	50,00 %	4,50 %	4,75 %	5,00 %	5,25 %	5,50 %	5,50 %	5,75 %
	55,00 %	4,50 %	4,75 %	5,00 %	5,00 %	5,25 %	5,50 %	5,75 %
	60,00 %	4,50 %	4,75 %	4,75 %	5,00 %	5,25 %	5,50 %	5,75 %

Tab. 12: Tax-CAPM-Matrix (Abgeltungsteuer 2012)

Für MRP vor Steuern von und über 6,00% ergeben sich MRP nach Steuern zwischen rund 5,00% und rund 6,00%, die die vollständige Bandbreiten-Empfehlung abdecken. Für die Konstellation „MRP vor Steuern = 6,00% und Ausschüttungsquote = 60,00%" liegt das rechnerische Ergebnis leicht unterhalb der Bandbreiten-Empfehlung (siehe das hellgrau unterlegte Feld in Tab. 12).

Für MRP vor Steuern unterhalb von 6,00% (siehe die dunkelgrau unterlegten Felder in Tab. 12) ergeben sich nahezu durchgängig rechnerisch MRP nach Steuern, die unterhalb von 5,00% liegen.

Die Betragsangabe zu den MRP erfolgt bei den Vor-Steuer-Werten in Schritten von 25 Basispunkten sowie kaufmännisch gerundet auf Ein-Viertel-Prozent-Punkte für die sich formelhaft ergebenden Nach-Steuer-Werte. Die Darstellung von Knoll erfolgt indes ungerundet mit zwei Nachkommastellen. Es ist ihm unbenommen, in seiner Übersicht auch beispielsweise einen Nach-Steuer-Wert von 4,99% als einen Wert zu bezeichnen, der unterhalb des vom FAUB empfohlenen Intervalls liegt. Bei der Angabe von Konstellationen, die zu einem Nach-Steuer-Wert von 5,50% führen[38] – also alle Nach-Steuer-Werte zwischen 5,45% und 5,54% – gesteht er eine Rundung auf eine Nachkommastelle zu. Letztlich kann es dahingestellt bleiben,

---

38   Vgl. Knoll, DB 2018, S. 1933 ff. (auf S. 1935 fett hervorgehoben).

mit welchem Maß an mathematischer Genauigkeit die Analyse vorgenommen wird, da über die Grunderkenntnis kein Dissens besteht.

Knoll bezeichnet dieses Intervall als Makulatur und identifiziert dafür das vorherrschende Zinsniveau, das er in einer Bandbreite zwischen 0,50% bis 2,00% seinen Berechnungen zugrunde legt, als Ursache.[39] Die Frage ist dann, welche Schlussfolgerung man daraus zieht. Wenn und soweit man sich vergegenwärtigt, dass die Aktualisierung der FAUB-Empfehlung vom September 2012 auf der Notwendigkeit beruhte, die obere Grenze der Vor-Steuer-Werte von 5,50% auf 7,00% zu erhöhen, so verschiebt sich damit zwangsläufig das Spektrum der relevanten MRP nach oben. Ebenso zwangsläufig verliert der untere Bereich der Empfehlung an Relevanz. Mit anderen Worten: Es kann nicht unterstellt werden, dass in dem damaligen Kapitalmarktumfeld alle Werte zwischen 5,50% und 7,00% die gleiche Bedeutung aufwiesen.

Dies übersieht das LG Frankfurt, wenn es seiner Entscheidung für die Bestimmung der Ausgleichberechnung gemäß § 304 AktG den Mittelwert der Vor-Steuer-Bandbreiten-Empfehlung und mithin 6,25% als MRP vor Steuern zugrunde legt.[40] Soweit ersichtlich hat sich das OLG Frankfurt im aktienrechtlichen Kontext stets zum Mittelwert der Nach-Steuer-Bandbreite verhalten,[41] sodass die Bezugnahme des LG Frankfurt an der falschen Steuerebene ansetzt.

Ferner nicht begründet ist die These von Knoll,[42] wonach die Praxis den Mittelwert des Vor-Steuer-Intervalls, also 6,25%, als Ausgangswert nehmen würde. Wie die vorstehende Überleitungsrechnung zeigt, muss der Mittelwert der Bandbreite für die MRP nach persönlichen Steuern (5,50%) nicht zwingend dem Mittelwert der Vor-Steuer-Bandbreite entsprechen, sondern umfasst deren relevanten Kernbereich.

In den drei Kreuztabellen in Tab. 13a, Tab. 13b und Tab. 13c wird für Ausschüttungsquoten von 40,00%, 50,00% und 60,00% jeweils die MRP nach Steuern dargestellt. Dabei umfasst die MRP vor Steuern die Bandbreite von 5,50% bis 7,00%. Der Basiszins vor Steuern variiert – entsprechend dem zu beobachtenden weiteren sukzessiven Rückgang – in einer Bandbreite zwischen 1,75% und 2,50%.

---

39   Vgl. Knoll, DB 2018, S. 1933 ff.
40   Vgl. LG Frankfurt, Beschluss vom 27.06.2019 – 3-05 O 38/18, Tz. 94 (BeckRS), ZIP 2019, S. 1963.
41   Vgl. OLG Frankfurt, Beschluss vom 27.09.2019 – 21 W 64/14, Beschlusstext S. 23 (zu einer früheren FAUB-Empfehlung); OLG Frankfurt, Beschluss vom 26.01.2017 – 21 W 75/15, Tz. 73 (BeckRS), in Bezug auf die Empfehlung vom September 2012.
42   Knoll, DB 2018, S. 1933, 1936.

Für MRP vor Steuern von und über 6,00% sind Konstellationen, die rechnerisch unterhalb der Bandbreiten-Empfehlung liegen, dunkel-grau unterlegt (Tab. 13c). Dies betrifft ausschließlich Fälle mit einer relativ hohen Ausschüttungsquote von 60,00%. Die hellgrau unterlegten Felder (Tab. 13a, Tab. 13b und Tab. 13c) betreffen wiederum Konstellationen mit relativ geringen MRP vor Steuern unterhalb von 6,00%.

Basiszins/Ausschüttungsquote-Matrix 2012 (Ausschüttungsquote: 40,00 %)								
		Ausschüttungsquote						
		40,00 %	40,00 %	40,00 %	40,00 %	40,00 %	40,00 %	40,00 %
		MRP vor Steuern						
		5,50 %	5,75 %	6,00 %	6,25 %	6,50 %	6,75 %	7,00 %
Basiszins vor Steuern	1,75 %	4,50 %	4,75 %	5,00 %	5,25 %	5,50 %	5,75 %	5,75 %
	2,00 %	4,75 %	4,75 %	5,00 %	5,25 %	5,50 %	5,75 %	5,75 %
	2,25 %	4,75 %	4,75 %	5,00 %	5,25 %	5,50 %	5,75 %	6,00 %
	2,50 %	4,75 %	5,00 %	5,00 %	5,25 %	5,50 %	5,75 %	6,00 %

Tab. 13a: Basiszins/Ausschüttungsquote-Matrix 2012
(Ausschüttungsquote: 40,00%)

Basiszins/Ausschüttungsquote-Matrix 2012 (Ausschüttungsquote: 50,00 %)								
		Ausschüttungsquote						
		50,00 %	50,00 %	50,00 %	50,00 %	50,00 %	50,00 %	50,00 %
		MRP vor Steuern						
		5,50 %	5,75 %	6,00 %	6,25 %	6,50 %	6,75 %	7,00 %
Basiszins vor Steuern	1,75 %	4,50 %	4,75 %	5,00 %	5,25 %	5,25 %	5,50 %	5,75 %
	2,00 %	4,50 %	4,75 %	5,00 %	5,25 %	5,25 %	5,50 %	5,75 %
	2,25 %	4,50 %	4,75 %	5,00 %	5,25 %	5,25 %	5,50 %	5,75 %
	2,50 %	4,50 %	4,75 %	5,00 %	5,25 %	5,50 %	5,50 %	5,75 %

Tab. 13b: Basiszins/Ausschüttungsquote-Matrix 2012
(Ausschüttungsquote: 50,00%)

Basiszins/Ausschüttungsquote-Matrix 2012 (Ausschüttungsquote: 60,00 %)							
		Ausschüttungsquote					
		60,00 %	60,00 %	60,00 %	60,00 %	60,00 %	60,00 %	60,00 %
		MRP vor Steuern					
		5,50 %	5,75 %	6,00 %	6,25 %	6,50 %	6,75 %	7,00 %
Basis-zins vor Steuern	1,75 %	4,50 %	4,75 %	4,75 %	5,00 %	5,25 %	5,50 %	5,50 %
	2,00 %	4,50 %	4,75 %	4,75 %	5,00 %	5,25 %	5,50 %	5,75 %
	2,25 %	4,50 %	4,75 %	4,75 %	5,00 %	5,25 %	5,50 %	5,75 %
	2,50 %	4,50 %	4,75 %	4,75 %	5,00 %	5,25 %	5,50 %	5,75 %

Tab. 13c: Basiszins/Ausschüttungsquote-Matrix 2012
(Ausschüttungsquote: 60,00%)

Die Kernbandbreiten sind zueinander schlüssig und plausibel ineinander überleitbar. Bezogen auf den jeweiligen Mittelwert der FAUB-Empfehlung aus dem Jahr
2012 beläuft sich der Abstand zwischen der MRP vor und nach Steuern auf 1,0 Prozent-Punkte. Die Studie von Beumer für die Zeit ab dem dritten Quartal 2011 führt
mit 1,00 Prozent-Punkten zu einem identischen Differenzintervall (Tab. 14).

Renditedifferenz Abgeltungsteuer 2012			
	Vor Steuern	Nach Steuern	Delta
Beumer-Mittelwert Q3/2011 bis Q2/2015	7,22 %	6,22 %	1,00 Prozent-Punkte
Mittelwert FAUB-Empfehlung (Kernbereich)	6,50 %	5,50 %	1,00 Prozent-Punkte

Tab. 14: Renditedifferenz Abgeltungsteuer 2012

4.5 Empfehlung zur Abgeltungsteuer (2019)
Abschließend ist auf die Kritik von Knoll[43] an der neuen Kapitalkosten-Empfehlung
des FAUB vom 25.10.2019[44] einzugehen. Für einen risikolosen Zinssatz zwischen
0,00% und 0,50% sowie einer Ausschüttungsquote von 50,00% identifiziert Knoll
einen Bereich am unteren Rand der Vor-Steuer-Bandbreiten-Empfehlung, der zu
Nach-Steuer-Werten außerhalb des empfohlenen Intervalls führe. Die Grenze wird
von ihm abermals auch bei einem Nach-Steuer-Wert von 4,99% gezogen.

---

43 Knoll, DB 2019, S. 2579 ff.
44 Vgl. FAUB, IDW Life 2019, S. 818 f. Das Datum des 25.10.2019 bezieht sich auf den Tag der erstmaligen Veröffent-
     lichung auf der Website des IDW.

Die Kreuztabelle in Tab. 15 basiert auf dem Niveau für den risikolosen Basiszins von 0,00% rund um den Zeitpunkt der Veröffentlichung der FAUB-Empfehlung. Die MRP vor Steuern umfasst die Bandbreite von 6,00% bis 8,00%. Die Ausschüttungsquote wird in einer Bandbreite von 40,00% bis 60,00% variiert.

Tax-CAPM-Matrix (Abgeltungsteuer 2019)										
		Basiszins vor Steuern								
		0,00 %	0,00 %	0,00 %	0,00 %	0,00 %	0,00 %	0,00 %	0,00 %	0,00 %
		MRP vor Steuern								
		6,00 %	6,25 %	6,50 %	6,75 %	7,00 %	7,25 %	7,50 %	7,75 %	8,00 %
	40,00 %	5,00 %	5,00 %	5,25 %	5,50 %	5,75 %	6,00 %	6,00 %	6,25 %	6,50 %
	45,00 %	4,75 %	5,00 %	5,25 %	5,50 %	5,75 %	5,75 %	6,00 %	6,25 %	6,50 %
Ausschüt-tungsquote	50,00 %	4,75 %	5,00 %	5,25 %	5,50 %	5,50 %	5,75 %	6,00 %	6,25 %	6,50 %
	55,00 %	4,75 %	5,00 %	5,25 %	5,25 %	5,50 %	5,75 %	6,00 %	6,25 %	6,25 %
	60,00 %	4,75 %	5,00 %	5,25 %	5,25 %	5,50 %	5,75 %	6,00 %	6,00 %	6,25 %

Tab. 15: Tax-CAPM-Matrix (Abgeltungsteuer 2019)

Für MRP vor Steuern von und über 6,25% ergibt sich eine MRP nach Steuern zwischen rund 5,00% und rund 6,50%, die die vollständige Bandbreiten-Empfehlung abgedeckt. Für die Konstellation „MRP vor Steuern = 6,00% und Ausschüttungsquote größer 45,00%" liegt das rechnerische Ergebnis leicht unterhalb der Bandbreiten-Empfehlung (siehe die hellgrau unterlegten Felder in Tab. 15).

In den drei Kreuztabellen in Tab. 16a, Tab. 16b und Tab. 16c wird für Ausschüttungsquoten von 40,00%, 50,00% sowie 60,00% jeweils die MRP nach Steuern dargestellt. Hierbei umfasst die MRP vor Steuern die Bandbreite von 6,00% bis 8,00%. Der Basiszins vor Steuern variiert – entsprechend dem zu beobachtenden sukzessiven weiteren Rückgang – in einer Bandbreite zwischen −0,25% und 1,00%.

Konstellationen, die rechnerisch unterhalb der Bandbreiten-Empfehlung liegen, sind in Tab. 16a, Tab. 16b und Tab. 16c hellgrau unterlegt. Dies betrifft speziell Fälle mit einer relativ hohen Ausschüttungsquoten sowie relativ niedrigen MRP unterhalb von 6,25%.

Der Fokus bei der Ableitung der neuen Kapitalkosten-Empfehlung liegt indes nicht im untersten Bandbreitenbereich. Da angesichts der aktuellen Verhältnisse am Kapitalmarkt die bisherige Empfehlung (maximale MRP von 7,00% vor Steuern) zu Kapitalkosten führt, die nicht mehr zu den empirischen Beobachtungen am Kapitalmarkt passen, erfolgte mit der Erhöhung der Obergrenze für die MRP vor Steuern auf 8,00% eine Anpassung.

Basiszins/Ausschüttungsquote-Matrix 2019 (Ausschüttungsquote: 40,00 %)									
		Ausschüttungsquote								
		40,00 %	40,00 %	40,00 %	40,00 %	40,00 %	40,00 %	40,00 %	40,00 %	40,00 %
		MRP vor Steuern								
		6,00 %	6,25 %	6,50 %	6,75 %	7,00 %	7,25 %	7,50 %	7,75 %	8,00 %
Basis- zins vor Steuern	−0,25 %	4,75 %	5,00 %	5,25 %	5,50 %	5,75 %	6,00 %	6,00 %	6,25 %	6,50 %
	0,00 %	5,00 %	5,00 %	5,25 %	5,50 %	5,75 %	6,00 %	6,00 %	6,25 %	6,50 %
	0,50 %	5,00 %	5,25 %	5,25 %	5,50 %	5,75 %	6,00 %	6,25 %	6,25 %	6,50 %
	1,00 %	5,00 %	5,25 %	5,50 %	5,50 %	5,75 %	6,00 %	6,25 %	6,50 %	6,50 %

Tab. 16a: Basiszins/Ausschüttungsquote-Matrix 2019
(Ausschüttungsquote: 40,00%)

Basiszins/Ausschüttungsquote-Matrix 2019 (Ausschüttungsquote: 50,00 %)									
		Ausschüttungsquote								
		50,00 %	50,00 %	50,00 %	50,00 %	50,00 %	50,00 %	50,00 %	50,00 %	50,00 %
		MRP vor Steuern								
		6,00 %	6,25 %	6,50 %	6,75 %	7,00 %	7,25 %	7,50 %	7,75 %	8,00 %
Basis- zins vor Steuern	−0,25 %	4,75 %	5,00 %	5,25 %	5,50 %	5,50 %	5,75 %	6,00 %	6,25 %	6,50 %
	0,00 %	4,75 %	5,00 %	5,25 %	5,50 %	5,50 %	5,75 %	6,00 %	6,25 %	6,50 %
	0,50 %	4,75 %	5,00 %	5,25 %	5,50 %	5,75 %	5,75 %	6,00 %	6,25 %	6,50 %
	1,00 %	5,00 %	5,00 %	5,25 %	5,50 %	5,75 %	6,00 %	6,00 %	6,25 %	6,50 %

Tab. 16b: Basiszins/Ausschüttungsquote-Matrix 2019
(Ausschüttungsquote: 50,00%)

Basiszins/Ausschüttungsquote-Matrix 2019 (Ausschüttungsquote: 60,00 %)									
		Ausschüttungsquote								
		60,00 %	60,00 %	60,00 %	60,00 %	60,00 %	60,00 %	60,00 %	60,00 %	60,00 %
		MRP vor Steuern								
		6,00 %	6,25 %	6,50 %	6,75 %	7,00 %	7,25 %	7,50 %	7,75 %	8,00 %
Basis- zins vor Steuern	−0,25 %	4,75 %	5,00 %	5,00 %	5,25 %	5,50 %	5,75 %	6,00 %	6,00 %	6,25 %
	0,00 %	4,75 %	5,00 %	5,25 %	5,25 %	5,50 %	5,75 %	6,00 %	6,00 %	6,25 %
	0,50 %	4,75 %	5,00 %	5,25 %	5,25 %	5,50 %	5,75 %	6,00 %	6,25 %	6,25 %
	1,00 %	4,75 %	5,00 %	5,25 %	5,50 %	5,50 %	5,75 %	6,00 %	6,25 %	6,25 %

Tab. 16c: Basiszins/Ausschüttungsquote-Matrix 2019
(Ausschüttungsquote: 60,00%)

Hinsichtlich der Fixierung der unteren Grenze wird in der FAUB-Empfehlung ausgeführt, dass damit der Möglichkeit Rechnung getragen wird, dass die am Kapitalmarkt beobachtbaren Gesamtrenditen im Zeitablauf weiter leicht nachgeben
können.[45] Am unteren Ende der Vor-Steuer-MRP wurde die bisherige Untergrenze
von 5,50% gestrichen und der untere Rand des Kernbereichs der vorangegangenen
Empfehlung vom September 2012 mit 6,00% festgelegt, um wieder nahtlos anzuschließen. Insoweit kann man nicht von einer „methodischen Inkonsistenz"[46]
sprechen.

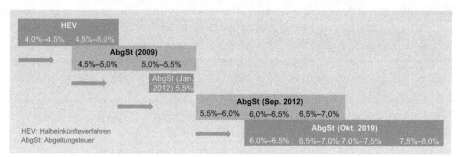

Abb. 1: Zusammenfassende Synopse

Grafisch lässt sich die Entwicklung der Bandbreiten-Empfehlungen für die MRP
vor Steuern wie in Abb. 1 darstellen. Entsprechend dem Schätzraster wird dabei
die jeweilige Bandbreitenempfehlung in 0,5 Prozent-Punkte aufgeteilt. Soweit die
Empfehlung einen Prozent-Punkt umfasst, ergeben sich daraus zwei Blöcke. Diese
verkürzt sich bei der Orientierung an der oberen Bandbreite aus dem Januar 2012
auf einen Block und weitet sich entsprechend der größeren Spannbreite auf drei
bzw. derzeit vier Blöcke. Dabei ist zu beobachten, dass im Zeitablauf jeweils der
unterste Block – 0,5 Prozent-Punkte umfassend – gestrichen wurde.

5 Schlussbemerkung

Solange man sich für die Ableitung des risikolosen Basiszinses an der Grundlage
der Daten der Deutschen Bundesbank und der Svensson-Methode orientiert, lässt
sich diese Größe mit bestimmten Annahmen relativ genau bemessen. Gleichwohl
empfiehlt sich auch dafür stets eine kaufmännische Rundung.

Komplexer ist die Situation bei der Ableitung von MRP, die nicht unmittelbar am
Kapitalmarkt beobachtbar sind. Hier kann als Ausgangspunkt unter anderem auf
historisch gemessene oder künftige geschätzte (implizite) Aktien-Renditen zurückgegriffen werden, indem davon der risikolose Basiszins in Abzug gebracht wird.

45   Vgl. FAUB, IDW Life 2019, S. 818, 819.
46   Knoll, DB 2019, S. 2759.

Im vorliegenden Beitrag werden drei unterschiedliche Konzepte zur Ableitung von MRP nach persönlichen Steuern dargestellt. Diese setzen entweder an Renditen oder Zahlungsströmen an oder es erfolgt unter Rückgriff auf das Tax-CAPM eine formelhafte Berechnung. Der Beitrag erläutert ferner die Hintergründe und Überlegungen bei der Formulierung der unterschiedlichen Bandbreiten-Empfehlungen des FAUB für die MRP vor und nach Steuern.

Aus der Erkenntnis, dass keine exakte Überleitung möglich ist, folgt zweierlei. Zum einen greift die Forderung nach der Vorgabe einer deterministischen Umrechnungsformel zu kurz, nicht zuletzt, da es sich bei den Parametern für die formelhafte Umrechnung gemäß Tax-CAPM um keine einwertigen Größen handelt. Zum anderen zeigen die vorstehenden Erläuterungen, dass keine methodische Inkonsistenz besteht, sondern die relevanten Bandbreiten für die Vor-Steuer-MRP und die Nach-Steuer-MRP plausibel zueinander passen.

Quelle: WPg – Die Wirtschaftsprüfung 2020, S. 836.

Wohin steuert die Marktrisikoprämie?

Die Berechnung impliziter Marktrisikoprämien in Zeiten von Krisen

WP Dr. Tim Laas | David Makarov, CFA

1 Einleitung

Das Coronavirus und seine Auswirkungen führen national und international zu großer wirtschaftlicher Verunsicherung und stellen die Unternehmensbewertung vor neue Herausforderungen. Als Reaktion auf die Corona-Krise hat der Fachausschuss für Unternehmensbewertung und Betriebswirtschaft (FAUB) des IDW einen fachlichen Hinweis zum Umgang mit Unternehmensplanungen und Kapitalkosten abgegeben.[1] Demnach liege die Marktrisikoprämie (MRP) weiterhin bei 6,0% bis 8,0% vor persönlichen Steuern bzw. 5,0% bis 6,5% nach persönlichen Steuern.

Die FAUB-Empfehlungen zur Bandbreite der zu verwendenden MRP sind in der Praxis nicht unumstritten. Vor allem ist die Höhe der MRP Gegenstand intensiver Diskussionen vor Gericht. Die lange Zeit beanstandete mangelnde Nachvollziehbarkeit der Empfehlungen führte zu einer massiven Kritik seitens der Antragsteller in Spruchverfahren. Erst im Jahr 2018 haben die Mitglieder des FAUB entsprechende Kapitalmarktstudien und Berechnungen offengelegt.[2]

Das Vorgehen des FAUB ist von einer Methodenvielfalt geprägt. Dabei berücksichtigt der FAUB mehrere Varianten des auf historischen Daten basierenden Ansatzes (Expost-Analysen), aber auch auf Prognosen gründende Verfahren zur Ableitung impliziter Marktrisikoprämien (Ex-ante-Analysen). Die steigende Bedeutung impliziter Marktrisikoprämien (IMRP) geht auch aus einer Vielzahl publizierter Studien im deutschsprachigen Raum[3] und der Verwendung durch die Deutsche Bundesbank[4] und den Fachsenat für Betriebswirtschaft der Kammer der Wirtschaftstreuhänder in Österreich[5] hervor.

Zu den Schwierigkeiten bei der Ableitung einer MRP aus historischen Renditedifferenzen gehören z.B. die Abgrenzung der relevanten Märke, die Bestimmung des

---

1   FAUB, Auswirkungen der Ausbreitung des Coronavirus auf Unternehmensbewertungen, 25.03.2020 (www.idw.de; Abruf: 04.06.2020); dazu Castedello/Tschöpel, WPg 2020, S. 914.
2   Vgl. Castedello u.a., WPg 2018, S. 806 ff.; zuletzt Popp, WPg 2020, S. 836.
3   Vgl. beispielsweise I-ADVISE, Studie zu impliziten Marktrisikoprämien und Marktrenditen in ausgewählten Aktienmärkten 2008 – 2018 (www.i-advise.de; Abruf: 04.06.2020); ValueTrust, European Capital Market Study March 31, 2020 (www.value-trust.com; Abruf: 04.06.2020); Fenebris „marktrisikoprämie.de" (ww.xn–marktrisiko-prmie-7 nb.de; Abruf: 04.06.2020); IVC Marktrisikoprämien-Tool (www.ivc-wpg.com; Abruf 04.05.2020).
4   Vgl. Deutsche Bundesbank, Monatsbericht April 2016, S. 15 ff. (www.bundesbank.de; Abruf: 04.06.2020).
5   Vgl. Bertl, WPg 2018, S. 805.

risikolosen Zinssatzes, die Auswahl der betrachteten Indizes und Referenzzeiträume sowie die unterstellte Steuerbelastung und Mittelwertbildung.[6] Ein zentraler Nachteil liegt in dem fehlenden Bezug zur aktuellen Kapitalmarktsituation. Dies ist vor allem in Zeiten von Krisen ein Problem. Doch auch Ex-ante-Analysen sind nicht frei von Kritik. Zu den häufig hervorgebrachten Kritikpunkten zählen Methodenabhängigkeit, Annahmenabhängigkeit und Volatilität der Ergebnisse.[7]

> Implizite Marktrisikoprämienmodelle werden national und international zunehmend herangezogen. Vor allem in Krisenzeiten können sie bei sachgemäßer Anwendung ein aktuelles Bild der Risikoneigung der Kapitalmarktteilnehmer geben.

Im Folgenden möchten wir unseren Ansatz zur Ableitung impliziter Kapitalkosten vorstellen und auf die genannten Kritikpunkte eingehen. Wir untersuchen die IMRP anhand breiter Marktindizes und beziehen eine bisher kaum verwendete Anzahl von Analystenschätzungen in die Analyse ein. Ein besonderer Fokus liegt auf der Untersuchung des zeitlichen Auseinanderfallens von Konsensprognosen und Börsenwerten, um robuste Schätzwerte für die MRP auch in Zeiten von Krisen zu ermitteln. Wir betrachten zunächst den deutschen Markt und nehmen dann eine globale Perspektive ein. Überlegungen zur Länderrisikoprämie schließen diesen Beitrag ab.

2 Ausgestaltung eines Modells zur Abschätzung impliziter Marktrisikoprämien

2.1 Grundsätzliche Ausgestaltung

Als theoretisches Fundament für die Abschätzung der IMRP dient das Barwertkalkül. Bei der Bewertung eines Unternehmens werden künftig erwartete Zahlungsüberschüsse (Cashflows) mit einem risikoadäquaten Kapitalisierungszinssatz diskontiert und zu einem Barwert verdichtet. Die künftigen Cashflows unterliegen grundsätzlich der Annahme der Unternehmensfortführung (Going Concern), und der Kapitalisierungszinssatz geht aus dem in der Wissenschaft und unter Bewertungspraktikern allgemein anerkannten Capital Asset Pricing Model (CAPM)[8] hervor.

Dieser Grundgedanke lässt sich auf einen definierten Gesamtmarkt übertragen, wobei als Stellvertreter (Proxy) ein repräsentativer Aktienindex gewählt wird. Das von uns entwickelte Modell zur Ableitung von IMRP setzt die Gesamtmarktkapitalisierung der im Index enthaltenen Unternehmen mit den (aggregierten) Unternehmenswerten dieser Unternehmen gleich. Die Unternehmenswerte der betrachteten Unternehmen werden im Rahmen der Berechnungen basierend auf Konsensprognosen künftiger Cashflows für jedes Unternehmen abgeleitet. Die Summe der er-

---

6   Vgl. beispielsweise Castedello u.a., WPg 2018, S. 812; Beumer, CF 2015, S. 330 f.
7   Vgl. beispielsweise Beumer, CF 2015, S. 334–337.
8   Zur theoretischen Herleitung des CAPM vgl. beispielsweise Sharpe, JoF 1964, S. 425–442.

warteten finanziellen Überschüsse wird mit einem für alle Unternehmen einheitlichen Kapitalkostensatz diskontiert, der die Summe der Barwerte der erwarteten Cashflows mit der Gesamtmarktkapitalisierung gleichsetzt. Dieser Zinssatz wird iterativ ermittelt und reflektiert die erwartete Aktienrendite vor Einkommensteuern. Bei Abzug des risikolosen Zinssatzes ergibt sich die IMRP vor Einkommensteuern. Wird hingegen die erwartete Aktienrendite um Effekte aus Einkommensteuern und sodann um den risikolosen Zinssatz nach Einkommensteuern gekürzt, resultiert aus dieser Berechnung die IMRP nach Einkommensteuern.

Zur konkreten Durchführung von Ex-ante-Analysen eignen sich am besten sogenannte Netto-Verfahren, die den Wert des Eigenkapitals direkt ermitteln (Equity-Ansatz). Wir verwenden bei unseren Berechnungen das Dividendendiskontierungsmodell (DDM) gemäß Formel (1) und das Residualgewinnmodell (RIM) gemäß Formel (2) und Formel (3).[9] Die Ausgestaltung erfolgt jeweils als 4-Periodenmodell mit einem 3-jährigen Detailplanungshorizont und der darauffolgenden ewigen Rente.

$$PPS_0 = \frac{DPS_1}{(1+MR)^1} + \frac{DPS_2}{(1+MR)^2} + \frac{DPS_3}{(1+MR)^3} + \frac{EPS_3*(1+g)-BVS_3*g}{(MR-g)*(1+MR)^3} \qquad (1)$$

$$PPS_0 = BVS_0 + \frac{RE_1}{(1+MR)^1} + \frac{RE_2}{(1+MR)^2} + \frac{RE_3}{(1+MR)^3} + \frac{EPS_3*(1+g)-BVS_3*MR}{(MR-g)*(1+MR)^3} \qquad (2)$$

$$RE_t = EPS_t - BVS_{t-1} * MR \qquad (3)$$

In Formel (1), (2) und (3) bedeuten:

- PPS_0 = Börsenpreis je Aktie (Price per Share),
- DPS_t = Dividende je Aktie (Dividend per Share),
- EPS_t = Gewinn je Aktie (Earnings per Share),
- BVS_t = Buchwert je Aktie (Book Value per Share),
- g = Langfristige Wachstumsrate,
- MR = Marktrendite (Zielvariable).

Als Datengrundlage dienen uns Informationen von S&P Capital IQ.[10] Aufgrund der besseren Datenverfügbarkeit, vor allem für Dividenden und Buchwerte, stellen wir auf Werte je Aktie ab.[11]

---

9   Für eine Einführung in das DDM und RIM vgl. beispielsweise Penman, Financial Statement Analysis and Security Valuation, International Edition 2010, 4. Aufl., Singapur 2010, S. 116–118 und S. 153–155; für eine Anwendung des DDM vgl. beispielsweise Beumer/Jürgens, BewertungsPraktiker 2019, S. 73, in Verbindung mit Beumer, CF 2015, S. 338; für eine Anwendung des RIM vgl. beispielsweise ValueTrust, a.a.O. (Fn. 3), S. 15.

10   S&P Global Market Intelligence LLC, New York City/USA.

11   Die einzelnen per-Share-Werte in den Formeln (1) bis (3) repräsentieren einen anhand der Zahl der ausstehenden Aktien gewichteten Durchschnitt aller im Marktindex enthaltenen Unternehmen. Dies läuft auf eine Marktgewichtung der eingehenden Unternehmen hinaus.

Formel (1) geht von einer Maximalausschüttung für den Zeitpunkt der ewigen Rente aus. Diese ergibt sich aus dem nachhaltigen Ergebnis EPS3 x (1 + g) und der Wachstumsthesaurierung BVS3 x g. Dadurch stellen wir sicher, dass die volle Ertragskraft der Index-Unternehmen berücksichtigt wird. Das von uns verwendete DDM kommt demzufolge einem Ertragswertmodell gleich.

2.2 Methodenabhängigkeit

Die Theorie besagt, dass bei konsistenter Anwendung beide Methoden äquivalent zueinander sein sollten. Im Anhang dieses Beitrags zeigen wir am Beispiel eines einfachen 2-Periodenmodells, wie sich das RIM mathematisch in das DDM überleiten lässt.[12] Eine wichtige Voraussetzung dabei ist die Clean-Surplus-Relation gemäß Formel (4). Demnach errechnet sich der Buchwert der aktuellen Periode allein aus dem Buchwert der Vorperiode zuzüglich Jahresüberschuss und abzüglich Ausschüttung.

$$BVS_t = BVS_{t-1} + EPS_t - DPS_t \tag{4}$$

Um die Methodenabhängigkeit bzw. Methodenäquivalenz an einem praktischen Beispiel zu überprüfen, haben wir die IMRP für den CDAX im Zeitraum von März 2010 bis April 2020 unter Anwendung des DDM und RIM berechnet. Dabei werden auch unterschiedliche langfristige Wachstumsraten betrachtet, um die Auswirkungen der Wachstumsannahme auf beide Bewertungsmodelle zu prüfen.

Wie aus Abb. 1 hervorgeht, verlaufen die IMRP auf Basis des DDM und RIM nahezu deckungsgleich. Auch die Wachstumsrate wirkt sich gleichermaßen auf beide Bewertungsmodelle aus.[13]

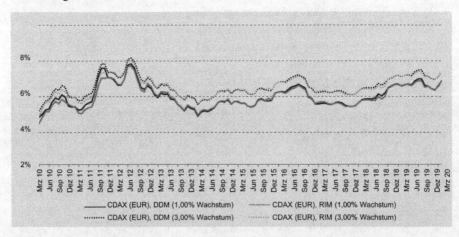

Abb. 1: Implizite Marktrisikoprämie – Dividendendiskontierungsmodell versus Residualgewinnmodell

---

12   Vgl. auch Penman, a.a.O. (Fn. 9), S. 155.
13   Für eine gegenteilige Auffassung vgl. Beumer, CF 2015, S. 332, und Beumer/Jürgens, BewertungsPraktiker 2019, S. 77.

Allgemein gilt der Grundsatz, dass das Bewertungsmodell zur Ermittlung der IMRP (weitgehend) dem verwendeten Unternehmensbewertungsmodell entsprechen sollte.[14] Wir stützen uns daher auf das DDM, das einem (stark vereinfachten) Ertragswertmodell bei der Unternehmensbewertung nach IDW S 1[15] nahekommt.

2.3 Annahmenabhängigkeit
2.3.1 Wachstum
Die von uns ermittelte Marktrisikoprämie ist im Wesentlichen unabhängig von der Verwendung des DDM oder des RIM. Sie reagiert jedoch sensitiv auf die Verwendung der nachhaltigen Wachstumsrate in der ewigen Rente. In der Regel führt ein höheres Wachstum zu einer höheren IMRP.[16] Die Sensitivität der IMRP gegenüber dem unterstellten Wachstum wird jedoch von der Wachstumsthesaurierung abgemildert, die sich in geringeren Ausschüttungen (DDM) bzw. in höheren Kapitalkostenforderungen auf den Buchwert (RIM) niederschlägt.

> Die Zahl der zugrunde liegenden Analystenschätzungen bestimmt die Güte des verwendeten Modells zur Abschätzung einer impliziten Marktrisikoprämie maßgeblich.

Das langfristige Wachstum hängt grundsätzlich vom betrachteten Wirtschaftsraum und der zugrunde liegenden Währung ab. Bei gesellschaftsrechtlich veranlassten Unternehmensbewertungen nach IDW S 1 wird in der Regel ein Wachstumsabschlag i.H. von 1,0% veranschlagt.[17] Dieser bezieht sich auf das sogenannte inflationsbedingte Wachstum[18] und ist nicht gleichzusetzen mit der tatsächlichen Wachstumserwartung für das Bewertungsobjekt.

Das inflationsbedingte Wachstum betrifft definitionsgemäß nur das Wachstum des bestehenden Kapitalstocks und Produktionsprogramms, welches Überrenditen abwerfen kann, unter der Annahme inflationsangepasster Ersatzinvestitionen. Für das an den Kapitalmärkten zu beobachtende, darüber hinausgehende Wachstum wird unterstellt, dass die dafür notwendigen Investitionen ihre Kapitalkosten verdienen (thesaurierungsbedingtes Wachstum). Demnach ist es für das Unternehmensbewertungskalkül vom Ergebnis her irrelevant, ob eine entsprechende Thesaurierung in der ewigen Rente mit einhergehenden höheren Wachstumsraten oder eine höhere Ausschüttung der erwarteten Gewinne angenommen wird. Der Gedanke der Unterscheidung eines inflationsbedingten Wachstums von einem thesaurierungsbedingten Wachstum geht mit der Annahme einher, dass für nicht

---

14 Vgl. Ballwieser/Friedrich, CF 2015, S. 451.
15 Vgl. IDW Standard: Grundsätze zur Durchführung von Unternehmensbewertungen (IDW S 1 i. d. F. 2008) (Stand: 04.07.2016).
16 Dazu muss aus den Cashflow-Prognosen eine Eigenkapitalrendite hervorgehen, die über den impliziten Kapitalkosten liegt.
17 Vgl. I-ADVISE, a.a.O. (Fn. 3), S. 10.
18 Vgl. Tschöpel/ Wiese/Willershausen, WPg 2010, S. 405 ff.

weiter definierte Investitionen kaum angenommen werden könne, diese würden ewig Überrenditen erwirtschaften.

Daher legen wir in unseren Analysen für den deutschen Markt eine langfristige Wachstumsrate i.H. von 1,0% zugrunde, welche auch mit den meisten Bewertungen für gesellschaftsrechtliche Anlässe einhergeht.

2.3.2 Risikoloser Zinssatz

Da es sich bei der IMRP um eine Residualgröße handelt, kommt dem risikolosen Zinssatz bei der Berechnung der IMRP eine hohe Bedeutung zu. Die angenommene Rendite der risikolosen Anlage muss konsistent zu der Unternehmensbewertung sein. Mit Blick auf IDW S 1 stellen wir auf den aus deutschen Staatsanleihen nach der Svensson-Methode ermittelten Basiszinssatz ab. Dabei berücksichtigen wir auch die Durchschnittsbildung über drei Monate und die Rundung auf 0,25 Prozentpunkte (0,10 Prozentpunkte für Werte unter 1,0%).

2.3.3 Detailplanungshorizont

Bei der Bestimmung des Detailplanungshorizonts gilt es, zwischen der höheren Prognosegenauigkeit eines kürzeren Zeitraums und der höheren Aussagekraft eines längeren Zeitraums für das nachhaltige Ergebnis abzuwägen. Einen wichtigen Indikator für die Güte der in die Berechnung eingehenden Prognosedaten liefert die Anzahl der zugrunde liegenden Analystenschätzungen. Wir haben die Anzahl der verfügbaren Analystenschätzungen für die ersten fünf Geschäftsjahre untersucht.[19] Dabei wurden die Ergebnisprognosen für CDAX, S&P Global 1200 und S&P Global BMI betrachtet.

Aus Tab. 1 geht hervor, dass die Anzahl der verfügbaren Analystenschätzungen nach dem dritten Planjahr dramatisch abfällt. Die Prognosedaten ab dem vierten Geschäftsjahr können daher nicht als belastbar angesehen werden. Dementsprechend stellen wir auf einen 3-jährigen Detailplanungshorizont ab. Es ist anzumerken, dass die Anzahl der Analystenschätzungen für das dritte Geschäftsjahr (FY3) im Jahresverlauf steigt und zum 31.12. eines Jahrs rapide zurückgeht. Dies liegt darin begründet, dass sich zum 31.12. der Bezugspunkt um eine Periode verschiebt oder – anders ausgedrückt – die Prognose des vierten Geschäftsjahrs (FY4) an die Stelle der Prognose des dritten Geschäftsjahrs (FY3) tritt.

---

19 Zur Vereinfachung und aufgrund der Datenverfügbarkeit wurde für alle Unternehmen unterstellt, dass das Geschäftsjahr (FY) dem Kalenderjahr entspricht. FY1 bezeichnet das laufende Geschäftsjahr, FY2 das Folgejahr etc.

Stichtag	Kapitalisierung (Mrd. Euro)			Index-Unternehmen (Anzahl)			Analystenschätzungen (Anzahl)				
	Gesamt	Abgedeckt	In %	Gesamt	Abgedeckt	In %	EPS FY1	EPS FY2	EPS FY3	EPS FY4	EPS FY5
CDAX											
30.04.2020	1.597	1.513	95 %	403	263	65 %	1.586	1.856	1.334	185	76
31.03.2020	1.455	1.374	94 %	404	263	65 %	1.576	1.813	987	156	57
31.12.2019	1.903	1.827	96 %	406	270	67 %	1.927	1.784	370	117	46
30.09.2019	1.764	1.680	95 %	407	277	68 %	1.732	1.987	1.736	278	102
30.06.2019	1.736	1.658	96 %	408	274	67 %	1.697	1.953	1.542	214	92
31.03.2019	1.690	1.609	95 %	410	273	67 %	1.820	2.022	1.015	181	81
S&P Global 1200											
30.04.2020	39.855	39.709	100 %	1.196	1.182	99 %	16.762	18.211	11.293	2.276	1.150
31.03.2020	36.121	35.983	100 %	1.197	1.181	99 %	17.448	17.988	10.124	2.083	1.098
31.12.2019	44.955	44.720	99 %	1.196	1.181	99 %	18.828	15.337	5.367	1.645	839
30.09.2019	42.622	42.453	100 %	1.196	1.183	99 %	18.137	18.932	13.850	4.443	1.446
30.06.2019	40.466	40.364	100 %	1.173	1.162	99 %	18.380	18.849	12.661	3.556	1.282
31.03.2019	40.361	40.151	99 %	1.200	1.183	99 %	18.819	19.016	10.569	2.031	1.119
S&P Global BMI											
30.04.2020	64.650	62.001	96 %	11.609	8.504	73 %	59.489	64.423	39.128	5.976	3.039
31.03.2020	58.459	56.078	96 %	11.629	8.476	73 %	60.860	63.431	32.922	5.299	2.892
31.12.2019	73.484	70.209	96 %	11.695	8.445	72 %	66.706	55.608	17.070	4.153	2.282
30.09.2019	68.062	65.004	96 %	11.742	8.794	75 %	63.170	66.969	50.425	13.777	3.741
30.06.2019	62.543	60.049	96 %	11.138	8.179	73 %	61.401	63.745	43.227	10.260	3.381
31.03.2019	62.461	59.777	96 %	11.268	8.162	72 %	62.009	63.956	33.589	5.322	2.874

Tab. 1: Anzahl der Analystenschätzungen für CDAX, S&P Global 1200 und S&P Global BMI

2.3.4 Datengrundlage

Bisherige deutschsprachige Studien zur IMRP berücksichtigen nur einen einge-schränkten Kreis von Unternehmen und stellen zumeist auf den DAX30 ab.[20] Die Theorie verlangt hingegen die Betrachtung des gesamten Marktportfolios. Unsere Analysen für den deutschen Aktienmarkt gründen daher auf dem CDAX. Für die Untersuchung des weltweiten Aktienmarkts ziehen wir den S&P Global 1200 heran. Zur Plausibilisierung der Ergebnisse dient uns der S&P Global BMI.

Ex-ante-Analysen werden oft dahingehend kritisiert, dass die Schätzungen von Finanzanalysten keine objektive Grundlage für die Ableitung der MRP bieten. Es kann durchaus sein, dass jede einzelne Analystenschätzung für sich gegebenen-falls nicht genau zutreffen mag. In Hinblick auf die große Gesamtzahl der einge-henden Analystenschätzungen kann jedoch davon ausgegangen werden, dass sich einzelne Über- oder Untertreibungen ausgleichen.

Zum 30.04.2020 gehen 403 Unternehmen in unsere Berechnungen für den CDAX ein. Davon weisen 263 Index-Unternehmen ausreichende Daten für eine Ableitung impliziter Kapitalkosten auf. Für diese Gesellschaften liegen für das Folgejahr 1.856 Analystenschätzungen vor (vgl. Tab. 1). Dies entspricht einem Mittelwert (Median) von 7,1 (5,0) Schätzungen je Unternehmen. Für den S&P Global 1200 liegt der Mit-telwert (Median) bei 15,4 (15,0). Für den S&P Global BMI ergibt sich wiederum ein Mittelwert (Median) von 7,6 (6,0) Schätzungen. Mit der Vielzahl der berücksichtig-ten und ungefilterten Analystenschätzungen stellen wir sicher, dass in Summe ein repräsentatives Bild von der aktuellen Einschätzung des Kapitalmarkts abgebildet wird.

2.4 Volatilität

Bei der Ableitung einer IMRP wird unterstellt, dass die künftigen Cashflows aus Analystenschätzungen den Erwartungen der Marktteilnehmer entsprechen, die sich wiederum in aktuell beobachtbaren Börsenpreisen widerspiegeln. Dies setzt grundsätzlich informationseffiziente Kapitalmärkte[21] voraus.

In einer idealen Modellwelt ist die Gesamtmarktkapitalisierung das Spiegelbild von Analystenschätzungen zu künftigen Cashflows. In der Realität reflektieren Börsen-kurse und Ergebnisschätzungen von Analysten einen unterschiedlichen Informa-tionsstand. Kapitalmärkte reagieren deutlich schneller auf neue Informationen als Konsensschätzungen, die an den Publikationsturnus von Finanzanalyseberichten geknüpft sind. Dies führt bei der Ableitung von IMRP zu einer oft kritisierten Ergeb-nisvolatilität und macht sich vor allem in Zeiten von Krisen bemerkbar.

---

20 Vgl. beispielsweise Castedello u.a., WPg 2018, S. 818–820; Deutsche Bundesbank, a.a.O. (Fn. 4); Beumer, CF 2015, S. 338; Beumer/Jürgens, BewertungsPraktiker 2019, S. 73, erweitern den DAX30 um den MDAX und erreichen angabegemäß eine Abdeckung der Marktkapitalisierung des CDAX i. H. von 95 % zum 31.12.2018.

21 Vgl. Fama, Journal of Business 1965, S. 34–105.

Zur Untersuchung der Verzögerung von Ergebnisschätzungen eignet sich ein Vergleich der Veränderung des gewichteten Marktpreises (PPS) und der Veränderung der Konsensschätzung der künftigen Ergebnisse (EPS FY2). Die Intuition dieser Betrachtung ist wie folgt: Verändern sich die Kurse von Aktien, müsste sich dies in einer spiegelbildlichen Veränderung in den Konsensprognosen zeigen. Läge eine gleichzeitige Veränderung vor, so könnte die aktuelle Marktkapitalisierung den Konsensprognosen für die Ableitung der IMRP gegenübergestellt werden. Beziehen sich die Konsensprognosen hingegen auf unterschiedliche Informationsstände, müsste die Marktkapitalisierung derart gewichtet werden, dass sie den Zeitraum der in den Konsens einfließenden Prognosen optimal abdeckt. Fraglich ist, welcher Zeitraum für die Gewichtung der Marktkapitalisierung die Veränderung der Konsensprognosen am besten widerspiegelt.

Zur Beantwortung dieser Frage haben wir unterschiedliche Zeiträume analysiert und stellen exemplarisch eine Glättung der Marktkapitalisierung für 20 Handelstage (20TD) und 60 Handelstage (60TD) dar. Die folgenden Analysen beziehen sich auf den CDAX.

Abb. 2[22] stellt die monatliche Veränderung des gewichteten Marktpreises als Durchschnitt der letzten 20 Handelstage der Veränderung der Analystenschätzungen gegenüber. Ein Auseinanderfallen der dunklen Linie (PPS-(20TD)-Veränderung) und der hellen Linie (EPS-FY2-Veränderung) deutet auf eine zeitliche Verzögerung von Analystenprognosen hin. Wie erwartet werden konnte, weisen Marktpreise insgesamt eine höhere Fluktuation auf als Analystenprognosen. Besonders dramatisch ist der mit der Corona-Krise verbundene Kurssturz gegenüber dem Vormonat i.H. von 26% im März 2020. Die Analystenprognosen gingen im März 2020 hingegen nur um 8% zurück. Im April 2020 erholten sich die Kurse um 6%, während die Konsensschätzung um weitere 8% nach unten korrigiert wurde.

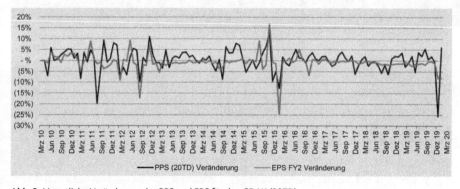

Abb. 2: Monatliche Veränderung des PPS und EPS für den CDAX (20TD)

---

22   Um den Bruch in der Veränderung der Analystenschätzungen zum 31.12. eines Jahrs wegen des Periodensprungs zu vermeiden, haben wir für diesen Zeitpunkt die Veränderung zwischen der Prognose für das Folgejahr (EPS FY2) zum 30.11. und der Prognose für die laufende Periode (EPS FY1) zum 31.12. berechnet.

Bei einer Durchschnittsbildung von 60 Handelstagen ergibt sich ein anderes Bild. Es fällt auf, dass die dunkle Linie (PPS-(60TD)-Veränderung) und die helle Linie (EPS-FY2-Veränderung) in Abb. 3 nun deutlich näher beieinanderliegen. Vor allem die Kursbewegungen in den Jahren 2015 und 2016 und in den Monaten des Covid-19-Ausbruchs werden nun nahezu vollständig von der Anpassung der Konsensschätzung gespiegelt.

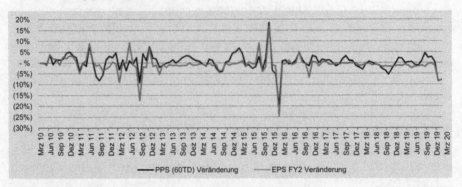

Abb. 3: Monatliche Veränderung des PPS und EPS für den CDAX (60TD)

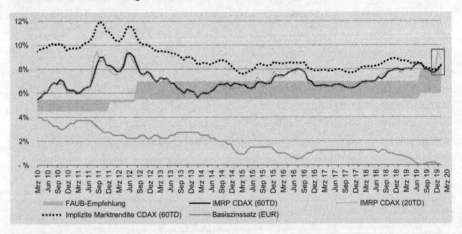

Abb. 4: Entwicklung der impliziten Marktrisikoprämie (CDAX) – vor persönlichen Einkommensteuern

Zur Quantifizierung der beschriebenen Sachverhalte haben wir das mittlere Quadrat der Abweichung zwischen der Veränderung der Gesamtmarktkapitalisierung und der Veränderung der Konsensschätzung gebildet. Für die zwölf Monate zum April 2020 ergibt sich ein mittleres Quadrat i.H. von 0,53% für die 20TD-Variante und von nur 0,06% für die 60TD-Variante der Gesamtmarktkapitalisierung. Über den gesamten Betrachtungszeitraum beträgt das mittlere Quadrat 0,25% für den 20TD-Marktpreis gegenüber 0,08% für den 60TD-Marktpreis.

Zusammenfassend erscheint eine Durchschnittsbildung der Gesamtmarktkapitalisierung über 60 Handelstage vielversprechend, um mit kurzfristigen Schwankungen am Kapitalmarkt und der verzögerten Anpassung von Analystenschätzungen umzugehen. Strenggenommen verstößt die Durchschnittsbildung gegen das Stichtagsprinzip, erscheint aber im Hinblick auf die geforderte 3-monatige Durchschnittsbildung beim Basiszinssatz als gerechtfertigt.

Aus unserer Sicht lassen die weitgehende Methodenäquivalenz, die Vielzahl der berücksichtigten Analystenschätzungen und der effektive Umgang mit schwankenden Börsenwerten und Prognosedaten auf eine hohe Modellgüte schließen.

3 Die Marktrisikoprämie in Deutschland

3.1 Marktrisikoprämie vor persönlichen Einkommensteuern

Abb. 4 zeigt den monatlichen Verlauf der IMRP vor persönlichen Steuern auf der Basis des CDAX für den Zeitraum von März 2010 bis April 2020. Zusätzlich ist die Entwicklung der impliziten Gesamtmarktrendite auf der Basis von 60 Handelstagen eingezeichnet.

Erwartungsgemäß weist die 60TD-IMRP in ihrer Entwicklung weniger Sprünge auf als die 20TD-IMRP. Auffällig ist der starke Anstieg der 20TD-IMRP gegenüber dem Vormonat von 1,73 Prozentpunkten auf 9,40% im März 2020 und die darauffolgende Korrektur von 0,60 Prozentpunkten auf 8,79% im April 2020. Demgegenüber liegt die 60TD-IMRP im Frühjahr 2020 in etwa auf dem Niveau vor Ausbruch des Coronavirus, aber leicht über der vom FAUB empfohlenen Bandbreite. Zum April 2020 haben wir einen Wert von 8,32% für die 60TD-IMRP berechnet, was in etwa dem Wert zum Dezember (8,14%) entspricht. Bei einer Betrachtung des Glättungszeitraums von 60 Handelstagen haben sich Börsenkurse und Konsensprognosen in etwa spiegelbildlich entwickelt. Daraus kann gefolgert werden, dass sich der Preis für die Übernahme von Risiken im Zuge der Corona-Krise lediglich leicht erhöht hat und derzeit geringfügig über der vom FAUB empfohlenen Bandbreite liegt.[23]

---

[23] Die gesamtwirtschaftliche Entwicklung und Cashflow-Prognosen sind in Zeiten von Krisen mit großer Unsicherheit behaftet. So enthält der World Economic Outlook des Internationalen Währungsfonds von April 2020 nur einen beschränkten Datensatz und zeigt anstelle von sechs nur zwei Prognosejahre; vgl. IWF, World Economic Outlook Database, April 2020 (www.imf.org; Abruf: 04.06.2020). Allgemein wird von einer raschen Erholung („V-Kurve"), langsamen Erholung („U-Kurve") und einer langanhaltenden Tiefphase („L-Kurve") der Wirtschaft gesprochen. Um diese Szenarien zu betrachten, haben wir die 60TD-IMRP für eine langfristige Wachstumsrate von jeweils 0% und 2% berechnet. Gegenüber dem Basiswert von 8,32% (1% Wachstum) ergibt sich eine Abweichung von jeweils minus 0,28 Prozentpunkten (0% Wachstum) und plus 0,29 Prozentpunkten (2% Wachstum).

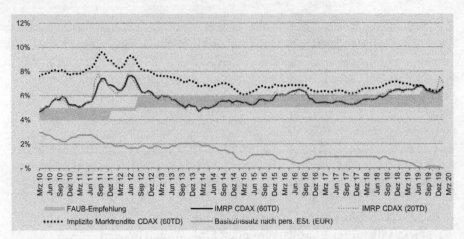

Abb. 5: Entwicklung der impliziten Marktrisikoprämie (CDAX) – nach persönlichen Einkommensteuern

Aufgrund einer im Zeitablauf zuletzt weitgehend konstanten Gesamtmarktrendite verläuft die IMRP in etwa spiegelbildlich zum Basiszinssatz. Die auf Monatsbasis berechnete durchschnittliche Renditeerwartung für den deutschen Aktienmarkt liegt für die letzten fünf Jahre (April 2015 bis April 2020) bei 8,23%.

3.2 Marktrisikoprämie nach persönlichen Einkommensteuern

Die errechnete IMRP vor persönlichen Einkommensteuern kann unter Zuhilfenahme des Tax-CAPM in eine Nachsteuergröße umgewandelt werden. Wir folgen dabei dem Ansatz des FAUB und unterstellen eine hälftige Aufteilung der Gesamtaktienrendite in Dividenden und Kursgewinne.[24] Daraus ergibt sich ein steuerlicher Renditeabstand zwischen der impliziten Gesamtmarktrendite vor und nach Steuern i.H. von 19,78%.[25] Die Entwicklung der deutschen Marktrisikoprämie nach Steuern ist Abb. 5 zu entnehmen.

Abb. 5 lässt ebenfalls die Schlussfolgerung zu, dass die FAUB-Empfehlung für die MRP nach persönlichen Einkommensteuern der Entwicklung der impliziten Kapitalkosten nach Steuern – wenn auch mit einem gewissen Zeitverzug – zu folgen scheint. Die IMRP nach Steuern liegt mit 6,67% im April 2020 auch nur leicht über der vom FAUB empfohlenen Bandbreite von 5,0% bis 6,5%, aber doch fast einen Prozentpunkt vom üblicherweise bei aktienrechtlichen Strukturmaßnahmen verwendeten Mittelpunkt (5,75%).

---

24   Vgl. Castedello u.a., WPg 2018, S. 824 f.
25   Dividenden unterliegen der Abgeltungssteuer von 25,00% zuzüglich Solidaritätszuschlag (insgesamt 26,38%). Die Steuerbelastung auf Kursgewinne wird wiederum vereinfachend mit dem hälftigen Steuersatz für die Dividenden angesetzt. Der niedrigere Steuersatz für Kursgewinne ergibt sich aus der Annahme, dass Kursgewinne erst bei Veräußerung realisiert werden und damit zum Teil einem erheblichen Zeitverzug unterliegen. Daraus ergibt sich: 50% x 26,38% + 50% x 13,19% = 19,78%.

4 Die Marktrisikoprämie im internationalen Kontext

4.1 Theoretischer Hintergrund

Gemäß IDW S 1 ist bei der Unternehmensbewertung die Perspektive einer inländischen (deutschen) unbeschränkt steuerpflichtigen natürlichen Person als Anteilseigner einzunehmen.[26]

Dies setzt der Bewertung einen engen Rahmen. Eine deutsche MRP setzt einen separierten nationalen Kapitalmarkt voraus und ist (aus streng theoretischer Sicht) nicht auf ein deutsches Unternehmen mit ausländischer Geschäftstätigkeit anwendbar bzw. macht die Bewertung ausländischer Investitionen aus nationaler Perspektive zumindest theoretisch schwierig.

Eine Lösungsmöglichkeit dieser theoretischen Sackgasse ist die Anwendung des globalen CAPM.[27] Das globale CAPM setzt zusätzlich zum nationalen CAPM voraus, dass die Kapitalmärkte integriert sind, die relative Kaufkraftparitäten-Theorie[28] gültig ist und Investoren die Inflation antizipieren können; entsprechend herrscht Sicherheit bezüglich der Inflation bzw. der Unkorreliertheit von Inflation und Aktienrendite. Dies hat zur Folge, dass Investoren aus unterschiedlichen Währungskreisen vergleichbare reale Renditen erwirtschaften können. Eine Gegenüberstellung der wesentlichen Annahmen und Formeln zeigt Tab. 2. Die Bewertung erfordert bei Anwendung des globalen CAPM die Verwendung einer globalen MRP.[29]

4.2 Quantifizierung globaler Marktrisikoprämien

In Abb. 6 zeigen wir eine globale IMRP für den S&P Global 1200 und vergleichen diese mit einer IMRP für den europäischen Markt[30] und den CDAX. Wir haben für alle Märkte eine IMRP in Euro bestimmt und den deutschen Basiszinssatz zugrunde gelegt. Die Berechnung erfolgt in quartärlichen Schritten.

---

26 Vgl. IDW S 1, Tz. 31.
27 Für eine umfangreichere Darstellung der Annahmen des globalen CAPM vgl. Dolde u.a., Journal of Applied Finance 2011, S. 78–86.
28 Die Annahme der Kaufkraftparitäten-Theorie bedingt eine Entwicklung der Währungskurse entsprechend Inflationsdifferentialen und ein identisches inflationsbedingtes (währungseinheitliches) Wachstum in der ewigen Rente aller abgedeckten Länder.
29 Vgl. Ruiz de Vargas, BewertungsPraktiker 2015, S. 4.
30 Hier wurden alle europäischen Unternehmen mit einer Marktkapitalisierung von über 100 Mio. Euro zum jeweiligen Erhebungszeitpunkt berücksichtigt.

	Nationales CAPM	Globales CAPM
CAPM-Formel	rEK/i = rrf + MRPn x βi/n mit: rEK/i = Eigenkapitalkosten des Unternehmens i MRPn = Marktrisikoprämie eines nationalen Kapitalmarkts βi/n = Beta-Faktor des Unternehmens i zum nationalen Kapitalmarkt	rEK/i = rrf + MRPg x βi/g mit: rEK/i = Eigenkapitalkosten des Unternehmens i MRPg = Globale Marktrisikoprämie βi/g = Beta-Faktor des Unternehmens i zum globalen Kapitalmarkt
Kapitalmarkt-integration	Integration des nationalen Kapitalmarkts	Integration des internationalen Kapitalmarkts
Wesentliche Annahme		Es gilt die relative Kaufkraft- paritäten-Theorie
Kapitalmarkt-effizient	Effizienter nationaler Kapitalmarkt	Effizienter internationaler Kapitalmarkt

Tab. 2: Nationales CAPM versus globales CAPM

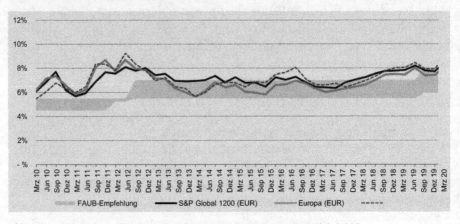

Abb. 6: Entwicklung der impliziten Marktrisikoprämie – CDAX, Europa, S&P Global 1200

Wie Abb. 6 zu entnehmen ist, liegen die IMRP für die unterschiedlichen Wirtschaftsräume relativ nah beieinander. Daraus können wir folgern, dass die empfohlene FAUB-Bandbreite für die MRP auch in einem internationalen Kontext zutreffend ist.

Wie zuvor diskutiert, sollte aus theoretischen Gesichtspunkten ein möglichst breiter Marktindex bei der Ermittlung der IMRP herangezogen werden. In Tab. 3 stellen wir den S&P Global BMI (in Tab. 3 verkürzt: „BMI") mit über 11.000 enthaltenen Unternehmen dem zuvor betrachteten S&P Global 1200 (in Tab. 3 verkürzt: „1200") gegenüber.

Zu erkennen ist, dass nur ein kleiner Unterschied zwischen der resultierenden IMRP für den S&P Global BMI und dem S&P Global 1200 besteht. Demnach ist es u.

E. zulässig, auf den kleineren Index abzustellen, selbst wenn die Unterschiede in Hinblick auf das verarbeitete Datenvolumen beträchtlich sind.

4.3 Länderrisikoprämie versus globale Marktrisikoprämie

Im Schrifttum ist häufig zu lesen, dass ein Bewertungsobjekt mit operativen Tätigkeiten außerhalb Deutschlands einem abweichenden Risikoprofil ausgesetzt sein könnte.[31] Solch ein abweichendes Risikoprofil können unter anderem Rechtsunsicherheiten, Kapitaltransferrisiken, Konjunkturrisiken, Risiken bezüglich des Schutzes des geistigen Eigentums, politische Risiken oder Sicherheitsrisiken sein. Ein abweichendes Risikoprofil könne Ausgangspunkt für eine sogenannte Länderrisikoprämie sein.

Das IDW betont bei der Erfassung von Länderrisikoprämien, dass diese grundsätzlich bei der Prognose der finanziellen Überschüsse zu erfassen und unternehmensindividuell zu berücksichtigen seien.[32] Bei der Verwendung eines lokalen CAPM müssten vorrangig Studien zu lokalen Marktrenditen und Marktrisikoprämien herangezogen werden.[33] Lediglich bei Kapitalmärkten, für die keine belastbaren Analysen zu Renditen vorlägen, könnte der Ansatz einer Länderrisikoprämie anstatt einer angepassten Marktrisikoprämie herangezogen werden.[34]

Eine Länderrisikoprämie wird häufig aus einem Vergleich der Renditen der Staatsanleihen abgeleitet. Dabei wird die Rendite der ausländischen Staatsanleihe mit der Rendite einer risikofreien Staatsanleihe in gleicher Währung analysiert. Die Differenz der Renditen könne Anhaltspunkt für einen Länderrisikozuschlag sein. Eine solche Herangehensweise, soweit sie auch verbreitet sein mag, setzt bewertungsrelevante systematische Risiken mit den Kreditrisiken eines Staates gleich. Da Kreditrisiken eines Staates kaum Bezug zu systematischen Risiken nach dem CAPM haben, ist der auf einem solchen Ansatz basierende Länderrisikozuschlag starker Kritik ausgesetzt. Die Idee einer Länderrisikoprämie ist modelltheoretisch nicht mit dem CAPM vereinbar und empirisch nicht begründbar.[35]

---

31 Vgl. Hachmeister/Kühnle/Lampenius, WPg 2009, S. 1234.
32 Vgl. IDW (Hrsg.), WPH Edition, Bewertung und Transaktionsberatung, Düsseldorf 2018, Kap. A, Tz. 400.
33 Vgl. IDW (Hrsg.), a.a.O. (Fn. 32), Kap. A, Tz. 401.
34 Vgl. IDW (Hrsg.), a.a.O. (Fn. 32), Kap. A, Tz. 401.
35 Vgl. Kruschwitz/Löffler/Mandl, WPg 2011, S. 176.

Mrd. Euro	September 2018		März 2019		September 2019		März 2020		April 2020	
	BMI	1200	BMI	1200	BMI	1200	BMI	1200	BMI	1200
Marktkapitalisierung										
Gesamt	61.592	40.436	62.458	40.361	68.076	42.622	58.459	36.124	64.650	39.855
Abgedeckt	59.066	40.287	59.789	40.151	65.028	42.453	56.078	35.986	62.001	39.709
Abgedeckt (in %)	96 %	100 %	96 %	99 %	96 %	100 %	96 %	100 %	96 %	100 %
Index-Unternehmen (Anzahl)										
Gesamt	11.161	1.200	11.268	1.200	11.742	1.196	11.629	1.197	11.609	1.196
Abgedeckt	8.237	1.187	8.169	1.183	8.796	1.183	8.476	1.181	8.504	1.182
Abgedeckt (in %)	74 %	99 %	72 %	99 %	75 %	99 %	73 %	99 %	73 %	99 %
Analystenschätzungen (Anzahl)										
EPS FY1	61.496	18.704	62.009	18.819	63.170	18.137	60.860	17.448	59.489	16.762
EPS FY2	65.164	19.660	63.956	19.016	66.969	18.932	63.431	17.988	64.423	18.211
EPS FY3	50.277	14.759	33.589	10.569	50.425	13.850	32.922	10.124	39.128	11.293
Parameter										
Implizite Marktrendite	8,70 %	8,53 %	8,75 %	8,58 %	8,55 %	8,31 %	7,92 %	7,81 %	8,14 %	7,99 %
Basiszinssatz	1,00 %	1,00 %	0,80 %	0,80 %	0,10 %	0,10 %	0,10 %	0,10 %	–	–
Implizite Marktrisikoprämie	7,70 %	7,53 %	7,95 %	7,78 %	8,45 %	8,21 %	7,82 %	7,71 %	8,14 %	7,99 %
Delta implizite Marktrisikoprämie		0,17 %		0,17 %		0,24 %		0,11 %		0,14 %

Tab. 3: S&P Global BMI versus S&P Global 1200

Bei Verwendung des globalen CAPM ist die Berücksichtigung von Länder- und Währungsrisiken implizit in der Ableitung der Marktrisikoprämie enthalten. Eine zusätzliche Berücksichtigung ist damit nicht notwendig.

5 Fazit

Da Unternehmensbewertungen zukunftsorientiert erfolgen, erachten wir Ex-ante-Analysen für die Ableitung impliziter (erwarteter) Aktienrenditen und damit entsprechender MRP als aussagekräftiger im Vergleich zu Expost-Analysen. Diese Modelle ermöglichen eine stichtagsbezogen zukunftsorientierte Ableitung der MRP unter Berücksichtigung der erwarteten Renditen und der Interdependenzen der jeweiligen Renditebestandteile (Basiszinssatz und Risikoprämien).

Die Ausgestaltung des Bewertungsmodells und die Wahl der Annahmen erlaubt eine mit IDW S 1 weitgehend konforme Berechnung der IMRP. Die Vielzahl der eingehenden Analystenprognosen lässt auf eine hohe Güte der Ergebnisse schließen. Dabei erscheint eine Durchschnittsbildung der Gesamtmarktkapitalisierung über 60 Handelstage angemessen, um kurzfristigen Schwankungen am Kapitalmarkt und der verzögerten Anpassung von Analystenschätzungen zu begegnen.

Insgesamt betrachtet bewegt sich die IMRP – sowohl für den deutschen Markt als auch aus internationaler Sicht – innerhalb der vom FAUB empfohlenen Bandbreite und scheint bei einem Ausbrechen, Anpassungen der FAUB-Empfehlung vorauszugehen. Anhand der IMRP stellen wir fest, dass sich die Risikoeinstellungen der Marktteilnehmer im Zuge der anhaltenden Corona-Krise lediglich leicht erhöhen. Unabhängig davon verweilt die IMRP seit Anpassung der Empfehlung des FAUB am oberen Ende oder oberhalb der empfohlenen Bandbreite.

Anhang

Formel (5) und Formel (6) beschreiben das als 2-Periodenmodell ausgestaltete RIM als Ausgangspunkt für die Überleitung in das DDM. Formel (7) zeigt die Clean-Surplus-Relation.

Die Multiplikation beider Gleichungsseiten mit (r – g) ergibt wiederum Formel (13).

Durch Einsetzten der Formel (6) für RE2 in Formel (13)

$$P_0 = B_0 + \frac{RE_1}{(1+r)} + \frac{RE_2}{(1+r)(r-g)} \tag{5}$$

$$RE_t = E_t - B_{t-1}r \tag{6}$$

$$B_t = B_{t-1} + E_t - Div_t \tag{7}$$

In Formel (5), (6) und (7) gilt:

- P_0 = Preis (je Aktie),
- E_t = Gewinn (je Aktie),
- B_t = Buchwert (je Aktie),
- RE_t = Residualgewinn (je Aktie),
- Div_t = Dividende (je Aktie),
- g = Nachhaltige Wachstumsrate,
- r = Marktrendite (Zielvariable).

Die Multiplikation beider Gleichungsseiten von Formel (5) mit $(1 + r)$ ergibt Formel (8).

$$P_0(1 + r) = B_0(1 + r) + RE_1 + \frac{RE_2}{(r-g)} \tag{8}$$

Durch Einsetzen der Formel (6) für REt in Formel (8) und Auflösung der Klammer $B_0 (1 + r)$ erhält man Formel (9).

$$P_0(1 + r) = B_0 + B_0 r + E_1 - B_0 r + \frac{RE_2}{(r-g)} \tag{9}$$

Nach Kürzung von $B_0 r$ ergibt sich Formel (10).

$$P_0(1 + r) = B_0 + E_1 + \frac{RE_2}{(r-g)} \tag{10}$$

Nun kann in Formel (10) auf der Basis der Clean-Surplus-Relation B_0 durch $(B_1 - E_1 + Div_1)$ ersetzt werden, um zu Formel (11) zu gelangen.

$$P_0(1 + r) = B_1 - E_1 + Div_1 + E_1 + \frac{RE_2}{(r-g)} \tag{11}$$

Durch Kürzung von E_1 lässt sich die Gleichung zu Formel (12) vereinfachen.

$$P_0(1 + r) = B_1 + Div_1 + \frac{RE_2}{(r-g)} \tag{12}$$

Die Multiplikation beider Gleichungsseiten mit $(r - g)$ ergibt wiederum Formel (13).

$$P_0(1 + r)(r - g) = Div_1(r - g) + B_1(r - g) + RE_2 \tag{13}$$

Durch Einsetzten der Formel (6) für RE_2 in Formel (13) und Auflösung der Klammer $B_1 (r - g)$ erhält man Formel (14).

$$P_0(1 + r)(r - g) = Div_1(r - g) + B_1 r - B_1 g + E_2 - B_1 r \tag{14}$$

Nach Kürzung von $B_1 r$ ergibt sich Formel (15).

$$P_0(1 + r)(r - g) = Div_1(r - g) - B_1 g + E_2 \qquad \text{15)}$$

Beide Gleichungsseiten können nun durch $(1 + r)$ $(r - g)$ dividiert werden (Formel 16).

$$P_0 = \frac{Div_1(r-g)+E_2-B_1 g}{(1+r)(r-g)} \qquad (16)$$

Durch Umformung und Kürzung von $(r - g)$ in Formel (16) ergibt sich schließlich das DDM in Formel (17).

$$P_0 = \frac{Div_1}{(1+r)} + \frac{E_2-B_1 g}{(1+r)(r-g)} \qquad (17)$$

Quelle: WPg – Die Wirtschaftsprüfung 2020, S. 982.

4. Insolvenz

Insolvenzrisiko und Berücksichtigung des Verschuldungsgrads bei der Bewertung von Unternehmen

– Stand der Diskussion nach Veröffentlichung des IDW Praxishinweises 2/2018 –

Dr. Lars Franken , CFA, WP | Prof. Dr. Werner Gleißner | Dr. Jörn Schulte , WP

I. Problemstellung: Verschuldung, Insolvenzrisiko und IDW Praxishinweis 2/2018

Unternehmen existieren nicht ewig. Je höher die **Verschuldung** und das **Ertragsrisiko** und/oder je niedriger die **Ertragskraft**, desto höher c.p. die Insolvenzwahrscheinlichkeit. Auch unverschuldete Unternehmen mit niedriger Ertragskraft und hohen Risiken sind damit Insolvenzrisiken ausgesetzt (siehe Venture Capital).

Der Bewertungsstandard (IDW S 1 von 2008), der für die Unternehmensbewertung durch Wirtschaftsprüfer maßgeblich ist, befasst sich nicht explizit mit Insolvenzrisiken.[1] Er verweist allerdings darauf, dass Erwartungswerte des Cashflows Grundlage für die Unternehmensbewertung sein müssen und dabei alle „realistischen Zukunftserwartungen" (Rn. 29) zu berücksichtigen sind. Die Möglichkeit, dass ein Unternehmen aufhört zu existieren, ist ein solches realistisches Zukunftsszenario.[2]

Deutlicher wird nun der Praxishinweis 2/2018 des Instituts der deutschen Wirtschaftsprüfer (IDW), der auf Auswirkungen einer hohen Verschuldung und auf die Insolvenzkosten für den Unternehmenswert verweist und den Unterschied von Fremdkapitalzinssätzen und Fremdkapitalkosten erläutert.

Die Bedeutung speziell einer hohen Verschuldung und der Zusammenhang mit Ausfall- bzw. Insolvenzrisiken wird im IDW Praxishinweis deutlich:

> „Unter hoch verschuldeten Unternehmen werden in diesem IDW Praxishinweis Unternehmen verstanden, die einen Verschuldungsgrad aufweisen, der mit materiellen Ausfallrisiken verbunden ist. Soweit das Unternehmen über ein eigenes Kreditrating verfügt, kann dieses Rückschlüsse auf das Ausfallrisiko der Fremdkapitalgeber liefern. Liegt kein Rating vor, können bestimmte weitere Kennzahlen, z.B. die Verschuldung des Unternehmens

---

[1]   In Anlehnung an Gleißner, WISU 2019, S. 692 ff.
[2]   Vgl. Knabe, Die Berücksichtigung von Insolvenzrisiken in der Unternehmensbewertung, 2012, S. 38

zum Bewertungsstichtag im Verhältnis zu seinem EBITDA, zur tieferen Analyse verwendet werden."[3]

Hochverschuldete Unternehmen haben c.p. ein hohes Insolvenzrisiko. Ein hohes Insolvenzrisiko kann auch andere Ursachen haben wie eine niedrige Ertragskraft oder ein hohes Ertragsrisiko, weshalb es empfehlenswert ist, die Auswirkungen des Insolvenzrisikos bei allen Unternehmen zu betrachten. Entsprechend fordert z.B. der österreichische Bewertungsstandard (KFS BW1, Rz. 67):

„Bei der Ermittlung der Erwartungswerte ist zu untersuchen, inwieweit das Unternehmen Insolvenzrisiken ausgesetzt ist. Die Berücksichtigung von bewertungsrelevanten Insolvenzrisiken kann durch den Ansatz von Insolvenzwahrscheinlichkeiten erfolgen, die u.a. aus Ratings abgeleitet werden können."[4]

Die adäquate Beachtung von Verschuldung und Insolvenzrisiken ist ein wesentlicher Aspekt für eine sachgerechte Unternehmensbewertung. Nur in einem vollkommenen Kapitalmarkt könnte man ein Insolvenzrisiko vernachlässigen, weil hier z.B. weder Insolvenzkosten noch Rating- und Finanzierungsrestriktionen existieren.[5]

In diesem Beitrag werden die Themen des IDW Praxishinweises 2/2018 diskutiert und die dazu einschlägige Literatur ausgewertet. Mit dem Praxishinweis wollte der FAUB des IDW den Stand der Diskussion zur Berücksichtigung des Verschuldungsgrades bei der Bewertung von Unternehmen zusammenfassen und erste Hilfestellungen für die Umsetzung in der Praxis geben, ohne neue Anforderungen zu setzen, die über den IDW S 1 von 2008 hinaus gehen, zu fordern. Ziel des Beitrags ist es, – nach nunmehr rd. 2 Jahren nach Veröffentlichung der ersten Fassung des Praxishinweises – Diskussionsbeiträge für eine künftige Fortentwicklung des Praxishinweises zu unterbreiten (und so den Text von Schüler/Schwetzler, 2019, zu ergänzen, der insbesondere auf **diverse zu präzisierenden Aussagen und Begriffe** verweist (siehe dazu auch Abschn. III.1)). In diesem Zusammenhang wird aufgezeigt, dass grundsätzlich eine **umfassende Diskussion von Ursachen und Wirkungen des Insolvenzrisikos** sinnvoll ist (und eine Betrachtung alleine der hoch verschuldeten Unternehmen eher einschränkend wirkt, weil z.B. Insolvenzrisiken auch durch niedrige Ertragskraft und hohe Ertragsrisiken entstehen können). Zudem wird gezeigt, dass im vorliegenden Praxishinweis **zwei weitere Anknüpfungspunkte für eine mögliche Fortentwicklung** bestehen,

---

3   IDW Praxishinweises 2/2018, IDW Life 2018, S. 967.
4   Vgl. auch Rabel, RWZ 2014, S. 218 ff.
5   Siehe dazu Kruschwitz/Lodowicks/Löffler, DBW 2005, S. 221 ff. und Friedrich, Unternehmensbewertung bei Insolvenzrisiko, 2015.

- für die Messung des Insolvenzrisikos (Ausfallrisiko), derartige Konzepte werden im Schrifttum speziell zu Rating- und Insolvenzprognoseverfahren diskutiert und
- explizite Berücksichtigung der Wirkung des Insolvenzrisikos auf die zeitliche Entwicklung des Erwartungswerts von Erträgen und Cashflows in der Fortführungsphase.

Der Beitrag gliedert sich wie folgt: In Kapitel II werden zunächst aus theoretischer Perspektive verschiedene Wirkungen von Verschuldung und Insolvenzrisiko knapp skizziert. Kapitel III umfasst Hinweise zu einzelnen Aussagen und Inhalten des IDW Praxishinweises 2/2018. Kapitel IV widmet sich in besonderer Weise dem im Praxishinweis enthaltenen Fallbeispiel (und den hier erkennbaren Weiterentwicklungspotentialen). Im abschließenden Kapitel V werden thesenartig die wichtigsten Empfehlungen für mögliche Fortentwicklungen des Praxishinweises zusammengefasst.

II. Wirkung von Verschuldung und Insolvenzrisiko: ein Überblick
1. Grundlagen

Bewertungspraxis und Schrifttum zeigen, dass Insolvenzrisiken in der Vergangenheit regelmäßig nicht explizit berücksichtigt wurden. Ohne explizite Befassung mit Insolvenzrisiken oder Rating besteht die Gefahr, dass bei der Bestimmung des Terminal Value (Fortführungsphase) regelmäßig eine ewige Existenz eines Unternehmens angenommen wird. Die Insolvenzstatistiken und Daten über die mittlere Lebensdauer von Unternehmen zeigen jedoch, dass diese Annahme problematisch ist.

Die grundlegenden Sachverhalte stellen sich wie folgt dar:

Der Erwartungswert der Existenzdauer eines Unternehmens ist endlich. Diese Aussage darf nicht verwechselt werden mit der Aussage, „Die Existenzdauer sei begrenzt" oder es gäbe einen bestimmten sicheren Zeitpunkt, bei dem die Existenz des Unternehmens endet (vgl. III.4). Relevant für die Bewertung wird insbesondere die Wahrscheinlichkeit p, mit der der Zahlungsstrom innerhalb eines Jahres abbricht, weil diese (1) Erwartungswert der Lebensdauer und (2) die zeitliche Entwicklung des Erwartungswerts der Erträge bzw. Cashflows bestimmt.[6]

Die Insolvenzwahrscheinlichkeit reduziert im Vergleich zu unverschuldeten Unternehmen den erwarteten Cashflow und die Erträge, weil Unternehmen dann schwerer Kunden und Mitarbeiter gewinnen (indirekte Insolvenzkosten), was auch zum Wertverlust bei Insolvenz beiträgt. Die erwarteten Erträge und ihre Entwicklung

---

6   Möglicherweise beeinflussen zumindest hohe Werte von p zudem auch schon den „bedingten Erwartungswert", weil indirekte Konkurskosten auftreten.

(in der Fortführungsphase) werden zudem von Insolvenzszenarien beeinflusst, bei denen der Zahlungsstrom vom Unternehmen zu den Eigentümern abbricht.

Neben der Wirkung auf die Höhe und die zeitliche Entwicklung des Erwartungswerts der Erträge und Cashflows kann die Insolvenzwahrscheinlichkeit **auch** den risikogerechten Diskontierungszinssatz beeinflussen (vgl. III.6).[7]

Für die Erfassung des Insolvenzrisikos gibt es verschiedene, unterschiedlich anspruchsvolle Methoden. Zu nennen sind insbesondere:[8]

- **Methode A:** Die deterministische **„Zuschlagsmethode"**, d.h. die Erfassung der Insolvenzwahrscheinlichkeit p als „Zuschlag" auf die Kapitalkosten in der Fortführungsphase („unendliche Rente"[9]), meist mit ergänzender, um die Betrachtung jew. zwei möglicher Szenarien in jedem Jahr der Detailplanung nämlich Überleben oder Insolvenz (oder durch Simulation (vgl. Methode C)).
- **Methode B:** Mit endogener Insolvenzwahrscheinlichkeit, die auf einer Annahme zur unsicheren Entwicklung von Cashflows oder des EBIT, etwa beschrieben durch ein Binomialmodell, beruht[10] oder auf einem stochastischen EBIT-Prozess.[11]
- **Methode C:** Die **stochastische Simulation** der Cashflows und Erträge, ausgehend von einer quantitativen Risikoanalyse und Risikoaggregation in einem integrierten Planungsmodell, also GuV- und Bilanz-Planung (Monte-Carlo-Simulation zur Ableitung von Erwartungswerten).

Die Möglichkeit zur Erfassung des Insolvenzrisikos mit diesen drei Methoden in Detailplanungs- und Fortführungsphase wird nachfolgend knapp skizziert.

In der **Detailplanungsphase**[12] kann die Insolvenzwahrscheinlichkeit unmittelbar bei der Bestimmung der Erwartungswerte berücksichtigt werden (als Szenario mit i.d.R. keinem Rückfluss an die Eigentümer). Grundsätzlich empfiehlt es sich, auch in der **Fortführungsphase** Insolvenzszenarien in einem „Zustandsbaum" oder in Pfaden eines Simulationsmodells im Detail abzubilden.

---

7   Im Modellrahmen des CAPM ist die systematische Komponente des Insolvenzrisikos unmittelbar im Beta-Faktor zu erfassen. Bei einer simulationsbasierten Bewertung sind Insolvenzwahrscheinlichkeit, Erwartungswert der Erträge und Kapitalkosten gemeinsam aus einer mittels Monte-Carlo-Simulation zu bestimmenden Häufigkeitsverteilung der unsicheren Erträge ableitbar (siehe z.B. Gleißner, WiSt 2011, S. 345 ff.; Dorfleitner/Gleißner, Journal of Risk 2018, S. 1 ff. und Gleißner, Grundlagen des Risikomanagements, 3. Aufl. 2017.

8   In Anlehnung an Gleißner, WISU 2019, S. 692 ff.

9   Gleißner, WPg 2010, S. 736–737.

10 Vgl. Friedrich, a.a.O. (Fn. 5), und Friedrich, DBW 2016, S. 521 ff.

11 Vgl. Lahmann/Schreiter/Schwetzler, ZfbF 2018 S. 73 ff. Der Nachteil dieses Verfahrens ist der fehlende Bezug zur Unternehmensplanung und zur Risikoanalyse, und dass sich keine Szenarien mit negativen freien Cashflows erfassen lassen.

12 Nachfolgend in Anlehnung an Gleißner, BWP 2017, S. 42 ff.

Nimmt man für die Fortführungsphase bei der Bestimmung des Terminal Value vereinfachend an, dass die Insolvenzwahrscheinlichkeit[13] – entsprechend dem „Steady State" im Rentenmodell – konstant bleibt, führt sie (unter sonst gleichen Bedingungen) im Zeitablauf zu kontinuierlich sinkenden Erwartungswerten der finanziellen Überschüsse und wirkt damit quasi wie eine „negative Wachstumsrate".[14] Dies gilt auch, wenn Kapitalkosten bzw. Diskontierungszinssätze (k) nach dem CAPM berechnet werden.

Bei einer Wachstumsrate[15] w, der (bedingten) Erwartungswerte der finanziellen Überschüsse Z^{e}[16] und einem Diskontierungszins k ergibt sich folgende Gleichung (1) für den Unternehmenswert W in der Fortführungsphase (Terminal Value) in Abhängigkeit von der Insolvenzwahrscheinlichkeit p:[17]

$$W = \sum_{t=1}^{\infty} \frac{Z^{e}(1-p)^{t} \times (1+w)^{t}}{(1+k)^{t}} = \frac{Z^{e} \times (1-p) \times (1+w)}{k - w + p \times (1+w)}$$
$$\approx \frac{Z^{e}}{k - w + p} \tag{1}$$

Bei der Bestimmung einer unendlichen Reihe (Gordon-Shapiro-Modell) taucht die Insolvenzwahrscheinlichkeit (genau wie die Wachstumsrate) tatsächlich in jeder einzelnen Periode im Zähler auf (siehe Formel (1)). Das Auflösen der Reihe führt jedoch dazu, dass die Insolvenzwahrscheinlichkeit (wie auch die Wachstumsrate) mathematisch in den Nenner „wandert". Dies bedeutet jedoch nicht, dass sich eine Doppelerfassung ergeben oder die Insolvenzwahrscheinlichkeit zu einer Komponente des Diskontierungszinssatzes würde.[18] In der Fortführungsphase wirkt die Insolvenzwahrscheinlichkeit also weitgehend wie eine „negative Wachstumsrate"– ist aber nicht Teil der Kapitalkosten. Die Erfassung einer Wachstumsrate im Terminal Value und die Berücksichtigung der Insolvenzwahrscheinlichkeit als

---

13   Wie andere Eckwerte des Unternehmens, z.B. die Rentabilität.
14   Vgl. Gleißner, WPg 2010, S. 735 ff.; Gleißner, CFbiz 2011, S. 243 ff.; Metz, Der Kapitalisierungszinssatz bei der Unternehmensbewertung, Wiesbaden, 2007; Knabe, a.a.O. (Fn. 2); Saha/Malkiel, Journal of Applied Finance 1/2012, S. 175 ff.; Arbeitskreis des EACVA e. V, BWP 2011, S. 12 ff.; Ihlau/Duscha, Besonderheiten bei der Bewertung von KMU, Aufl. 2019, S. 234. Ballwieser/Hachmeister, Unternehmensbewertung: Prozess, Methoden und Probleme, 5. Aufl. 2016, S. 124 ff., erwähnen die Notwendigkeit der Berücksichtigung der Insolvenzwahrscheinlichkeit (des Ratings), weisen aber darauf hin, dass die Art der Berücksichtigung mit „Nachteilen" behaftet sei. Alternative Verfahren, die diese Nachteile nicht aufweisen, geben sie nicht an.
15   Zum Zusammenhang von w und k bei inflations-, thesaurierungs- und steuerindiziertem (endogenem) Wachstum vgl. Hachmeister/Wiese, WPg 2009, S. 54 ff.; Tschöpel/Wiese/Willershausen, WPg 2010, S. 349 ff. und WPg 2010, S. 405 ff. sowie Knoll, CF 2014, S. 3 ff.
16   Ohne Insolvenz (bedingter Erwartungswert) sowie periodeninvarianter Insolvenzwahrscheinlichkeit (hier für T, d.h. nach Detailplanungsphase).
17   Z^{e} ist der Erwartungswert von Wachstum und Insolvenzwahrscheinlichkeit. Interpretiert man Z^{e} als Zahlung vor Insolvenzwahrscheinlichkeit, fällt (1 + w) weg. In der Praxis wird eine mittlere ,p mit w „verrechnet", was die niedrige Wachstumsrate erklärt und c.p. zu einer Unterbewertung von Unternehmen mit gutem Rating führt.
18   Bei einer mehrwertigen simulationsbasierten Planung wird die Insolvenzwahrscheinlichkeit in der Detailplanungsphase automatisch erfasst. Sicherzustellen ist nur, dass bei einer Insolvenz (durch Überschuldung oder Illiquidität) die Simulation der künftigen Perioden aus der Perspektive des Eigentümers tatsächlich „abgebrochen" wird. Diese Erfassung allein ist jedoch unzureichend, weil zumindest bei der Betrachtung des Terminal Value (ausgehend von einer „repräsentativen Startperiode") eben keine mehrwertige Planung mehr vorliegt.

negative Wachstumsrate basieren auf einem vergleichbaren Annahmesystem.[19] Die erläuterte „pragmatische" Erfassung der Möglichkeit einer Insolvenz im Rahmen der üblichen (deterministischen) „Rentenformel" ist – wie die oben aufgeführte Liste mehrerer Methoden zeigt – nicht ohne Alternativen, aber eine einfache Anwendung im bisher üblichen Rahmen der Unternehmensbewertung (mit Detailplanungs- und Fortführungsphase).

Zeit t	t	1	2	3	10
Erwartungswert ohne Insolvenz	Z^e	20	20	10	10
Insolvenzwahrscheinlichkeit in t	p	2 %	2 %	2 %	2 %
Überlebenswahrscheinlichkeit	$(1-p)^t$	98 %	96 %	94%	82%
Erwartungswert mit Insolvenz	$Z^e \cdot (1-p)^t$	9,8	9,6	9,4	8,2

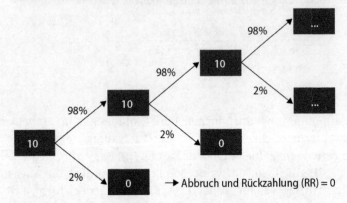

Abb. 7: Wirkung der Insolvenzwahrscheinlichkeit (p = 2%) auf den erwarteten Cashflow (Z^e = 10)

Das einfachste Maß für die Höhe des Insolvenzrisikos ist damit die „Abbruchwahrscheinlichkeit des Zahlungsstroms" der Eigentümer (als Bewertungssubjekt), etwas vereinfachend also die Insolvenzwahrscheinlichkeit.[20] Für die Schätzung der Insolvenzwahrscheinlichkeit kommen verschiedene, insbesondere bei Banken und Ratingagenturen genutzte Ratingmethoden zum Einsatz, deren hohe Qualität durch regelmäßige Backtestings und Validierungsstudien belegt werden muss.[21] Die Insolvenzwahrscheinlichkeit ist grundsätzlich abhängig von (1) erwartetem Ertragsniveau, (2) Ertragsrisiko und (3) Risikodeckungspotenzial (insbesondere Eigenkapitalausstattung).[22]

---

19 Deterministisches Modell einer unendlichen Rente. Vgl. weiterführend Friedrich, a.a.O. (Fn. 5) mit einem Binomialmodell zur Erfassung der Insolvenz. Vollkommen frei von den Restriktionen des deterministischen Rahmens des Gordon-Shapiro-Modells ist man, wenn man auch die einzelnen Perioden der Fortführungsphase explizit im Simulationsmodell betrachtet (und erst nach 100 oder mehr Jahren „stoppt").

20 Präziser sind hier die Fälle gemeint, in denen es zu einem Abbruch des Zahlungsstroms der Eigentümer kommt, ohne dass das Unternehmen verkauft würde und damit eine (wesentliche) „Schlusszahlung" für den Eigentümer entstehen.

21 Siehe zu den Verfahren z.B. Gleißner/Wingenroth, Kredit & Rating Praxis 5/2015, S. 14 ff. und Kredit & Rating Praxis 6/2015, S. 19 ff. und Gleißner/Füser, Praxishandbuch Rating und Finanzierung – Strategien für den Mittelstand, 3. Aufl. 2014.

22 Siehe Gleißner, FB 2002, S. 417 ff.

Es ist hier irrelevant, wie hoch die Größe p (Insolvenzrisiko bzw. -wahrscheinlichkeit) im Durchschnitt aller Unternehmen ist.[23] Für den jeweiligen Bewertungsfall ist die (ggf. periodenspezifische) Insolvenzwahrscheinlichkeit p des Bewertungsobjekts zu betrachten, da eine „Typisierung des Insolvenzrisikos", ebenso wie eine Typisierung der Wachstumsraten der Erträge oder Cashflows von Unternehmen,[24] nicht sinnvoll ist.[25] Es ist zu beachten, dass die gemessen an Inflation und volkswirtschaftlichem Wachstum geringen Wachstumsraten, die häufig für Unternehmen in die Phase der ewigen Rente in Bewertungsgutachten angenommen werden, sich dadurch erklären lassen, dass die eigentliche Wachstumsrate mit einer „mittleren Insolvenzwahrscheinlichkeit aller Unternehmen" verrechnet wird.[26] Dies kann zu einer Unterbewertung von Unternehmen mit niedrigem Insolvenzrisiko und eine Überbewertung von Unternehmen mit hohem Insolvenzrisiko führen.

III. Stand der Diskussion

1. Präzisierung von Begriffen im IDW Praxishinweis 2/2018

Hinweise zur möglichen Präzisierung von Aussagen und Begriffen findet man bei Schüler/Schwetzler (2019).[27]

Zum Begriff Insolvenzrisiko und Insolvenzkosten führen Schüler und Schwetzler aus:

> „In der Empfehlung finden sich zahlreiche Aussagen zu Ausfallrisiken der Gläubiger, aber kaum Formulierungen zu Insolvenzkosten und Insolvenzrisiken. Das ist deshalb erstaunlich, da wie oben ausgeführt, unter idealen Bedingungen Ausfallrisiken der Gläubiger keinen Einfluss auf den Entity-Unternehmenswert haben. Wir vermuten, dass mit der in der Empfehlung gebrauchten Formulierung „Ausfallrisiken" tatsächlich die möglichen negativen finanziellen Auswirkungen einer tatsächlichen oder drohenden Insolvenz gemeint sind. (Tz. 47)."[28]

Nachfolgend wird anstelle von „Ausfallrisiken" ebenfalls der Begriff „Insolvenzrisiko" verwendet[29] (entsprechend Schüler/Schwetzler, 2019).

Im IDW Praxishinweis 2/2018 und bei Schüler/Schwetzler (2019) taucht hier der Begriff „Risiko" auf, ohne dass explizit ausgeführt wird, durch welches Risikomaß

---

23 Siehe Gleißner, WPg 2010, S. 735 ff. mit branchenüblichen Insolvenzwahrscheinlichkeiten basierend auf Daten der Coface.
24 Meist 0 bis 1%. Siehe Schüler/Lampenius, BFuP, S. 232 ff. und Muschallik, CF 2019, S. 48 ff.
25 Zur Typisierung siehe Henselmann, BfuP 2006, S.144 ff.
26 Siehe dazu Gleißner, WISU 2019, S. 692 ff.
27 Vgl. Schüler/Schwetzler, DB 2019, S. 1745 ff.
28 Schüler/Schwetzler, DB 2019, S. 1748.
29 Der üblicherweise für die Betrachtung aus Gläubigerperspektive verwendet wird.

dieses Risiko ausgedrückt werden soll. Aus dem Zusammenhang erscheint es als sachgerecht, dass hier Risiko i.S.v. Wahrscheinlichkeit aufgefasst wird (also formal als Lower Partial Moment vom Grad Null: LPM_0). Entsprechend ist im Folgenden naheliegenderweise von der Betrachtung der Ausfall- oder Insolvenzwahrscheinlichkeit auszugehen.[30] Der hier verwendete Begriff des „Ausfallrisikos" und der Begriff des „Insolvenzrisikos" werden nachfolgend vereinfachend als identisch betrachtet.[31]

Dies gilt speziell für vereinfachte Verfahren, die lediglich auf wenigen Finanzkennzahlen basieren.[32] Simulationsbasierte Verfahren berücksichtigen dagegen explizit in der stochastischen Planung die Finanzierungspolitik (und insbesondere auch die Ertragsrisiken des Unternehmens), die wiederum bei Schüler/Schwetzler (2019) und Lahmann/Schreiter/Schwetzler (2018) nicht im Einzelnen betrachtet werden, da der Bezug zu Risikoanalyse und Risikoaggregation fehlt.[33]

2. Relevanz des Verschuldungsgrads der Peer Group

Der IDW Praxishinweis 2/2018 unterscheidet Bewertungsverfahren für zwei Gruppen von Unternehmen (Tab. 1[34]), nämlich „gering und normal verschuldete Unternehmen" (siehe Kapitel III) und „hoch verschuldete Unternehmen" (vgl. Nr. 19).

	Verschuldungsgrad des Bewertungsobjekts ist erheblich höher als der der Peer Group?		
Verschuldungsgrad des Bewertungsobjekts ist mit materiellen Ausfallrisiken verbunden?		Nein	Ja
	Nein	Gering bzw. normal verschuldetes Unternehmen	Hoch verschuldetes oder wie gering oder normal verschuldetes Unternehmen
	Ja	Hoch verschuldetes Unternehmen	Hoch verschuldetes Unternehmen

Tab. 1: Zusammenfassung der Abgrenzung von gering bzw. normal und hoch verschuldeten Unternehmen

---

30   Bekanntlich ist der Ausfall eine Beurteilung aus Perspektive der Gläubiger, die nicht termingerecht sämtliche ihnen zustehenden Zahlungen erhalten. Ausfall- und Insolvenzwahrscheinlichkeit sind ähnlich, aber nicht identisch.

31   Wenngleich der Sachverhalt von Ausfall und Insolvenz nicht identisch sind. Eine Insolvenz führt im Allgemeinen zu Kreditausfall (zumindest teilweise). Aber Zahlungsausfälle sind auch ohne Insolvenz möglich.

32   Wenngleich hier anzumerken ist, dass die Finanzierungspolitik tatsächlich auch von Ratingagenturen bei der Erstellung von Ratings und der Abschätzung der Insolvenzwahrscheinlichkeit berücksichtigt wird.

33   Siehe dazu Gleißner, a.a.O. (Fn. 7) und Gleißner, WISU 2019, S. 692 ff., mit einem Vergleich der Methoden.

34   IDW Praxishinweis 2018, IDW Life 2018, S. 967.

Unter Punkt 16 findet man folgende Erläuterung dazu:

„Unter hoch verschuldeten Unternehmen werden in diesem IDW Praxishinweis Unternehmen verstanden, die einen Verschuldungsgrad aufweisen, der mit materiellen Ausfallrisiken verbunden ist. Soweit das Unternehmen über ein eigenes Kreditrating verfügt, kann dieses Rückschlüsse auf das Ausfallrisiko der Fremdkapitalgeber liefern. Liegt kein Rating vor, können bestimmte weitere Kennzahlen, z.B. die Verschuldung des Unternehmens zum Bewertungsstichtag im Verhältnis zu seinem EBITDA, zur tieferen Analyse verwendet werden."

Sowie unter Punkt 17:

„Ein hochverschuldetes Unternehmen i.S. dieses IDW Praxishinweises liegt auch dann vor, wenn die hohe Verschuldung erst in der Zukunft, z.B. infolge zu erwartender Verluste, entsteht. … "

Eine derartige Aufteilung in zwei getrennte Gruppen ist nicht zwingend; das Insolvenzrisiko ist in allen seinen Aspekten (wie Insolvenzkosten oder Insolvenzwahrscheinlichkeit) auf einer kardinalen Skala messbar.

Die These, dass „normale Verschuldung" keine Betrachtung des Insolvenzrisikos erfordert, wird in der Literatur als zu pauschal diskutiert. Diese These kritisieren z.B. Schüler und Schwetzler:

„Die en passant (Tz. 36, 41, 42) vorgetragene These ‚normale Verschuldung birgt vernachlässigbares Ausfallrisiko' birgt nicht zuletzt mangels präziser Definition die Gefahr, dass man sich von einer ggf. im einstelligen Prozentbereich liegenden Ausfallwahrscheinlichkeit leiten lässt und übersieht, dass der Ausfall durch einen ggf. gravierenden Einbruch des Anspruchswertes zu einer sehr niedrigen oder gar negativen erwarteten Verzinsung führen kann."[35]

Die im IDW Praxishinweis vereinfachte Zweiteilung in die beiden Gruppen von Unternehmen und angemessene Bewertungsverfahren existiert in der Realität so nicht. An der „Bruchstelle" treten potenziell Inkonsistenzen auf. In der Literatur werden Bewertungsverfahren gefordert, die einheitlich, d.h. für beliebige Verschuldungsgrade, verwendet werden können. Es sei entsprechend sicherzustellen, dass

---

35   Schüler/Schwetzler, DB 2019, S. 1747.

die jeweilige Höhe von Insolvenzrisiko und Verschuldungsgrad bei diesem „einheitlichen" Bewertungsverfahren eben auch adäquat berücksichtigt wird.[36]

Im IDW Vorschlag bleibt unklar, an welchem konkreten Punkt der Höhe von Insolvenzrisiken man die Bewertungsverfahren gem. Kapitel 3 des IDW Praxishinweis 2/2018[37] und wann die Bewertungsverfahren nach Kapitel 4[38] verwenden soll.

Die Wirkung der Insolvenzwahrscheinlichkeit auf den Unternehmenswert ist bei Unternehmen mit einem sehr guten Rating (im Investment Grade) vergleichsweise gering und könnte zumindest vereinfachend vernachlässigt werden, wenn man zumindest eine sachgerechte Einschätzung des Ratings als Begründung heranzieht.

Will man aus Vereinfachungsgründen Bewertungsfälle abgrenzen, bei denen das implizite Setzen der Insolvenzwahrscheinlichkeit auf p = 0 einen noch akzeptablen, weil unwesentlichen Bewertungsfehler macht, wird gefordert die Grenze, bis zu der die Vereinfachung akzeptabel ist, klar zu benennen, etwa durch die Vorgabe einer maximal akzeptablen Ausfall- oder Insolvenzwahrscheinlichkeit (bzw. einer korrespondierenden Ratingnote). Eine solche Angabe findet man derzeit im IDW Praxishinweis nicht. Wo genau verläuft die Grenze zwischen „geringer" oder „mittlerer" bzw. „hoher" Verschuldung? Diese Grenze lässt sich ohne Bezug zu den zukünftig zu erwartenden Erträgen und den Ertragsrisiken nicht einseitig ziehen.

In der Literatur wird ferner kritisiert, dass die für die Auswahlwahrscheinlichkeit maßgeblichen Ertragsrisiken des Unternehmens im Unternehmenswert bei Anwendung der üblichen Vorgehensweise gem. IDW S1 gar nicht erfasst würden. Der IDW S1 präferiere noch immer das auf unrealistischen Annahmen basierende CAPM[39] und erfasst im Diskontierungszinssatz nur systematische Risiken aus (historischen) Aktienrenditeschwankungen. Für die Insolvenzwahrscheinlichkeit maßgeblich seien aber sowohl systematische als auch unsystematische Ertragsrisiken. Auch unternehmensspezifische Risiken können schwerwiegende Verluste und Insolvenzen auslösen.

Für die Bewertung eines Unternehmens seien zudem das Insolvenzrisiko und der Verschuldungsgrad genau dieses zu bewertenden Unternehmens maßgeblich; die der Peer Group-Unternehmen seien nicht relevant.

---

36   Siehe für einen solchen einheitlichen Ansatz Gleißner, WPg 2010, S. 735 ff. und Gleißner, BWP 2017, S. 42 ff. sowie Friedrich, a.a.O. (Fn. 5).

37   Kapitel 3: Bewertungsgrundsätze bei gering und normal verschuldeten Unternehmen, siehe Siebler/Moser, IDW Life 2018, S. 966 ff.

38   Kapital 4: Besonderheiten bei der Bewertung von hoch verschuldeten Unternehmen, siehe Siebler/Moser, IDW Life 2018, S. 966 ff.

39   Siehe Gleißner, CF 2014, S. 151 ff.

3. Erwartungstreue Planwerte

Eine grundlegende Anforderung für die Anwendung des DCF- oder Ertragswertverfahrens für die Unternehmensbewertung besteht darin, dass die Planwerte erwartungstreu sein müssen (siehe dazu z.B. IDW S 1, RZ 29); und genau diese Anforderung ist nicht erfüllt, wenn die Möglichkeit einer Insolvenz (mit Insolvenzkosten) in der Planung nicht berücksichtigt wird.

Richtig und wesentlich ist daher die folgende Klarstellung im IDW Praxishinweis 3/2017 (RZ 25):

> „Im Bewertungskalkül sind stets Erwartungswerte der finanziellen Überschüsse anzusetzen. Diese Erwartungswerte stellen das Ergebnis einer mehrwertigen Planung dar, die explizit oder implizit auf mit Eintrittswahrscheinlichkeiten gewichteten Szenarien basieren. In ihnen spiegelt sich jeweils die gesamte Bandbreite in Zukunft möglicher finanzieller Überschüsse des zu bewertenden Unternehmens wider."[40]

Diese Aussage impliziert insbesondere, dass auch Insolvenzrisiken grundsätzlich zu berücksichtigen sind, um Erwartungswerte abzuleiten.

Die grundsätzliche Bewertungsrelevanz von Ausfallrisiken, speziell bei der Bewertung hochverschuldeter Unternehmen, drückt IDW Praxishinweis 2/2018 treffend in TZ 43 aus:

> „Im Zusammenhang mit den erhöhten Ausfallrisiken hoch verschuldeter Unternehmen ist kritisch zu hinterfragen, ob und wie Ausfallrisiken in der Planungsrechnung bereits berücksichtigt wurden. Indikationen für die Ausfallrisiken können u.a. mit Hilfe von Simulationsrechnungen oder Rating-Modellen gewonnen werden. Werden Ausfallwahrscheinlichkeiten in der Planungsrechnung berücksichtigt, sollten diese im Sinne einer bestmöglichen Schätzung erwartungstreu sein."

Die Möglichkeit einer Insolvenz wird in einer Unternehmensplanung in aller Regel nicht beachtet; ein Unternehmen plant für den Fall, dass es auch noch in Zukunft existiert. Hat ein Unternehmen z.B. einen Kredit aufgenommen oder eine Anleihe emittiert mit festen Zinssätzen, so muss sich der Erwartungswert der Zinsaufwendungen von Jahr zu Jahr reduzieren (und nicht etwa konstant bleiben). Sieht man

---

40   Siehe die entsprechenden vielfältigen Erläuterungen z.B. bei Gleißner, WPg 2015, S. 72 ff., Gleißner, WPg 2015, S. 908 ff. und Gleißner, WiSt 2011, S. 345 ff.

in einem solchen Fall konstante Fremdkapitalaufwendungen in der Planung, ist es möglich, dass die Planung nicht erwartungstreu ist.

Man liest zudem in TZ 57:

> „Besonderheiten bestehen darüber hinaus ggf. in der Berücksichtigung von Kosten, die in Folge der überhöhten Verschuldung entstehen. Diese können sowohl direkte als auch indirekte Kosten umfassen."

Tatsächlich ist dies in vielen Fällen von zentraler Bedeutung. Indirekte Insolvenzkosten[41] führen zu einer Reduzierung der erwarteten Erträge im Vergleich zu einem unverschuldeten Unternehmen. Der Erwartungswert der Erträge und seine zeitliche Entwicklung (in der Fortführungsphase) werden zudem von Szenarien beeinflusst, in denen der Zahlungsstrom für die Eigentümer durch eine Insolvenz „abbricht". Wie beide Phänomene konkret gemessen und berücksichtigt werden sollen, erörtert die aktuelle Fassung des Praxishinweises nicht.

Der Bewerter muss sich daher darum kümmern, dass die Möglichkeit einer Insolvenz adäquat im Erwartungswert erfasst wird. Bei der Erfassung des Insolvenzrisikos ist meist davon auszugehen, dass die vom Unternehmen selbst erstellte Going Concern-Managementplanung nicht erwartungstreu ist. Dies stellen z.B. Ihlau/Duscha/Gödecke als Erläuterung zu Methode A/Gleichung (1) klar:

> „Grundlage des Modells ist die Annahme, dass die Planungsrechnung nicht auf dem Erwartungswert der mit den jeweiligen Eintrittswahrscheinlichkeiten gewichteten Szenarien des Unternehmens basiert, sondern eine quasi einwertige Ertrags-, Bilanz- und letztlich Zahlungsüberschussprognose vorliegt, in der Insolvenzrisiken nicht ausreichend berücksichtigt sind. Die Möglichkeit einer Insolvenz mit abnehmenden finanziellen Überschüssen an die Anteilseigner ist somit in den zu kapitalisierenden Überschüssen nicht berücksichtigt."[42]

---

41 Siehe auch Meitner/Streitferdt, CF 2019, S. 334 ff.
42 Ihlau/Duscha/Gödecke, Besonderheiten bei der Bewertung von KMU, 2013, S. 216. Mit Bezug auf Arbeitskreis des EACVA e. V. (2011), BWP 2011, S. 12 ff. und Gleißner, CFbiz 2011, S. 243 ff.

Für die Steuerung eines Unternehmens ist dies auch sinnvoll. Für die Unternehmensbewertung und Entscheidungen sind aber Erwartungswerte notwendig, die sich unter Berücksichtigung bestehender Risiken „im Mittel" erreichen lassen.[43]

Prinzipiell wird im Praxishinweis damit klargestellt, dass die Auswirkungen des durch den Verschuldungsgrad beeinflussten Insolvenzrisikos auf die Cashflows und Erträge des Unternehmens zu berücksichtigen sind. Es wird aber gefordert, wesentliche Implikationen, wie die Notwendigkeit einer Risikoanalyse, klarer hervorzuheben.

4. Begrenzte Lebensdauer vs. endlicher Erwartungswert der Lebensdauer von Unternehmen

Eine offensichtliche Auswirkung des Insolvenzrisikos besteht in der Möglichkeit, dass der Zahlungsstrom der Eigentümer abbricht, also einen endlichen Erwartungswert aufweist. Die erwartete Existenzdauer des Unternehmens ist bei Vorliegen eines Insolvenzrisikos nicht unendlich.

Der IDW Praxishinweis 2/2018 beinhaltet eine Formulierung im Hinblick auf die Lebensdauer von Unternehmen, die man in ähnlicher Form auch im Schrifttum häufig findet. Bezüglich der „geringen und normalverschuldeten" Unternehmen führt der Praxishinweis bei RZ 22 aus:

> **„Bei gering und normal verschuldeten Unternehmen ist regelmäßig von einer unbegrenzten Lebensdauer des zu bewertenden Unternehmens auszugehen."**

Dieser Hinweis ist sachlich richtig, wird aber von Bewertern oft falsch interpretiert. Aus unbegrenzter Lebensdauer folgen nicht unendliche Erwartungswerte der Lebensdauer.

---

43 Entsprechend den GoP sollten Unternehmen daher ergänzend zu den Zielwerten, unter Berücksichtigung von Chancen und Gefahren (Risiken), Erwartungswerte der Planung ableiten. Die empirische Studie von Behringer und Gleißner (2018) (Behringer/Gleißner, WPg 2018, S. 312 ff.) zeigt aber klar: Die überwiegende Mehrzahl der Unternehmensplanungen basiert auf Zielwerten für die Unternehmenssteuerung, nicht aber auf Erwartungswerten. Zudem werden die im gesetzlich vorgeschriebenen Risikomanagement identifizierten und quantifizierten Chancen und Gefahren (Risiken) nicht in der Unternehmensplanung berücksichtigt (was auch eine Vielzahl von Studien zum Risikomanagement selbst verdeutlichen). Unternehmensplanung und Analyse der Risiken, die Planabweichungen auslösen können, sind in vielen Unternehmen nur unzureichend verknüpft. Weder werden die im Planungsprozess (implizit) identifizierten Risiken systematisch quantifiziert noch ihre Implikationen betrachtet. Nur 29% der Unternehmen versuchen überhaupt Erwartungswerte abzuleiten, was aber wegen fehlender Nutzung von Ergebnissen der Risikoanalyse auch bei diesen in der Regel nicht möglich ist. Dementsprechend führt auch nur eine kleine Minderheit der Unternehmen zur Vorbereitung wesentlicher Entscheidungen (Bereitstellung angemessener Informationen i. S. von § 93 AktG) Risikoanalysen durch.

Friedrich (2015) führt z.B. aus:

> „Es erscheint widersprüchlich, wenn innerhalb eines Kalküls gleichzeitig die Annahmen einer unendlichen Fortführungsphase und einer positiven Insolvenzwahrscheinlichkeit getroffen werden: Letztere impliziert, dass die Insolvenz des Unternehmens sicher ist, wenn $T \to \infty$ läuft; lediglich der konkrete Zeitpunkt der Insolvenz ist unbestimmt. Insofern schließen sich eine unendliche Fortführung und eine positive Insolvenzwahrscheinlichkeit aus, wenn die Insolvenz zur Liquidation des Unternehmens führt."[44]

Eine Insolvenzwahrscheinlichkeit und eine unbegrenzte Lebensdauer stehen jedoch nicht im Widerspruch. Die Terminal Value-Formel zeigt, dass auch bei einer Insolvenzwahrscheinlichkeit von p > 0 Unternehmen grundsätzlich ewig existieren können, d.h., dass es keinen sicheren Zeitpunkt des Existenzendes gibt. In jedem Jahr der unendlichen Zukunft ist die Existenzwahrscheinlichkeit größer als Null.[45] Realistischerweise wird allerdings berücksichtigt, dass eine Insolvenz eben auch möglich ist (mit einer bestimmten Wahrscheinlichkeit in jedem Jahr). Die Insolvenzwahrscheinlichkeit führt damit zu einem *endlichen Erwartungswert der Lebensdauer* von Unternehmen, aber nicht zu einer *Begrenzung der Lebensdauer*.

Die Tab. 2 zeigt für verschiedene Ausprägungen der Insolvenzwahrscheinlichkeit pro Jahr (p) die zugehörigen Erwartungswerte für die Lebensdauer eines Unternehmens. Dazu der Hinweis: Bei Insolvenzrisiko besteht in jedem Zeitpunkt die Wahrscheinlichkeit (1-p), dass das Unternehmen weiterlebt. Die Lebensdauer T tritt also mit Wahrscheinlichkeit $(1-p)\,T - 1 \times p$ ein. Damit ist die erwartete Lebensdauer

$$= \sum\nolimits_{t=1}^{\infty}(1-p)^{t-1}\cdot p \cdot t = p\sum\nolimits_{t=1}^{\infty} t \times (1-p)^{t-1}$$
$$= p\,\frac{1}{(1-(1-p))^{2}} = \frac{1}{p}.$$

Die Aussage über die Summe beweist man, indem man die klassische Summenformel $= \sum\nolimits_{t=1}^{\infty}(1-p)^{t}$ einmal nach p ableitet.[46]

---

44   Friedrich, a.a.O (Fn. 5), S. 148.
45   Die unendliche Reihe der Cashflows führt bekanntlich auch zu einem endlichen Unternehmenswert.
46   Dank an den Reviewer für diesen und andere nützliche Hinweise.

Rating	p (pro Jahr)	Erwartete Lebensdauer (L)
A	0,1%	1000
BBB	0,5%	200
BB	1,0%	100
BB-	2,0%	50
B	5,0%	20

Tab. 2: Zuordnung von Insolvenzwahrscheinlichkeit (p) und Lebensdauer

Auch die unendliche Reihe der Cashflows führt bekanntlich zu einem endlichen Unternehmenswert. Der vermutete Widerspruch besteht also nicht. Wie im Gordon-Shapiro-Modell ist es sachgerecht, grundsätzlich ein beliebig langes Überleben des Unternehmens zu berücksichtigen, da für jedes beliebige t > 0 eine zwar sinkende, aber doch weiterhin positive Überlebenswahrscheinlichkeit besteht. Der Erwartungswert der Lebensdauer des Unternehmens ist aber dennoch endlich (wie auch der Unternehmenswert).

5. Fremdkapitalkosten vs. Fremdkapitalzinssätze

Mit den Auswirkungen der Verschuldung auf den Fremdkapitalkostensatz befasst sich Abschn. 3.3 des IDW Praxishinweis 2/2018. Speziell interessant sind Aussagen in Randziffer 31 und 35:

> „31: Die Fremdkapitalkosten bestimmen sich als gewogener durchschnittlicher Kostensatz der einzelnen Fremdkapitalformen. Sie sind als erwartete Rendite („expected yield") der Fremdkapitalgeber eines Unternehmens aufzufassen und setzen sich entsprechend den Eigenkapitalkosten aus einem risikolosen Basiszinssatz und einer Risikoprämie (Spread) zusammen."

Und

> „35: Bei ausfallgefährdetem Fremdkapital übersteigen somit die vertragliche Rendite und die am Markt beobachtete Rendite die erwartete Rendite".

Die letzte Aussage ist richtig, jedoch werden in der Literatur Präzisierungen einiger Erläuterungen und Begriffe gefordert. Schüler und Schwetzler (2019) verweisen darauf, dass die im Praxishinweis verwendeten Begriffe „Fremdkapitalkosten", „am Markt beobachtbare Renditen", „vertraglich vereinbarter Zinssatz", „Promised Yield" und „erwartete Rendite" des Fremdkapitals nicht präzise genug definiert sind[47]. So wird korrekterweise ausgeführt:

> „Als vorläufiges Fazit ist für den Fall bei Sicherheit und flacher Zinsstruktur festzuhalten, dass die Kosten der Fremdfinanzierung insgesamt identisch sind mit der Yield bzw. dem internen Zinsfuß der Anleihe bzw. des Kredites."[48]

Und

> „Daraus folgt, dass für die Bewertung von fremdfinanzierten Unternehmen, die keinem (nennenswerten) Ausfallrisiko unterliegen, die ‚am Markt beobachtbare Rendite' (Tz. 33) dem risikolosen Marktzinssatz entspricht. Ob dies auch für den vertraglichen Zinssatz gilt, wie Tz. 33 unterstellt, hängt davon ab, ob ein Disagio vereinbart worden ist."[49]

Es wird insbesondere klargestellt, dass hier die Bedeutung eines „Disagios" (wohl vereinfachend) nicht betrachtet wird.[50] Schüler und Schwetzler (2019) stellen klar:

> „Beide Größen, Expected und Promised Yield, steigen mit zunehmenden Ausfallrisiko. Da die Promised Yield auf den versprochenen Zahlungen basiert, muss sie immer über der Expected Yield liegen."[51]

Und weiter

> „Die Kosten der Fremdfinanzierung insgesamt entsprechen unter Berücksichtigung von Ausfallrisiko der erwarteten Rendite (Expected Yield) des entsprechenden Fremdkapitaltitels."

Die Bedeutung der Überleitung von „Promised Yield" (Fremdkapitalzinssätzen) auf „Expected Yield" (Fremdkapitalkostensätzen) wird auch im Kontext hoch verschuldeter Unternehmen durch den Praxishinweis klar. So liest man in TZ 48:

> „Für die Ableitung der erwarteten Rendite des Fremdkapitals ist dann das entsprechende Ausfallrisiko aus der am Markt

---

47   Den Ausführungen ist zuzustimmen. Aus Vereinfachungsgründen wird in diesem Beitrag auf einige dieser Präzisierungen jedoch nicht Rücksicht genommen.
48   Schüler/Schwetzler, DB 2019, S. 1746.
49   Schüler/Schwetzler, DB 2019, S. 1746.
50   Man kann dies durchaus als Aspekt und Determinante des „vertraglichen Fremdkapitalzinssatzes" auffassen.
51   Schüler/Schwetzler, DB 2019, S. 1746. Hinweis: Empirisch wird diese Aussage oft bei „schlechteren" Ratings nicht bestätigt.

beobachtbaren Rendite des Fremdkapitals des Bewertungsobjekts zu eliminieren […]. Die mit hoch verschuldeten Unternehmen verbundenen Ausfallrisiken sind dann bei der Schätzung
der operativen finanziellen Überschüsse zu berücksichtigen und
transparent zu machen."

Der Zusammenhang lässt sich wie folgt beschreiben: Da im Fall einer Insolvenz die Fremdkapitalgeber nicht mehr den (vollständigen) Einsatz zurückerhalten, sondern nur die „Recovery Rate" (RR), ergibt sich als erwartete Fremdkapitalrendite (Fremdkapitalkosten) bei einem vertraglich vereinbarten Fremdkapitalzinssatz[52] (k_{FK}^0) und einer Insolvenzwahrscheinlichkeit p der folgende Fremdkapitalkosten-satz (k_{FK}):[53]

$$k_{FK} = (k_{FK}^0 + 1) \times (1 - p) + p \times RR - 1$$
$$= k_{FK}^0 \times (1 - p) + p \times RR - p \tag{2}$$

Speziell für RR = 0 vereinfacht sich die Gleichung und es folgt näherungsweise:

$$k_{FK} \approx k_{FK}^0 - p \tag{3}$$

Es ist eine bedeutende Klarstellung des IDW Praxishinweis 2/2018, dass auf die folglich notwendige Unterscheidung zwischen Fremdkapitalzinssätzen und Fremdkapitalkosten nunmehr ausdrücklich verwiesen werden.[54] Allerdings wird diskutiert, ob die Bedeutung der Insolvenz bereits bei „normalverschuldeten" Unternehmen stärker betont werden sollte. So heißt es derzeit im IDW Praxishinweis 2/2018:

„36: Bei gering und normal verschuldeten Unternehmen kann
von einem geringen und damit vernachlässigbaren Ausfallrisiko ausgegangen werden (vgl. Tz.13). Die am Markt beobachtbare Rendite des Fremdkapitaltitels entspricht in diesem
Fall näherungsweise der erwarteten Rendite, sodass für diese
Unternehmen vereinfachend keine Anpassung des als Marktrendite bestimmten Fremdkapitalkostensatzes erforderlich ist."

In der Literatur wird demgegenüber diskutiert, dass wenn man als normalverschuldete Unternehmen solche ansieht, die etwa eine mittlere Insolvenzwahrscheinlichkeit aufweisen,[55] schon bei einem typischen mittelständischen Unternehmen,

---

52   Präzise: Promised Yield. Von einem Disagio etc. wird hier aber abgesehen.
53   Vgl. Gleißner, WPg 2010, S. 735 ff. und Gleißner, BWP 2017, S. 42 ff. sowie Baule, Business Research S. 721 ff.
54   Siehe entsprechend Gleißner, WPg 2010, S. 735 ff. mit der entsprechenden Forderung sowie Baule, Business Research S. 721 ff. und Krotter/Schüler, ZfbF 2013, S. 390 ff. mit einer Studie dazu.
55   Siehe dazu die Tabelle mit branchenspezifischen Ausfallwahrscheinlichkeiten gemäß Studie von Coface in Gleißner, WPg 2010, S. 735 ff.

mit einem BB-Rating, eine Adjustierung der Fremdkapitalkosten um ca. 1% notwendig sei.[56]

Möchte man die explizite Erfassung des Insolvenzrisikos im Bewertungskalkül bei sehr niedrigen Insolvenzwahrscheinlichkeiten vereinfachend vermeiden, sollte dieser Zusammenhang zwischen Rating und Adjustierung der Fremdkapitalkosten berücksichtigt werden.

6. Risiko und Diskontierungszinssatz

Insolvenzrisiken haben potenziell Wirkung auf (1) Fremdkapitalzinssatz und (2) Erwartungswert der Erträge und Cashflows und deren zeitliche Entwicklung sowie (3) Höhe des Tax Shields.[57] Potenziell hat das Insolvenzrisiko darüber hinaus auch Auswirkung auf den Diskontierungszinssatz (Kapitalkostensatz) bzw. Kapitalisierungszinssatz.[58]

Neben der Wirkung auf die Höhe und die zeitliche Entwicklung des Erwartungswerts der Erträge und Cashflows kann das Insolvenzrisiko – wie erwähnt – auch den risikogerechten Eigenkapitalkostensatz beeinflussen. Im Modellrahmen des **CAPM** ist die systematische Komponente des Insolvenzrisikos unmittelbar im Beta-Faktor zu erfassen. Bei einer **simulationsbasierten Bewertung** sind Insolvenzwahrscheinlichkeit, Erwartungswert der Erträge und Kapitalkosten gemeinsam aus einer mittels Monte-Carlo-Simulation zu bestimmenden Häufigkeitsverteilung der unsicheren Erträge ableitbar. Unternehmenswert (und Kapitalkosten) werden aus der Simulation mit der Methode der unvollständigen Replikation abgeleitet, wobei von folgender Annahme ausgegangen wird: Zwei Zahlungen zum selben Zeitpunkt haben denselben Wert, wenn sie im Erwartungswert und dem gewählten Risikomaß (z.B. Standardabweichung der Erträge) übereinstimmen.[59] Das Insolvenzrisiko ist dann im Erwartungswert und im Risikomaß enthalten und wirkt so auch auf die vom Risikomaß abhängigen Eigenkapitalkosten.[60]

Ob also hier eine „eigenständige" Erfassung erforderlich ist, hängt jedoch vom zugrunde liegenden, gewählten Verfahren für die Ableitung dieses Diskontierungszinssatzes ab.

---

56   Vgl. z.B. Damodaran, Ratings, Interest Coverage Ratios and Default Spread, http://hbfm.link/6702 (Abruf 12.02.2020).
57   Siehe dazu Knabe, a.a.O. (Fn. 2) und Krotter/Schüler, ZfbF 2013, S. 390 ff.
58   Zu den Grundlagen siehe Toll/Leonhardt, ZBB 2019, S. 195 ff. sowie Reichling/Zbandut, Journal of Credit Risk Dezember 2019, S. 1 ff.
59   Vgl. Dorfleitner/Gleißner, Journal of Risk 3/2018, S. 1 ff.
60   In Anlehnung an Gleißner, WISU 2019, S. 692 ff.

Dies wird auch im IDW Praxishinweis 2/2018 in TZ 28 und 29[61] angesprochen:

> „Demnach muss der Kapitalisierungszinssatz den zu diskontierenden finanziellen Überschüssen, insb. hinsichtlich Unsicherheit, Breite und zeitlicher Struktur, äquivalent sein."

und

> „Bei der Schätzung der unternehmensspezifischen Risiko-prämie sind grundsätzlich sowohl das operative Risiko aus der betrieblichen Tätigkeit als auch das vom Verschuldungsgrad beeinflusste Kapitalstrukturrisiko zu berücksichtigen."

Damit stellt sich die Frage, wie das „operative Risiko"– die Ertragsschwankungen[62] – erfasst werden soll. Bei einer simulationsbasierten Bewertung ist dies möglich über eine quantitative Risikoanalyse und Risikoaggregation. Bei Anwendung des CAPM für die Ableitung der Kapitalkosten ist eine geeignete Schätzung des Betafaktors erforderlich und Risikoanalyse und Risikosimulation dienen „nur" zur Ableitung der Erwartungswerte von Cashflows (bzw. Erträgen).[63]

Weiter liest man in TZ 40 speziell mit Bezug auf die Modellannahme des CAPM:

> „Im Falle von risikobehaftetem Fremdkapital reduziert die teilwei-se Risikoübernahme seitens der Fremdkapitalgeber grundsätzlich das von den Eigenkapitalgebern zu tragende operative Risiko. Dieser Umstand kann beim Unlevern und Relevern des Betafaktors des Eigenkapitals in Form des Ansatzes eines Betafaktors des Fremdka-pitals (β^{FK}) berücksichtigt werden."

Anstelle des „kann" wäre hier ein „sollte" angebracht, also eine klare Empfehlung. Grundsätzlich ist es erforderlich, dass die Bewertungen des Eigenkapitals und des Fremdkapitals zueinander konsistent sind, insbesondere also die gleichen Informationen (speziell über die Risiken des Unternehmens und damit auch die Insolvenzwahrscheinlichkeit) in beiden Bewertungskalkülen berücksichtigt werden.[64]

---

61   Es ist erfreulich, dass in TZ38 im Hinblick auf die Ermittlung des Eigenkapitalkostensatzes lediglich darauf ver-wiesen wird, dass man diesen insbesondere über das CAPM ermitteln kann. Bei einer kritischen Betrachtung des CAPM (siehe zuletzt Dempsey, Abacus Vol. 49 S. 7 ff. und Dempsey, Abacus, Vol. 49 S. 82 ff. sowie Fernández, Is it Ethical to Teach that Beta and CAPM Explain Something?, verfügbar auf http://hbfm.link/5200 (Abruf: 04.03.20) muss man eigentlich sagen, dass man dies natürlich kann – aber nicht tun sollte. Geht man dennoch von der Modellwelt des CAPM aus, ist nur die systematischen Komponente des Insolvenzrisikos über den Betafaktor bei der Bestimmung der Kapitalkosten zu berücksichtigen.
62   Z.B. auch abhängig vom oft ignorierten Operating Leverage.
63   Vgl. Gleißner/Ernst, Business Valuation OIV Journal 1/2019, S. 3 ff.
64   Siehe zu einem integrierten Ansatz der Beurteilung von Eigen- und Fremdkapital Gleißner/Garrn/Nestler, CF 2014, S. 422 ff. sowie Knoll, CF 2014, S. 3 ff.

7. Messung des Insolvenzrisikos: Insolvenzkosten vs. Insolvenzwahrscheinlichkeit

Die bisherigen Abschnitte von Kapitel III haben sich primär mit den Auswirkungen des Insolvenzrisikos beschäftigt. Um das Insolvenzrisiko adäquat bei der Unternehmensbewertung berücksichtigen zu können, ist es zuvor erforderlich, das Konstrukt „Insolvenzrisiko" (oder Synonym: Ausfallrisiko) zu operationalisieren, also zu messen. Insolvenzwahrscheinlichkeit und Insolvenzkosten sind naheliegende (einander nicht ausschließende) Messgrößen.

RZ 11 führt dazu aus:

> **„Den weiteren Ausführungen liegt die Annahme zugrunde, dass mit einem steigenden Verschuldungsgrad das Kapitalstrukturrisiko (Finanzierungsrisiko) und das Risiko des (teilweisen) Ausfalls der Zahlungsströme an die Kapitalgeber (Ausfallrisiko) steigen."**

Eine Quantifizierung des Insolvenzrisikos über Insolvenzwahrscheinlichkeit und eine solche über Insolvenzkosten lassen sich ineinander umformen. Da tragfähige Messkonzepte für die Insolvenzkosten aber weitgehend fehlen, ist die Erfassung über die Insolvenzwahrscheinlichkeit zu empfehlen. Geeignete Methoden, diese zu schätzen, sind bei Banken und Ratingagenturen seit Langem bekannt. Die alleinige Betrachtung der Insolvenzwahrscheinlichkeit ist auch daher gerechtfertigt, weil

- in der Detailplanungsphase implizit indirekte Insolvenzkosten erfasst sind[65] (durch die Schwierigkeiten z.B. Mitarbeiter oder Kunden bei bonitätsschwachen Unternehmen zu gewinnen) und
- im Falle einer Insolvenz der Zahlungsstrom an die Eigentümer meist abbricht (und damit lediglich die Wahrscheinlichkeit für einen derartigen Abbruch der Insolvenzwahrscheinlichkeit bedeutend ist).

Das beste Maß für das Insolvenzrisiko eines Unternehmens ist die Insolvenz- oder Ausfallwahrscheinlichkeit (p), die sich aus den bekannten Ratingmethoden ableiten lässt. Es ist zu beachten, dass – anders als bei der Unternehmensbewertung bzw. Insolvenzprognose – Ratingagenturen und Kreditinstitute regelmäßige Backtesting- und Validierungsstudien für ihre Ratingmethoden vornehmen müssen, die auch von europäischen Aufsichtsbehörden (EBA und ESMA) geprüft werden. Die Qualität von Corporate Ratings ist entsprechend gut.

Es ist damit naheliegend, die Insolvenzwahrscheinlichkeit für die Erfassung des Insolvenzrisikos in der Unternehmensbewertung zu nutzen, sei sie eine einfache

---

65   Nicht aber die Möglichkeit der Insolvenz mit Abbruch der Zahlungen an die Eigentümer.

Abschätzung aufgrund einer vorliegenden Ratingnote, eines synthetischen Finanz-kennzahlen-Ratings oder einer anspruchsvollen simulationsbasierten Ratingver-fahrensweise.[66]

Die Quantifizierung von Insolvenzkosten ist wesentlich schwieriger. In dieser Hin-sicht wundert es, dass in der Bewertungsliteratur das Insolvenzrisiko primär über Insolvenzkosten – und damit des Abschlags vom Zähler – erfasst werden soll. Die grundsätzliche Bedeutung und Existenz von Insolvenzkosten sind unstrittig. Die für die gegebene Ausfallwahrscheinlichkeit relevanten Insolvenzkosten des Unter-nehmens sind allerdings schon in den Erwartungswerten der Erträge erfasst (weil z.B. bestimmte Kunden bei einem hochverschuldeten und von großen Insolvenz-risiken bedrohten Unternehmen eben nicht gewonnen werden können, wenn ent-sprechend nicht in der Planung berücksichtigt werden). Das weitere Problem des möglichen Abbruchs der Zahlung an die Eigentümer bleibt.

Der Wert eines Unternehmens lässt sich in Abhängigkeit der Insolvenzwahrschein-lichkeit oder der schwieriger messbaren Insolvenzkosten (I) angeben und beide Bewertungsweisen sind ineinander umformbar. Dies wird nachfolgend gezeigt.[67]

Für den (bedingten[68]) Erwartungswert der Erträge (E[e]) und die erwarteten Insol-venzkosten (I) ergibt sich gem. dem vorgeschlagenen Ansatz zur Berücksichtigung des Insolvenzrisikos im Zähler folgende Formel:

$$W = \frac{E - I}{k} \tag{4}$$

Es wird hier angenommen, dass die Eigenkapitalkosten (k) als Diskontierungszins-satz risikogerecht berechnet wurden.[69] In die Betrachtung fließen damit nur die Auswirkungen des Insolvenzrisikos auf den Erwartungswert der Erträge und des-sen zeitliche Entwicklung (in der Fortführungsphase) ein. Ebenso wird angenom-men, dass auch der Abbruch der Zahlung für die Eigentümer in irgendeiner Weise korrekt (implizit) in I erfasst wird. Wie man diese Größe I tatsächlich spezifiziert, bleibt in der Bewertungspraxis weitgehend offen.

---

66 Siehe dazu z.B. Gleißner/Wingenroth, Kredit & Rating Praxis 2015, S. 14 ff. und S. 19 ff. und Bemmann, Entwicklung und Validierung eines stochastischen Simulationsmodells für die Prognose von Unternehmensinsolvenzen, 2007.
67 Siehe zu einem Vorschlag für die Bewertung ausgehend von den Insolvenzkosten Meitner/Streitferdt, CF 2019, S. 334 ff.
68 Bedingter Erwartungswert, d.h. Erwartungswert ohne Beachtung der Möglichkeit einer Insolvenz.
69 Insbesondere wird damit angenommen, dass z.B. bei Ableitung von k auf Grundlage des CAPM der systematische Anteil der Insolvenzkosten bereits im Betafaktor berücksichtig wurde.

Bei einer Berücksichtigung des möglichen Abbruchs des Zahlungsstroms mit einer konstanten Wahrscheinlichkeit von p ergibt sich alternativ die folgende approximative Formel[70] (vgl. Formel (1) in Abschn. II):

$$W = \frac{E}{k + p} \tag{5}$$

Die Insolvenzwahrscheinlichkeit p lässt sich, auch planungskonform und risikogerecht, recht leicht abschätzen.[71] Die Insolvenzkosten tauchen hier nicht unmittelbar auf. Die indirekten Insolvenzkosten sind in der Unternehmensplanung und damit im erwarteten Ertrag (E) erfasst.[72] Mögliche Auswirkungen eines „schwachen" Ratings, wie Probleme bestimmte Kunden zu gewinnen oder eine „Ausfallrisiko-Prämie" in den Personalkosten, sind implizit in der Umsatz- bzw. Kostenplanung enthalten.[73] Mit einer Wahrscheinlichkeit von p kommt es in jeder Periode der Fortführungsphase zu einer Insolvenz des Unternehmens, die zum Abbruch der Zahlung an die Eigentümer führt.[74] Angenommen werden kann hier, dass die indirekten Insolvenzkosten infolge der Insolvenzwahrscheinlichkeit p implizit bereits im Erwartungswert der Erträge (= E) berücksichtigt werden. Dies ist auch naheliegend, weil[75] die sich aus der Insolvenzgefährdung ergebenden Schwierigkeiten, z.B. Kunden oder Mitarbeiter mit einer hohen Aversion gegenüber insolvenzgefährdeten Unternehmen, bereits berücksichtigt sind.

Aus der Verbindung der Gleichungen (5) und (6) folgt unmittelbar folgende Beziehung zwischen den Insolvenzkosten I und der Insolvenzwahrscheinlichkeit p.

$$W = \frac{E'}{k} = \frac{E - I}{k} = \frac{E}{k + p} \tag{6}$$

Die schwer messbaren Insolvenzkosten I lassen sich entsprechend leicht ausdrücken durch die Insolvenzwahrscheinlichkeit p, nämlich als

---

70   Siehe dazu z.B. Gleißner, WPg 2010, S. 735 ff. und Gleißner, BWP 2017, S. 42 ff.

71   Siehe zu den entsprechenden Verfahren z.B. Gleißner/Wingenroth, Kredit & Rating Praxis 5/2015, S. 14–18 und 6/2015, S. 19 ff.; Gleißner, Grundlagen des Risikomanagements, 3. Aufl. 2017 und Bemmann, a.a.O. (Fn. 66).

72   Zumeist basierend auf der impliziten Hypothese, dass das aktuelle Rating in der Zukunft unverändert bleibt.

73   Wenn ein Unternehmen aufgrund seiner schwachen Bonität z.B. höhere Löhne zahlen muss, als ein Unternehmen bester Bonität, sieht man dies unmittelbar an den Personalkosten.

74   Was aber nicht bedeutet, dass das Unternehmen danach nicht – im Eigentum der Gläubiger – fortgeführt werden könnte.

75   Solange sich die Insolvenzwahrscheinlichkeit p gegenüber dem aktuellen Stand nicht wesentlich verändert, was zumindest innerhalb der Fortführungsphase annahmegemäß ausgeschlossen ist.

$$I = E \times \left(1 - \frac{k}{k+p}\right) \quad \text{bzw.} \quad E' = E - I = E \times \left(\frac{k}{k+p}\right) \tag{7}$$

Hat man nun eine einfach messbare Insolvenzwahrscheinlichkeit p ermittelt und will unbedingt das Insolvenzrisiko durch einen Abschlag im Zähler berücksichtigen, hat man hier eine entsprechende „Brückentechnologie".

Fazit: Offensichtlich ist die Abschätzung von (direkten und indirekten) Insolvenzkosten, die oft schon implizit in der Planung enthalten sind, schwierig (und entsprechend gibt es wenig Literatur für eine konkrete Bestimmung). Dagegen gibt es seit vielen Jahren sehr leistungsfähige Methoden für die Bestimmung der Insolvenzwahrscheinlichkeit[76], die von Kreditinstituten und Ratingagenturen genutzt werden und – übrigens anders als Unternehmensbewertung – im Allgemeinen regelmäßig im Hinblick auf ihre Leistungsfähigkeit durch Validierungsstudien überprüft werden, wie es z.B. die Europäische Wertpapier- und Marktaufsichtsbehörde (ESMA) von Ratingagenturen fordert.[77]

8. Finanzierungspolitik und Insolvenzwahrscheinlichkeit

Die Implikationen der Finanzierungspolitik für die Höhe von Insolvenzrisiko und Unternehmenswert werden im IDW PH 2/2018 bisher nicht explizit angesprochen. In der Literatur wird diskutiert, auf die Bedeutung der Finanzierungspolitik hinzuweisen.

Schüler und Schwetzler (2019) verweisen auch auf die Bedeutung der Finanzierungspolitik für den Wertbeitrag der Insolvenzrisiken[78] und gehen[79] klar auf die zentrale Bedeutung der Insolvenzwahrscheinlichkeit ein. Sie führen aus:

> **„Die grundlegende Idee einer solchen Berücksichtigung ist die Ermittlung einer periodischen Wahrscheinlichkeit, mit der eine bestimmte Krisensituation, z.B. die Insolvenz des Unternehmens, und die damit verbundenen Wertverluste eintreten können. Diese (Insolvenz-)Wahrscheinlichkeit muss von der gewählten Finanzierungsstrategie des Unternehmens abhängen, d.h. sie sollte zwei technische Voraussetzungen erfüllen:**

---

76 Ebenso wie für Recovery Rates und Expected Loss
77 Vgl. Glover, Journal of Financial Economics, S. 284 ff. und auch Almeida/Philippon, Journal of Finance, S. 2557 – 2586.
78 Siehe weiterführend Lahmann/Schreiter/Schwetzler, ZfbF 2018, S. 73 ff.
79 Unter anderem mit Bezug auf Friedrich, a.a.O. (Fn. 5) und Hammer/Lahmann/Schwetzler, CF 2017, S. 312 ff. sowie Gleißner, CFbiz 2011, S. 243 ff. und Knabe, a.a.O. (Fn. 2).

– Die Insolvenzwahrscheinlichkeit sollte bei steigender Unternehmensverschuldung zunehmen, und

– die Insolvenzwahrscheinlichkeit sollte bei steigender Laufzeit des Fremdkapitals (bzw. bei sinkender Refinanzierungssequenz) zunehmen.

Modelle, die Insolvenzwahrscheinlichkeiten ohne die Verbindung zur gewählten Finanzierungsstruktur, d.h. zur Kapitalstruktur- und Laufzeitentscheidung, in die Bewertung einführen, können deshalb lediglich einen ersten Schritt darstellen und als Heuristik dienen."[80]

Dies erscheint sachgerecht. Es ist zu beachten, dass simulationsbasierte Bewertungsmodelle die Finanzierungspolitik und deren Wirkungen auf den Wert problemlos erfassen können.

9. Brutto- versus Netto-Bewertungsverfahren (Entity- versus Equity-Bewertung) zur Erfassung des Insolvenzrisikos

Grundsätzlich ist die Erfassung des Insolvenzrisikos möglich bei Brutto- und bei Netto-Bewertungsansätzen. In der Bewertungspraxis wird diskutiert, ob eine Bewertung mit einem Brutto- oder Netto-Verfahren zur Erfassung der Insolvenzrisiken vorteilhaft erscheint.

Der IDW Praxishinweis 2/2018 und weite Teile der bestehenden Bewertungspraxis präferieren die Bruttokapitalisierungsmethode (Entity-Ansatz). Dazu liest man in TZ 45:

„Aus diesem Grund und um die Transparenz bei der Bewertung hoch verschuldeter Unternehmen zu erhöhen, wird eine Bewertung auf Basis einer Bruttomethode empfohlen."

Gleichwohl gibt es in der Literatur auch Stimmen, die sich sehr stark für das Netto-Bewertungsverfahren aussprechen. Diese argumentieren wie folgt:

Bei der Brutto-Methode wird zunächst der Wert eines unverschuldeten Unternehmens bestimmt. Ein unverschuldetes Unternehmen hat aber[81] c.p. meist vergleichsweise geringe Insolvenzrisiken. Es stellt sich die Frage, wie hier Insolvenzrisiken betrachtet werden sollen? Der hypothetische Wert eines unverschuldeten

---

80 Schüler/Schwetzler, DB 2019, S. 1749.
81 In Abhängigkeit des Ertragsrisikos und der Ertragsentwicklung, siehe oben.

Unternehmens berücksichtigt zunächst einmal keine Insolvenzrisiken[82] (speziell die Wirkung auf die Erwartungswerte der Erträge bzw. finanziellen Überschüsse).

- Es ist systematisch schwierig, im ersten Schritt des Brutto-Verfahrens (wie in TZ 45 angegeben) den „Barwert der operativen finanziellen Überschüsse" (ohne Verschuldung) zu ermitteln, aber doch „irgendwie" den tatsächlich schon vorhandenen Verschuldungsgrad zu berücksichtigen.
- Berücksichtigt man im „ersten Schritt" den Verschuldungsgrad und das Insolvenzrisiko jedoch nicht, muss man sich fragen, wann und wie denn die Wirkung der Verschuldung auf die Ausfallwahrscheinlichkeit berücksichtigt werden. In dem, im zweiten Schritt abzuziehenden, Wert des Fremdkapitals werden grundsätzlich nur die Auswirkungen des Insolvenzrisikos für die Gläubiger erfasst. Also muss man durch eine separate – allerdings nicht näher erläuterte – „Nebenrechnung" die Brutto-Methode modifizieren und nun die Auswirkungen des vom Verschuldungsgrad abhängigen Insolvenzrisikos auch für die Eigentümer zu erfassen (was eher über den APV-Ansatz gelingt).

Anders als mit dem WACC-Ansatz[83] ist die Erfassung des Insolvenzrisikos deutlich eher möglich durch die Anwendung des Adjusted-Present-Value-Ansatzes (APV-Methode). Hier lässt sich nämlich das Insolvenzrisiko als eigenständiger Term abbilden.[84] Zur Wahl des Bewertungsverfahrens – Entity versus Equity – äußern sich auch Schüler und Schwetzler (2019) klar mit einer Empfehlung zugunsten des APV-Ansatzes.[85] Tatsächlich hat der APV-Ansatz eine Reihe von Vorteilen.

Weiter argumentieren die Definitionen der Netto-Methode, dass man es sich damit bei dem Ziel „Bestimmung des Equity-Value" nur unnötig schwer macht. Für die Gläubiger ist die Schätzung der Recovery Rate (RR) notwendig. Sie beeinflusst Fremdkapitalzinssatz und Fremdkapitalkosten. Für die Eigenkapitalbewertung ist die Sache viel einfacher: Man kann im Allgemeinen davon ausgehen, dass diese bei einer Insolvenz nichts erhalten und ihr Zahlungsstrom abbricht. Eine Schätzung einer „Eigenkapitalgeber-Recovery Rate" erübrigt sich (diese beträgt meist in guter Näherung eben Null). Für die unmittelbare Berechnung des Unternehmenswerts (Equity-Wert) über die Flow-to-Equity-Variante des DCF-Verfahrens oder des Ertragswertverfahrens benötigt man lediglich eine Schätzung der Insolvenzwahrscheinlichkeit p und dies ist mit den erwähnten bekannten Verfahren aus dem Kreditrisikomanagement der Banken und den verschiedenen Verfahren der Ratingforschung recht einfach möglich.

---

82   Tatsächlich ist auch bei hohen Ertragsrisiken, z.B. eines Start-ups, eine Insolvenz mit Verschuldungsgrad von Null möglich.

83   Siehe dazu z.B. Hering, Unternehmensbewertung, 3. Aufl. 2014.

84   Vgl. Lahmann/Schreiter/Schwetzler, ZfbF 2018, S. 73 ff.

85   „Die korrekte Einbeziehung von erwarteten Insolvenzkosten und Steuervorteilen ist nur mit dem APV-Ansatz möglich."

Tatsächlich ist auch mit dem Equity-Verfahren – speziell dem Ertragswertverfahren – eine adäquate Erfassung des Insolvenzrisikos (und der Steuervorteile) möglich. In dem unsicheren Ertragsstrom, der den Eigentümern zufließt, sind sämtliche Aspekte des Insolvenzrisikos (inkl. der steuerlichen Auswirkungen und übrigens auch der Auswirkungen der Finanzierungspolitik) erfasst. Genau dies ist ein zentraler Vorteil der Anwendung stochastischer Simulationsmodelle – stochastischer Bewertungsverfahren – bei der Unternehmensbewertung, wenn als Grundlage für die Bewertung in letzter Konsequenz der Ertrag, die Erfolgsgröße, die alle Sachverhalte erfasst, berücksichtigt wird.[86]

Zusammenfassend werden folgende Argumente zugunsten des Ertragswertverfahrens (Equity-Ansatz) angeführt:

1. Beim Ertragswertverfahren ist eine risikoadäquate Bewertung des Fremdkapitals nicht erforderlich, weil die Auswirkungen der Fremdfinanzierung (Höhe und Konditionen) bereits im unsicheren Ertragsstrom erfasst sind.
2. Im Ertragsstrom, den Netto-Zuflüssen bei den Eigentümern, spielen sich unmittelbar die tatsächlich vereinbarten Konditionen mit den Fremdkapitalgebern (Gläubiger) (und es ist damit speziell nicht notwendig anzunehmen, dass Kapitalmärkte vollkommen bzw. Fremdfinanzierungskonditionen risikogerecht sind).[87]
3. Man benötigt keine Schätzung der Recovery Rate (RR) der Gläubiger im Falle der Insolvenz oder weil diese lediglich relevant sind für die Fremdkapitalgeber; der Zahlungsstrom der Eigentümer bricht ab.[88]
4. Eine Beschäftigung mit den „direkten Insolvenzkosten" im Falle einer Insolvenz ist ebenfalls unnötig, da auch diese lediglich die Gläubiger betreffen.[89]
5. Das Ertragswertverfahren bewertet das Unternehmen verbunden mit seiner aktuellen Finanzierung, während das Entity-Verfahren implizit von der Handlungsoption ausgeht, dass die Finanzierung geändert werden kann (nämlich die Schulden vom Unternehmen abgetrennt und getilgt werden können).[90]

---

86 Zur Umrechnung von Simulationsergebnissen in den Unternehmenswert siehe Dorfleitner/Gleißner, Journal of Risk 3/2018, S. 1 ff.
87 Insbesondere ist es damit auch nicht notwendig annehmen zu müssen, dass z.B. der Marktpreis des Fremdkapitals dem Wert entspricht.
88 Zumindest ist dies im Allgemeinen eine ausreichend gute Näherung. Es ist hier im Allgemeinen für die Eigentümer irrelevant, ob das Unternehmen von den Gläubigern fortgeführt wird. Vernachlässigt wird in dieser Annahme lediglich eine Konstellation, in der die Eigentümer – möglicherweise mit einem kleinen Anteil – nach der Insolvenz als Gesellschafter am Unternehmen beteiligt bleiben (z.B. nach einem Debt-Equity-Swap).
89 Ob und inwieweit diese adäquat in den Fremdfinanzierungskonditionen erfasst wird, ist beim Ertragswertverfahren auch irrelevant.
90 Eine fiktive Handlungsoption, die bei bestehenden Rating- und Finanzierungsrestriktionen der bisherigen Eigentümer tatsächlich oft gar nicht besteht.

IV. Fallbeispiel des IDW Praxishinweises 2/2018

Die Möglichkeiten der Berücksichtigung von Rating und Insolvenzwahrscheinlichkeit können am Fallbeispiel deutlich gemacht werden, das im Praxishinweis
enthalten ist. Exemplarisch sei dies anhand des 4. Szenarios (S. 977, Abb. 4) verdeutlicht.[91]

Das hochverschuldete Unternehmen mit einer bilanziellen Eigenkapitalquote von
nur 10% weist einen vertraglich vereinbarten Zinssatz von 4,0% auf (2,5% höher als
der risikolose Basiszinssatz r_f = 1,5%). Im IDW Praxishinweis 2/2018 liest man auf
Seite 976 korrekterweise, dass sich durch die Möglichkeit einer Insolvenz (nachfolgend angenommen mit einer Insolvenzwahrscheinlichkeit p) dieser vertragliche Fremdkapitalzinssatz vom Fremdkapitalkostensatz, der erwarteten Rendite
der Fremdkapitalgeber, unterscheidet. Man liest im IDW Praxishinweis 2/2018 auf
Seite 976:

> „Risiko-Szenario II geht davon aus, dass die erwartete Rendite
> der Fremdkapitalgeber ableitbar ist und erwartungsgemäß mit
> 3,0% unterhalb des vertraglich vereinbarten Zinssatzes von 4,0%
> liegt. Bei der Bestimmung des vertraglich zu vereinbarenden
> Zinssatzes besteht das Ziel der Fremdkapitalgeber darin, dass die
> vertraglichen Zins- und Tilgungszahlungen – bezogen auf ihr ein-
> gesetztes (nominelles) Fremdkapital – einer Verzinsung in Höhe
> ihrer erwarteten Rendite entsprechen bzw. das [sic] Marktwert
> und Nominalwert des Fremdkapitals identisch bleiben. Da die
> Fremdkapitalgeber bei erhöhten Ausfallrisiken einen teilweisen
> Ausfall der vertraglich vereinbarten Zins- und Tilgungszahlungen
> erwarten, lässt sich unter der Annahme der Nominalwert/Markt-
> wert-Identität des Fremdkapitals sowie der erwarteten Rendite
> der Fremdkapitalgeber der implizite Erwartungswert der Zins- und
> Tilgungszahlungen bestimmen, im vorliegenden Fall 5.400 GE
> (= 180.000 GE × 3,0%). Dieser Erwartungswert der Zinszahlungen
> ist maßgeblich für den Erwartungswert der hierauf entfallenden
> Steuervorteile … "

---

[91] Eine Berechnung zum Fallbeispiel kann vom Autor angefordert werden.

und weiter

> „Vor diesem Hintergrund ist es sachgerecht, das hoch verschuldete Unternehmen zunächst durch Bruttokapitalisierung mit dem aus den Kapitalkosten operativ vergleichbarer, aber normal verschuldeter Unternehmen abgeleiteten WACC (TCF) im TCF-Ansatz bzw. unverschuldeten Eigenkapitalkosten im APV-Ansatz zu bewerten (vgl. Tz. 48). Die relevanten Steuervorteile sollen dann auf der Basis des Erwartungswerts der Fremdkapitalzinsen ermittelt werden. Die explizite Schätzung der erwarteten Fremdkapitalkosten ist in der Theorie noch umstritten und in der Praxis mit Schwierigkeiten verbunden."

In den Erläuterungen wird also ausdrücklich Bezug genommen auf den „Ausfall der vertraglich vereinbarten Zins- und Tilgungsleistungen", die den Unterschied zwischen vertraglichen Fremdkapitalzinssätzen und den Fremdkapitalkosten bestimmen. Im Falle einer Insolvenz erhalten die Fremdkapitalgeber eben nicht ihre kompletten Zins- und Tilgungszahlungen, sondern nur einen bestimmten Anteil davon (die Recovery Rate, RR).[92] Nimmt man (zunächst) vereinfachend an, RR sei Null, d.h. im Falle der Insolvenz erhalten die Gläubiger keine Rückzahlung, ergibt sich im Fallbeispiel eine von den Fremdkapitalgebern eingepreiste Insolvenzwahrscheinlichkeit von p = 1% (= vertraglicher Fremdkapitalzinssatz – Fremdkapitalkostensatz).[93] Dies ist die untere Grenze für die Insolvenzwahrscheinlichkeit p, da 1% „Zinszuschlag" (Credit Spread) bei einer Recovery Rate RR > 0 höhere Ausfallwahrscheinlichkeiten kompensieren können.[94] Entsprechend wird im Fallbeispiel implizit unterstellt, dass mit einer Wahrscheinlichkeit von (mindestens) 1% pro Jahr es zum Ausfall der Zins- und Tilgungszahlungen der Gläubiger kommt. Allerdings liegen auch genau in den Fällen, in denen Zins- und Tilgungszahlungen an die Gläubiger nicht stattfinden, negative Auswirkungen auf die Eigentümer (als Bewertungssubjekt) vor.

Wenn eine Insolvenz auftritt, „trifft" dies zunächst die Eigentümer und führt bei diesen dazu, dass diese eben keine Zahlungen mehr erhalten; unabhängig davon, wie viel für die Fremdkapitalgeber übrigbleibt. Eine solche Insolvenz führt im Allgemeinen[95] zum Abbruch der Zahlungen an die (bisherigen) Eigentümer und dazu,

---

92 Siehe zu Recovery Rates in Abhängigkeit der Ratingnote Altman, Predicting Financial Distress of Companies: Revisiting The Z-Score And Zeta Models, Working Paper New York University, 2000, http://hbfm.link/2600 (Abruf: 24.01.19).
93 Siehe präzisierend und weiterführend Gleißner, WPg 2010, S. 735 ff. und Gleißner, BWP 2017, S. 42 ff.
94 Also z.B. bei RR = 0,5 p = 2%, siehe dazu Gleißner Gleißner, BWP 2017, S. 42 ff.
95 Siehe auch die entsprechenden Rechtsgrundlagen in der Insolvenzordnung, z.B. bei Nickert/Kühne, Unternehmensplanung in Krise und Insolvenz (RWS-Skript), 2. Aufl. 2019.

dass geschäftsführende Gesellschafter aus dem Unternehmen ausscheiden.[96] Sie reduziert also den Erwartungswert der Zahlungen an die Eigentümer (Flow-to-Equity). Unter den im Fallbeispiel getroffenen Annahmen eines „Rentenmodells" reduziert sich der Erwartungswert dieser Zahlung (FTE) entsprechend um 1% pro Jahr. Diesen Sachverhalt – die Auswirkungen der Insolvenz auf die Eigentümer – sind z.B. aber in dem Bewertungsbeispiel noch nicht explizit berücksichtigt.

So werde im Fallbeispiel nicht explizit modelliert, dass durch die Insolvenzwahrscheinlichkeit von p = 1% *pro Jahr* der zeitliche Verlauf des Erwartungswerts von FTE in der gesamten Zukunft bestimmt wird; der Erwartungswert sinkt mit 1% pro Jahr. Im Beispiel sind die Auswirkungen der Insolvenz auf den Erwartungswert der Zahlungen an die Eigenkapitalgeber implizit in der Schätzung des nachhaltigen Ergebnisses enthalten; die Rechenlogik wird aber nicht offenbart.

Als Zwischenfazit kann man für das Fallbeispiel im IDW Praxishinweis 2/2018 festhalten, dass dieses Vereinfachungen beinhaltet: Es wird bei Betrachtung der Zinssätze im „Schulden-Szenario", „Risiko-Szenario I", „Risiko-Szenario II" und dem „Levered-Szenario" klar, dass diese aufgrund der erhöhten Verschuldung und erhöhten Insolvenzwahrscheinlichkeit deutlich über dem Zinssatz im „Basisfall" (und dem risikolosen Zinssatz) liegen. Der Unterschied ergibt sich aus der Insolvenzwahrscheinlichkeit. Die Fallbeispiele berücksichtigen die Auswirkungen des mit der Verschuldung gestiegenen Insolvenzrisikos für die Gläubiger (und die Überwälzung über die Zinssätze auf die Eigentümer). Die höheren Zinssätze ergeben sich also aus der erhöhten Wahrscheinlichkeit für eine Insolvenz. Die Wirkungen der Insolvenzszenarien – und damit der Insolvenzwahrscheinlichkeit – für den Erwartungswert und für die zeitliche Entwicklung der den Eigentümern zufließenden Erträge werden aber im Beispiel nicht explizit offengelegt beachtet.

Die Insolvenz ist das Szenario, bei dem im Allgemeinen der Zahlungsstrom für die Eigentümer abbricht. Die Insolvenzwahrscheinlichkeiten reduzieren den Erwartungswert der Erträge und seine zeitliche Entwicklung. Bei dem für die Bewertung verwendeten Gordon-Shapiro-Modell könnte – entsprechend den Erläuterungen in Abschn. II – die Insolvenzwahrscheinlichkeit als Zuschlag auf den Kapitalisierungszinssatz berücksichtigt werden. Diese primäre Auswirkung der Möglichkeit einer Insolvenz wird im IDW-Beispiel nicht explizit modelliert. Mit den vorhandenen Daten kann man abschätzen,[97] dass bei dem im Beispiel verwendeten Ausprägungen für die Finanzkennzahlen (Eigenkapitalquote, EBIT-Marge und Return-on-Capital Employed) in den betrachteten Szenarien Insolvenzwahrscheinlichkeiten zwischen mindestens 3% und gut 5% plausibel erscheinen.

---

[96] Unabhängig davon, ob das Unternehmen insgesamt durch die Gläubiger fortgesetzt wird oder nicht) und damit der Zahlungsstrom an die bisherigen Eigentümer abbricht. Die Möglichkeit einer Insolvenz in jeder einzelnen Periode der Zukunft (hier mit p = 1%).

[97] Siehe ein einfaches „Mini-Rating-Modell" z.B. in Gleißner, WISU 2019, S. 692 ff.

V. Fazit und Implikationen für die Überarbeitung des Entwurfs zum IDW Praxishinweis

Der IDW Praxishinweis 2/2018: Berücksichtigung des Verschuldungsgrads bei der Bewertung von Unternehmen greift nun explizit dieses vormals wenig beachtete Problemfeld auf. Für künftige Weiterentwicklungen des Praxishinweises wird in der Literatur diskutiert klarzustellen, dass grundsätzlich die Auswirkungen eines Insolvenzrisikos – Insolvenzwahrscheinlichkeit und Insolvenzkosten – im Bewertungskalkül berücksichtigt werden sollten. Ob ein den Unternehmenswert wesentlich beeinflussendes Insolvenzrisiko besteht, ist abhängig von (1) Höhe der Verschuldung (bzw. Risikodeckungspotenzial), (2) Ertragskraft und (3) Ertragsrisiko (Cashflow-Volatilität). Erst bei einer gemeinsamen Betrachtung dieser drei primären Determinanten der Insolvenzwahrscheinlichkeit (bzw. des Ratings) lässt sich erkennen, in welchem Umfang ein Insolvenzrisiko besteht und den Unternehmenswert bestimmt.

Ob ein wesentliches Insolvenzrisiko vorliegt, lässt sich dabei viel leichter bestimmen, als man dies bei der Charakterisierung „hochverschuldeter Unternehmen" (mit Bezug zur Peer Group) vermuten würde: das Insolvenzrisiko steigt c.p. mit der durch das Rating ausgedrückten Insolvenzwahrscheinlichkeit und damit ist das Rating bzw. die Insolvenzwahrscheinlichkeit eine geeignete Messgröße (Risikomaß). Wie man Rating und Insolvenzwahrscheinlichkeit ableitet, kann man der Fachliteratur zu Rating- und Insolvenzprognoseverfahren entnehmen. Schon mit wenigen Finanzkennzahlen, wie z.B. Gesamtkapitalrendite und Eigenkapitalquote, ist eine „ordentliche" Schätzung der Insolvenzwahrscheinlichkeit möglich (Simulationsmodelle sind hier noch leistungsfähiger). Hat man einmal die Insolvenzwahrscheinlichkeit abgeleitet, kann diese – im Gegensatz zu den die erwarteten Erträge mindernden Insolvenzkosten – im Bewertungskalkül berücksichtigt werden.

Auch wenn es empfehlenswert erscheint, simulationsbasierte Bewertungsmodelle zu nutzen, die Unternehmensplanung mit Chancen und Gefahren verknüpfen, und über eine Monte-Carlo-Simulation auch die Auswirkung einer möglichen Insolvenz unmittelbar im Zähler erfassen, wird dies nicht bei jeder Unternehmensbewertung realisierbar sein. Die planungskonforme Abschätzung der Insolvenzwahrscheinlichkeit ermöglicht es aber auch, bei einer traditionellen einwertigen (deterministischen) Unternehmensplanung Insolvenzrisiken zu erfassen: die Insolvenz- bzw. Überlebenswahrscheinlichkeit ist leicht in jedem Jahr der Detailplanungsphase zu berücksichtigen und die konstante Insolvenzwahrscheinlichkeit in der Fortführungsphase bestimmt die zeitliche Entwicklung der Erwartungswerte von Erträgen oder Cashflows. Sie kann im gewählten (restriktiven) Modellrahmen der unendlichen Rente in gleicher Weise erfasst werden, wie die übliche Wachstumsrate (und wird entsprechend mathematisch in den Nenner aufgenommen, obwohl sie Wirkungen auf den Zähler hat, und wirkt damit quasi wie eine „negative Wachstumsrate").

Das Ausblenden der Insolvenzwahrscheinlichkeit kann zu Unstimmigkeiten und unnötigem Aufwand führen. Eine Insolvenz mit Abbruch des Zahlungsstroms für die Eigentümer[98] bestimmt die zeitliche Entwicklung der Cashflows bzw. Erträge (Flow-to-Equity) in der Fortführungsphase.

Fazit: Es ist ein Fortschritt, dass der IDW Praxishinweis auf die Bedeutung einer hohen Verschuldung (und implizit des Insolvenzrisikos) hinweist und z.B. klarstellt, dass vertragliche Fremdkapitalzinssätze und Fremdkapitalkosten gerade wegen des Insolvenzrisikos zu unterscheiden sind. In der Literatur wird gewünscht, dass in einer evtl. künftigen Überarbeitung des Praxishinweises eine explizite Bezugnahme auf Rating und Insolvenzwahrscheinlichkeit zu diskutieren ist; ggf. könnte auch ein Praxishinweis für die Beachtung des Insolvenzrisikos in der Unternehmensbewertung erstellt werden. Das Insolvenzrisiko zu messen, gelingt über Rating und Insolvenzwahrscheinlichkeit als wichtigste Kennzahlen. Wählt man den bisherigen Modellrahmen für ein Bewertungsbeispiel (Fortführungsphase und unendliche Rente) sieht man, dass die Insolvenzwahrscheinlichkeit (quasi) wie eine negative Wachstumsrate auf den Unternehmenswert wirkt. Sofern man keine aufwendigere simulationsbasierte Bewertung durchführen möchte, ist diese „Zuschlagmethode" der einfachste Weg zur Erfassung des Insolvenzrisikos.[99]

In Literaturen und Praxis werden in den nachfolgenden Bereichen Weiterentwicklungspotentiale des IDW Praxishinweises 2/2018 bzw. werden Schwerpunkte für die generelle Weiterentwicklung der Methodik zur Berücksichtigung von Verschuldung und Insolvenzrisiken gesehen:

1. Es wird empfohlen, den Praxishinweis in Bezug auf die Berücksichtigung des Insolvenzrisikos bei der Unternehmensbewertung zu öffnen, da es unerheblich sei, ob ein erhöhtes Insolvenzrisiko (hohe Insolvenzwahrscheinlichkeit) das Resultat einer hohen Verschuldung oder etwa einer niedrigen Ertragskraft und/oder Ertragsrisikos ist.
2. Die durch die Ratingnote ausdrückbare Insolvenzwahrscheinlichkeit kann als zentrale Maßgröße des Insolvenzrisikos empfohlen werden. Die Möglichkeit der Bestimmung des Insolvenzrisikos durch unterschiedliche Insolvenzprognoseverfahren[100] und die bei dieser erreichten hohen Validität sollte diskutiert werden.
3. Es wird gefordert zu diskutieren, ob die Höhe des Insolvenzrisikos bei jeder Unternehmensbewertung transparent zu bestimmen ist und diese – zumindest sofern ein vorzugebender Schwellenwert überschritten wird – in der Unternehmensbewertung zu berücksichtigen. Eine Unterscheidung zwischen normal-

---

98   Nicht zwingend für die Gläubiger.
99   Wie schon vorgeschlagen bei Gleißner, WPg 2010, S. 735 ff. und Gleißner, WPg 2015, S. 908 ff.
100   Vgl. Bemmann, a.a.O (Fn. 66).

und hoch verschuldeten Unternehmen wäre entsprechend nicht erforderlich. Die Verschuldung der Peer Group wäre in diesem Zusammenhang nicht relevant.

4. In Abhängigkeit des Bewertungsfalls (und Bewertungszwecks) können unterschiedliche Verfahren für die Erfassung des Insolvenzrisikos genutzt werden.[101] Die Verfahren sind unterschiedlich arbeitsaufwändig. Entsprechend wird diskutiert, es dem Bewerter zu überlassen, ein für den jeweiligen Bewertungsfall geeignetes Verfahren zu wählen (und diese Wahl zu begründen).

5. Im Sinne einer tatsächlichen Praxisorientierung wird in der Literatur gefordert, auch auf konkrete Verfahren zur Schätzung von Insolvenzwahrscheinlichkeit (Insolvenzrisiko) – unterschiedlicher Komplexität – zu verweisen (und ggf. diese in den Grundzügen im Anhang darzustellen).

6. Im Rahmen der Weiterentwicklung der Berücksichtigung von Verschuldung und Insolvenzrisiken ist zu diskutieren, unter welchen Bedingungen die Erfassung des Insolvenzrisikos einfacher möglich ist bei einer Bewertung mit (1) Netto-Bewertungsverfahren oder (2) Brutto-Bewertungsverfahren (wie speziell die APV-Variante und die WACC-Variante der DCF-Verfahren). Die Netto-Bewertungsverfahren, also Ertragswert-Verfahren und Flow-to-Equity-Verfahren, haben den Vorteil, dass die explizite Bestimmung des Werts des Fremdkapitals nicht erforderlich ist. In der Bewertungspraxis wird jedoch häufig eine Brutto-Variante des DCF-Verfahrens zum Einsatz kommen.[102] Wenn eine Ableitung der Kapitalkosten basierend auf dem CAPM gewünscht wird und keine historischen Aktienkurse des zu bewertenden Unternehmens für die Ableitung des Betafaktors vorliegt, benötigt man für die Ableitung der Eigenkapitalkosten über eine Peer Group die bekannten Verfahren des Leveragen und Re-Leveragen. Diese erfordern jedoch die Bestimmung des Marktwerts des Fremdkapitals. Die Ableitung von Eigenkapitalkosten „direkt", d.h. ohne Peer Group-Daten sowie Leveragen und Re-Leveragen, ist insbesondere möglich, wenn (1) historische Aktienrenditen des Unternehmens selbst vorliegen und/oder (2) eine simulationsbasierte Bewertung ausgehend vom Ertragsrisiko des Unternehmens vorgenommen wird.

7. Es kann diskutiert werden, dass Insolvenzrisiken – neben der Wirkung auf Fremdkapitalzinssätze und die davon zu unterscheidenden Fremdkapitalkosten – Auswirkungen auf Höhe und zeitlichen Verlauf der Erwartungswerte der Cashflows (bzw. Erträge) haben und entsprechend in der Detailplanungsphase und in der Fortführungsphase zu berücksichtigen sind (in der Fortführungsphase wirkt die Insolvenzwahrscheinlichkeit quasi wie eine negative Wachs-

---

101 Siehe die Erläuterung zu den Verfahren A, B1, B2 und C in Abschnitt II.
102 Schüler/Schwetzler, DB 2019, S. 1745 ff., verweisen darauf, dass innerhalb der Bruttoverfahren die APV-Variante im Vergleich zur praxisgebräuchlicheren WACC-Variante Vorteile aufweist.

tumsrate). Auch die Wirkung auf den Tax Shield sollte diskutiert werden.[103] In der Literatur wird darauf hingewiesen, dass im Rahmen des CAPM – neben der Wirkung auf die Erwartungswerte der Cashflows – eine Wirkung auf den Diskontierungszinssatz implizit im Betafaktor zu erfassen ist („systematisches Insolvenzrisiko"). Bei anderen, z.B. simulationsbasierten Bewertungsverfahren, die nicht von der Vollkommenheit des Kapitalmarkts und damit perfekt diversifizierten Bewertungssubjekten ausgehen, ist eine ergänzende Auswirkung auf den Eigenkapitalkostensatz möglich.[104]

Erkenntnisse

- Alle Unternehmen sind einem Insolvenzrisiko ausgesetzt, das bei jeder Unternehmensbewertung anzugeben und transparent zu berücksichtigen ist.
- Die Höhe des Insolvenzrisikos ist außer vom Verschuldungsgrad abhängig von (1) Ertragsniveau und (2) Ertragsrisiko (Cashflow-Volatilität). Diese drei Größen bestimmen zusammen die Insolvenzwahrscheinlichkeit; das Maß für das Insolvenzrisiko, das mit bewährten Ratingverfahren einfach bestimmt werden kann.
- Das Insolvenzrisiko bestimmt die Fremdkapitalkosten sowie Erwartungswert und zeitlichen Verlauf von Cashflows und Erträgen.
- Ein IDW Praxishinweis sollte die verschiedenen, unterschiedlich anspruchsvollen Methoden zur Erfassung von Insolvenzrisiken bei der Unternehmensbewertung skizzieren (von simulationsbasierten Bewertungsverfahren und Monte-Carlo-Simulation bis hin zu einfachen Finanzkennzahlen-Ratings zur Bestimmung der Insolvenzwahrscheinlichkeit basierend auf der Unternehmensplanung).

Quelle: CORPORATE FINANCE 2020, S. 84.

---

[103] Lodowicks, Riskantes Fremdkapital in der Unternehmensbewertung: Bewertung von Insolvenzkosten auf Basis der Discounted-Cash-Flow Theorie, 2007, zugl. Freie Universität Berlin, Dissertation, 2007 und Knabe, a.a.O (Fn. 2).

[104] Vgl. Dorfleitner/Gleißner, Journal of Risk 3/2018, S. 1–27 und Gleißner/Ernst, Business Valuation OIV Journal 2019, S. 3–18 sowie Gleißner/Ihlau, BB 2017, S. 1387–1391 mit einem Fallbeispiel.

Ein Modell zur Integration von Insolvenzkosten in eine Unternehmensbewertung

Prof. Dr. Matthias Meitner , CFA | Prof. Dr. Felix Streitferdt

I. Einleitung

Bei Unternehmensbewertungen wird in aller Regel ein Barwertkalkül aufgestellt. Dabei wird die steuermindernde Eigenschaft von Fremdkapitalzinszahlungen (das sog. Tax Shield) berücksichtigt, sodass ein höherer Verschuldungsgrad zu höheren Unternehmenswerten führt. Diese einseitige Berücksichtigung der Vorteile der Fremdfinanzierung in der Unternehmensbewertung ist erstaunlich. Sie führt dazu, dass ein Bewerter durch Anpassung des Verschuldungsgrads das Ergebnis seiner Bewertung relativ leicht beeinflussen kann. Insofern erscheint es angebracht, in eine Unternehmensbewertung auch die wertnegative Seite der Fremdfinanzierung mit einzubeziehen. In der Literatur wird schon lange vermutet, dass ein erheblicher Nachteil der Fremdfinanzierung in der damit verbundenen Gefahr einer Insolvenz zu sehen ist.[1] Dabei gibt es unterschiedliche Vorstellungen darüber, worin der Werteinfluss einer Insolvenz besteht.[2] Einigkeit besteht in der Literatur aber darüber, dass es im Rahmen einer Insolvenz zu sog. Insolvenzkosten kommen kann, die den erzielbaren Einzahlungsüberschuss einer Unternehmung mindern.[3]

In diesem Beitrag stellen wir eine Vorgehensweise vor, wie Insolvenzkosten in eine bereits bestehende Bewertung integriert werden können. Dabei geht es nicht darum, einen optimalen Verschuldungsgrad zu ermitteln. Vielmehr ist das Ziel, eine bereits durchgeführte Bewertung um den Werteinfluss der Insolvenzkosten zu erweitern, wobei möglichst wenige zusätzliche Informationen benötigt werden. Im nachfolgenden Abschn. II wird kurz die Bedeutung von Insolvenzkosten für den Unternehmenswert diskutiert und auf deren besondere unternehmensspezifische Eigenschaften eingegangen. In Kap. III wird dann aufgezeigt, wie man den Wert der Insolvenzkosten ermitteln kann, bevor in Kap. IV die Überlegungen anhand eines konkreten Beispiels angewendet werden.

---

1   Vgl. z.B. Esty, The Journal of Structured Finance 1999, S. 18; Fernandez, Valuation Methods and Shareholder Value Creation, 2002, S. 390; Gleißner, WPg 2010, S. 736; Haugen/Senbet, Journal of Finance 1978, S. 383; Knabe, Die Berücksichtigung von Insolvenzrisiken in der Unternehmensbewertung, 2012, S. 92; Sahal/Malkiel, Journal of Business Valuation and Economic Loss Analysis 2012, S. 3.

2   Vgl. bsw. die Diskussion bei Meitner/Streitferdt, CF 2016, S. 69 ff. und die Literatur in Fn. 1.

3   Vgl. Friedrich, Unternehmensbewertung bei Insolvenzrisiko, 2015, S. 3 ff.

II. Ermittlung von Insolvenzkosten

Insolvenzkosten werden in aller Regel in direkte und indirekte Insolvenzkosten unterschieden. Direkte Insolvenzkosten sind Kosten, die durch die technische Abwicklung des Insolvenzverfahrens entstehen (z.B. für die Vergütung von Insolvenzverwaltern, Gutachtern, Beratern, Insolvenzgerichten etc). Demgegenüber beinhalten indirekte Insolvenzkosten eine Bandbreite verschiedener Opportunitätskosten, die sich aus der finanziellen Notlage eines Unternehmens ergeben.[4] Zu den indirekten Insolvenzkosten zählt z.B., dass ein Unternehmen im Falle einer (drohenden) Insolvenz keine Lieferantenkredite mehr erhält, gute Mitarbeiter sich einen anderen Arbeitgeber suchen oder Kunden die Produkte nicht mehr erwerben, da sie um die zukünftige Existenz des Unternehmens fürchten.[5]

Es ist zu beachten, dass indirekte Insolvenzkosten häufig mit einer hier als „indirekte Liquidationskosten" bezeichneten Größe verwechselt werden. Auch rein eigenfinanzierte Unternehmen werden liquidiert[6] und die aus dieser Liquidationsgefahr resultierenden Kosten fehlender Umsätze oder kündigender, hoch qualifizierter Mitarbeiter sind nicht auf die Unternehmensfinanzierung zurückzuführen. Insolvenzkosten sind nur solche Kosten, die im Falle einer Insolvenz auftreten und die bei reiner Eigenfinanzierung nicht aufgetreten wären. An dieser Stelle muss ein Unternehmensbewerter vorsichtig sein, in welcher Höhe er die indirekten Insolvenzkosten eines Unternehmens ansetzt.

Indirekte Insolvenzkosten sind sehr unternehmensspezifisch. Unterschiedliche Unternehmenscharakteristika führen dazu, dass Bewertungsobjekte durch (drohende) Insolvenzen unterschiedlich hart getroffen werden. In Tab. 1 sind einige Unternehmenseigenschaften aufgeführt, die auf relativ hohe indirekte Insolvenzkosten hindeuten.[7]

---

4   Vgl. Friedrich, a.a.O. (Fn. 3), S. 3.
5   Es ist zu beachten, dass auf einem vollkommenen Kapitalmarkt streng genommen indirekte Insolvenzkosten gar nicht existieren können (vgl. statt aller Friedrich, a.a.O. [Fn. 3], S. 21, sowie die dort zitierte Literatur). Insofern befindet man sich in einer theoretischen Grauzone, wenn man einerseits ein Barwertkalkül anstellt und andererseits indirekte Insolvenzkosten in der Bewertung berücksichtigt. Dieses Dilemma ist für Praktiker nicht wirklich neu, da sie ständig theoretische Erkenntnisse auf einem vollkommenen Kapitalmarkt in einer Welt unvollkommener Kapitalmärkte anwenden (müssen). Es erscheint daher aus Sicht eines Praktikers durchaus gerechtfertigt, indirekte Insolvenzkosten in eine Unternehmensbewertung zu integrieren, selbst wenn diese mit dem theoretischen Konstrukt eines vollkommenen Kapitalmarkts nicht vereinbar sind.
6   Vgl. bsw. Schüler, JASSA 2007, S. 35 oder Leuner, Bewertung ertragsschwacher Unternehmen (Sanierung), in: Peemöller, V.H. (Hrsg.): Praxishandbuch der Unternehmensbewertung, 5. Aufl. 2012, S. 1038.
7   Vgl. Meitner/Streitferdt, CF 2016, S. 74.

Verursacher indirekter Insolvenzkosten	Indikator für hohe indirekte Insolvenzkosten
Kunden	• Langfristige Unternehmen-Kunde-Beziehung notwendig • Langlebige Gebrauchsgüter • Produkte mit hohem Serviceanteil • Produkte ohne Souvenirwert • Produkte mit hohen Switching-Kosten • B2B
Mitarbeiter	• Insolvenznähe des Unternehmens ist kein branchenweites Phänomen • Hohes Qualifizierungsniveau der Mitarbeiter
Zulieferer	• Hoher Individualisierungsgrad der zugelieferten Produkte • Geschäftsmodell basiert stark auf immateriellen Vermögensgegenständen • Keine Warenkreditversicherung

Tab. 1: Indikatoren für hohe indirekte Insolvenzkosten

Ist die Nutzung eines Produkts oder einer Dienstleistung mit einer langfristigen Kundenbeziehung verbunden, werden sich die Kunden schon bei ersten Anzeichen einer drohenden Liquidation – als die eine Insolvenz durchaus gesehen werden kann – eher für andere Hersteller entscheiden. Gleiches gilt für langlebige Gebrauchsgüter und Güter mit hohem Serviceanteil. Wenn die hergestellten Produkte keinen Souvenirwert haben, fällt es den Kunden relativ leicht, sich von einem Hersteller oder Dienstleister abzuwenden. Demgegenüber werden Unternehmen, die Güter mit hoher emotionaler Bindung der Käufer herstellen, durch eine Insolvenz wohl weniger stark getroffen, da die Kunden dem Produkt auch in schweren Zeiten eher treu bleiben. Logischerweise ist eine emotionale Bindung im B2B-Bereich seltener zu erwarten als im B2C-Geschäft. Die indirekten Insolvenzkosten werden auch dann niedriger sein, wenn der Anbieterwechsel mit relativ hohen Kosten verbunden ist. Wenn man sich z.B. in eine neue Software einarbeiten muss, kann dies mit sehr hohem Aufwand verbunden sein, den man lieber vermeidet. Dann ist der Umsatzeinbruch im Rahmen der Insolvenz eines entsprechenden Softwareherstellers gar nicht so hoch.

Wenn die Insolvenz eines Unternehmens kein branchenweites Phänomen ist, fällt es Mitarbeitern durchschnittlich leichter, bei einem Konkurrenten eine Anstellung zu finden. Umso mehr gilt dies, wenn die Angestellten ein hohes Qualifizierungsprofil aufweisen. Insofern besteht dann die Gefahr, dass es zu einer adversen Selektion[8] im Humankapital einer Firma kommt, die guten Mitarbeiter das Unternehmen verlassen und dieses hierdurch einen ihrer Werttreiber verliert.

Benötigt ein Unternehmen sehr spezifische zugelieferte Produkte, so werden Lieferanten die hierfür notwendigen Investitionen scheuen, wenn sie nicht von einer

---

8 Vgl. Akerlof, Quaterly Journal of Economics 1970, S. 493.

langlebigen Kundenbeziehung ausgehen können. Auch wenn im Falle einer Insolvenz wenige verwertbare Vermögensgegenstände vorhanden sind, werden Lieferanten kaum noch Lieferantenkredite genehmigen, es sei denn, es existiert eine Warenkreditausfallversicherung.

In der Literatur wurde schon mehrfach versucht, die Höhe der indirekten und direkten Insolvenzkosten zu ermitteln. Insbesondere die Ermittlung der indirekten Insolvenzkosten hat sich dabei als äußerst schwierig herausgestellt, da es vor allem darum geht, nicht realisierte Umsätze oder Ideen zu ermitteln. Tab. 2 gibt eine Übersicht über häufig verwendete Schätzmethoden und die damit verbundenen Probleme, während Tab. 3 die Ergebnisse einiger Schätzungen der indirekten Insolvenzkosten als Prozentsatz des Unternehmenswerts enthält.

Methode	Problem
Differenz zwischen prognostizierten und realisierten Erlösen oder Gewinnen	1. Abweichungen von Prognosen können rein zufällig sein. 2. Insolvenz- und Liquidationskosten können häufig nicht voneinander unterschieden werden.
Differenz des Unternehmenswerts vor und nach Ankündigung von Zahlungsproblemen	Selection bias: Es können nur insolvente Firmen untersucht werden. Aber vielleicht sind diese ja nur insolvent, weil sie aufgrund niedriger Insolvenzkosten mit viel Fremdkapital finanziert wurden. => Die gemessenen Insolvenzkosten sind zu niedrig.
Entwicklung eines Modells für die Unternehmen in der Volkswirtschaft. Dann kann für jedes Unternehmen in der Realität berechnet werden, wie hoch die indirekten Insolvenzkosten in dem Modell sein müssen, damit der real beobachtete Verschuldungsgrad optimal ist.	1. Das Modell muss alle relevanten Entscheidungsgrößen für die Unternehmensfinanzierung enthalten. 2. Die Methode verlangt, dass die Unternehmen stets den optimalen Verschuldungsgrad aufweisen. Aber manchmal verzichten Firmen auf Verschuldungsgradanpassungen, da die damit verbundenen Transaktionskosten den Nutzen der Anpassung übersteigen.

Tab. 2: Messmethoden für indirekte Insolvenzkosten

Autor(en)	Indirekte Insolvenzkosten	Bezugsgröße
Glover (2012)	38,6%	Unternehmenswert
Davydenko/Strebulaev/Zhao (2012)	22,1%	Unternehmenswert
Andrade/Kaplan (1998)	10%-20%	Unternehmenswert
Altman (1984)	8,1%-10,5%	Unternehmenswert

Tab. 3: Ergebnisse von Studien zur Ermittlung indirekter Insolvenzkosten

Für die direkten Insolvenzkosten ist die Ermittlung etwas belastbarer. Sie werden erheblich durch die rechtlichen Rahmenbedingungen terminiert. Tab. 4 enthält einige Ergebnisse als Orientierung.

Autor(en)	Direkte Insolvenzkosten	Bezugsgröße
Bris/Welch/Zhu (2006)	1,9%-2,5%	Vermögensbuchwert
Altman (1984)	4,3%-6,2%	Unternehmenswert
Betker (1995)	2,6%	Vermögensbuchwert
Franks/Loranth (2014)	22%-25%	Vermögensbuchwert
Ang/Chua/McConnell (1982)	7,5%	Liquidationswert

Tab. 4: Ergebnisse von Studien zur Ermittlung direkter Insolvenzkosten

Zusammenfassend lässt sich sagen, dass direkte und indirekte Insolvenzkosten insgesamt einen erheblichen Werteinfluss besitzen können, da sie bei Realisation zusammen über ein Viertel des Unternehmenswerts ausmachen können. Gleichzeitig ist festzuhalten, dass es sich um sehr unternehmensspezifische Größen handelt, die vom Bewerter für jedes Bewertungsobjekt neu analysiert und individuell festgelegt werden müssen. Folgende Punkte sind dabei insbesondere zu beachten:

- Lebensdauer der produzierten Güter
- Wartungsintensität der Güter/Dienstleistungen
- Individualität der Produkte
- Individualität der zugelieferten Produkte
- Höhe des immateriellen Vermögens
- Kundenmix (Anteil der Geschäftskunden)
- Relevantes Insolvenzrecht

III. Bewertung der Insolvenzkosten

1. Bewertungsmethode

Wenn man die Höhe der Insolvenzkosten festgelegt hat, stellt sich die Frage, wie man deren Werteinfluss in eine Bewertung integrieren kann. Dabei hat es sich zumindest für die praktische Anwendung durchgesetzt, die Insolvenzkosten eigenständig zu bewerten und im Rahmen eines APV-Verfahrens vom Unternehmenswert abzuziehen. Die Insolvenzkostenbewertung kann entweder mittels einer geschlossenen Bewertungsformel oder einer Simulation erfolgen.[9] Während die geschlossenen Bewertungsformeln den Vorteil haben, dass sich der Insolvenzkostenwert einfach aus der Parametereingabe in die jeweilige Formel ergibt, so sind diese doch immer auf sehr stark einschränkenden Annahmen bezüglich der Finanzierungspolitik, der Cashflow-Entwicklung und/oder der Risikostruktur des

---

9   Vgl. Lahmann/Schreiter/Schwetzler, ZfbF 2018, S. 83 ff.; Meitner/Streitferdt, CF 2016, S. 76 f.

Fremdkapitals angewiesen. Dieser Beitrag zielt hingegen darauf ab, ein möglichst flexibles Modell vorzustellen, welches bei jeder beliebigen Finanzierungspolitik in eine bereits bestehende Bewertung integriert werden kann. Eine solche umfassende Flexibilität ergibt sich durch eine Monte-Carlo-Simulation. Diese erlaubt der Pfadabhängigkeit von Insolvenzkosten Rechnung zu tragen und kann sehr flexibel an unterschiedliche Rahmenbedingungen angepasst werden. Wenn man den Werteinfluss im Rahmen einer Simulation ermittelt, so simuliert man für eine vorgegebene Anzahl zukünftiger Perioden die Unternehmensentwicklung mehrmals und kann dann in Abhängigkeit von der Unternehmensentwicklung Insolvenzkosten anfallen lassen. Führt man diese Simulation häufig genug durch (in aller Regel wird hier von 10.000 Durchgängen ausgegangen), ergibt sich aus dem Durchschnitt für jede Periode ein belastbarer Wert für die erwarteten Insolvenzkosten.

Für eine Simulation ist zum einen zu klären, welche Größen simuliert werden sollen, und zum anderen muss festgelegt werden, unter welchen Bedingungen die Insolvenzkosten anfallen. Dies wird in den folgenden beiden Kapiteln diskutiert.

2. Insolvenzauslöser und Realisation von Insolvenzkosten

Eine Insolvenz kann prinzipiell durch drei Gründe ausgelöst werden:

- Zahlungsunfähigkeit (gem. § 17 InsO),
- drohende Zahlungsunfähigkeit (gem. § 18 InsO),
- Überschuldung (gem. § 19 InsO).

Dabei ist zu beachten, dass Zahlungsunfähigkeit nicht bedeutet, dass der aktuelle Cashflow aus betrieblicher Tätigkeit nicht hoch genug ist, um den Zahlungsverpflichtungen nachzukommen. Vielmehr bedeutet Zahlungsunfähigkeit, dass die Lücke zwischen Zahlungsverpflichtung und Cashflow auch nicht durch die Aufnahme neuen externen Kapitals geschlossen werden kann, weil keine entsprechenden Kapitalgeber gefunden werden.[10] Auf einem vollkommenen Kapitalmarkt wird die Aufnahme neuer Kapitalgeber zur Finanzierung der Liquiditätslücke immer dann gelingen, wenn der Unternehmenswert die Zahlungsforderung der Fremdkapitalgeber übersteigt. Dann können die aktuellen Eigenkapitalgeber dem neuen Kapitalgeber einen Zahlungsstrom anbieten, dessen Wert mindestens dem von ihm bereitgestellten Kapital entspricht. Damit kommt es immer dann zu einer Insolvenz, wenn der Unternehmenswert in einem Zeitpunkt geringer ist als die Zahlungsansprüche der Fremdkapitalgeber. Selbstverständlich ist dies eine idealtypische Vorstellung, da es in der Praxis auch vorkommen kann, dass es aufgrund asymmetrischer Informationsverteilungen einem finanzierungswürdigen Unternehmen nicht gelingt, neue externe Kapitalmittel zu erlangen. Eine Simulation

---

10   Vgl. Lodowicks, Riskantes Fremdkapital in der Unternehmensbewertung, 2007, S. 54.

lässt sich auch relativ leicht um diesen Aspekt ausweiten. Wir verzichten aber hierauf, um die Komplexität überschaubar zu halten.

Eine drohende Zahlungsunfähigkeit ist in Theorie und Praxis ein komplexes Konstrukt. Ein Schuldner droht zahlungsunfähig zu werden, wenn er voraussichtlich nicht in der Lage sein wird, die bestehenden Zahlungspflichten im Zeitpunkt der Fälligkeit zu erfüllen. Da quantitativ nicht eindeutig festgelegt ist, was dabei unter „voraussichtlich" zu verstehen ist, ist dieser Insolvenzgrund schwer greifbar.

Demgegenüber ist eine Überschuldung recht klar quantifizierbar. Diese liegt vor, wenn die bestehenden Verbindlichkeiten das Vermögen eines Schuldners übersteigen und die Fortführung des Unternehmens nicht wahrscheinlich ist. Wir verzichten aus Gründen der Komplexitätsreduzierung hier auf eine Überprüfung der Fortführungswahrscheinlichkeit und gehen davon aus, dass im Falle einer Überschuldung auch die Insolvenz eintritt.

Aus diesen Überlegungen folgt, dass sich im Rahmen einer Simulation die Zahlungsunfähigkeit wie auch die Überschuldung als Insolvenzauslöser recht gut darstellen lässt, während die drohende Zahlungsunfähigkeit weniger leicht fassbar sein dürfte.

Wir modellieren daher die Insolvenz wie folgt: Ein Unternehmen ist insolvent, wenn in einem Zeitpunkt t der Wert des Unternehmens geringer ausfällt als der Wert aller Zahlungsverpflichtungen an die Fremdkapitalgeber. Unter Verwendung von $\tilde{Y}_{t-1}$ für die im Zeitpunkt t zu zahlende durchschnittliche Nominalverzinsung des Fremdkapitalvolumens aus dem Zeitpunkt t − 1, $\widetilde{FK}_{t-1}$, und $\tilde{V}_t$ für den Unternehmenswert im Zeitpunkt t *vor Dividenden- und Zinszahlung* ergibt sich formal folgende Bedingung für eine Insolvenz:

$$\tilde{V}_t < (1 + \tilde{Y}_{t-1}) \times \widetilde{FK}_{t-1} \tag{1}$$

Wenn Bedingung (1) in einem Zeitpunkt t erfüllt ist, ist das Unternehmen entweder zahlungsunfähig oder überschuldet. Dann kommt es zur Insolvenz und es fallen direkte Insolvenzkosten an. Indirekte Insolvenzkosten können aber auch schon vor Eintritt einer Insolvenz anfallen.[11] Der Zugang zu Lieferantenkrediten wird bereits dann eingeschränkt, wenn die Lieferanten mit einer baldigen Insolvenz ihres Kunden rechnen. Ebenso warten auch Mitarbeiter nicht bis zum Insolvenzeintritt, sondern beginnen schon in ökonomisch schwierigen Zeiten, sich um Alternativanstellungen zu kümmern. Damit müssen indirekte Insolvenzkosten so modelliert werden, dass sie bereits eintreten, wenn eine Insolvenz des Unternehmens zwar noch nicht eingetreten, aber in der nahen Zukunft hinreichend wahrscheinlich ist.

---

11   Vgl. Friedrich, a.a.O. (Fn. 3), S. 187, oder Ballwieser/Friedrich, CF 2015, S. 455.

Zuletzt ist darauf zu achten, dass der Insolvenzeintritt eines Unternehmens zumindest bei KapGes. auch vom Ausschüttungsverhalten des Unternehmens abhängt. Wenn ein Unternehmen freie Cashflows einbehält und wertneutral am Kapitalmarkt anlegt, sinkt die zukünftige Insolvenzwahrscheinlichkeit, da zukünftig mehr Geldmittel zur Verfügung stehen, um Zahlungsansprüche der Fremdkapitalgeber zu bedienen. Dann sinken auch die zukünftig erwarteten Insolvenzkosten. Insofern scheint es optimal, dass das Unternehmen einfach alle freien Cashflows einbehält und auf Unternehmensebene wertneutral anlegt, um die erwarteten Insolvenzkosten zu minimieren. Dieser prinzipielle Zusammenhang zwischen Ausschüttungspolitik und Insolvenz wird in der Literatur im Allgemeinen ignoriert und gar nicht diskutiert.

Eine vollständige Einbehaltung aller freien Cashflows ist allerdings bei teilweiser Fremdfinanzierung auch gar nicht möglich, da die Fremdkapitalgeber einen Anspruch auf ihre Zahlungen haben. Einbehalten werden könnte nur derjenige Teil des freien Cashflows, der den Eigenkapitalgebern zusteht. Aber auch dieser wird von Unternehmen in aller Regel zumindest teilweise ausgeschüttet, wofür es mehrere Erklärungen wie z.B. Dividend Catering oder das Free-Cashflow-Problem gibt.[12] Um die Analyse praxisnah zu gestalten, unterstellen wir daher, dass das Unternehmen nach jeder Periode die freien Cashflows vollständig ausschüttet.

3. Simulation der Insolvenzkosten

Nachdem eine vereinfachte, aber praktikable Insolvenzbedingung definiert wurde, stellt sich nun die Frage, welche Größe für die Bewertung simuliert werden soll. Da die hier vorgestellte Vorgehensweise möglichst mit einer bereits bestehenden Bewertung vereinbar sein soll, ist es naheliegend, die Entwicklung einer Größe zu simulieren, die bereits im Rahmen einer Bewertung ohne Insolvenzkosten ermittelt wird. Hierfür bietet sich auf den ersten Blick der freie Cashflow an, den das Unternehmen erwirtschaftet. Für diesen liegen Erwartungswerte vor und mit einer Verteilungsannahme über die freien Cashflows lassen sich diese dann simulieren. Das Problem besteht allerdings darin, dass für die Auslösung einer Insolvenz nicht nur der aktuelle freie Cashflow, sondern auch der Unternehmenswert relevant ist, der sich aus den nachfolgenden freien Cashflows ergibt. Damit ist es notwendig, auch den intertemporalen Zusammenhang zwischen den Cashflows zu modellieren, also die Frage, wie sich die Realisation des freien Cashflows in einem Zeitpunkt auf die erwarteten Cashflows der nachfolgenden Zeitpunkte auswirkt. In der Literatur gibt es hierfür nach unserer Kenntnis nur den Vorschlag der (schwach) autoregressiven Cashflows.[13] Bei (schwach) autoregressiven Cashflows wird unterstellt, dass der erwartete Cashflow im Zeitpunkt $t + 1$ unter dem Informationsstand

---

12 Vgl. Baker/Wurgler, Journal of Finance 2004, S. 1125 ff., und Jensen, American Economic Review 1986, S. 323 ff.
13 Vgl. Kruschwitz/Löffler, Discounted Cashflow, 2005, S. 3. Einen solchen Cashflow-Prozess unterstellen auch Lahmann/Schreiter/Schwetzler, ZfbF 2018, S. 84, die zusätzlich annehmen, dass die Cashflows lognormalverteilt sind und die Wachstumsrate der Cashflows im Zeitablauf konstant ist ($g_t^* = g^*$).

des Zeitpunkts t immer um g_t% höher ausfällt als der aktuell realisierte freie Cash-flow $\widetilde{CF}_t$. Formal bedeutet dies:

$$\overline{E_t(\widetilde{CF}_{t+1})} = (1 + g_t^*) \times \widetilde{CF}_t \qquad\qquad (2)$$

$E_t()$ steht für den bedingten Erwartungswert unter dem Informationsstand des Zeitpunkts t.[14] Fällt der freie Cashflow in einem Jahr niedrig (hoch) aus, so ist auch der dann erwartete Cashflow des Folgejahres niedrig (hoch). Zudem folgt aus der Annahme autoregressiver freier Cashflows bei deterministischen Kapitalkosten, dass der Unternehmenswert im Zeitpunkt t ein Vielfaches des aktuellen freien Cashflows ist.[15] Damit ist der Zusammenhang zwischen aktuellem Cashflow, zu-künftigen Cashflows und aktuellem Unternehmenswert definiert. Auf den ersten Blick scheint die Annahme auch realitätsnah, dass aktuell niedrige freie Cashflows zu zukünftig eher niedrigen erwarteten Cashflows führen. Bei näherer Analyse stellt sich dieser Zusammenhang aber problematisch dar. Der freie Cashflow eines Unternehmens ergibt sich aus der Differenz des Cashflows aus operativer Tätigkeit und dem Cashflow aus Investitionstätigkeit. Wenn der freie Cashflow eines Unter-nehmens nun aber niedrig ist, weil das Unternehmen viele Investitionen tätigt, so sollte der niedrige aktuelle freie Cashflow zu zukünftig höheren freien Cashflows führen. Deshalb ist die Annahme autoregressiver freier Cashflows für eine Simu-lation nicht sehr hilfreich. Ein vermeintlicher Ausweg scheint darin zu liegen, die Cashflows aus operativer Tätigkeit (schwach) autoregressiv und den Cashflow aus Investitionstätigkeit getrennt zu simulieren. Dann benötigt man aber Annahmen bezüglich des Zusammenhangs zwischen Investitionsvolumen einer Periode und dem nachfolgenden Wachstum des Cashflows aus operativer Tätigkeit (d.h. kon-kret den Werten von g_t^*). Dies führt zu erheblichem zusätzlichem Informationsbe-darf, und die Größe g_t^* dürfte dann nicht mehr deterministisch sein.

Um diese Probleme zu vermeiden, verzichten wir auf eine Simulation der freien Cashflows. Zur Überprüfung der Insolvenzbedingung (1) werden schließlich nicht die Cashflows benötigt, sondern der Unternehmenswert vor Dividendenzahlung. Da dieser aber durch die letztlich zu ermittelnden Insolvenzkosten beeinflusst wird, kann dieser Unternehmenswert vor Dividendenzahlung der verschuldeten Unternehmung nicht sinnvoll simuliert werden. Deshalb simulieren wir die Unter-nehmenswerte der unverschuldeten Unternehmung vor Dividendenzahlung, die von Insolvenzkosten nicht beeinflusst werden, und beschränken uns dabei auf den Fall von KapGes. Aufgrund der beschränkten Haftung ist eine Standardannahme in der Finanzwirtschaft, dass die Unternehmenswerte von KapGes. lognormalver-teilt sind.[16] Wir übernehmen diese Annahme und unterstellen zudem einen Zu-

---

14   Die Notation ist angelehnt an Fama, Journal of Financial Economics 1977, S. 10 ff. Entsprechend ist der unbedingte
      Erwartungswert aus Sicht des Zeitpunkts t = 0 mit E0() bezeichnet.
15   Vgl. Kruschwitz/Löffler, a.a.O. (Fn. 13), S. 74 f.
16   Vgl. Black/Scholes, Journal of Political Economy 1973, S. 640, oder Merton, Journal of Finance 1974, S. 450.

sammenhang zwischen den Unternehmenswerten vor Dividendenausschüttung im Zeitablauf. Wenn der Unternehmenswert in einem Zeitpunkt niedrig ausfällt, so ist auch der erwartete Unternehmenswert in der nachfolgenden Periode eher niedrig. Wir übertragen also den intertemporalen Zusammenhang der (schwach) autoregressiven Cashflows auf die Unternehmenswerte vor Dividendenzahlung:[17]

$$E_t(\widetilde{V}^u_{t+1}) = (1 + g_t) \times \widetilde{V}^u_t \tag{3}$$

Dabei muss $g_t \geq -1$ gelten, da die Unternehmenswerte nicht negativ werden können. Aus Gleichung (3) ergeben sich nun einige wichtige Eigenschaften der Unternehmenswerte, die eine Kalibrierung der Simulation an eine bestehende Bewertung ermöglichen. Wenn man unter Annahme rationaler Erwartungen den Erwartungswert aus Sicht von t = 0 über Gleichung (3) bildet und nach g_t auflöst, erhält man:

$$E_0(\widetilde{V}^u_t) \times (1 + g_t) = E_0(\widetilde{V}^u_{t+1}) \quad \Leftrightarrow \quad g_t = \frac{E_0(\widetilde{V}^u_{t+1})}{E_0(\widetilde{V}^u_t)} - 1 \tag{4}$$

Damit lässt sich g_t anhand der in t = 0 erwarteten Unternehmenswerte der unverschuldeten Unternehmung vor Dividendenzahlung bestimmen. Diese unbedingten Erwartungswerte lassen sich aus den Daten einer bestehenden Bewertung leicht ermitteln. Die freien Cashflows der unverschuldeten Unternehmung ergeben sich aus der Plan-Cashflow-Rechnung als Differenz von Cashflows aus operativer Tätigkeit und Cashflows aus Investitionstätigkeit abzüglich dem Tax Shield. Diskontiert man diese Cashflows der unverschuldeten Unternehmung mittels der Roll-Back-Methode[18] mit den Kapitalkosten der unverschuldeten Unternehmung (die für alle Bewertungsverfahren im Rahmen der Kapitalkostenermittlung benötigt werden)[19], erhält man die (unbedingt) erwarteten unverschuldeten Unternehmenswerte nach Dividendenzahlung für jeden zukünftigen Zeitpunkt. Addiert man zu diesen erwarteten Unternehmenswerten in jedem Zeitpunkt den jeweiligen (unbedingt) erwarteten freien Cashflow der unverschuldeten Unternehmung, erhält man die erwarteten Unternehmenswerte der unverschuldeten Unternehmung vor Dividendenzahlung. Aus diesen kann für jede Periode t die Größe g_t mittels Gleichung (4) bestimmt werden.

---

17 Solche (schwach) autoregressiven lognormal verteilten Unternehmenswerte resultieren beispielsweise, wenn der Unternehmenswert mit Ausnahme der Ausschüttungszeitpunkte einer geometrischen Brown'schen Bewegung mit geeigneter Drift folgt.

18 Zur Roll-Back-Methode s. Meitner/Streitferdt, Unternehmensbewertung, 2011, S. 118.

19 Vgl. Meitner/Streitferdt, a.a.O. (Fn. 18), S. 16 ff. Zur Kapitalkostendefinition s. Rapp, ZfbF 2006, S. 780, Casey, zfb 2004, S. 156 und Laitenberger, zfb 2006, S. 85.

Um die Unternehmenswerte der unverschuldeten Unternehmung simulieren zu können, wird nun noch die prozentuale Standardabweichung σ_t dieser Unternehmenswerte für jede Periode benötigt. Vereinfachend kann man dabei annehmen, dass diese prozentuale Standardabweichung in jedem Jahr gleich ist $(\sigma_t = \sigma; \forall t)$, sofern dies zur vorliegenden Informationslage passt. Diese prozentuale Standardabweichung der Unternehmenswerte ist neben den Insolvenzkosten die einzige zusätzliche Information, die für das hier vorgestellte Bewertungsmodell benötigt wird.

Da nur die unverschuldeten Unternehmenswerte simuliert werden können, muss im Rahmen der Simulation die Insolvenzbedingung angepasst werden. In der Simulation wird unterstellt, dass eine Insolvenz eintritt, wenn der *unverschuldete Unternehmenswert vor Ausschüttung* unter die Zahlungsverpflichtung an die Fremdkapitalgeber fällt. Die Insolvenzbedingung lautet also:

$$\widetilde{V}_t^U < (1 + \hat{Y}_{t-1}) \times \widetilde{FK}_{t-1} \tag{5}$$

Hierbei ergibt sich eine Ungenauigkeit. Prinzipiell ist es vorstellbar, dass der unverschuldete Unternehmenswert geringer ausfällt als die Zahlungsforderung der Fremdkapitalgeber, aber dank einer positiven Wertdifferenz von Tax Shields und Insolvenzkosten das verschuldete Unternehmen noch nicht insolvent ist. Ebenso könnte es passieren, dass aufgrund einer negativen Wertdifferenz von Tax Shield und Insolvenzkosten das verschuldete Unternehmen schon insolvent wäre, während das unverschuldete Unternehmen noch nicht insolvent ist.

Für diese Ungenauigkeit besteht keine Lösung; das Problem dürfte allerdings in der Praxis nicht allzu groß sein. Es ist sehr wahrscheinlich, dass in beiden Fällen die Insolvenz auch für das unverschuldete Unternehmen kurz danach eintritt bzw. im zweiten Fall auch das unverschuldete Unternehmen insolvent werden dürfte. In diesen Fällen handelt es sich nur um ein Barwertproblem, da die Insolvenzkosten in unserem Modell etwas früher bzw. später als tatsächlich anfallen. Aufgrund der großen Unsicherheit, die schon bei der Schätzung der Insolvenzkosten sowie der erwarteten Cashflows besteht, halten wir aus Praktikabilitätsgründen diese Unschärfe für verkraftbar.

Nachdem die Insolvenzbedingung so angepasst wurde, können Insolvenzkosten in eine Simulation der Unternehmenswerte integriert werden. Direkte Insolvenzkosten fallen an, wenn in der Simulation zu einem Zeitpunkt die Insolvenzbedingung (5) erfüllt ist. Sofern man das Modell einfach halten möchte, kann man mit den indirekten Insolvenzkosten ebenso verfahren. Die Modellierung ermöglicht aber eine aus unserer Sicht zu bevorzugende Alternative zur Integration der indirekten Insolvenzkosten. Diese können schließlich auch anfallen, wenn das Unternehmen noch nicht insolvent, eine Insolvenz des Bewertungsobjekts aber wahrscheinlich ist.

Durch die Verknüpfung in Formel (4) ergibt sich, dass man nach der Simulation des Unternehmenswerts in einem Zeitpunkt t auch den bedingten Erwartungswert für den (lognormalverteilten) Unternehmenswert am Ende der nächsten Periode (im Zeitpunkt t + 1) kennt. Da zudem dessen Standardabweichung als ebenfalls bekannt vorausgesetzt wurde, kennt man also im Rahmen der Simulation im Zeitpunkt t die vollständige Lognormalverteilung des Unternehmenswerts im Zeitpunkt t + 1. Entsprechend kann man im Zeitpunkt t auch die Insolvenzwahrscheinlichkeit für t + 1 ermitteln.

Da diese Überlegungen etwas komplex sind, seien sie anhand eines einfachen Beispiels erläutert. Angenommen, man hat für die Periode von t = 2 bis t = 3 eine Wachstumsrate der erwarteten unverschuldeten Unternehmenswerte vor Dividendenausschüttung von $g_3 = 3\%$ festgelegt und der Unternehmenswert schwankt stets mit 40% um seinen Erwartungswert. Nun wird eine Entwicklung des unverschuldeten Unternehmenswerts simuliert. Für den Zeitpunkt t = 2 resultiert nun im Rahmen eines Simulationspfads ein Wert der unverschuldeten Unternehmung von 100. Damit ist bekannt, dass im Rahmen dieses Simulationspfades der erwartete Unternehmenswert im Zeitpunkt t = 3 genau 100 × 1,03 = 103 beträgt. Im Rahmen des Simulationspfads ist der unverschuldete Unternehmenswert im Zeitpunkt t = 3 lognormalverteilt mit Erwartungswert 103 und Standardabweichung 40%. Damit kann man aber auch die Insolvenzwahrscheinlichkeit für t = 3 bestimmen. Diese entspricht der Wahrscheinlichkeit, dass der unverschuldete Unternehmenswert geringer ausfällt als die Zahlungsforderung der Fremdkapitalgeber.

Allgemein entspricht aus Sicht des Zeitpunkts t die Insolvenzwahrscheinlichkeit für den Zeitpunkt t + 1:

Insolvenzwahrscheinlichkeit für $t + 1$

$$= \Pr\left(\widetilde{V}_{t+1}^{u} \leq \widetilde{FK}_t \times (1 + \tilde{Y}_t)\right) \tag{6}$$

Da im Zeitpunkt t sowohl $\widetilde{FK}_t, \tilde{Y}_t$ als auch die Verteilung von $\tilde{V}_{t+1}^{u}$ bekannt sind, kann diese Insolvenzwahrscheinlichkeit für den Zeitpunkt t + 1 im Zeitpunkt t berechnet werden. Indirekte Insolvenzkosten fallen dann an, wenn diese Insolvenzwahrscheinlichkeit einen vom Bewerter vorzugebenden Wert (z.B. 50%) überschreitet. Wie hoch diese „Grenzwahrscheinlichkeit" ist, bei der sich die indirekten Insolvenzkosten materialisieren, ist unternehmensspezifisch. So dürfte ein Unternehmen, das mit vielen im Insolvenzfall verwertbaren Vermögensgegenständen sehr kurzlebige Güter produziert, auch bei einer höheren Insolvenzwahrscheinlichkeit noch keine Kunden verlieren oder Probleme bei der Gewährung von Lieferantenkrediten haben. Demgegenüber dürfte bei einem Hersteller sehr langlebiger, wartungsintensiver Güter eine Realisierung der indirekten Insolvenzkosten schon dann eintreten, wenn eine relativ geringe Insolvenzwahrscheinlichkeit für die nächste Periode vorliegt.

Zuletzt ist für die Simulation festzulegen, welche Auswirkungen eine Insolvenz für die Fremdfinanzierung und das Tax Shield hat. Insbesondere müssen Annahmen darüber getroffen werden, ob das Tax Shield im Insolvenzfall noch (teilweise) realisiert wird, wie mit Insolvenzgewinnen umgegangen wird und welche Finanzierungspolitik das Unternehmen im Fortführungsfall nach einer Insolvenz verfolgt.

4. Bewertung der Insolvenzkosten

Nachdem man die im vorangegangenen Kapitel beschriebenen benötigten Parameter festgelegt hat, kann man die Simulation durchführen und erhält für jeden Zeitpunkt die erwarteten Insolvenzkosten. Um deren Wert zu bestimmen, müsste man diese erwarteten Insolvenzkosten mit dem risikoadäquaten Zinssatz diskontieren. Hieraus ergibt sich ein in der Literatur kaum diskutiertes Problem: Es ist unklar, wie hoch der risikoadäquate Diskontierungszins für die real erwarteten Insolvenzkosten ist. Um dieses Problem zu lösen, behilft man sich im Rahmen von Simulationen gerne sog. risikoneutraler Wahrscheinlichkeiten.[20] Dies bedeutet im hier betrachteten Fall, dass die Werte der unverschuldeten Unternehmung nicht auf Basis ihrer tatsächlichen Wahrscheinlichkeitsverteilung simuliert werden, sondern unter Verwendung einer „künstlichen" risikoneutralen Wahrscheinlichkeitsverteilung. Ebenso werden für jeden Zeitpunkt in jedem Entwicklungspfad nicht die risikoneutralen Insolvenzwahrscheinlichkeiten für die Folgeperiode ermittelt, sondern die risikoneutralen Insolvenzwahrscheinlichkeiten. Dieses Vorgehen hat den Vorteil, dass die aus der Simulation resultierenden Erwartungswerte risikoneutrale Erwartungswerte sind, die mit dem sicheren Zinssatz diskontiert werden können. Auf die Ermittlung des risikoadäquaten Diskontierungszinses kann dann verzichtet werden.

Unter Verwendung der risikoneutralen Wahrscheinlichkeitsverteilung ergibt sich bei einer Lognormalverteilung der simulierte Unternehmenswert in einem Zeitpunkt t + 1 gemäß:[21]

---

20 McLeish, Monte Carlo Simulation & Finance, 2005, S. 14, oder Schwartz/Moon, Financial Analysts Journal 2000, S. 63.

21 Die theoretische Herleitung hierzu dürfte für den Praktiker von nachgelagerter Bedeutung sein. Sie ergibt sich aus den Darstellungen bei Merton, Econometrica 1973, S. 878 ff., sowie Goldstein/Leland, Journal of Business 2001, S. 489.

$$\tilde{V}_{t+1}^u = \tilde{V}_t^u \times e^{\ln(1+g_t)-\ln(1+i_t^U)+\ln(1+i_t^s)-\frac{\ln(1+\sigma_t^2)}{2}+\sqrt{\ln(1+\sigma_t^2)}\times\tilde{w}_{t+1}}$$

$$= \frac{\tilde{V}_t^u \times (1+g_t) \times (1+i_t^s)}{(1+i_t^U) \times \sqrt{1+\sigma_t^2}} \times e^{\sqrt{\ln(1+\sigma_t^2)}\times\tilde{w}_{t+1}} \tag{7}$$

Dabei steht i_t^U für den risikoadäquaten Diskontierungszins der unverschuldeten Unternehmung im Zeitpunkt t aus der ursprünglichen Bewertung und i_t^s für den sicheren Zins, der im Rahmen des CAPMs bei der ursprünglichen Bewertung für den Zeitpunkt t angesetzt wurde. Diese beiden Größen seien annahmegemäß deterministisch.[22]

$\tilde{w}_{t+1}$ ist eine standardnormalverteilte Zufallsvariable, für die im Rahmen der Monte-Carlo-Simulation in jedem Zeitpunkt des Simulationszeitraums Werte zu ziehen sind, um einen möglichen Entwicklungspfad über den Simulationszeitraum zu generieren.

Aus Gleichung (7) lässt sich nun direkt die risikoneutrale Ausfallwahrscheinlichkeit für den Zeitpunkt t + 1 ermitteln. Hierzu muss Gleichung (7) in die Insolvenzbedingung (3) eingesetzt werden:

$$\frac{\tilde{V}_t^u \times (1+g_t) \times (1+i_t^s)}{(1+i_t^U) \times \sqrt{1+\sigma_t^2}} \times e^{\sqrt{\ln(1+\sigma_t^2)}\times\tilde{w}_{t+1}} < (1+\tilde{Y}_t) \times \widetilde{FK}_t \tag{8}$$

Diese Gleichung löst man nun nach $\tilde{w}_{t+1}$ auf, um zu ermitteln, für welche Werte dieser Variablen in t + 1 die Insolvenz eintritt. Man erhält:

$$\tilde{w}_{t+1} < \frac{1}{\sqrt{\ln(1+\sigma_t^2)}} \times \left(\ln\left(\frac{\widetilde{FK}_t \times (1+\tilde{Y}_t) \times (1+i_t^U)}{\tilde{V}_t^u \times (1+g_t) \times (1+i_t^s)} \times \sqrt{1+\sigma_t^2} \right) \right) \tag{9}$$

Da $\tilde{w}_{t+1}$ standardnormalverteilt ist, ergibt sich die risikoneutrale Insolvenzwahrscheinlichkeit im Zeitpunkt t + 1 als Wert der Verteilungsfunktion der Standardnormalverteilung N() an der Stelle, die sich aus der rechten Seite von Ungleichung (9) ergibt:

---

22 Die Annahme deterministischer Diskontierungszinsen ist nicht unproblematisch, ist aber in der Literatur mangels Alternativen nicht unüblich, s. z.B. Kruschwitz/Löffler/Lorenz, Wpg 2012, S. 1050, oder Lahmann/Schreiter/Schwetzler, ZfbF 2018, S. 84.

$$\Pr(\text{Insolvenz})$$

$$= N\left(\frac{1}{\sqrt{\ln\left(1+\sigma_t^2\right)}}\times\left(\ln\left(\frac{\widetilde{FK}_t\times(1+\tilde{Y}_t)\times(1+i_t^U)}{\tilde{V}_t^u\times(1+g_t)\times(1+i_t^s)}\times\sqrt{1+\sigma_t^2}\right)\right)\right) \qquad (10)$$

Die risikoneutrale Insolvenzwahrscheinlichkeit aus (10) ist im Zeitpunkt t der Simulation bekannt, da dann $\tilde{V}_t^u$, $\tilde{Y}_t$ und $\widetilde{FK}_t$ bekannt sind. Entsprechend werden indirekte Insolvenzkosten realisiert, wenn die risikoneutrale Insolvenzwahrscheinlichkeit aus Gleichung (10) größer ist als der vom Bewerter vorgegebene Grenzwert.

Wenn man nun genügend Entwicklungspfade für den unverschuldeten Unternehmenswert über eine vorgegebene Anzahl von Perioden generiert hat, kann man für jeden Pfad die damit verbundenen Insolvenzkostenrealisationen sowie die Auswirkungen einer eingetretenen Insolvenz auf das Tax Shield berechnen. Mittelt man über alle Pfade in jedem Simulationszeitpunkt diese Größen, erhält man die risikoneutral erwarteten Insolvenzkosten und Tax Shields. Diese müssen nur noch mit dem sicheren Zins diskontiert werden, um den Wert der Insolvenzkosten sowie des Tax Shields zu erhalten. Die Differenz aus dem Wert des Tax Shield und dem Wert der Insolvenzkosten wird dann zum unverschuldeten Unternehmenswert hinzugerechnet, um den Wert der verschuldeten Unternehmung zu ermitteln.

IV. Beispielrechnung
1. Annahme der Beispielrechnung
Das vorgestellte Modell zur Integration der Insolvenzkosten in eine bestehende Unternehmensbewertung wird abschließend auf ein Beispiel angewandt. Es wird eine Unternehmung betrachtet, für die der deterministische konstante Diskontierungszins des unverschuldeten Unternehmens $i^U = 7{,}40\%$ beträgt. Der ebenfalls konstante sichere Zins beträgt $i^s = 3\%$ und der durchschnittliche Nominalzins auf das Fremdkapital sei in jeder Periode vereinfacht $Y = 5\%$, während die Fremdkapitalkosten $i^{FK} = 3{,}6\%$ betragen. Für dieses Unternehmen wurden die in Tab. 5 zu findenden freien Cashflows der unverschuldeten Unternehmung ermittelt, die nach $t = 5$ fortwährend um 3% jährlich anwachsen.

	t = 0	t = 1	t = 2	t = 3	t = 4	t = 5
$E_0(\widetilde{CF}_t^u)$		110	120	130	120	110
FK_t^{geplant}	1.140	1.170	1.196	1.220	1.250	1.287

Tab. 5: Erwartete Cashflows und Fremdkapitalvolumina der unverschuldeten Unternehmung

$FK_t^{geplant}$ stellt die in der Bewertung bei autonomer Finanzierung angenommenen Fremdkapitalvolumina im jeweiligen Zeitpunkt dar.[23] Auf Basis dieser Informationen lassen sich nun im Rahmen eines Roll-Back-Verfahrens die erwarteten Unternehmenswerte vor Ausschüttung berechnen. Diese betragen:

$$E_0(\tilde{V}_4^u) = \frac{110}{7,4\% - 3\%} + 120 = 2.620$$

$$E_0(\tilde{V}_3^u) = \frac{2.620}{1,074} + 130 = 2.569$$

$$E_0(\tilde{V}_2^u) = \frac{2.569}{1,074} + 120 = 2.512$$

$$E_0(\tilde{V}_1^u) = \frac{2.512}{1,074} + 110 = 2.449$$

$$V_0^u = \frac{2.449}{1,074} = 2.281$$

Aus diesen Werten lassen sich nun die Wachstumsraten g_t berechnen, die für die autoregressiven Unternehmenswerte benötigt werden. Sie sind in Tab. 6 zu finden. Nach t = 4 wachsen die Unternehmenswerte jedes Jahr mit 3% an.

	t = 0	t = 1	t = 2	t = 3	t = 4	t = 5
$E_0(\tilde{V}_t^u)$	2.281	2.449	2.512	2.569	2.620	2.765
g_t	7,40%	2,58%	2,27%	1,97%	2,48%	3,00%...

Tab. 6: Wachstumsraten der unverschuldeten Unternehmenswerte vor Ausschüttung

Für die Fremdfinanzierung haben wir sowohl den Fall einer autonomen Finanzierung gem. der Werte in Tab. 5 sowie den Fall einer atmenden Finanzierung mit einer konstanten Fremdkapitalquote von 50% simuliert. Dabei wurde der Einfachheit halber unterstellt, dass im Falle einer Insolvenz sämtliches Fremdkapital in Eigenkapital umgewandelt wird und damit das Tax Shield vollständig wegfällt. Es wurde zusätzlich unterstellt, dass das dann rein eigenfinanzierte Unternehmen kein neues Fremdkapital mehr aufnimmt. Daher kann ein Unternehmen im Simulationszeitraum nur einmal insolvent werden.

Bis hierhin wurden keine Informationen verwendet, die nicht im Rahmen jeder praktischen Bewertung ermittelt werden (sollten). Als zusätzliche Information

---

23 Prinzipiell müsste man auch die Nominalverzinsung in den jeweiligen Refinanzierungszeitpunkten anpassen. Dies ist prinzipiell möglich, sofern man einen formalen Zusammenhang zwischen Simulationsgrößen – z.B. dem Verschuldungsgrad – und den Fremdkapitalkosten unterstellt. Aus Gründen der Übersichtlichkeit wird hier auf eine solche Anpassung verzichtet.

für die Simulation werden nun die relevanten Größen für die Insolvenz benötigt. Wir unterstellen, dass die Werte der unverschuldeten Unternehmung in jedem Zeitpunkt eine Standardabweichung von $\sigma_t = \sigma = 30\%$ des Erwartungswerts haben. Die direkten Insolvenzkosten betragen konstant 114 und treten im Falle einer Insolvenz auf. Die indirekten Insolvenzkosten belaufen sich auf 20% des unverschuldeten Unternehmenswerts im Insolvenzfall. Die indirekten Insolvenzkosten treten auf, wenn die Wahrscheinlichkeit einer Insolvenz in der nächsten Periode 50% überschreitet (dann ist die Insolvenz eher wahrscheinlich als unwahrscheinlich). Wenn dann die Insolvenz eintritt, kommt es zu keiner erneuten Realisierung der indirekten Insolvenzkosen, da Mitarbeiter und Kunden nur einmal dem Unternehmen den Rücken zukehren können. Allerdings werden indirekte Insolvenzkosten im Insolvenzfall realisiert, falls die Insolvenz „überraschend" eingetreten ist (die Wahrscheinlichkeit hierfür war am Anfang der Vorperiode geringer als 50%) und im Zeitpunkt vor Eintritt der Insolvenz deshalb keine indirekten Insolvenzkosten realisiert wurden. Die Tab. 7–9 zeigen anhand dreier Entwicklungspfade der Simulation für den unverschuldeten Unternehmenswert eine Auswahl an Konstellationen, wie es zum Auftreten von Insolvenzkosten kommen kann:

	t = 0	t = 1	t = 2	t = 3	t = 4	t = 5
V_t^U	2.281	2.281	2.195	1.609	1.304	643
Fremdkapitalverpflichtung (autonom)	1.140	1.197	1.228	1.256	1.281	0
Insolvenzwahrscheinlichkeit	1,6%	2,8%	4,6%	29,0%	59,1%	0%
Direkte Insolvenzkosten	0	0	0	0	0	114
Indirekte Insolvenzkosten	0	0	0	0	260,71	0

Tab. 7: Entwicklungspfad 1: Eine erwartete Insolvenz

	t = 0	t = 1	t = 2	t = 3	t = 4	t = 5
V_t^U	2.281	1.917	3.183	1.509	1.265	1.957
Fremdkapitalverpflichtung (autonom)	1.140	1.197	1.228	1.256	1.281	0
Insolvenzwahrscheinlichkeit	1,6%	9,5%	0,2%	36,9%	0%	0%
Direkte Insolvenzkosten	0	0	0	0	114	0
Indirekte Insolvenzkosten	0	0	0	0	253,53	0

Tab. 8: Entwicklungspfad 2: Eine unerwartete Insolvenz

	t = 0	t = 1	t = 2	t = 3	t = 4	t = 5
V_t^U	2.281	1.765	1.243	1.446	2.523	3.008
Fremdkapitalverpflichtung (autonom)	1.140	1.197	1.228	1.256	1.281	1.313
Insolvenzwahrscheinlichkeit	1,6%	15,1%	59,8%	42,4%	2,2%	0,6%
Direkte Insolvenzkosten	0	0	0	0	0	0
Indirekte Insolvenzkosten	0	0	248,59	0	0	0

Tab. 9: Entwicklungspfad 3: Eine wahrscheinliche Insolvenz

Bei dem Entwicklungspfad der Unternehmenswerte gem. Tab. 7 ergibt sich der „klassische" Insolvenzfall. Die Unternehmenswerte sinken und damit steigt die Wahrscheinlichkeit, dass das Unternehmen in der kommenden Periode insolvent wird. In t = 4 übersteigt dann die Insolvenzwahrscheinlichkeit für t = 5 den vorgegebenen Grenzwert von 50%, sodass Kunden und Mitarbeiter ausbleiben bzw. sich beruflich verändern, und es fallen indirekte Insolvenzkosten an. Eine Periode später ist das Unternehmen dann auch insolvent und es fallen direkte Insolvenzkosten an.

Der Entwicklungspfad aus Tab. 8 zeigt hingegen den Fall einer überraschenden Insolvenz. Zunächst entwickelt sich der Unternehmenswert positiv. In t = 3 fällt er aber auf einmal ab, sodass die Insolvenzwahrscheinlichkeit für den Zeitpunkt t = 4 auf 36,9% steigt. Der wahrscheinlichere Fall für t = 4 ist aber weiterhin, dass keine Insolvenz eintritt. In t = 5 tritt dann doch die Insolvenz überraschend ein. Es kommt zu direkten und indirekten Insolvenzkosten, da in t = 4 noch keine indirekten Insolvenzkosten angefallen sind.

Zuletzt zeigt Tab. 9 einen Entwicklungspfad für den Unternehmenswert, bei dem in t = 2 das Unternehmen zwar noch nicht insolvent ist, die Insolvenzwahrscheinlichkeit für t = 3 aber so hoch ist, dass die indirekten Insolvenzkosten sich materialisieren. In t = 3 ist das Unternehmen aber nicht insolvent. Es erholt sich wieder, sodass keine direkten Insolvenzkosten anfallen.

2. Ergebnisse der Beispielrechnung

Wir haben die Beispielrechnung für unterschiedliche Parameterkonstellationen wiederholt. Pro Simulation wurden 10.000 Entwicklungspfade über jew. 100 Jahre simuliert. Die Ergebnisse der Beispielrechnung sind in Tab. 10 für eine autonome Finanzierung und in Tab. 11 für eine atmende Finanzierung mit einer konstanten Fremdkapitalquote von 50% zusammengefasst.

Szenario	Insolvenzkostenwert in Prozent des unverschuldeten Unternehmenswerts (autonome Finanzierung)
Basisszenario	Direkte Insolvenzkosten: 3,80% Indirekte Insolvenzkosten: 10,36%
$\sigma = 15\%$	Direkte Insolvenzkosten: 3,29% Indirekte Insolvenzkosten: 10,93%
$\sigma = 45\%$	Direkte Insolvenzkosten: 4,10% Indirekte Insolvenzkosten: 10,14%
P(Insolvenz) > 70%	Direkte Insolvenzkosten: 3,80% Indirekte Insolvenzkosten: 8,23%
P(Insolvenz) > 30%	Direkte Insolvenzkosten: 3,79% Indirekte Insolvenzkosten: 15,78%
Verschuldung 80%	Direkte Insolvenzkosten: 4,37% Indirekte Insolvenzkosten: 16,33%
Verschuldung 20%	Direkte Insolvenzkosten: 2,84% Indirekte Insolvenzkosten: 3,94%

Tab. 10: Ergebnisse der Beispielrechnung bei autonomer Finanzierung

Szenario	Insolvenzkostenwert in Prozent des unverschuldeten Unternehmenswerts (atmende Finanzierung)
Basisszenario	Direkte Insolvenzkosten: 2,16% Indirekte Insolvenzkosten: 3,84%
$\sigma = 15\%$	Direkte Insolvenzkosten: 0,00% Indirekte Insolvenzkosten: 0,00%
$\sigma = 45\%$	Direkte Insolvenzkosten: 3,87% Indirekte Insolvenzkosten: 10,30%
P(Insolvenz) > 70%	Direkte Insolvenzkosten: 2,17% Indirekte Insolvenzkosten: 3,71%
P(Insolvenz) > 30%	Direkte Insolvenzkosten: 2,17% Indirekte Insolvenzkosten: 3,85%
Verschuldung 80%	Direkte Insolvenzkosten: 4,58% Indirekte Insolvenzkosten: 17,42%
Verschuldung 20%	Direkte Insolvenzkosten: 0,00% Indirekte Insolvenzkosten: 0,00%

Tab. 11: Ergebnisse der Beispielrechnung bei atmender Finanzierung

Die Insolvenzkostenwerte sind in Prozent des Unternehmenswerts von $t = 0$ angegeben. Variationen im Cashflow haben ergeben, dass diese den Prozentsatz kaum beeinflussen. Tab. 10 ist zu entnehmen, dass die direkten Insolvenzkosten bei autonomer Finanzierung 3,80% und die indirekten Insolvenzkosten 10,36% ausmachen. Bei atmender Finanzierung fallen diese Insolvenzkosten im Basisszenario geringer aus (s. Tab. 11).

Wenn die Unternehmenswerte weniger stark schwanken ($\sigma = 15\%$), führt eine atmende Finanzierung dazu, dass keine Insolvenzkosten auftreten, während bei autonomer Finanzierung die indirekten Insolvenzkosten ansteigen. Dies ist darauf zurückzuführen, dass bei autonomer Finanzierung ein auf niedrigem Niveau schwankender Unternehmenswert dazu führt, dass sehr häufig indirekte Insolvenzkosten anfallen. Es ist hier interessanterweise hilfreicher für das Unternehmen, wenn relativ klar ist, ob das Unternehmen insolvent wird oder sich wieder erholt, was im Falle stärker schwankender Unternehmenswerte der Fall ist ($\sigma = 45\%$). Dann sinken die indirekten Insolvenzkosten bei autonomer Finanzierung auf 10,14%. Für eine atmende Finanzierung sind stark schwankende Unternehmenswerte hingegen nicht hilfreich, da es aufgrund der starken Schwankungen wahrscheinlicher ist, dass der Unternehmenswert unter das angepasste Fremdkapitalvolumen (zzgl. Zinsforderung) fällt. Nicht mehr überraschend sinken (steigen) die indirekten Insolvenzkosten, wenn diese erst bei einer höheren (niedrigeren) Insolvenzwahrscheinlichkeit eintreten. Ebenso steigen die Insolvenzkosten mit steigender Verschuldung.

Zusammenfassend lässt sich eine relevante Wertauswirkung der Insolvenzkosten konstatieren, sofern das Unternehmen autonom finanziert ist oder aber stark schwankende Unternehmenswerte und/oder eine hohe Verschuldung aufweist. Mit niedrigem Verschuldungsgrad atmend finanzierte Unternehmen sind hingegen bei nicht allzu stark schwankenden Unternehmenswerten von Insolvenzkosten kaum betroffen.

V. Zusammenfassung

In diesem Beitrag wurde ein Modell zur Integration von Insolvenzkosten in eine bestehende Bewertung vorgestellt. Auf Basis einer Monte-Carlo-Simulation risikoneutral verteilter Unternehmenswerte lassen sich Insolvenzkosten simulieren, sodass man aus der Simulation risikoneutral erwartete Insolvenzkosten erhält, die mit dem risikolosen Zins diskontiert werden können. Dabei ermöglicht der Ansatz, dass indirekte Insolvenzkosten bereits vor dem Insolvenzeintritt realisiert werden, da Kunden und Mitarbeiter sich schon bei drohender Insolvenz nach Alternativen umschauen. Für die praktische Anwendung der hier vorgestellten Vorgehensweise ist zusätzlich zu den aus einer herkömmlichen Unternehmensbewertung ohnehin bekannten Daten die Schwankung der Unternehmenswerte, die Höhe der Insolvenzkosten sowie die Insolvenzwahrscheinlichkeit zu bestimmen, bei der die indirekten Insolvenzkosten auftreten. Diese Größen sind sehr unternehmensspezifisch und ergeben sich aus den individuellen Unternehmenscharakteristika. Hier ist der Bewerter gefragt, der auf Basis seiner professionellen Einschätzung diese Größe aus seiner Unternehmensanalyse ableitet und entsprechend festlegt. Eine Beispielrechnung hat gezeigt, dass der Werteinfluss von Insolvenzkosten insbesondere bei autonomer Finanzierung beachtlich sein und eine Vernachlässigung dieser Größe zu erheblichen Fehlbewertungen führen kann.

Erkenntnisse

- Der Einfluss von Insolvenzkosten auf den Unternehmenswert hängt von vielen individuellen Charakteristika des Geschäftsmodells, des Wettbewerbsumfelds, etc. ab. Eine pauschale Berücksichtigung scheitert meist.
- Insolvenzkosten lassen sich jedoch mittels einer Monte-Carlo-Simulation in eine bestehende Bewertung integrieren. Dabei sind die Unternehmenswert vor Dividendenausschüttung zu simulieren und bei der Simulation ist auf risikoneutrale Wahrscheinlichkeiten zurückzugreifen.
- Der Wert der Insolvenzkosten ist insbesondere bei autonomer Finanzierung oder stark schwankenden Unternehmenswerten erheblich, während bei einer aktuell gesunden Unternehmung und atmender Finanzierung eher vernachlässigbar ist, sofern die Finanzierungspolitik nicht zu aggressiv ist.

Quelle: CORPORATE FINANCE 2019, S. 334.

Insolvenz und Unternehmensbewertung

– Anmerkungen zum Beitrag von Meitner/Streitferdt, CF 2019, S. 334 – 342 –

Dr. Maximilian Schreiter | Prof. Dr. Bernhard Schwetzler

I. Insolvenz und Unternehmensbewertung – das Problem

In der einschlägigen Literatur zur Unternehmensbewertung ist seit einiger Zeit die Erkenntnis gereift, dass als „Gegengewicht" zur Einbeziehung von fremdfinanzierungsbedingten Steuervorteilen mögliche Nachteile einer Verschuldung in Form von (erwarteten) Insolvenzkosten in das Bewertungskalkül einzubeziehen sind. Intensiv diskutiert wird allerdings die Frage, wie diese Einbeziehung technisch aussehen könnte.[1] Die entsprechenden Modelle unterscheiden sich in ihren Voraussetzungen, Annahmen und schließlich auch Ergebnissen.

Meitner/Streitferdt haben kürzlich ein Modell zur Integration der Insolvenzkosten in die Unternehmensbewertung vorgeschlagen. Der vorliegende Beitrag hat das Ziel, diesen Vorschlag zu beurteilen und mögliche Verbesserungspotenziale aufzuzeigen. Ausgangspunkt für unsere Analyse und Beurteilung sind sog. Trade Off-Modelle aus der Theorie zur optimalen Kapitalstruktur.[2] In diesen Modellen werden Insolvenzkosten als mögliche Nachteile einer anteiligen Fremdfinanzierung bei der Ableitung des optimalen Verschuldungsgrades berücksichtigt. Sie eignen sich deshalb besonders gut für die Beurteilung von Ansätzen, die diese Kosten auch in die Unternehmensbewertung einbeziehen möchten.

II. Der Vorschlag von Meitner/Streitferdt

Ausgangspunkt der Überlegungen von Meitner/Streitferdt ist ein Adjusted Present Value- (APV) Modell. In einem ersten Schritt wird der Unternehmenswert bei fiktiver vollständiger Eigenfinanzierung ermittelt. Dieser Ausgangspunkt hat den großen Vorzug, dass weder die freien Cashflows noch die Kapitalkosten bei Eigenfinanzierung von einer möglichen Insolvenz des Unternehmens bzw. der Alternativanlage beeinflusst werden können. Eigenfinanzierte Unternehmen können definitionsgemäß nicht insolvent werden.[3]

---

1   Knabe, Die Berücksichtigung von Insolvenzrisiken in der Unternehmensbewertung, 2011; Gleißner, CFB 2011, S. 243 ff., Lodowicks, Riskantes Fremdkapital in der Unternehmensbewertung, 2007; Friedrich, Unternehmensbewertung bei Insolvenzrisiko, 2015; Lahmann/Schreiter/Schwetzler, ZfbF 2018, S. 73 ff.
2   Z.B. Leland, JoF 1994, S. 1213 ff.; Leland/Toft, JoF 1996, S. 987 ff.
3   Dagegen ist beim WACC- bzw. Flow to Equity Ansatz die Frage zu beantworten, welche Auswirkungen die mögliche Insolvenz der Alternativanlage auf deren Rendite als Kapitalkosten für das Bewertungsobjekt hat. Vgl. Schüler/Schwetzler, DB 2019, S. 1745 ff.; Lahmann/Schreiter/Schwetzler, ZfbF 2018, S. 83.

Das Modell zur Bestimmung des Unternehmenswertes bei Eigenfinanzierung ist zunächst zeitdiskret formuliert (siehe Gleichung [2] bzw. die Berechnung im Beispiel auf S. 248). Als Auslöser für eine mögliche Insolvenz wird die Überschuldung des Unternehmens verwendet: die Insolvenz tritt ein, wenn der (unverschuldete) Unternehmenswert niedriger ist als der mit der Couponrate des Kreditvertrages aufgezinste Fremdkapitalbestand der Vorperiode (siehe Gleichung [5]). Die Insolvenzwahrscheinlichkeit bildet die entsprechende Relation für die nachfolgende Periode ab:[4]

$$\mathbb{P}\left(\widetilde{V_{t+1}^{U}} < \left(1 + \widetilde{Y_t}\right) \times FK_t\right).$$

Dabei bezeichnet $\mathbb{P}$ das reale Wahrscheinlichkeitsmaß.

Da angenommen wird, dass der unverschuldete Unternehmenswert $\widetilde{V_t^U}$ einer geometrisch Brown'schen Bewegung folgt (siehe Gleichung [7]), kann die erforderliche Bestimmung der Insolvenzwahrscheinlichkeit $\mathbb{P}$ für die jew. nächste Periode t+1 über Umformung zu einer Standardnormalverteilung erfolgen (siehe Gleichung [10]). Die unverschuldeten Unternehmenswerte $\widetilde{V_t^U}$ selbst werden mittels Simulation 10.000-fach über 100 Perioden basierend auf der unterstellten Log-Normalverteilung gezogen. Für jeden realisierten Wert der jeweiligen Pfade in t wird die individuelle Insolvenzwahrscheinlichkeit in t+1 ermittelt.

Ist die Insolvenzwahrscheinlichkeit für die Nachfolgeperiode t+1 größer als ein festzulegender Schwellenwert (z.B.: 50%), so fallen in t indirekte Insolvenzkosten an, welche in Relation zum aktuellen unverschuldeten Unternehmenswert (z.B. 20%) stehen. Tritt die Insolvenzbedingung (siehe Gleichung [5]) dann in t direkt ein, so fallen direkte Insolvenzkosten an und das Unternehmen geht auf die Fremdkapitalgeber über.

III. Die Beurteilung des Modellvorschlags
1. Zur Modellkonstruktion allgemein

Die gewählte Modellkonstruktion ist im weiteren Sinne äquivalent zu den aktuellen Trade off-Modellen aus der Kapitalstrukturtheorie à la *Goldstein, Ju und Leland* (2001). Diese Modelle gehen von einem Wert des unverschuldeten Unternehmens aus, welcher zeitstetig einer geometrisch Brown'schen Bewegung im risikoneutralen Wahrscheinlichkeitsmaß $\mathbb{Q}$ mit[5]

---

4   Vgl. Meitner/Streitferdt, CF 2019, S. 338.
5   Die dargestellte risikoneutrale geometrisch Brown'sche Bewegung basiert bei Goldstein et al. (2001), wie üblich, auf einer äquivalenten Bewegung im realen Wahrscheinlichkeitsmaß.

$$\frac{dV}{V} = \mu dt + \sigma dz^Q$$

folgt. V stellt hier den unverschuldeten Unternehmenswert dar, μ ist die risikoneutrale Veränderungs-/Wachstumsrate des Unternehmenswertes, σ beschreibt die Volatilität der Veränderungsrate und $z^Q{\sim}N(0,1)$ gibt eine standardnormalverteilte Zufallsvariable an. Die Gleichung von Meitner/Streitferdt zur Bestimmung des Unternehmenswertes ist allerdings zeitdiskret; Kapitalkosten und Wachstumsraten werden aus dem zeitstetigen Modellrahmen in das zeitdiskrete Modell übertragen. Die zugehörige Gleichung (7)

$$\tilde{V}^U_{t+1} = \frac{\tilde{V}^U_t (1 + g_t)(1 + i^e_t)}{\left(1 + i^U_t\right)\sqrt{\left(1 + \sigma^2_t\right)}} e^{\sqrt{\left(1 + \sigma^2_t\right)}w_{t+1}}$$

ist eine recht ungewöhnliche, aber korrekte Darstellung des stochastischen Prozesses des unverschuldeten Unternehmenswerts. Fehlerhaft ist jedoch u.E. der Umgang mit den unterschiedlichen Wahrscheinlichkeitsmaßen: Für die Bestimmung der Insolvenzwahrscheinlichkeit verwenden Meitner/Streitferdt in Gleichung (10) das risikoneutrale Wahrscheinlichkeitsmaß. Unserer Ansicht nach muss, der Gleichung für den Insolvenzauslöser (6) folgend, das reale Wahrscheinlichkeitsmaß für die Berechnung der Insolvenzwahrscheinlichkeit verwendet werden. Da die risikoneutrale Insolvenzwahrscheinlichkeit immer höher als die reale ist, wird auf diese Weise der Effekt einer möglichen Insolvenz auf den Unternehmenswert deutlich überschätzt. Zudem ist für die Messung der Überschuldung nicht der unverschuldete Unternehmenswert, sondern der Wert des verschuldeten Unternehmens unter Annahme einer bestimmten Finanzierungspolitik relevant. Da der Nettovorteil aus der anteiligen Fremdfinanzierung positiv ist, wird bei Verwendung des unverschuldeten Unternehmenswertes die Insolvenzwahrscheinlichkeit im Modell von Meitner/Streitferdt zusätzlich überschätzt.

Im Folgenden Abschn. 2. wird die Auswirkung der Verwendung von risikoneutralen Insolvenzwahrscheinlichkeiten auf den Unternehmenswert verdeutlicht.

Das Modell-Setup weist zudem eine typische Schwäche von Simulationsmodellen auf: Simulationsmodelle sind nicht in der Lage direkte Optimierungskalküle von Eigen- und Fremdkapitalgebern in Abhängigkeit der asymmetrischen Auszahlungsstruktur und der unterstellten Unsicherheit abzubilden. Dies kann zur Vernachlässigung wichtiger Einflussfaktoren und zu unrealistischen Ergebnissen führen. In den Abschnitten 3. und 4. gehen wir auf mögliche Optimierungsansätze aus Eigen- und Fremdkapitalgeber-Sicht ein und diskutieren Fehlerquellen, die aus der Vernachlässigung von analytischen Kalkülen der Fremd- und Eigenkapitalgeber resultieren können.

Schließlich ist die von Meitner/Streitferdt gewählte Simulationsrechnung zur Bewertung der Insolvenzkosten überflüssig. Tatsächlich ist bei Verwendung eines zeitstetigen Modells die Ermittlung von Insolvenzwahrscheinlichkeiten über die gesamte Kreditlaufzeit analytisch möglich. Die Autoren greifen auf diese analytische Möglichkeit zurück, beschränken sich dabei allerdings immer nur auf die jew. nächste Periode (siehe Gleichung [10]).

2. Insolvenzwahrscheinlichkeiten und erwartete Insolvenzkosten

Im Ansatz von Meitner/Streitferdt wird ausgehend von Gleichung (7) die Insolvenzwahrscheinlichkeit in Gleichung (10) auf Basis von risikoneutralen Wahrscheinlichkeiten ermittelt.[6] Diese risikoneutralen Wahrscheinlichkeiten werden zunächst verwendet, um die Bedingung für das Eintreten der indirekten Insolvenzkosten zu ermitteln (Insolvenzwahrscheinlichkeit für t+1 > 50%). Anschließend werden die erwarteten Insolvenzkosten über die Diskontierung mit dem risikolosen Zinssatz bewertet. Für die notwendige Berechnung der Insolvenzwahrscheinlichkeit ist allerdings die tatsächliche Wahrscheinlichkeitsverteilung (und nicht die risikoneutrale) relevant: der Eintritt der Überschuldung hängt von der tatsächlichen, nicht risikoadjustierten Wahrscheinlichkeitsverteilung des künftigen Unternehmenswertes in t+1 ab. Bei annahmegemäß risikoaversen Marktteilnehmern ist aufgrund der Risikoadjustierung die risikoneutrale Wachstumsrate der künftigen Cashflows und des Unternehmenswertes niedriger als die tatsächliche (unadjustierte) Wachstumsrate. Das bedeutet, dass die Insolvenzwahrscheinlichkeit bei Verwendung von risikoneutralen Wahrscheinlichkeiten überschätzt wird.

Um Missverständnisse zu vermeiden: Für die **Bewertung** der indirekten Insolvenzkosten sind risikoneutrale Wahrscheinlichkeiten zu verwenden; der mithilfe der risikoneutralen Wahrscheinlichkeiten ermittelte Erwartungswert der Kosten ist mit dem risikolosen Zinssatz abzudiskontieren. Der Auslöser für das Eintreten dieser Kosten muss jedoch an die reale Insolvenzwahrscheinlichkeit geknüpft werden, da sonst eine systematische Überschätzung eintritt.

Für die Zahlen des Rechenbeispiels von Meitner/Streitferdt ergeben sich dadurch erhebliche Unterschiede. Wir haben die Berechnungen von Meitner/Streitferdt nachvollzogen und basierend auf den Beispieldaten neben der risikoneutralen auch die tatsächlichen Insolvenzwahrscheinlichkeiten berechnet. Die Tab. 1 zeigt den Vergleich der beiden Rechnungen.

---

6   Meitner/Streitferdt, CF 2019, S. 340.

	t=0	t=1	t=2	t=3	t=4	t=5
PFAD 1						
VU Rn.	2.281	2281	2195	1609	1304	643
VU real	2281	2378	2386	1824	1541	792
Ins.-WS (Rn.)	1,2%	1,9%	3,4%	28,7%	62,4%	Insol-venz!
Ins.-WS (real)	0,8%	0,8%	1,1%	11,5%	31,5%	Insol-venz!
PFAD 2						
VU Rn.	2281	1917	3183	1509	1265	1957
VU real	2281	1999	3461	1711	1496	2413
Ins.-WS (Rn.)	1,2%	7,9%	0,1%	37,6%	Insolvenz!	
Ins.-WS (real)	0,8%	4,2%	0,0%	17,0%	35,7%	1,8%
PFAD 3						
VU Rn.	2281	1765	1243	1446	2523	3008
VU real	2281	1840	1351	1639	2982	3707
Ins.-WS (Rn.)	1,2%	13,6%	63,2%	43,9%	1,4%	0,3%
Ins.-WS (real)	0,8%	7,9%	44,4%	21,5%	0,1%	0,0%

Tab. 1: Risikoneutrale und reale Insolvenzwahrscheinlichkeiten

Für jeden der drei Beispielpfade ergeben sich deutliche Unterschiede: Auf Pfad 1 werden in t=4 bei korrekter Verwendung „realer" Wahrscheinlichkeiten keine indirekten Insolvenzkosten verursacht; für t=5 liegt die tatsächliche Insolvenzwahrscheinlichkeit mit 31,5% deutlich unter der Schwelle von 50%. Gleiches gilt für Pfad 3 in t=2. Für Beispielpfad 2 tritt in t=4 gar keine Insolvenz ein, stattdessen liegt lediglich eine Insolvenzwahrscheinlichkeit von 35,7% vor.

Zur Verdeutlichung des Gesamteffektes werden in Abb. 1 die kumulierten Insolvenzwahrscheinlichkeiten bei Verwendung von realen und von risikoneutralen Insolvenzwahrscheinlichkeiten für die Zahlen des Beispiels gegenübergestellt.

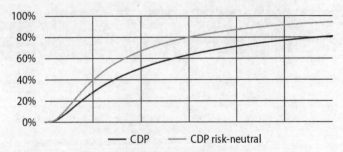

Abb. 1: Kumulierte Insolvenzwahrscheinlichkeit für die ersten 30 Jahre

Es bleibt im Beitrag von Meitner/Streitferdt auch unklar, wie die indirekten Insolvenzkosten in die Simulationsrechnung und die Bewertung einbezogen werden. Das gilt insbesondere für die Möglichkeit eines mehrmaligen sequenziellen Auftretens von Insolvenzwahrscheinlichkeiten größer 50% ohne eine nachfolgende Insolvenz in der Simulationsrechnung. Treten in diesem Fall die berechneten indirekten Insolvenzkosten mehrfach hintereinander auf, oder ist pro Simulationspfad nur ein einziges Mal möglich?[7] Unserer Ansicht nach ist weder die eine noch die andere Möglichkeit besonders realistisch: Eher ist davon auszugehen, dass ab einer bestimmten Insolvenzgefahr kontinuierliche, periodisch anfallende Kosten (in Form von Kundenabwanderung etc.) entstehen, die bestehen bleiben, solange das Unternehmen sich in Insolvenznähe befindet. Dieses Krisenstadium kann die Unternehmung entweder wieder verlassen oder aber von hier tatsächlich in die Insolvenz abrutschen.[8]

Schließlich ist festzuhalten, dass im Modell von Meitner/Streitferdt das Auftreten indirekter Insolvenzkosten offenkundig keinen Einfluss auf den möglichen Eintritt der Insolvenz selbst in der nachfolgenden Periode hat. Die zusätzlich angefallenen Kosten müssten jedoch eigentlich die Krise des Unternehmens weiter verschärfen und somit die Insolvenzwahrscheinlichkeit der nachfolgenden Periode nochmals erhöhen.

3. Zum Verhalten der Kreditgeber

Das Verhalten der Kreditgeber im Modell von Meitner/Streitferdt ist nicht realistisch. Die Messung der Insolvenzwahrscheinlichkeit immer nur für die jew. nächste Periode impliziert „kurzsichtige" Gläubiger. Das ist unrealistisch; die Kreditgeber müssen vielmehr die Insolvenzwahrscheinlichkeiten bei Ausreichung des Kredites **für jede Periode über die gesamte angestrebte Kreditlaufzeit** berechnen können. Andernfalls sind sie nicht in der Lage, im Zeitpunkt der Kreditvergabe einen das Kreditrisiko kompensierenden Zinssatz für den Unternehmenskredit zu er-

---

7   Die weiteren Ergebnisse der Simulationsrechnung waren für uns deshalb nicht reproduzierbar.

8   Es ergibt sich letztlich ein Ansatz mit zwei Auslösern, nach oben (Verlassen des Krisenmodus) und nach unten (endgültige Insolvenz), der über ein Doppel-Barriere-Modell abgebildet werden kann. Vgl. das Modell von Kutzker/Schreiter (2019) zur Ableitung der optimalen Kapitalstruktur.

mitteln. Die im Modellvorschlag von Meitner/Streitferdt vorgesehene Messung des Ausfallrisikos nur in der jew. nächsten Periode ist deshalb nicht ausreichend.[9] Das oben angesprochene zeitstetige Modell erlaubt dagegen über alle Perioden der Kreditlaufzeit analytisch die Ableitung der Insolvenzwahrscheinlichkeiten. Das gilt ebenfalls für künftige Perioden in Abhängigkeit von der inzwischen eingetretenen Entwicklung. Die Gläubiger sind somit auch in der Lage, bei einer eintretenden Verschlechterung bereits über mehrere Perioden im Voraus ihr Risiko abzuschätzen und ggf. entsprechend zu reagieren.

Die Beispielrechnung von Meitner/Streitferdt auf S. 251 macht die modellinduzierte „Kurzsichtigkeit" der Gläubiger besonders deutlich: Für das Szenario einer „erwarteten" Insolvenz in Tab. 7 erkennen die Gläubiger den deutlichen Anstieg der Insolvenzwahrscheinlichkeit immer nur in der jeweiligen Vorperiode. Die Insolvenzwahrscheinlichkeit in t=4 (gemessen in t=3) steigt auf 29%, diejenige der nachfolgenden Periode t=5 (gemessen in t=4) auf 59,1%. Ein solch kurzsichtiges Verhalten der Kreditgeber ist nicht realistisch; tatsächlich werden die Gläubiger längerfristige Entwicklungen bereits über einen längeren Zeitraum im Voraus erkennen und entsprechend auf eine früher vorhersehbare Verschlechterung der Kreditwürdigkeit des Unternehmens durch Gegenmaßnahmen (Kreditrückführung etc.) reagieren. Im Beispiel werden also weitsichtigere Gläubiger den Anstieg der Insolvenzwahrscheinlichkeit in den Perioden t=4 und t=5 bereits deutlich früher als in der jeweiligen Vorperiode erkennen und nicht erst in der unmittelbaren Vorperiode. Im zeitstetigen Modell ist dagegen die langfristige Vorausplanung und die Berechnung der Insolvenzwahrscheinlichkeiten über mehrere Jahre problemlos möglich.

4. Zum Verhalten der Eigentümer

Auch das im Modell unterstellte Verhalten der Eigentümer des Unternehmens ist nicht realistisch. Falls die Insolvenzwahrscheinlichkeit in der Beispielrechnung für die nachfolgende Periode t+1 über 50% beträgt, werden in der laufenden Periode t indirekte Insolvenzkosten i.H.v. 20% des unverschuldeten Unternehmenswertes in t fällig.[10] Das Modell von Meitner/Streitferdt und die zugehörige Beispielrechnung ignorieren die Möglichkeit der Eigentümer, durch Zuführung von Eigenkapital die Insolvenzwahrscheinlichkeit zu verringern und so die mit der Insolvenzgefahr verbundenen indirekten Insolvenzkosten zu vermeiden. Im Beispiel der Tab. 7 treten in t=5 bei Eintritt direkte Insolvenzkosten i.H.v. 114 und in der vorgelagerten Periode t=4 indirekte Insolvenzkosten von 260,71 auf. Basierend auf dem per Simulation ermittelten Unternehmenswert in t=4 ergibt sich eine Insolvenzwahrscheinlichkeit für t=5, die mit 59,1% über dem Grenzwert von 50% liegt und damit diese

---

9   Ein ähnliches Argument gilt auch für das Modell von Friedrich; auch dort wird die Insolvenzwahrscheinlichkeit lediglich für die nachfolgende Periode ermittelt. Vgl. Friedrich, DBW 2016, S. 521 ff. (523).
10   Meitner/Streitferdt, CF 2019, S. 340.

indirekten Insolvenzkosten auslöst. Realistisch sind die Eigentümer des Unternehmens jedoch in der Lage, über die Zuführung von zusätzlichen finanziellen Mitteln als Eigenkapital und dessen Verwendung zur Tilgung von Krediten die Insolvenzwahrscheinlichkeit auf unter 50% zu senken. Auf diesem Weg wird zum einen der Anfall von indirekten Kosten von 260,71 verhindert und zum anderen die erwarteten direkten Insolvenzkosten in t=5 gesenkt. Das ist im Rechenbeispiel von Meitner/Streitferdt selbst bei der (fehlerhaften) Verwendung der risikoneutralen Insolvenzwahrscheinlichkeiten lohnend: Damit die Insolvenzwahrscheinlichkeit in t=5 auf 49,999% verringert wird, ist in t=4 ein Eigenkapitalbetrag i.H.v. 74,8 zuzuführen und zur Kreditrückführung zu verwenden.

Die Bedingung für eine risikoneutrale Wahrscheinlichkeit kleiner 50% in der nachfolgenden Periode lautet:

$$\mathbb{Q}\left\{V_{t+s}^U + X < FK_{t+s}\right\} < 0,5 \tag{1}$$

Durch Einsetzen des Prozesses erhält man

$$\mathbb{Q}\left\{V_t^U e^{\left(\mu_Q - \frac{1}{2}\sigma^2\right)s + \sigma\sqrt{s}Z} + X < FK_{t+s}\right\} < 0,5 \tag{2}$$

und anschließende Umformung zur Standard-Normalverteilung:

$$\mathbb{Q}\left\{Z < \frac{\ln\left(\dfrac{FK_{t+s} - X}{V_t^U}\right) - \left(\mu_Q - \dfrac{1}{2}\sigma^2\right)s}{\sigma\sqrt{s}}\right\} < 0,5 \tag{3}$$

Über Gleichung (3) ist es nun möglich für jeden Startwert V_t^U diejenige EK-Einzahlung zu bestimmen, welche die risikoneutrale Insolvenzwahrscheinlichkeit unter 50% senkt und somit die indirekten Insolvenzkosten vermeidet. Wenn das so ermittelte einzuzahlende Eigenkapital die indirekten Insolvenzkosten unterschreitet, werden rational handelnde Eigentümer diese Option im Sinne der Maximierung des Eigenkapitalwerts ausüben.

Der Nettovorteil der Eigenkapitalzuführung beträgt 260,7 – 74,8 = 185,9 und ist klar positiv. Der Effekt tritt noch stärker zutage, wenn statt der risikoneutralen die tatsächlichen Insolvenzwahrscheinlichkeiten verwendet werden; wegen des generellen Rückgangs der Insolvenzwahrscheinlichkeit ist hier lediglich ein Investitionsbetrag von 22 erforderlich, um die Insolvenzwahrscheinlichkeit auf 49,999% zu reduzieren und die indirekten Insolvenzkosten zu sparen; der Nettokapitalwert beträgt hier 237,9.

Die Möglichkeit der Eigentümer ihr Unternehmen zu „retten" und die indirekten Insolvenzkosten zu vermeiden, wenn sich dies für sie lohnt, wurde in den theoretischen Modellen zur Trade Off-Theorie zum ersten Mal durch die Arbeiten von Leland (1994) und Leland/Toft (1996) berücksichtigt. Die prinzipielle Idee dieser Modelle besteht darin, dass die Eigentümer des Unternehmens in t=0 über ein optionspreistheoretisches Kalkül eine Untergrenze für den künftigen Unternehmenswert ermitteln, ab der es sich für sie nicht mehr lohnt, das Unternehmen durch Zuführung von frischen Mitteln zu retten. Eine solche Möglichkeit sollte auch in ein realistisches Modell zur Berücksichtigung der Insolvenzkosten in der Unternehmensbewertung eingebaut werden.[11]

5. Die Fremdkapitalkosten

Im Ansatz von Meitner/Streitferdt werden die Bedingungen für das Fremdkapital (Fremdkapitalkosten von 3,6%, Kreditzinssatz von 5%) exogen festgesetzt und nicht von den Kreditgebern selbst innerhalb des Modells und in Abhängigkeit des von ihnen übernommenen Ausfallrisikos abgeleitet. Im Modell von Meitner/Streitferdt wird ausgehend vom ermittelten Insolvenzrisiko keine Verbindung zum Ausfallrisiko der Gläubiger und zu den korrespondierenden Kreditkonditionen hergestellt. Es bleibt somit unklar, ob die Gläubiger für das betreffende Unternehmen unter den gegebenen Risiken überhaupt den Kredit zu den im Beispiel angenommenen Konditionen (i.e. zum Zinssatz von 5%) gewähren werden. Das Problem wird auch deutlich, wenn man die Ergebnisse für die beiden angenommenen Finanzierungspolitiken miteinander vergleicht: Obwohl bei einer atmenden Finanzierungspolitik wegen der periodischen Anpassung des Kreditvolumens das Insolvenzrisiko und damit auch das Kreditrisiko deutlich niedriger ausfällt als bei einer autonomen Finanzierungspolitik,[12] werden im Beispiel für beide Fälle die gleichen Kreditkonditionen angenommen. Hier kommt noch einmal der o.a. Mangel der gewählten Modellkonstruktion zum Tragen: Weil das Simulationsmodell die analytische Ermittlung der Insolvenzwahrscheinlichkeiten für die weiter entfernten Zeitpunkte t+2, t+3 usw. nicht zulässt, sind die Kreditgeber nicht in der Lage, einen Kreditzinssatz im Zeitpunkt der Kreditausreichung zu ermitteln, der das übernommene Ausfallrisiko kompensiert. Im Gegensatz dazu können in den zeitstetigen Modellen die Insolvenzwahrscheinlichkeiten für jede Periode über die gesamte Kreditlaufzeit bestimmt werden. Damit sind die Kreditgeber im Zeitpunkt der Kreditvergabe in der Lage, über die Bedingung der Kapitalwertneutralität einen für den gewählten Verschuldungsgrad und die gewählte Laufzeit risikokompensierenden Kreditzinssatz zu ermitteln.[13] Schließt man Kredite mit Disagio aus, dann sind im Vergabezeitpunkt des Kredites aufgrund der angenommenen Kapitalwertneutralität Nominalwert und Marktwert des Fremdkapitals identisch.

---

11   Vgl. z.B. Lahmann/Schreiter/Schwetzler, ZfbF 2018, S. 88.
12   Vgl. Generell zum Zusammenhang zwischen Finanzierungspolitik, Laufzeitentscheidung und Insolvenzwahrscheinlichkeit Lahmann/Schreiter/Schwetzler, ZfbF 2018, S. 101.
13   Lahmann/Schreiter/Schwetzler, ZfbF 2018, S. 99.

6. Die Eigenkapitalkosten

Auch die Eigenkapitalkosten werden in der Beispielrechnung von Meitner/Streitferdt i.H.v. 7,4% exogen vorgegeben. Es bleibt unklar, auf welchem Weg sie ermittelt wurden. Nach dem Fundamentaltheorem ist für konstante Kapitalkosten eine im Zeitablauf konstante Veränderungsrate des Unternehmenswertes i.V.m. einem geometrischen Prozess erforderlich.[14] Dies führt im Zeitablauf zu einer steigenden Volatilität der Unternehmenswerte; im zeitstetigen Modell gilt für einen geometrischen Random Walk $(\sigma_{t+n} \mid F_t) = (\sigma_{t+1} \mid F_t)\sqrt{n}$. Die erforderliche Konstanz der Volatilität der Wachstums- bzw. Veränderungsrate führt dazu, dass die Volatilität der damit erzeugten Unternehmenswerte im Zeitablauf nicht konstant bleiben kann. Meitner/Streitferdt führen aus, dass ihre Beispielrechnung eine konstante Volatilität des **Unternehmenswertes** von 30% annimmt; die Ergebnisse der Beispielrechnung lassen jedoch den Schluss zu, dass stattdessen tatsächlich (und korrekt) die Volatilität der Veränderungsrate mit 30% angenommen wurde.[15]

Die zeitstetigen Modelle aus der Kapitalmarkttheorie ermitteln die Eigenkapitalkosten im Rahmen des zeitstetigen CAPM über einem von der Kovarianz mit der Rendite des Marktportefeuilles abhängigen Risikoabschlag von der Wachstumsrate. Die (sicherheitsäquivalenten) künftigen Zahlungsüberschüsse und Unternehmenswerte können dann mit dem risikolosen Zinssatz abgezinst werden.[16]

7. Die Maximierung des Unternehmenswertes

Im Beitrag von Meitner/Streitferdt wird weder in den Modellgleichungen noch in dem Rechenbeispiel der Versuch unternommen, den Barwert der ermittelten Insolvenzkosten und somit den Unternehmenswert inkl. Steuervorteile und Insolvenzkosten für eine gegebene Finanzierungspolitik (Verschuldungsgrad und Laufzeit des Fremdkapitals) zu berechnen. Damit lassen Meitner/Streitferdt auch die Chance aus, die optimale, den Unternehmenswert maximierende Finanzierungspolitik durch die Variation von Verschuldungsumfang und Kreditlaufzeit zu ermitteln und in die Bewertung einzubauen. Die Autoren äußern zu Beginn des Beitrags, dass es ihnen „nicht um die Ermittlung des optimalen Verschuldungsgrades." gehe. Diese Einschränkung ist der Verwendung eines Simulationsmodells geschuldet; die Ableitung einer optimalen, wertmaximierenden Kapitalstruktur unter Einbeziehung der o.a. „Rettungsmöglichkeit" durch die Eigentümer ist nur analytisch mithilfe eines zeitstetigen Modells möglich.[17]

Bewertungsgegenstand ist stets das Unternehmen unter der Annahme einer optimalen Investitions- und Finanzierungsstrategie. Ohne die Optimierung der Finanzierungsstruktur im Bewertungskalkül vergeben die Eigentümer somit Potenziale

---

14   Zum multiperiod CAPM vgl. Fama, JoFE 1977, S. 3 – 24.
15   Dieses Problem betrifft bereits die Ermittlung des Unternehmenswertes bei Eigenfinanzierung ohne Insolvenz.
16   Vgl. Lahmann/Schreiter/Schwetzler, ZfbF 2018, S. 95 ff.
17   Vgl. Goldstein/Ju/Leland, JoB 2001, S. 483 ff.

zur Erhöhung des Unternehmenswertes. Weil sich mit der Berücksichtigung von Insolvenzkosten in der Bewertung auch die Frage nach einer optimalen Kapital- und Laufzeitstruktur neu stellt, ist auch das von den Autoren angestrebte Ziel, die Insolvenzkosten „in bereits bestehende Bewertungsmodelle zu integrieren" nicht ausreichend. Die Einbeziehung von Insolvenzkosten in die Unternehmens- bewertung erfordert u.E. eine neue Formulierung des Bewertungsmodells:[18] Die Berücksichtigung erfordert zwingend die Verwendung des APV-Ansatzes als Aus- gangspunkt. Die Vorgabe einer bestimmten (optimalen) Finanzierungspolitik in Form eines gewählten Verschuldungsgrades kombiniert mit einer bestimmten Kreditlaufzeit determiniert zum einen den Barwert der erzielbaren, fremdfinanzie- rungsbedingten Steuervorteile (Tax Shield). Zum anderen bestimmt die gewählte Kapitalstruktur- und Laufzeitentscheidung über die damit verbundene Insolvenz- wahrscheinlichkeit auch zum Barwert der entsprechenden Insolvenzkosten. Die Differenz aus beiden Effekten ergibt den Netto-Vorteil aus der Finanzierungsstra- tegie. Alle anderen Bewertungsmodelle sind lediglich in der Lage, die Ergebnisse eines solchen APV-Ansatzes zu reproduzieren. Die Ursache hierfür ist die Tatsache, dass lediglich im APV Modell sowohl der zugrunde liegende Cashflow als auch die Kapitalkosten von einem möglichen Insolvenzeintritt unberührt sind.

IV. Fazit

Die Berücksichtigung möglicher Insolvenzkosten ist u.E. ein bedeutender Schritt hin zu einer realitätsnäheren Ermittlung von Unternehmenswerten. Vor diesem Hintergrund ist der Beitrag von Meitner/Streitferdt zu begrüßen; er zeigt in einem Beispiel die konkrete Ermittlung von Insolvenzkosten. Allerdings weist sowohl das verwendete Modell als auch die Beispielrechnung einige Fehler und Verbesse- rungspotenziale auf:

- Im Modell wird die Insolvenzwahrscheinlichkeit lediglich für die nächste Pe- riode t+1 und nicht über die gesamte Kreditlaufzeit ermittelt. Gläubiger sind nicht in der Lage, das Kreditrisiko auf Basis dieser Information korrekt einzu- schätzen.
- Die Insolvenzwahrscheinlichkeiten werden im risikoneutralen Kalkül abgelei- tet und dadurch deutlich überschätzt.
- Das unterstellte Verhalten der Gläubiger ist nicht realistisch; es gibt keine Ver- bindung zwischen Insolvenzwahrscheinlichkeit und Kreditkonditionen.
- Das unterstellte Verhalten der Eigenkapitalgeber ist nicht realistisch; eine „Ret- tung" des Unternehmens und eine Vermeidung von indirekten Insolvenzkos- ten durch Zuführung frischer Mittel als Eigenkapital ist im Kalkül der Autoren nicht vorgesehen.

---

18   Vgl. Lahmann/Schreiter/Schwetzler, ZfbF 2018, S. 83 ff.

- Die Eigen- und Fremdkapitalkosten werden exogen vorgegeben und nicht innerhalb des Modells abgeleitet.
- Schließlich wird der Einfluss einer möglichen Finanzierungsstrategie (Kapitalstruktur und Laufzeit der Kredite) auf den Unternehmenswert nicht analysiert.

Der letzte Aspekt hängt auch mit der Verwendung eines Simulationsmodells zusammen. Zeitstetige Modelle aus der Kapitalstrukturtheorie erlauben eine analytische Bestimmung der optimalen Finanzierungspolitik als Kombination aus Kreditlaufzeit und Verschuldungsgrad unter Vermeidung der o.a. Nachteile. Sie lassen sich auch für die Unternehmensbewertung nutzen.[19] Von daher wäre die Anwendung von zeitstetigen Modellen auch in der Unternehmensbewertung wünschenswert; ob sie sich auch in der praktischen Anwendung durchsetzen werden, bleibt jedoch abzuwarten.

Quelle: CORPORATE FINANCE 2020, S. 175

---

19   Vgl. Lahmann/Schreiter/Schwetzler ZfbF 2018, S. 73 – 123.

Eine Einordnung unterschiedlicher Modelle zur Bewertung von Insolvenzkosten

– Zugleich Stellungnahme zum Beitrag von Schreiter/Schwetzler, CF 2020, S. 175–179 –

Prof. Dr. Matthias Meitner, CFA | Prof. Dr. Felix Streitferdt

I. Einleitung

In ihrem Beitrag setzen sich Schreiter/Schwetzler mit unserem Beitrag zur Integration von Insolvenzkosten in Unternehmensbewertungen auseinander. Dabei weisen sie auf einige von ihnen wahrgenommene Schwachstellen hin und schlagen als überlegene Alternative für eine Unternehmensbewertung ein Modell[1] vor, das sie selbst zusammen mit einem weiteren Autor verfasst haben.[2] Sie begründen dies damit, dass ihr Modell das zukünftige Verhalten der Kapitalgeber besser modelliert und die analytische Bestimmung einer optimalen Kapitalstruktur erlaubt. Zudem werden von Schreiter/Schwetzler noch einzelne technische Bedenken geäußert, die wohl vermeintliche Fehler oder Inkonsistenzen in unserer Modellierung aufdecken sollen.

Nach einer ausführlichen Analyse des benannten Alternativmodells und der weiteren Ausführungen von Schreiter/Schwetzler zeigte sich dann allerdings dreierlei: Zum Ersten unterscheidet sich unser Modell doch erheblich von dem benannten Alternativmodell, was sich insbesondere darin manifestiert, dass unser Modell mit der aktuellen Bewertungspraxis vereinbar ist, während dies für das Modell von Lahmann/Schreiter/Schwetzler nicht gilt. Zweitens kommen wir bezüglich der technischen Anmerkungen zu dem Schluss, dass die Bedenken von Schreiter/Schwetzler unbegründet sind. Und drittens unterlaufen Schreiter/Schwetzler in ihren Bemühungen, die Schwächen unseres Modells aufzuzeigen, mehrere Fehler.

Unsere abschließende Stellungnahme gliedert sich wie folgt: In Abschn. II diskutieren wir die Unterschiede unseres Modells zum Modell von Lahmann/Schreiter/Schwetzler und ordnen beide Modelle insbesondere bezüglich ihrer Kompatibilität mit der Bewertungspraxis ein. In Abschn. III beziehen wir zu den zahlreichen technischen Anmerkungen von Schreiter/Schwetzler Stellung.

---

1   Vgl. Lahmann/Schreiter/Schwetzler, ZfbF 2018, S. 73–123.
2   Vgl. Schreiter/Schwetzler, CF 2020, S. 179.

II. Kapitalstrukturmodelle und Unternehmensbewertung

1. Der Modellvergleich

Der sicherlich weitreichendste Kritikpunkt im Beitrag von Schreiter/Schwetzler ist, dass unser Modell überflüssig sei,[3] da mit dem Modell von Lahmann/Schreiter/Schwetzler ein besseres Modell für eine Unternehmensbewertung vorliege.[4]

Da sich der Modellvergleich in dem Beitrag von Schreiter/Schwetzler aber immer nur auf einzelne Teilaspekte bezieht, haben wir im Folgenden die beiden Modelle vollständig miteinander verglichen, um die Generalkritik von Schreiter/Schwetzler besser beurteilen zu können. Tab. 1 enthält eine Gegenüberstellung der Eigenschaften unseres Modells und des Modells von Lahmann/Schreiter/Schwetzler. Unser Modell ist derart gestaltet, dass die Annahmen zum Vorgehen in der aktuellen Bewertungspraxis passen. Insbesondere ergibt sich der Wert des operativen Geschäfts in Form der unverschuldeten Unternehmung[5] aus der Diskontierung der freien Cashflows einer rein eigenfinanzierten Unternehmung. Für die freien Cashflows ist eine Detailplanungsphase vorgesehen, in der diese Cashflows unterschiedliche Wachstumsraten aufweisen. Hierdurch kann der Zusammenhang zwischen Investitionen und Wachstum der zeitlich nachfolgenden freien Cashflows explizit modelliert werden. Auch ist unser Modell flexibel mit jeder beliebigen Finanzierungspolitik kombinierbar.

Durch die Nähe zu den gängigen Bewertungsmodellen in Theorie und Praxis ist es in unserem Modell leider nicht ohne Weiteres möglich, einen optimalen Verschuldungsgrad zu ermitteln. Dies ist aber keine Schwäche per se, sondern beschreibt vielmehr genau die Entscheidungssituation, in der sich ein Bewertungspraktiker regelmäßig befindet. Zudem wird ebenfalls in Anlehnung an die gängigen Modelle zur Unternehmensbewertung das zukünftige Verhalten der Kapitalgeber als exogen gegeben angenommen.[6]

Damit dies möglich ist, müssen die Autoren allerdings einige sehr weitreichende Annahmen bezüglich der Bewertung des operativen Geschäfts treffen.[7] In ihrem Modell ergibt sich der Wert des operativen Geschäfts aus der Diskontierung der EBIT (und nicht der Cashflows) des Unternehmens. Dieses Vorgehen steht im krassen Widerspruch zur gängigen Bewertung von Unternehmen, wie Schwetzler selber an anderer Stelle schreibt: „Die einschlägige Literatur geht regelmäßig davon

---

3   Ebenda.

4   Vgl. Schreiter/Schwetzler, CF 2020, S. 179.

5   Vgl. Leland, Journal of Finance 1994, S. 1217 oder Leland/Toft, Journal of Finance 1996, S. 989.

6   Vgl. bspw. Kruschwitz/Löffler, Discounted Cash Flow, 2006, S. 50 f., Essler/Kruschwitz/Löffler, Unternehmensbewertung für die Praxis Fragen und Antworten, 2009, S. 47 oder Ernst/Schneider/Thielen, Unternehmensbewertungen erstellen und verstehen, 6. Aufl. 2018, S. 83.

7   Vgl. Lahmann/Schreiter/Schwetzler, ZfbF 2018, Fn. 34.

aus, dass im DCF-Entity-Modell die freien Cashflows (und nicht die EBITs bzw. NOPLATs) die bewertungsrelevanten Überschüsse darstellen."[8]

	Meitner/ Streitferdt	Lahmann/Schrei-ter/Schwetzler
Diskontierungsgröße	Freie Cashflows	EBIT
Bewertung des operativen Geschäfts	Diskontierung von Cashflows	EBIT-Multiple
Ausschüttungspolitik	Vollausschüttung an jedem Perioden-ende	Stetige Vollausschüt-tung der EBIT
Diskontierung	Diskret	Stetig
Detailplanungsphase für Diskontierungsgröße	O	x
Mit unterschiedlichen Finanzierungspolitiken kombinierbar	O	x
Modellierung des Zusammenhangs zwischen Investition und Wachstum	O	x
Finanzierungsverhalten der Kreditgeber endogen	x	O
Indirekte Insolvenzkosten können schon vor In-solvenzeintritt anfallen	O	x
Ausschüttungspolitik endogen	x	x
Optimaler Verschuldungsgrad ermittelbar	x	O

Tab. 1: Vergleich unseres Modells mit dem Modell von Lahmann/Schreiter/Schwetzler

In einem nächsten Schritt wird von Lahmann/Schreiter/Schwetzler zusätzlich unterstellt, dass die EBIT einer geometrischen Brown'schen Bewegung folgen[9] und somit niemals ihr Vorzeichen ändern können. Ist das aktuelle EBIT negativ, bleibt es auch immer negativ. Ist das aktuelle EBIT positiv, bleibt es auch immer positiv.

Die nächste Einschränkung ist, dass die Drift, also die erwartete stetige Wachstumsrate, der EBIT bis in alle Ewigkeit konstant ist,[10] sodass es keine Detailplanungsphase mit unterschiedlichen Wachstumsraten der zu diskontierenden Größe gibt. Die Driftrate ist exogen gegeben und steht in keinem Zusammenhang zu den Investitionen der Unternehmung, die i.Ü. gar nicht erst explizit modelliert werden. Der Wert des operativen Geschäfts ergibt sich unter den Annahmen von Lahmann/ Schreiter/Schwetzler aus einer einfachen EBIT-Multiple[11] Rechnung. Dies ist zu

---

8   Schwetzler, ZfbF 2005, S. 156. Siehe auch die dort zitierte Literatur.
9   Vgl. Lahmann/Schreiter/Schwetzler, ZfbF 2018, S. 84.
10   Vgl. Lahmann/Schreiter/Schwetzler, ZfbF 2018, Formel 3 auf S. 84.
11   Vgl. Lahmann/Schreiter/Schwetzler, ZfbF 2018, S. 85.

restriktiv für ein allgemeingültiges Bewertungsmodell. Zudem ergibt sich im Falle negativer EBITs ein negativer Wert des operativen Geschäfts, was zum einen realitätsfern ist und zum anderen häufig im Widerspruch zur begrenzten Haftung der Kapitalgeber einer KapGes. steht.

Somit ist das Modell von Lahmann/Schreiter/Schwetzler im Gegensatz zu unserem Modell nicht mit der aktuellen Bewertungspraxis vereinbar.

Es ist uns wichtig zu betonen, dass wir mit unseren Erläuterungen das Modell von Lahmann/Schreiter/Schwetzler nicht negativ beurteilen wollen. Im Gegenteil, wir halten es für ein sehr gelungenes Modell, aus dem wichtige Erkenntnisse bezüglich des optimalen Verschuldungsgrads im Rahmen der klassischen Trade-off Theorie gewonnen werden können. Hierfür sind aber, wie in Modellen eigentlich immer, weitreichende und restriktive Annahmen notwendig. Und auch das wollen wir nicht kritisieren. Modellannahmen werden immer so gesetzt, dass sie dem Untersuchungszweck dienen und der Untersuchungszweck der Trade-off Modelle ist die Ermittlung einer optimalen Finanzierungsstruktur.[12]

Das Ziel unseres Modells ist es hingegen, Insolvenzkosten in die Bewertungspraxis zu integrieren. Entsprechend orientieren wir uns an den Annahmen der Bewertungsmodelle, die üblicherweise in der Praxis angewendet werden. Dies führt ebenfalls zu restriktiven Annahmen, die uns aber für unser Modellziel akzeptabel erscheinen.

Unterm Strich stehen nach unserer Meinung unser Modell sowie das Modell von Lahmann/Schreiter/Schwetzler nebeneinander. Während unser Modell viel Wert auf die genaue Bestimmung des Werts des operativen Geschäfts legt und dafür vereinfachende Annahmen bei der Bewertung des Tax Shields und der Insolvenzkosten in Kauf nimmt, ist dies beim Modell von Lahmann/Schreiter/Schwetzler genau anders herum. Dort werden die Werte von Tax Shield und Insolvenzkosten sehr genau berechnet, wofür allerdings stark vereinfachende Annahmen bei der Bewertung des operativen Geschäfts in Kauf genommen werden. Am Ende muss beim aktuellen Stand der Forschung der Anwender selbst entscheiden, was er für seine Unternehmensbewertung bevorzugt: Die genaue Bewertung des operativen Geschäfts mit vereinfacht bewerteten Finanzierungseinflüssen oder aber die genaue Bewertung der Finanzierungseinflüsse mit vereinfacht bewertetem operativem Geschäft.

Wir selber glauben, dass sich in der Praxis der Unternehmenswert vor allem aus dem operativen Geschäft speist und deshalb für die Praxis die Möglichkeit von

---

12   Vgl. Leland, Journal of Finance 1994, S. 1213; Leland/Toft, Journal of Finance 1996, S. 987; Goldstein/Ju/Leland, Journal of Business 2001, S. 486.

dessen genauer Bewertung Vorrang hat. Deshalb haben wir als praxisorientierte Forscher unseren Beitrag auch in einer Zeitschrift mit klarem Praxisbezug veröffentlicht.

2. Finanzierungspolitik in der Unternehmensbewertung

Die Betrachtung im vorangegangenen Kapitel hat gezeigt, dass unser Modell sehr gut zur aktuellen Bewertungspraxis passt, wir aber nicht in der Lage sind, eine optimale Finanzierungsstruktur für das Bewertungsobjekt zu ermitteln. Nun schreiben Schreiter/Schwetzler in ihrem Beitrag: „Bewertungsgegenstand ist stets das Unternehmen unter der Annahme einer optimalen Investitions- und Finanzierungsstrategie."[13] Dies würde gegen eine Anwendung unseres Modells sprechen. Glücklicherweise ist aber die einschlägige Literatur zur Unternehmensbewertung an dieser Stelle anderer Meinung als Schreiter/Schwetzler. Dort wird die Finanzierungsstrategie im Rahmen einer Bewertung als Ergebnis der Unternehmensanalyse angesehen.[14] Gelegentlich findet sich noch der Hinweis, dass sich diese Finanzierungsstrategie aus einer Vergangenheits- oder Branchenanalyse ableitet.[15] Es wird jedoch nirgendwo gefordert, dass am Ende diejenige Finanzierungsstrategie anzusetzen ist, die im Bewertungsmodell den höchsten Unternehmenswert liefert.

Wir sehen auch gute Gründe für die Darstellung in der Bewertungsliteratur. Natürlich haben Schreiter/Schwetzler recht, wenn sie darauf hinweisen, dass bei Anwendung einer suboptimalen Finanzierungsstrategie Wertpotenziale innerhalb des Bewertungsmodells verloren gehen.[16] Allerdings ist für die Bewertung nicht wichtig, welche Finanzierungsstrategie den Wert maximieren würde, sondern welche Finanzierungsstrategie das Bewertungsobjekt am wahrscheinlichsten in der Zukunft umsetzen wird.[17] Und selbst wenn man sich darauf einlässt, dass für das Bewertungsobjekt eine optimale Finanzierungsstrategie unterstellt werden soll, so ist immer noch zu berücksichtigen, dass in der Realität deutlich mehr Faktoren auf die optimale Finanzierungsstrategie einwirken, als im Modell von Lahmann/Schreiter/Schwetzler berücksichtigt werden. So ist bspw. schon lange bekannt, dass asymmetrische Informationsverteilung[18] und unvollständige Verträge[19] die optimale Finanzierungsstruktur beeinflussen. Insofern dürfte wohl die Beobachtung des Finanzierungsverhaltens in einer Branche zu Ergebnissen führen, die

---

13   Schreiter/Schwetzler, CF 2020, S. 179.
14   Vgl. Drukarczyk/Schüler, Unternehmensbewertung, 7. Aufl. 2016, S. 162 ff., Kruschwitz/Löffler, Discounted Cash Flow, 2006, S. 50; Essler/Kruschwitz/Löffler, Unternehmensbewertung für die Praxis Fragen und Antworten, 2009, S. 90; Ballwieser/Hachmeister, Unternehmensbewertung, 5. Aufl. 2016, S. 156.
15   Vgl. bsw. Ernst/Schneider/Thielen, Unternehmensbewertungen erstellen und verstehen, 6. Aufl. 2018, S. 50 oder Koller/Goedhart/Wessels, Valuation, 5. Aufl. 2010, S. 266.
16   Vgl. Schreiter/Schwetzler, CF 2020, S. 179.
17   Vgl. Kruschwitz/Löffler, Discounted Cash Flow, 2006, S. 50.
18   Vgl. bsw. Myers/Majluf, Journal of Financial Economics 1984, S. 187; Jensen/Meckling, Journal of Financial Economics 1976, S. 305; Jensen, American Economic Review 1986, S. 323.
19   Vgl. bsw. Aghion/Bolton, Review of Economic Studies 1992, S. 473; Hart, Firms, Contracts and Financial Structure, 1995.

näher an der realen optimalen Finanzierungsstrategie liegen, als die Ergebnisse eines Partialmodells, in dem nur ein kleiner Teil der relevanten Einflussfaktoren berücksichtigt wird.

III. Technische Anmerkungen

1. Stochastische Fundierung

Neben der bereits besprochenen grundsätzlichen Kritik an unserer Modellierung weisen Schreiter/Schwetzler auf weitere Probleme hin, die sie bei unserem Modell identifiziert haben wollen. Zunächst möchten sie gerne unser Modell mit einem stochastischen Prozess unterlegen.[20] Allerdings haben wir bewusst im Einklang mit der Bewertungspraxis ein zeitdiskretes Modell formuliert. Einen zeitstetigen stochastischen Prozess haben wir nicht unterstellt und dies war auch gar nicht notwendig. Zwar nehmen wir an, dass die Unternehmenswerte lognormalverteilt sind, aber nicht jede Lognormalverteilung muss das Ergebnis eines zeitstetigen stochastischen Prozesses sein.

Nichtsdestoweniger ist unser Modell aber auch mit einem zeitstetigen stochastischen Prozess für den unverschuldeten Unternehmenswert vereinbar. Letztlich handelt es sich um eine Anwendung des Black/Scholes-Modells[21] unter Berücksichtigung diskreter Dividendenzahlungen. Die Details hierfür finden sich für den interessierten Leser im Anhang, der Online verfügbar ist.[22]

2. Ausfallwahrscheinlichkeiten und indirekte Insolvenzkosten

Unser Modell ermöglicht es, dass indirekte Insolvenzkosten auftreten, wenn die Ausfallwahrscheinlichkeit der nächsten Periode einen vorgegebenen Wert überschreitet. Schreiter/Schwetzler weisen darauf hin, dass sich dieser Grenzwert nur auf die risikoneutralen Ausfallwahrscheinlichkeiten bezieht und nicht auf die reale Ausfallwahrscheinlichkeit. Hier haben Schreiter/Schwetzler recht. In unserem ursprünglichen Beitrag haben wir auch nichts Gegenteiliges behauptet. Wir sehen allerdings ein, dass ein unaufmerksamer Leser unseres ursprünglichen Beitrags irrtümlicherweise meinen könnte, dass sich der von ihm vorgegebene Grenzwert auf die realen Ausfallwahrscheinlichkeiten bezieht. Schreiter/Schwetzler geben nun an, dass sie für die angegebenen Beispielpfade unsere Berechnungen nachvollzogen und die realen Ausfallwahrscheinlichkeiten berechnet haben.[23] Dabei sind Schreiter/Schwetzler allerdings Fehler unterlaufen. Hätten sie unsere Berechnungen korrekt nachvollzogen, hätten sie die gleichen risikoneutralen Ausfallwahrscheinlichkeiten erhalten müssen, die in den Tabellen 7, 8 und 9 unseres ursprünglichen Beitrags zu finden sind. Das ist aber bei Schreiter/Schwetzler nicht

---

20   Vgl. Schreiter/Schwetzler, CF 2020, S. 175.
21   Vgl. Black/Scholes, Journal of Political Economy 1973, S. 640 ff.
22   Der Online-Anhang ist abrufbar unter: CF1334683.
23   Vgl. Schreiter/Schwetzler, CF 2020, Tab. 1.

der Fall.[24] Wir waren in der Lage, auf Basis der Daten aus den genannten Tabellen unsere Werte zu replizieren. Damit konnten wir feststellen, dass es sich bei den abweichenden Ergebnissen von Schreiter/Schwetzler nicht um Rundungsfehler handeln kann. Insofern erübrigt sich eine weitere Diskussion der fehlerbehafteten Ergebnisse von Schreiter/Schwetzler, zumal sie auch nicht beschreiben, wie sie auf ihre falschen Ergebnisse kommen.

Da Schreiter/Schwetzler hier aber einen relevanten Punkt ansprechen, haben wir die Ausfallwahrscheinlichkeiten unter der realen und unter der risikoneutralen Wahrscheinlichkeitsverteilung simuliert. Dabei haben wir das Beispiel aus unserem ursprünglichen Beitrag verwendet. Die durchschnittlichen Ausfallwahrscheinlichkeiten sowie deren Differenz für die Perioden 1 bis 4 ist in Tab. 2 zu finden.

Ausfallwahrscheinlichkeit	t = 0	t = 1	t = 2	t = 3	t = 4
Risikoneutral	1,58%	9,41%	18,28%	26,03%	32,79%
Real	1,09%	6,50%	12,70%	18,42%	22,90%
Differenz	0,48%	2,91%	5,57%	7,61%	9,88%

Tab. 2: Risikoneutrale und reale Ausfallwahrscheinlichkeiten

Es zeigt sich, dass die Differenz der beiden Wahrscheinlichkeiten zunimmt, allerdings nicht in dem von Schreiter/Schwetzler befürchteten Ausmaß. Dennoch macht die Berechnung deutlich, dass der Bewerter sich darüber bewusst sein muss, dass sich der von ihm vorgegebene Grenzwert auf die höher ausfallende risikoneutrale Wahrscheinlichkeit bezieht. Entsprechend sollte er seinen Grenzwert höher ansetzen als er dies unter der realen Ausfallwahrscheinlichkeit tun würde, also eine Art Sicherheitspuffer einplanen.

3. Realisierung und Höhe der Insolvenzkosten

An dieser Stelle können wir auch die Frage von Schreiter/Schwetzler beantworten, wie häufig indirekte Insolvenzkosten in unserem Modell anfallen. Die Antwort lautet: So häufig, wie der Bewerter dies möchte. Im Rahmen der Simulation sind alle von Schreiter/Schwetzler genannten Szenarien programmierbar. Auch der von Schreiter/Schwetzler gewünschte Fall, dass „ab einer bestimmten Insolvenzgefahr kontinuierliche, periodisch anfallende Kosten ... entstehen, die bestehen bleiben, solange das Unternehmen sich in Insolvenznähe befindet",[25] lässt sich problemlos in unser Modell integrieren.

---

24 Bspw. ist bei Schreiter/Schwetzler die risikoneutrale Ausfallwahrscheinlichkeit der ersten Periode immer 1,2% während wir immer einen Wert von 1,6% ermitteln.
25 Schreiter/Schwetzler, CF 2020, S. 177.

4. Volatilität der Unternehmenswerte

Unsere neue Simulation ermöglicht uns auch, ein weiteres Missverständnis von Schreiter/Schwetzler aufzuklären. So schreiben Schreiter/Schwetzler, dass die von uns verwendete Volatilität von 30% sich wohl nicht auf den Unternehmenswert, sondern auf dessen Veränderungsrate bezieht.[26] Das ist nicht richtig. Unsere Volatilität von 30% ist so zu interpretieren, dass die Volatilität über *eine Periode* 30% beträgt. Aus Sicht jedes Periodenanfangs (im Zeitpunkt t) schwanken die Unternehmenswerte am Ende der nächsten Periode (im Zeitpunkt t+1) mit 30% um ihren bedingten Erwartungswert. Damit ergibt sich in unserem Beispiel für die Volatilität der *Veränderungsrate* über *eine Periode, σ^**:[27]

$$\sigma^* = \sqrt{\ln(1 + 30\%^2)} = 29,36\%$$

die natürlich ebenfalls konstant ist. Die Volatilität von Unternehmenswert und Änderungsrate aus Sicht des Simulationsanfangs, t = 0, nehmen hingegen im Zeitablauf zu. Aus unserer Simulation haben sich die in Tab. 3 zu findenden Volatilitäten der Änderungsraten aus Sicht des Simulationsanfangs, t = 0, ergeben:

	t = 0	t = 1	t = 2	t = 3	t = 4
Volatilität der Änderungsrate in der Simulation		28,92%	41,19%	51,04%	59,37%
29,36% √t		29,36%	41,52%	50,85%	58,71%

Tab. 3: Volatilitäten der Änderungsraten

Die Volatilität der Änderungsrate bezogen auf t = 0 wächst wie von Schreiter/Schwetzler gefordert[28] gem. der Formel $\sigma^* \times \sqrt{t}$ an. Die leichten Abweichungen sind der Tatsache geschuldet, dass wir die Simulation pro Periode nur 10.000-mal durchgeführt haben. Somit liegen *Schreiter/Schwetzler* mit ihrer Vermutung falsch.

5. Modellendogene Nominalverzinsung

In unserem Beispiel ist die Nominalverzinsung exogen gegeben und unabhängig von der Unternehmensentwicklung. Diese vereinfachende Annahme kritisieren Schreiter/Schwetzler als „unrealistisch".[29] Wir haben diese Annahme im Beispiel vereinfachend getroffen, um die Darstellung übersichtlich zu halten. Im Allgemeinen erlaubt unser Modell, die Nominalverzinsung in Abhängigkeit von der Unternehmenswertentwicklung in jedem Simulationspfad anzupassen. Deshalb haben wir die Nominalverzinsung der Periode von t bis t+1, Y_t, in der allgemeinen Modell-

---

26   Vgl. Schreiter/Schwetzler, CF 2020, S. 177.
27   Vgl. Siehe hierzu Formel (9) in Anhang I, online abrufbar unter: CF1334683.
28   Vgl. Schreiter/Schwetzler, CF 2020, S. 178.
29   Vgl. Schreiter/Schwetzler, CF 2020, S. 177.

formulierung mit einer Tilde (~) als Zufallsvariable gekennzeichnet.[30] Diese Größe kann somit an die zufällige Entwicklung des Unternehmenswerts angepasst werden, sie muss nur im Zeitpunkt t der Simulation mit Sicherheit festgelegt werden können. Hierfür benötigt man allerdings ein Modell, wie die Nominalverzinsung vom Unternehmenswert abhängt. Ein sehr einfacher Ansatz wäre bspw. wie folgt: Man nimmt an, dass nur einperiodiges Fremdkapital aufgenommen wird. Eine solche Annahme ist in der Bewertungsliteratur nicht unüblich.[31] Dann lässt sich in unserem Modell in jedem Zeitpunkt t die Nominalverzinsung (wie im Modell von Lahmann/Schreiter/Schwetzler)[32] numerisch so bestimmen, dass die Fremdkapitalgeber unter dem risikoneutralen Wahrscheinlichkeitsmaß genau eine Verzinsung in Höhe des sicheren Zinses erwarten.

6. Ermittlung der Eigenkapitalkosten

Zuletzt kritisieren Schreiter/Schwetzler, dass unsere Eigenkapitalkosten der verschuldeten Unternehmung exogen vorgegeben sind – i.Ü. ein Standardvorgehen in der Unternehmensbewertung. Schreiter/Schwetzler schreiben: „Nach dem Fundamentaltheorem ist für konstante Kapitalkosten eine im Zeitablauf konstante Veränderungsrate des Unternehmenswertes i.V.m. einem geometrischen Prozess erforderlich" und verweisen in der Fn. darauf, dass man Fama (1977) zum „multiperiod CAPM" vergleichen soll.[33] Das haben wir natürlich getan, da uns auch unklar war, auf welches Fundamentaltheorem sich Schreiter/Schwetzler hier beziehen. In dem zitierten Aufsatz setzt sich Fama mit der Frage auseinander, unter welchen Bedingungen das *diskrete* einperiodige CAPM über mehrere Perioden eingesetzt werden kann. Er kommt zu dem Ergebnis, dass das diskrete einperiodige CAPM auch im Mehrperiodenfall eingesetzt werden kann, wenn sämtliche Input-Größen der Kapitalkosten (sicherer Zins, Marktrisikoprämie und Beta) für alle zukünftigen Perioden im Bewertungszeitpunkt mit Sicherheit bekannt sind.[34] Die Diskontierungszinsen können dabei aber von Periode zu Periode unterschiedlich ausfallen.[35] Ein Fundamentaltheorem oder ein zeitstetiger Prozess tauchen in der Betrachtung von Fama überhaupt nicht auf. Schreiter/Schwetzler werfen hier also eine unbewiesene Behauptung in den Raum, für die sie in der Literatur offensichtlich keine Belege gefunden haben.[36] Behelfsmäßig verweisen sie auf den Beitrag eines Nobelpreisträgers, dessen Inhalt nichts mit ihrer Behauptung zu tun hat.

Als letztes sei angemerkt, dass sich aus den Ausführungen in Anhang I (siehe Formel (2))[37] ergibt, dass für den Fall eines konstanten Diskontierungszinses der un-

---

30 Vgl. Meitner/Streitferdt, CF 2019, Formel (5) auf S. 338.
31 Vgl. bspw. den sehr gelungenen Beitrag von Krause/Lahmann, ZfB 2016, S. 498.
32 Vgl. Lahmann/Schreiter/Schwetzler, ZfbF 2018, S. 86.
33 Vgl. Schreiter/Schwetzler, CF 2020, S. 178.
34 Vgl. Fama, Journal of Financial Economics 1977, S. 16 und 19 f.
35 Vgl. Fama, Journal of Financial Economics 1977, S. 23.
36 Schließlich hätten sie ja ansonsten darauf verwiesen.
37 Online abrufbar unter: CF1334683.

verschuldeten Unternehmung auch die Drift konstant ist, wenn man unserem Modell einen zeitstetigen stochastischen Prozess zugrunde legen möchte.

IV. Zusammenfassung

Wir haben gezeigt, dass die im Beitrag von Schreiter/Schwetzler formulierte Kritik an unserem Modell unberechtigt ist. Das von Schreiter/Schwetzler präferierte Modell ist zwar dazu geeignet, einen optimalen Verschuldungsgrad zu ermitteln, es ist aber nicht dazu geeignet, Unternehmen zu bewerten. Insbesondere ist es nicht mit der gängigen Bewertungspraxis kompatibel. Unser Modell ist hingegen für Unternehmensbewertungen geeignet. Dass Schreiter/Schwetzler unser Modell ablehnen, weil sie die Annahmen als „unrealistisch" empfinden, halten wir für irrelevant. Auch dem Modell von Lahmann/Schreiter/Schwetzler liegen unrealistische Annahmen zugrunde. Die Realitätsnähe ist ohnehin kein alleiniges Bewertungskriterium für Annahmen. Ansonsten müsste wohl die Publikation aller theoretischer Modelle sofort eingestellt werden. Vielmehr geht es darum, ob Annahmen sinnvoll und zweckmäßig sind. Dies entscheidet sich an dem Ziel des Modells. Die in unserem Modell getroffenen Annahmen sind sinnvoll und zweckmäßig, um Insolvenzkosten in eine Unternehmensbewertung zu integrieren. Und das war das Ziel unseres Modells.

Die technischen Bedenken von Schreiter/Schwetzler bezüglich unseres Modells sind ebenfalls nicht gerechtfertigt. Unser Modell lässt sich mit einem stochastischen Prozess unterlegen, wenn man das möchte. Dies ist aber nicht notwendig. Die Driftrate des Prozesses ist konstant, wenn die Kapitalkosten der unverschuldeten Unternehmung konstant sind. Die Volatilitäten der Änderungsraten verhalten sich genauso, wie dies von Schreiter/Schwetzler verlangt wird und bei der von uns verwendeten Volatilität handelt es sich wie in unserem Beitrag geschrieben um die Volatilität der Unternehmenswerte und nicht etwa der Änderungsraten. Auch in unserem Modell können die Nominalzinsen in Abhängigkeit von der Unternehmensentwicklung modelliert werden. Und zuletzt können indirekte Insolvenzkosten so häufig auftreten und in ihrer Höhe variieren, wie der Bewerter dies wünscht.

Damit können wir Schreiter/Schwetzler nur an einer Stelle folgen. In unserem ursprünglichen Beitrag ist nicht deutlich genug betont worden, dass der Grenzwert für die Ausfallwahrscheinlichkeit in unserem Modell sich auf die risikoneutrale Ausfallwahrscheinlichkeit bezieht und entsprechend gesetzt werden muss.

Die Diskussion hat aber auch gezeigt, wie stark unser Modell auf die aktuelle Bewertungspraxis ausgerichtet ist und wie einfach es in die gängige Bewertungstechnik integriert werden kann.

Redaktioneller Hinweis:
Den Online-Anhang finden Sie unter: https://hbfm.link/anhang.

Quelle: CORPORATE FINANCE 2020, S. 180.

5. Sonstige Fragestellungen

Discounts und Premiums in der deutschen Bewertungspraxis

WP/StB Dipl.-Kfm. Andreas Creutzmann | CVA/Felix Ptok, M.Sc.

I. Einleitung

In der deutschen Bewertungspraxis wird weit überwiegend der Wert der Anteile an Unternehmen auf Basis der indirekten Bewertung vorgenommen. I.H.d. Anteilsquote ergibt sich der entsprechende Wert des Unternehmensanteils. Bei Unternehmenstransaktionen sind Käufer beim Erwerb eines Anteils i.H.v. 51% und mehr bereit einen Aufpreis zum indirekt ermittelten Wert des Anteils zu zahlen. Beim Erwerb von Minderheitenanteilen werden regelmäßig Abschläge vom indirekt ermittelten Wert des Anteils gefordert. Solche Kontroll- bzw. Übernahmeprämien (premiums) und Minderheitenabschläge (discounts) lassen sich auch in ein Bewertungskalkül überführen. Hierzu bedarf es einer Planungsrechnung, die unmittelbar den Cashflow des jeweiligen Anteilseigners adäquat berücksichtigt. Die direkte Anteilsbewertung ist jedoch regelmäßig nicht Gegenstand von Transaktionsprozessen, weil z.B. ein Erwerber eines Mehrheitsanteils sein Grenzpreiskalkül nicht offenlegen wird. Bei öffentlichen Übernahmen von börsennotierten Unternehmen sind die Zuschläge auf den Börsenkurs messbar. Deshalb ist es z.B. in der internationalen Unternehmensbewertung auch bei nicht börsennotierten Unternehmen üblich, dass beim Mehrheitserwerb eine Überleitung vom Unternehmenswert zum Anteilswert unter Berücksichtigung einer Kontrollprämie erfolgt. Da in der deutschen Bewertungspraxis der von Wirtschaftsprüfern ermittelte objektivierte Unternehmenswert omnipräsent ist, findet eine solche Überleitung hier nicht statt. Denn die Wertart des objektivierten Unternehmenswerts sieht keine Kontrollprämien oder Minderheitenabschläge vor. Diese werden lediglich bei subjektiven Entscheidungswerten berücksichtigt, die jedoch in den meisten Fällen nicht ermittelt werden. Der folgende Beitrag beschäftigt sich mit Discounts und Premiums in der deutschen Bewertungspraxis.

II. Grundsätze der Unternehmensbewertung in Deutschland

Der Wert eines Unternehmens bestimmt sich unter der Voraussetzung ausschließlich finanzieller Ziele durch den Barwert der mit dem Eigentum an dem Unternehmen verbundenen Nettozuflüsse an die Unternehmenseigner.[1]

Der Wert für einen Unternehmensanteil kann dabei direkt oder indirekt ermittelt werden.[2] Bei der direkten Anteilsbewertung wird der Anteilswert direkt aus den

---

1 Vgl. IDW S 1 i.d.F. 2008, Grundsätze zur Durchführung von Unternehmensbewertungen, Tz. 4.
2 Vgl. IDW S 1, Tz. 13.

Zahlungsströmen zwischen dem Unternehmen und dem einzelnen Anteilseigner abgeleitet. Bei der indirekten Anteilsbewertung wird der Wert des Unternehmensanteils aus dem Gesamtwert des Unternehmens abgeleitet.[3] In Deutschland ist es bei der Unternehmensbewertung für gesellschaftsrechtliche Zwecke langjährige Praxis, dass der von Wirtschaftsprüfern ermittelte objektivierte Wert des Unternehmensanteils dem quotalen Wertanteil am objektivierten Gesamtwert des Unternehmens entspricht. Demnach wird weit überwiegend indirekt bewertet.

Der Preis für Unternehmen und Unternehmensanteile bildet sich sowohl auf freien Kapitalmärkten als auch bei privaten Transaktionen aus Angebot und Nachfrage. Er wird wesentlich von der Nutzenschätzung (Grenznutzen) der jeweiligen Käufer und Verkäufer bestimmt und kann je nach dem mengenmäßigen Verhältnis zwischen Angebot und Nachfrage sowie den Einflussmöglichkeiten der Unternehmenseigner auf die Unternehmenspolitik (Alleineigentum, qualifizierte oder einfache Mehrheit, Sperrminorität oder Streubesitz) mehr oder weniger stark von dem Wert des gesamten Unternehmens oder dem quotalen Anteil am Unternehmensgesamtwert abweichen.[4] In der Transaktionspraxis wird weit überwiegend eine direkte Anteilsbewertung vorgenommen.

Im Steuerrecht ist der gemeine Wert eines Unternehmensanteils maßgeblich. Nach § 9 Abs. 2 BewG wird der gemeine Wert durch den Preis bestimmt, der im gewöhnlichen Geschäftsverkehr nach der Beschaffenheit des Wirtschaftsguts bei einer Veräußerung zu erzielen wäre. Dabei sind alle Umstände, die den Preis beeinflussen, zu berücksichtigen. Ungewöhnliche oder persönliche Verhältnisse sind nicht zu berücksichtigen.

Diese Definition steht im Einklang mit § 194 BauGB, wonach der Verkehrswert (Marktwert) von Immobilien durch den Preis bestimmt wird, der in dem Zeitpunkt, auf den sich die Ermittlung bezieht, im gewöhnlichen Geschäftsverkehr nach den rechtlichen Gegebenheiten und tatsächlichen Eigenschaften, der sonstigen Beschaffenheit und der Lage des Grundstücks oder des sonstigen Gegenstands der Wertermittlung ohne Rücksicht auf ungewöhnliche oder persönliche Verhältnisse zu erzielen wäre.

Im Gegensatz zu einer Unternehmensbewertung nach IDW S 1 auf Basis eines objektivierten Unternehmenswerts wird sowohl im Steuerrecht als auch im Baugesetzbuch ein Preis i.S. eines Verkehrswerts gesucht.

Damit steht das deutsche Steuerrecht im Einklang mit dem US-amerikanischen Steuerrecht und Gesetzgebern aus anderen Ländern. In den USA ist der *Fair Market Value* für die steuerliche Bemessungsgrundlage maßgebend.

---

3   Vgl. IDW S 1, Tz. 13.
4   Vgl. IDW S 1, Tz. 13.

„The price, expressed in terms of cash equivalents, at which property would change hands between a hypothetical willing and able buyer and a hypothetical willing and able seller, acting at arms length in an open and unrestricted market, when neither is under compulsion to buy or sell and when both have reasonable knowledge of the relevant facts."[5]

III. Internationale Bewertungspraxis

Der *Fair Market Value* ist demnach ebenfalls ein Preis i.S. eines Verkehrswerts für ein Unternehmen oder einen Unternehmensanteil. In den USA ist der *Fair Market Value* nicht nur im Steuerrecht maßgeblich, sondern auch im Familienrecht bei Scheidungen und in manchen Bundesstaaten auch bei gesellschaftsrechtlichen Bewertungsanlässen.[6] Der *Fair Market Value* berücksichtigt sowohl die Perspektive des Käufers („hypothetical willing and able buyer") als auch die Perspektive des Verkäufers („*hypothetical willing and able seller*"). Demnach werden beim *Fair Market Value* alle preisbildenden Einflussfaktoren berücksichtigt. Ausgangspunkt sind dabei regelmäßig die unterschiedlichen Besitzverhältnisse am Unternehmen. Abb. 1[7] zeigt verschiedene Ebenen von Anteilseignern.

Abb. 1: Kontrollebenen in Anlehnung an Hitchner

Die unterschiedlichen Ebenen von Anteilseignern sind nach ihrer Möglichkeit auf das Unternehmen Einfluss zu nehmen geordnet und reichen von einem alleinigen Besitz der Anteile bis zu einem einfachen Minderheitenanteil. Dabei wird einem Anteil an einem Unternehmen, der größer als 51%[8] ist, Kontrolle zugesprochen, da der Anteilseigner i.d.R. finanzielle und operative Entscheidungen ohne Zustimmung der restlichen Anteilseigner treffen kann. Davon ausgenommen sind strukturelle Entscheidungen und Veränderungen, die i.d.R. eine Dreiviertelmehrheit der Gesellschafter benötigen. Dazu zählen u.a. Kapitalerhöhungen und -herab-

---

5   International Glossary of Business Valuation Terms, abrufbar unter http://hbfm.link/6605 (Abruf: 02.03.2020).
6   Vgl. Fishman/Pratt/Morrison, Standards of Value – Theory and Applications, 2007, S. 35.
7   Vgl. Hitchner, Financial Valuation. Applications and Models, 4. Aufl. 2017, S. 401.
8   Genau genommen reichen 50% plus 1 Stimme aus, um die Kontrolle an einem Unternehmen auszuüben. Hitchner hat dies mit 51% vereinfacht dargestellt.

setzungen, Liquidationsbeschlüsse und Umwandlungen. Bei der *4. Ebene* handelt es sich um ein klassisches Joint Venture. Keiner der Anteilseigner hat die Mehrheit am Unternehmen. Es bedarf hier klaren Regelungen, wie bei welchen Pattsituationen umgegangen werden soll bzw. wer welche Entscheidungen herbeiführen kann.

Unternehmensanteile von mehr als 25% bis zu 50% sind als Sperrminorität bekannt. Mit einer Beteiligung von 25% plus einer Stimme ist das Recht verbunden, Beschlüsse der Haupt- bzw. Gesellschafterversammlung, für die eine Dreiviertelmehrheit notwendig ist, zu blockieren.

Unabhängig von der Höhe der Stimmrechte eines Anteilseigners gibt es auch die Möglichkeit in Aktionärsvereinbarungen die gemeinsame Ausübung des Stimmrechts i.S. eines bestimmten Aktionärs zu vereinbaren. Z.B. können bei einer AG die Aktionäre festlegen, dass bestimmte Aktionäre A, B und C bei der Wahl von Aufsichtsratsmitgliedern immer genauso stimmen wie ein anderer Aktionär D. Wenn dadurch sichergestellt wird, dass der Aktionär D stets die Mehrheit der Mitglieder eines Aufsichtsrats stellen kann, übt der Aktionär D faktisch die Kontrolle über das Unternehmen aus. Dies ist auch dann der Fall, wenn er weniger als 50% plus eine Stimme der Stimmrechte am Unternehmen hält.

I.d.R. gehen demnach zunehmende Einflussmöglichkeiten auf die Unternehmenspolitik mit den jeweils verbundenen Stimm- und Vermögensrechten einher. In der Praxis gibt es sowohl ein Abweichen zwischen Stimm- und Vermögensrechten (z.B. bei Stamm- und Vorzugsaktien) als auch Vereinbarungen zwischen den Anteilseignern (z.B. Aktionärsvereinbarungen), die Gesellschafter an ein bestimmtes Abstimmungsverhalten bei bestimmten Unternehmensentscheidungen binden. Dies alles sind Einflussfaktoren, welche die Höhe des *Fair Market Value* beeinflussen. Grds. lässt sich zusammenfassen, dass Unternehmensanteile, die eine Kontrolle ermöglichen, zu einem höheren Preis gehandelt werden als Anteile ohne Kontrollrecht. Dabei wird die Höhe der Kontrollprämie auch von der Höhe der Anteile am Kapital nach der Transaktion bestimmt, da sich auf verschiedenen Ebenen (z.B. einfache oder Dreiviertelmehrheit) unterschiedliche Veränderungen realisieren lassen. Wie hoch die Prämie bzw. Abschlag auf den *Fair Market Value* letztendlich ausfällt, ist pauschal nicht zu beurteilen und individuell vom jeweiligen Einzelfall abhängig.

Abb. 2[9] zeigt den Zusammenhang zwischen den verschiedenen Preisebenen und stellt die mit ihr verbundenen Aufschläge (premiums) und Abschläge (discounts) dar.[10]

---

9   Quelle: In Anlehnung an EACVA-Trainingsunterlagen zum CVA.
10   Der Begriff control value wird i.d.R. als Kontrollwert übersetzt. Da es bei Premiums und Discounts de facto um preisbildende Faktoren handelt, wird hier bewusst der Begriff Preisebenen statt Wertebenen verwendet.

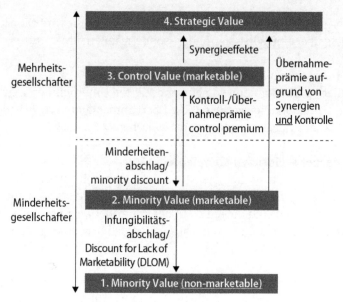

Abb. 2: Preisebenen

1. Preis eines nicht handelbaren Minderheitenanteils (minority value – non-marketable)

Dem Preis eines Minderheitenanteils (minority value) auf Ebene 1. wird der geringste Wert beigemessen, da die Anteilseigner in diesem Fall keine Sperrminorität besitzen und bei nicht börsennotierten Unternehmen die Anteile auch nicht an öffentlichen Märkten handelbar sind. Der Infungibilitäts- oder auch Liquiditätsabschlag kommt insb. bei der Preisfindung von nicht börsennotierten Unternehmen, i.d.R. GmbHs und PersGes., zur Anwendung. Die fehlende Marktgängigkeit hat zur Folge, dass die Unternehmensanteile nicht unmittelbar am freien Markt verkauft werden können und es regelmäßig zu einem Preisabschlag kommt. In der angelsächsischen Literatur wird in diesem Zusammenhang oft von einem „discounts for lack of marketability (DLOM)" gesprochen. Der Mehraufwand, finanziell sowie zeitlich, der bei einer Veräußerung von nicht marktgängigen Anteilen bzw. Unternehmen anfällt, wird mit einem Abschlag berücksichtigt. Die Marktgängigkeit der Unternehmensanteile ist von einer Reihe Faktoren abhängig, wobei insb. die Höhe der gehaltenen Anteile entscheidend ist. Speziell bei privat geführten Unternehmen wird angenommen, dass der Kontrollanteil eine deutlich höhere Marktgängigkeit besitzt als die Minderheitenanteile.[11]

2. Preis eines handelbaren Minderheitenanteils (minority value – marketable)

Der Preis eines handelbaren Minderheitsanteils wird i.d.R. bei börsennotierten Unternehmen anzutreffen sein und ergibt sich aus dem jeweiligen Aktienkurs. Sofern es sich um Minderheitenanteile handeln sollte, die zu einer Sperrminorität

---

11   Vgl. Grbenic, BWP 2013, S. 121.

führen, sind bereits hier Paketzuschläge denkbar. Regelmäßig wird dann jedoch der Handel nicht über eine Börse stattfinden, sondern außerhalb.

3. Preis eines Mehrheitsanteils (control value)

Bei öffentlichen Übernahmen von börsennotierten Unternehmen werden regelmäßig Übernahmeprämien gezahlt. Diese Übernahmeprämien lagen in den Jahren 2015 bis 2019 bei strategischen Investoren zwischen 12,5%-33,8%.[12]

4. Strategischer Preis bzw. Synergiepreis

Eine Differenzierung zwischen dem Preis eines Mehrheitsanteils i.S. eines control value und eines strategischen Preises bzw. Synergiepreises ist nicht eindeutig möglich. Die Grenzen sind fließend. Mit der Kontrollerlangung können jedoch in den meisten Fällen auch Synergien realisiert werden bzw. strategischer Mehrwert generiert werden.

In der Transaktionspraxis werden demnach Kontrollprämien (control premium) und Minderheitenabschläge (minority discount) zur Berücksichtigung unterschiedlicher Kontroll- und Herrschaftsrechte als Preiseinflussfaktoren auf Unternehmensanteile unterschieden. Das International Glossary of Business Valuation Terms definiert eine Kontrollprämie wie folgt:

> **„An amount or a percentage by which the pro rata value of a controlling interest exceeds the pro rata value of non-controlling interest in a business enterprise, to reflect the power of control."[13]**

Im International Glossary of Business Valuation wird unter dem Begriff „control" dabei *„The power to direct the management and policies of a business enterprise"* verstanden. Dieser Definition ist immanent, dass der Besitz von Kontrollrechten am Unternehmen dem Inhaber (finanzielle) Vorteile bringt, weil er die Leitungsmacht innehat und damit einen stärkeren Einfluss auf die geschäftspolitischen Entscheidungen im Unternehmen ausüben kann.[14]

Diese Vorteile führen zu einem Mehrwert der Kontrollrechte bzw. im Vergleich zum Minderheitenanteil einem höheren Wert der Anteile, für die ein Erwerber regelmäßig bereit ist, eine entsprechende Kontrollprämie zu bezahlen. Ökonomisch setzt sich dieser Mehrwert aus folgenden Faktoren zusammen:

- Rechtsposition bzw. mit dem Kontrollanteil verbundene Rechte und
- dem hieraus zu erzielenden Renditezuwachs.

---

12   Vgl. finexpert/ValueTrust, German Takeover Report 2020, Vol. 6, S. 9.
13   International Glossary of Business Valuation Terms, a.a.O. (Fn. 5).
14   Vgl. Damodaran, The Value of Control: Implications for Control Premia, Minority Discounts and Voting Share Differentials, 2005, S. 16, abrufbar unter http://hbfm.link/6606 (Abruf: 02.03.2020).

Folgende preisrelevante Kontrollrechte können mit einem Mehrheitsanteil verbunden sein:[15]

- Möglichkeit zur Bestellung und zum Austausch von Vorstandsmitgliedern.
- Bestimmung der Vorstandsvergütungen.
- Bestimmung des Aufsichtsrats.
- Festlegung und Änderung der Unternehmensstrategie und der Unternehmenspolitik.
- Bestimmung der Ausschüttungspolitik und der Beschlussfassung über die Ausschüttungen.
- Maßnahmen zur Veränderung der Kapitalstruktur.
- Beschlussfassungen über Unternehmensakquisitionen sowie den Verkauf bzw. Liquidation des Unternehmens.

Umgekehrt zu einer Kontrollprämie definiert das International Glossary of Business Valuation Terms einen Minderheitenabschlag wie folgt:

> **„An amount or a percentage deducted from the pro rata share of value of 100 percent of an equity interest in a business to reflect the absence of some or all of the powers of control."[16]**

Der Minderheitenabschlag ist somit das unmittelbare Gegenstück zur Kontrollprämie. Es wird unterstellt, dass der Kontrollrechtsinhaber entsprechende Teile des Unternehmenswerts zu seinen Gunsten von den Minderheitsanteilsinhabern absaugen kann.[17]

Der Minderheitsanteilseigner partizipiert an der Wertentwicklung des Unternehmens sowie ggf. der jährlichen Dividendenausschüttung. Aber schon hier wird deutlich, dass der Minderheitsgesellschafter allein nicht entscheiden kann, ob es zu einer Ausschüttung kommt. Der Mehrheitsgesellschafter kann durch seine einfache Mehrheit allein über die zukünftige Verwendung des Jahresüberschusses entscheiden. Der Minderheitsgesellschafter hat zwar das Recht auf der Jahreshauptversammlung gem. seinem Stimmenanteil ein Votum abzugeben, aber die mittelbare Einflussnahme wird nur dann möglich, wenn diese ihm laut Satzung oder bei AG über eine Aktionärsvereinbarung auch zusteht.

---

15 Vgl. NACVA (Hrsg.), Fundamentals, Techniques & Theory, Chapter 7: Valuation Discounts and Premia, 2015, S. 6.
16 International Glossary of Business Valuation Terms, a.a.O. (Fn. 5).
17 Vgl. Cheridito/Schneller, ST 2008, S. 418; Pratt/Niculita, Valuing a Business – The analysis and appraisal of Closely Held Companies, 5. Aufl. 2007, S. 2.

Es besteht der folgende mathematische Zusammenhang zwischen der Kontrollprämie und dem Minderheitenabschlag:[18]

$$\mathrm{MID} = 1 - \left(\frac{1}{1 + \mathrm{CP}} \right)$$

Die Umrechnung von Prämie zu discount ist in beide Richtungen möglich.

Es führen demnach alle Maßnahmen, die es einem Unternehmen ermöglichen die Kontrolle über ein anderes Unternehmen zu erlangen zu Kaufpreiserhöhungen der Anteile (Kontrollprämien) im Rahmen von Unternehmenstransaktionen. Im Umkehrschluss führt fehlende Kontrolle zu Kaufpreisminderungen der Anteile (Minderheitenabschläge) im Rahmen von Unternehmenstransaktionen.

Bei den zuvor beschriebenen Prämien und Minderheitsabschlägen lag der Fokus auf der Ebene des Anteilseigners. Gleichwohl gibt es insb. in der US-amerikanischen Bewertungsliteratur auch den Hinweis zu Discounts auf Ebene des Unternehmens.[19] Diese Discounts auf Ebene des Unternehmens können u.a. mit Schlüsselpersonen, unternehmensspezifischen Risiken von kleinen und mittleren Unternehmen, bestimmten Abhängigkeiten von Schlüsselkunden oder -lieferanten etc. zusammenhängen.[20] In der deutschen Bewertungspraxis sind solche pauschalen Abschläge auf Ebene der Unternehmen im Rahmen von Bewertungen unüblich.

IV. Empirische Studien zu Kontrollprämien

Eine Vielzahl an Literaturquellen bestätigt die Existenz von Kontrollprämien und Minderheitenabschlägen für Unternehmensanteile in der Transaktionspraxis.[21] *Pratt* widmet dem Thema ein ganzes Buch.[22] Eine Auswahl der Ergebnisse ist in Tab. 1 zusammengefasst. Dabei wurden zu ausgewählten Studien, die Deutschland betreffen, zum Vergleich Studien aus den Vereinigten Staaten sowie dem UK dargestellt. Tab. 1 zeigt die Ergebnisse der empirischen Erhebungen zu den Kontrollprämien und Minderheitenabschlägen.[23]

---

18 Vgl. Grbenic/Zunk, „The Value of Control"– Transaktionsorientierte Kontrollprämien in der Eurozone (BWL Schriftenreihe; No. 19), 2015, S. 15, abrufbar unter http://hbfm.link/6607 (Abruf: 02.03.2020).
19 Vgl. Hitchner, a.a.O. (Fn. 7), S. 397.
20 Vgl. Hitchner, a.a.O. (Fn. 7), S. 397.
21 Vgl. Pratt, Business Valuation: Discounts and Premiums, 2. Aufl. 2009, S, 18; Hitchner, a.a.O. (Fn. 7), S. 391–494; Grbenic/Zunk, a.a.O. (Fn. 18); Damodaran, Damodaran on Valuation, 2. Aufl. 2008, S. 489–496; Evans/Bishop, Business Appraisal Practice Spring/Summer 2001, S. 8; Zingales, The Review of Financial Studies Spring 1994, S. 125–148; NACVA (Hrsg.), a.a.O. (Fn. 15), S. 5–6.
22 Pratt, a.a.O. (Fn. 21).
23 Soweit keine Bandbreiten angegeben sind, handelt es sich jeweils um arithmetische Mittelwerte.

Autor	Kontrollprämie	Implizierter Minder-heitenabschlag
Deutschland		
Schmidt/Moll (2007)	18,0%	15,3%
Grbenic/Zunk (2015)	7,2 – 13,7%	6,7 – 12,0%
finexpert/ValueTrust (2020)[a]	18,2%	15,4%
arithm. Mittelwert	**15,6%**	**13,4%**
USA		
Barclay/Holderness (1989)[b]	20,0%	16,7%
Roach (2003)[c]	33,4%	25,0%
Dombret/Mager/Reinschmidt (2008)[d]	25,8%	20,5%
Mergerstat (2013)[e]	46,2%	31,6%
arithm. Mittelwert	**31,4%**	**23,4%**
UK		
Megginson (1990)[f]	13,3%	11,7%
Dombret/Mager/Reinschmidt (2008)[d]	30,1%	23,1%
arithm. Mittelwert	**21,7%**	**17,4%**
Gesamt		
arithm. Mittelwert	**22,9%**	**18,1%**

[a] Vgl. finexpert/ValueTrust, a.a.O. (Fn. 12), S. 9.
[b] Vgl. Barclay/Holderness, Journal of Financial Economics 1989, S. 1.
[c] Vgl. Roach, Business Valuation Review 3/2003, S. 18.
[d] Vgl. Dombret/Mager/Reinschmidt, Applied Financial Economics Letters 4/2008, S. 294.
[e] Vgl. Factset Mergerstat Review 2013, S. 25.
[f] Vgl. Megginson, The Financial Review Vol. 25 1990, S. 1.

Tab. 1: Empirische Erhebung zu Kontrollprämie und Minderheitenabschlag

Die Untersuchungen für den deutschen Transaktionsmarkt decken den Zeitraum 1992 bis 2019 ab. Aufgrund der besseren Datengrundlage liegt in der Mehrzahl der Studien der Fokus auf der Ermittlung einer Kontrollprämie anstatt eines Minderheitenabschlags. Bei fehlender Angabe des Minderheitenabschlags haben wir den implizierten Minderheitenabschlag anhand der zuvor aufgeführten Formel selbst berechnet. Die Anzahl der bisher durchgeführten Studien für den deutschen Markt, insb. für nicht kapitalmarktorientierte Unternehmen, ist sehr überschaubar. Im Vergleich sind die Ergebnisse für den US-amerikanischen Markt umfangreicher, können aber nicht ohne Weiteres auf andere Länder übertragen werden, weil sich die Rechtslage in gewissen Punkten unterscheidet, z.B. beim Schutz der Minderheitsanteilseigner.[24]

Schmitt/Moll haben in ihrer Studie die Angebotsprämien, die Aktionäre börsennotierter deutscher Zielgesellschaften im Rahmen öffentlicher Kaufangebote in den Jahren 1995–2003 realisieren konnten, untersucht.[25] Die Basis ihrer Untersuchung bildet eine Vollerhebung aller öffentlichen Kaufangebote, die den Anteilseignern börsennotierter Gesellschaften mit Sitz in Deutschland unterbreitet wurden. Insgesamt beläuft sich die Anzahl der Transaktionen auf 182. Ziel war es, herauszufinden, ob sich der verbesserte Aktionärsschutz durch das WpÜG auch in einer Erhöhung der Übernahmeprämien niedergeschlagen hat. Sie haben die Kontrollprämie definiert als Differenz zwischen dem Angebotspreis und dem historischen Aktienkurs zu bestimmten Zeitpunkten (-2T, -3M, -1J, 20TØ, 60TØ), welche die Information über das Kaufangebot möglichst noch nicht reflektierten. Die ermittelten Prämien liegen für den Betrachtungszeitraum im Durchschnitt bei 14,7%-27,1%. Die Prämie ist sowohl über den Zeitraum als auch abhängig vom gewählten Referenzzeitpunkt sehr volatil und nimmt Werte zwischen -5,1% und 39,0% an. Ein Trend von 1995–2003 ist nicht zu erkennen. Schmitt/Moll konnten aber beobachten, dass die Prämien bei Wertpapiererwerbsangeboten unter dem WpÜG im Vergleich zu den freiwilligen Angeboten gem. Übernahmekodex um ca. 12 Prozentpunkte höher sind.

In der von Grbenic/Zunk duchgeführten Studie aus dem Jahr 2015 sind Transaktionspreise von Mehrheits- und Minderheitsanteilen verschiedener Transaktionen direkt am Markt für Unternehmensübernahmen miteinander verglichen worden.[26] Die Untersuchungen decken den Zeitraum 2004–2013 ab. Im Fokus lagen Transaktionen, bei denen der Erwerber einen Anteil von mehr als 50% erwirbt oder durch den Erwerb von Minderheitenanteilen seinen Anteil auf insgesamt über 50% erhöht. Im Vergleich zu den anderen Studien berücksichtigen Grbenic/Zunk auch Minderheitenabschläge, die durch einfache Umrechnung in den Ergebnissen Berücksichtigung finden. Im Betrachtungszeitraum werden insgesamt 1.953 Transaktionen untersucht. In 70% der Transaktionen wurden dabei Minderheitenanteile transferiert. Die Prämie ermittelt sich als Differenz aus den Transaktionspreisen von Mehrheits- und Minderheitsanteilen verschiedener Transaktionen direkt am Markt, auf Basis von Entity-Multiplikatoren (DEV/Umsatz, DEV/EBITDA und DEV/EBIT). Die ermittelte Kontrollprämie liegt in einer Bandbreite von 7,2%-13,7%.

In dem von finexpert/ValueTrust jährlich veröffentlichten Takeover Report werden die im jeweiligen Jahr stattgefundenen Transaktionen gem. WpÜG analysiert, de

---

24   Vgl. Nenova, Journal of Financial Economics 2003, S. 325 (326); Daske/Erhardt, Financial Markets and Portfolio Management, 2002, S. 179–207.
25   Schmitt/Moll, FB 2007, S. 201–209.
26   Grbenic/Zunk, a.a.O. (Fn. 18).

facto wird bei der Transaktion ein Mehrheitsanteil transferiert.[27] Die Übernahmeprämie ermittelt sich, ähnlich wie bei Schmitt/Moll, aus der Differenz von Übernahmeangebot und dem 3-Monatsdurchschnitt des Börsenkurses vor der Bekanntmachung des Angebots. Dabei wird bei den Ergebnissen zwischen gewichteter und ungewichteter Übernahmeprämie entschieden. Die Gewichtung erfolgt anhand des jeweiligen Transaktionsvolumens. Für das Jahr 2019 lag die Anzahl der Transaktionen bei 32 und liegt über dem 8-Jahresdurchschnitt von rd. 26 Transaktionen pro Jahr. Die gewichtete bzw. ungewichtete Übernahmeprämie für das Jahr 2019 lag bei 15,6% bzw. 18,6% und damit unter dem jeweiligen 8-Jahresdurchschnitt von 19,4% bzw. 19,6%. Mit Blick auf die jährlichen durchschnittlichen Übernahmeprämien lässt sich mit Ausnahme von 2016 eine insgesamt rückläufige Entwicklung der bezahlten Prämien für den deutschen Markt beobachten.

Die Studien haben allesamt gezeigt, dass Übernahmeprämien in der Transaktionspraxis für den Erwerb von Mehrheitsanteilen bezahlt werden. In den o.g. Fällen wird der Kontrolle ein wesentlicher Anteil zugerechnet. Auf Basis der Studien liegt die Kontrollprämie in Deutschland bei durchschnittlich 15,6% und ist im Vergleich zu den USA (31,4%) und UK (21,7%) auf einem niedrigeren Niveau. Die durchschnittliche Kontrollprämie über die drei Regionen liegt bei 22,9%. Die beobachteten Kontrollprämien in kontinentaleuropäischen Ländern wie Deutschland sind niedriger als in angelsächsischen Ländern wie den USA oder dem UK. Grund für die Unterschiede zwischen den Ländern sind im Wesentlichen unterschiedliche gesellschaftliche, wirtschaftliche und regulatorische Rahmenbedingungen, wobei insb. der Schutz von Minderheitsanteilseignern eine entscheidende Rolle spielt.[28]

Für den impliziten Minderheitenabschlag ergeben sich Durchschnittswerte zwischen 13,4% in Deutschland und 23,4% in den USA. Der Durchschnitt über alle Regionen liegt bei 18,1%.

Die Existenz von Übernahmeprämien in der Praxis ist unbestritten, lediglich die Quantifizierung der Kontrollprämie bzw. die Trennung der Übernahmeprämie in Kontrolle und Synergien bleibt weiterhin die größte Herausforderung. Grbenic/Zunk nennen in ihrer Studie dazu Effekte, welche die beobachtete Übernahmebzw. Kontrollprämie verwässern können.[29] Wie oben beschrieben, ist lediglich die gesamte Übernahmeprämie bei der Transaktion ausgewiesen und die Zurechnung zu den beiden Komponenten ist insb. für einen außenstehenden Analysten nahezu unmöglich, weil ihm interne Dokumente nicht zur Verfügung stehen. Somit

---

27   Vgl. finexpert/ValueTrust, a.a.O. (Fn. 12), S. 7.
28   Vgl. Nenova, Journal of Financial Economics 2003, S. 325 (326); Dombret/Mager/Reinschmidt, Applied Financial Economics Letters 4/2008, S. 293–297; Daske/Erhardt, Financial Markets and Portfolio Management 2002, S. 179–207; Hanouna/Sarin/Shapirio, Value of Corporate Control: Some International Evidence, 2001, abrufbar unter http://hbfm.link/6608 (Abruf: 02.03.2020).
29   Vgl. Grbenic/Zunk, a.a.O. (Fn. 18), S. 120 f.

bildet die Übernahmeprämie per se keinen genauen Indikator für die Kontrollprämie. Als weiterer Effekt nennen Grbenic/Zunk einen der Marktgängigkeit ähnlichen Einflussfaktor, der auftritt, wenn sich durch die Transaktion das Verhältnis
zwischen Minderheits- und Mehrheitsanteilen ändert und dadurch die Anteile
marktgängig(er) werden. Dies hat zur Folge, dass sich die Anteile einfacher und zu
einem höheren Preis verkaufen lassen. Der empirische Zusammenhang und insb.
wie Kontrolle und Marktgängigkeit sich auf die gesamte Prämie auswirken, ist bisher aber noch unklar.[30] Des Weiteren kommt es bei Transaktionen häufig zu einer
Überbezahlung durch den Käufer, d.h. der Kaufpreis übersteigt den eigentlichen
Wert zuzüglich Prämie aus Synergie und Kontrolle. Dabei kann die Ursache, die
letztendlich zu einer Überbezahlung führt, vielfältig sein. Eine Ursache könnte
z.B. die Überschätzung der eigenen Fähigkeiten sein, das Unternehmen in Zukunft
besser zu führen.[31]

Als letzten Punkt führt Grbenic Verwässerung durch besondere Elemente der
Kontrolle auf.[32] Darunter zählen z.B. besondere Umstände, bei denen ein Minder-
heitenanteilseigner in eine gewisse kontrollierende Position gerät. Dies kann der
Fall sein, wenn er mindestens 25% der Anteile besitzt, sprich in der Position einer
Sperrminorität ist und dadurch Beschlüsse auf der Hauptversammlung blocken
kann. Auch der zuvor dargestellte Fall, dass Aktionäre ihr Stimmrecht bei der Wahl
von Aufsichtsräten im Einklang mit einem bestimmten Aktionär ausüben und
diesem dadurch die faktische Kontrolle am Unternehmen ermöglichen, hat Auswirkungen auf den Preis eines Unternehmensanteils. Auch hier werden Kontrollprämien gezahlt.

V. Anerkennung von Kontrollprämien in der Rechtsprechung

Im Vergleich zu Deutschland positionieren sich die offiziellen Behörden in Ameri-
ka, genauer die Bundessteuerbehörde Internal Revenue Services (IRS), wesentlich
deutlicher in der Diskussion um die Anerkennung von Prämien bzw. Abschlägen.
Die IRS gibt vor, dass alle wertrelevanten Faktoren bei der Bewertung von Unternehmensanteilen berücksichtigt werden müssen. Dazu zählt auch das Ausmaß der
Kontrolle.[33] Auch bei der Unternehmensbewertung für steuerliche Zwecke erachtet
die IRS Kontrollprämien bzw. Minderheitenabschläge für angemessen, macht aber
grds. keine Angaben zu der Höhe.[34] Gleichermaßen spricht sich die US-Börsen-
aufsicht United States Securities and Exchange Commission (SEC) grds. für eine
Kontrollprämie aus, erkennt aber gleichzeitig das Fehlen einer „rule of thumb"

---

30   Vgl. Hitchner, a.a.O. (Fn. 7), S. 393.
31   Vgl. Grbenic, BWP 2013, S. 121.
32   Vgl. Grbenic, BWP 2013, S. 121 f.
33   Vgl. Treasury Regulation Section 20.2031-2(e) und 25.2512-2(e); Revenue Ruling 59–60.
34   Vgl. IRS, National Office Technical Advice Memorandum, CASE-MIS No.: TAM-136208-04, 2005.

an, die eine einfache und allgemeingültige Quantifizierung der Kontrollprämie ermöglicht.[35]

Ebenso haben die Gerichte in den Vereinigten Staaten in einer Vielzahl von Urteilen die Existenz der Kontrollprämie bzw. des Minderheitenabschlags anerkannt und bestätigt. Sowohl im Fall MG Bancorporation, Inc. v. Le Beau, No. 13414 (1998) als auch Rapid-American Corp. v. Harris, 603 A.2d 796, 808 (1992), sowie Estate of Richard Simplot v. CIR, 249 F.3d 1191 (9th Cir. 2001) wird vom Supreme Court of Delaware dem Mehrheitsanteil eine Kontrollprämie zugesprochen. In anderen bedeutenden Gerichtsverfahren hat das Gericht Minderheitenabschläge von 27%[36], 35%[37] sowie 60%[38] zugelassen. Saunders hat im Jahr 2006 eine umfangreiche Auswertung von Gerichtsurteilen zu Minderheitenabschlägen in den USA durchgeführt. In seiner Studie konnte er für die Minderheitenabschläge eine Bandbreite zwischen 10,0% und 40,0% beobachten.[39]

In Deutschland dagegen ist der gemeine Wert gem. § 9 i.V.m. § 11 BewG in der deutschen Rspr. für die Wertermittlung von Unternehmensanteilen höchstrichterlich anerkannt.[40] Dabei sind neben marktwirtschaftlichen Faktoren wie Angebot und Nachfrage auch objektivierte Wertmaßstäbe (Rechte, Pflichten, Chancen und Risiken) zu berücksichtigen.[41] Dies führt in Abhängigkeit der einzelnen werterhöhenden oder wertmindernden Faktoren zu einer Erhöhung oder Herabsetzung des Ausgangswerts durch entsprechende Zu- oder Abschläge. Solche zu berücksichtigenden Umstände sind nach Auffassung des BFH gegeben, wenn entweder Vorzugs- und Stammaktien zu bewerten waren, die sich lediglich in ihrem Stimmrecht unterscheiden oder eine Minderheitsbeteiligung auf Basis des bekannten Verkaufspreises für eine Mehrheitsbeteiligung zu bewerten war.[42]

Es ist auch empirisch belegt, dass von den Kapitalmarktteilnehmern z.B. auch dem Stimmrecht ein Wert beigemessen wird. Einschränkungen beim Stimmrecht sind im Übrigen auch im deutschen AktG verankert. Gem. § 139 AktG kann für Aktien das Stimmrecht ausgeschlossen werden (Vorzugsaktien ohne Stimmrecht), wenn sie

---

35 Vgl. Remarks before the 2008 AICPA National Conference on Current SEC and PCAOB Developments by Robert G. Fox III, Professional Accounting Fellow, Office of the Chief Accountant U.S. Securities and Exchange Commission.
36 Vgl. Estate of Bright v. United States, 658 F. 2d 999.
37 Vgl. Moore v. Commissioner of Internal Revenue, 124 F.2d 991.
38 Vgl. Estate of Baird, Petitioner, vs. Commissioner, Docket Nos. 8656-99, 8657-99; Estate of Little v. Commissioner, 43 T.C.M. 319.
39 Vgl. Saunders, in: Dickie (Hrsg.), Financial Statement Analysis and Business Valuation for the Practical Lawyer, 2. Aufl. 2006, abrufbar unter http://hbfm.link/6609 (Abruf: 02.03.2020).
40 Vgl. BFH vom 23.02.1979 – III R 44/77, BStBl. II 1979 S. 618 = DB 1979 S. 1874; vom 09.03.1994 – II R 39/90, BStBl. II 1994 S. 394 = DB 1994 S. 1336.
41 Vgl. BFH vom 21.04.1999 – II R 87/97; BStBl. II 1999 S. 810 = DB 1999 S. 1736; vom 25.02.1969 – II 55/63, BFHE 95 S. 338.
42 BFH vom 09.03.1994, a.a.O. (Fn. 40); 21.04.1999, a.a.O. (Fn. 41); Anschluss an BFH Urteil vom 09.03.1994, a.a.O. (Fn. 40).

mit einem Vorzug bei der Verteilung des Gewinns ausgestattet sind. Damit ist im Aktienrecht kodifiziert, dass der Verlust des Stimmrechts durch höhere Dividenden auszugleichen ist. Daske hat in seiner Dissertation eine Vielzahl empirischer nationaler und internationaler Studien zu den Kursunterschieden zwischen Stamm- und Vorzugsaktien analysiert und selbst umfassende empirische Erhebungen vorgenommen.[43] Er kommt zu dem Ergebnis, dass sich bei langjähriger Betrachtung (September 1955-Ende 2017) auf Basis von 19.868 Beobachtungen von Paaren aus Stamm- und Vorzugsaktien ein mittlerer Kursaufschlag der Stammaktien über die Vorzugsaktien von 16,2% ergibt.[44]

VI. Implikationen für Bewertungspraktiker

Bei steuerlichen Bewertungsanlässen werden sowohl international als auch national Verkehrswerte gesucht. Ein Verkehrswert ist ein Preis im gewöhnlichen Geschäftsverkehr, der sich unter normalen Umständen aus Angebot und Nachfrage bildet. In die Preisbildung gehen sowohl die Perspektive des Käufers als auch die Perspektive des Veräußerers ein. Strategische Investoren kaufen Unternehmen regelmäßig zur Realisierung von Synergien. Im Kern gibt es dabei für sie zwei zentrale Kaufmotive:

1. Nutzung der vorhandenen Kundenbeziehungen und
2. Nutzung des know how's der Mitarbeiter respektive Nutzung vorhandener Technologien, Patente etc.

Damit geht es schlussendlich um immaterielle Vermögenswerte, die – weil sie regelmäßig selbst erschaffen wurden – meist nicht in der Handelsbilanz eines Unternehmens aktiviert sind. Zusätzlich können auch Kostensynergien wesentlich und relevant sein, aber sie sollten nicht im Mittelpunkt der Kaufentscheidung stehen. Ballwieser hat sich ausführlich mit der „Kunst" der Verwendung von Bewertungszuschlägen und -abschlägen auseinandergesetzt.[45] Seine Conclusio aus Sicht des Wissenschaftlers ist eindeutig: „Es gibt keinen Grund für einen Minderheitsabschlag, wenn eine Bewertung mithilfe von Ertragswert oder DCF erfolgt und die erwarteten Zahlungsströme an die Eigentümer die Geschäftspolitik in Höhe und Risiko widerspiegeln."[46] Dem ist aus theoretischer Sicht nichts hinzuzufügen. Ballwieser stellt jedoch auch fest: „Bewertungszuschläge und -abschläge sind in praxi gang und gäbe."[47]

---

43   Vgl. Daske, Vorzugsaktien in Deutschland: Historische und rechtliche Grundlagen, ökonomische Analyse, empirische Befunde, 2019.
44   Vgl. Daske, a.a.O, (Fn. 43), S. 591.
45   Vgl. Ballwieser, CF 2018, S. 61–72.
46   Ballwieser, CF 2018, S. 72.
47   Ballwieser, CF 2018, S. 72.

Darüber hinaus sind Bewertungszuschläge bei kapitalmarktorientierten Unternehmen regelmäßig bei Übernahmen auch messbar. Dabei bemisst sich die Übernahmeprämie meist auf den Schlusskurs vor Bekanntgabe der Übernahme und kann damit in einem Prozentwert ausgedrückt werden. Diese Übernahmeprämien werden ausschließlich deshalb von Käufern gezahlt, weil sie nach der Übernahme Synergien realisieren wollen. In dem Bewertungskalkül eines Käufers sind die erwarteten Synergien in Form von höheren Cashflows nach der Übernahme berücksichtigt. Diese Synergien sind zahlenmäßig oft nur den Organen des übernehmenden Unternehmens bekannt. Wenn sie offengelegt werden, dann meist nur pauschal, ohne konkret auf eine Unternehmensbewertung Bezug zu nehmen. Analysten schätzen diese Synergien bestmöglich in ihren Bewertungsmodellen ab und geben neue Kursziele aus.

Strategische Investoren sind gut beraten, wenn der gezahlte Kaufpreis nicht dem Grenzpreis entspricht, sondern deutlich darunter liegt. Dies allein schon deshalb, weil häufig in einer Post-Merger-Betrachtung tatsächlich weniger Synergien realisiert werden können als zuvor erwartet.

In der Praxis ist es zudem schwierig zu bestimmen, welcher Anteil der vom Käufer bezahlten Prämie auf die Kontrolle oder Synergien entfällt. Insb. eine klare Differenzierung zwischen Kontrollprämien und Übernahmeprämien aufgrund von Synergien ist in der Praxis oft nicht gegeben. Dies liegt daran, dass regelmäßig mit der Kontrolle auch Synergien realisiert werden können.[48] Der Käufer eines Unternehmens erlangt mit der Kontrolle nicht nur die Möglichkeit operative und finanzielle Entscheidungen zu treffen. Es ist daher unbestritten, dass der Kontrolle über ein Unternehmen deshalb ein Wert beigemessen wird. Die Höhe der Prämie ist individuell von der Situation und Intention des Käufers abhängig und welche Änderungen er durch seinen Kontrolleinfluss vornehmen kann.[49] Sein Grenznutzen bestimmt für ihn den Wert des targets und somit auch die Prämie bzw. Preis, den er bereit ist zu zahlen.

Übernahmeprämien und Minderheitenabschläge können und sollten regelmäßig mit einem Ertragswert oder DCF-Modell verprobt werden. Nur, wenn sich ein Zahlungsstrom plausibel mit einem Ertragswert oder DCF-Modell erklären lässt, sollten Prämien bei Übernahmen oder Minderheitenabschläge in die Preisfindung eingehen.

Für die Bewertungspraxis bedeutet dies eine Koexistenz von Prämien und Abschlägen neben den klassischen Ertragswert und DCF-Modellen. Der Praktiker sollte die Wege kennen, die vom Wert eines Anteils zum Preis eines Anteils führen. In der

---

48   Vgl. Pratt/Niculita, a.a.O. (Fn. 17), S. 3.
49   Vgl. Saunders, a.a.O. (Fn. 39), S. 2.

deutschen Bewertungspraxis, bei denen Wirtschaftsprüfer und ihre gutachtlichen Stellungnahmen omnipräsent sind, dominiert die indirekte Anteilsbewertung. Der indirekt ermittelte objektivierte Unternehmenswert entspricht regelmäßig nicht dem quotalen Preis eines Unternehmensanteils. Das stellt der IDW S 1 gleich zu Beginn fest:

> „Der objektivierte Wert des Unternehmensanteils entspricht dem quotalen Wertanteil am objektivierten Gesamtwert des Unternehmens. Der subjektive Wert eines Unternehmensanteils beinhaltet die Einschätzung des Werts der Beteiligung an einem Unternehmen unter Berücksichtigung der individuellen persönlichen Verhältnisse und Ziele des (jeweiligen) Anteilseigners. [...] Der Preis für Unternehmen und Unternehmensanteile bildet sich auf freien Kapitalmärkten aus Angebot und Nachfrage. Er wird wesentlich von der Nutzenschätzung (Grenznutzen) der jeweiligen Käufer und Verkäufer bestimmt und kann je nach dem mengenmäßigen Verhältnis zwischen Angebot und Nachfrage sowie den Einflussmöglichkeiten der Unternehmenseigner auf die Unternehmenspolitik (Alleineigentum, qualifizierte oder einfache Mehrheit, Sperrminorität oder Streubesitz) mehr oder weniger stark von dem Wert des gesamten Unternehmens oder dem quotalen Anteil am Unternehmensgesamtwert abweichen."[50]

Eine zweckadäquate Wertermittlung, direkt oder indirekt, sollte grds. alle Faktoren, die Einfluss auf den gezahlten Preis nehmen, berücksichtigen. Aufgrund unterschiedlicher Informationsstände und heterogener Erwartungen ist die individuelle Perspektive des Käufers bzw. Verkäufers entscheidend für die jeweilige Wertermittlung eines Unternehmens. Ein gezahlter Transaktionspreis sagt nichts über die Grenzpreiserwartungen der Transaktionspartner aus. So kann der Verkäufer zwar die möglichen Zahlungsströme des Erwerbers versuchen zu antizipieren, um auf dieser Grundlage einen Kaufpreis zu bestimmen und in die Verkaufsverhandlungen zu gehen. Dieser wird jedoch in den meisten Fällen vom Wert des Erwerbers abweichen und zumindest, wenn er den vom Käufer ermittelten Grenzpreis übersteigt, zum Abbruch der Verhandlungen führen.

Die Anerkennung der Existenz von Prämien und Abschlägen in der deutschen Bewertungstheorie ist bislang gering. Wissenschaftler haben aus theoretischer Sicht gute Gründe dargestellt, um auf sie zu verzichten. Der Bewertungspraktiker hingegen greift, auch weil er seine Bewertungskalküle bei Transaktionsverhandlungen nicht offenlegen wird, auf diese in der Praxis beobachtbaren Prämien und Abschläge zurück. Es stellt sich deshalb die Frage, ob in gutachtlichen Stellungnahmen in

---

50   IDW S 1, Tz. 13.

Deutschland nicht eigene Kapitel mit einer Überleitung vom Wert zum Preis eines Unternehmens zu fordern sind.

VII. Zusammenfassung

Der Beitrag hat gezeigt, dass Discounts und Premiums für Unternehmensanteile sowohl in der nationalen als auch internationalen Bewertungspraxis üblich sind. Wissenschaftler wenden zurecht ein, dass sämtliche preisrelevante Faktoren in Bewertungskalkülen abgebildet werden können. Dadurch wären Discounts und Premiums obsolet. Der Praktiker hingegen ist gut beraten, wenn er sauber zwischen Wert und Preis eines Unternehmensanteils trennt. Eine Überleitung vom Wert zum Preis eines Unternehmensanteils ist bislang nicht Gegenstand deutscher Bewertungsgutachten. Sowohl die Wissenschaft als auch die Praktiker sind gut beraten, wenn es hier entsprechend der angelsächsischen Bewertungspraxis eine Weiterentwicklung in der deutschen Bewertungskultur gäbe. Denn nur dann, wenn Discounts und Premiums in Bewertungsmodellen plausibel erklärt werden können, sollten Käufer sie bei Transaktionen bei der Preisfindung auch berücksichtigen. Aufgrund der vorhandenen Informationsasymmetrie zwischen Käufer und Verkäufer von Unternehmensanteilen bleiben diese Bewertungskalküle jedoch meistens für eine Seite eine Blackbox.

Quelle: Bewertungspraktiker 01/2020, S. 2.

Einkommensteuern und inflationsbedingte Kursgewinne bei der Unternehmensbewertung

WP Dr. Tim Laas

1 Einleitung

IDW S 1 unterscheidet bekanntlich zwischen einer mittelbaren und einer unmittelbaren Typisierung von Einkommensteuern. Bei der mittelbaren Typisierung, die beispielsweise bei unternehmerischen Entscheidungen angewendet werden soll, kann die Annahme getroffen werden, die Nettozuflüsse aus dem Bewertungsobjekt unterliegen einer vergleichbaren persönlichen Besteuerung wie die Zuflüsse aus der Alternativinvestition. Eine explizite Berücksichtigung der Einkommensteuern ist bei dieser Annahme nicht notwendig.[1]

Im Einklang mit der langjährigen Bewertungspraxis und der deutschen Rechtsprechung sieht das IDW hingegen für gesellschaftsrechtliche und vertragliche Bewertungsanlässe, die unmittelbare Berücksichtigung von Einkommensteuern, sowohl bei den Erträgen aus dem Unternehmen als auch beim Kapitalisierungszinssatz, weiterhin vor.

Diese differenzierende Vorgehensweise geht grundsätzlich mit dem Ziel einher, bei der Berücksichtigung von Einkommensteuern keine systematischen Inkonsistenzen im Vergleich zu einer Berechnung vor Einkommensteuern in das Bewertungskalkül einzubauen,[2] aber genau dann abweichende Werte zu erhalten, wenn das zu bewertende Unternehmen eine andere Einkommensteuerlast aufweist als die in den Kapitalkosten abgebildete Alternativinvestition.

Die Berücksichtigung von Einkommensteuern wird in diesem Beitrag erneut aufgegriffen,[3] weil im Rahmen von aktienrechtlichen Strukturmaßnahmen derzeit gewisse Unsicherheiten vor Gericht im Hinblick auf eine Besteuerungskomponente bestehen, und zwar die inflationsbedingte Kursgewinnbesteuerung in der ewigen Rente. Der Hintergrund dieser Unsicherheit ist der Umstand, dass zumeist in der ewigen Rente eine Besteuerungskomponente auf Kursgewinne berücksichtigt

---

1 Vgl. IDW Standard: Grundsätze zur Durchführung von Unternehmensbewertungen (IDW S 1 i.d.F. 2008) (Stand: 04.07.2016), Tz. 30.
2 Unterstützt wird diese Forderung mit dem Umstand, dass die Parameter der Kapitalkosten lediglich vor Einkommensteuern am Kapitalmarkt zu beobachten sind. Anpassungen der am Kapitalmarkt beobachteten Parameter zur Umsetzung einer Bewertung nach Einkommensteuern müssen damit genau geprüft werden, sollen systematische Verzerrungen vermieden werden; vgl. zu einer umfassenden Beurteilung von Einkommensteuern in der Unternehmensbewertung Laas, WPg 2006, S. 290 ff.
3 Vgl. Laas, WPg 2006, S. 290 ff.

wird, die sich aus dem für die ewige Rente angenommenen Wachstum ergibt. Die Bewertungspraktiker begründen diese Besteuerungskomponente mit dem Äquivalenzprinzip: Die Marktrisikoprämie nach Einkommensteuern wird aus Kapitalmarktrenditen vor Einkommensteuern abgeleitet (die Kapitalmarktrendite vor Steuern wird also vollständig einer Besteuerung unterworfen). Aus diesem Grund müsse eine analoge Behandlung auch bei den Zahlungsströmen erfolgen. Demnach seien auch Kursgewinne zu besteuern. Zum Teil wird aber auch argumentiert, in den Kapitalkosten sei eine solche Besteuerung nicht berücksichtigt. Demnach dürfe sie auch nicht bei den Zahlungsströmen berücksichtigt werden.

Um die Besteuerung der inflationsbedingten Kursgewinne in das System der Berücksichtigung von Einkommensteuern einordnen zu können, wird – ausgehend von der Berücksichtigung von Einkommensteuern in den Kapitalkosten (vgl. Kap. 2) – deren notwendige Berücksichtigung in den Erträgen aus dem Unternehmen dargestellt und anhand eines vereinfachten, gleichwohl umfangreichen Beispiels demonstriert (vgl. Kap. 3). Orientierungsmaßstab dabei sind die Kapitalmarktdaten vor der aktualisierten Empfehlung des FAUB des IDW zur Marktrisikoprämie.[4] In einem abschließenden Kapitel werden die Wertimplikationen der aktuellen Integration von Einkommensteuern in die Unternehmensbewertung herausgearbeitet.

2 Berücksichtigung persönlicher Ertragsteuern in den Kapitalkosten

Für die Ableitung der Kapitalkosten nach Einkommensteuern teilt der FAUB die erwartete Aktienrendite in einen Teil Kursgewinnrendite und einen Teil Dividendenrendite auf; im Beitrag von Castedello u.a. wird von einer hälftigen Aufteilung ausgegangen.[5] Der FAUB geht von einer Steuerbelastung der Dividenden in Höhe von 26,38% aus.[6] Die Steuerbelastung auf Kursgewinne wird wiederum vereinfachend mit dem hälftigen Steuersatz für Dividenden angesetzt. Der niedrigere Steuersatz für Kursgewinne ergibt sich aus der Annahme, dass Kursgewinne erst bei Veräußerung realisiert werden und damit zum Teil einem erheblichen Zeitverzug unterliegen. Es ergibt sich eine Einkommensteuerbelastung der impliziten Vorsteuer-Rendite aus Aktien in Höhe von 19,8%.[7]

In Anlehnung an die von Castedello u.a. veröffentlichte Beispielrechnung und damit ausgehend von einer Aktienrendite vor Einkommensteuern in Höhe von 8,0% ergibt sich demnach eine Aktienrendite nach Einkommensteuern in Höhe von 6,42%, aufgeteilt

---

4   FAUB vom 22.10.2019 (www.idw.de; Abruf: 25.05.2020); dazu Popp, WPg 2019, S. 1222; grundlegend Castedello u.a., WPg 2018, S. 806.

5   Vgl. Castedello u.a., WPg 2018, S. 824. Tschöpel/Wiese/Willershausen, WPg 2010, S. 349, und WPg 2010, S. 405, kommen zu vergleichbaren Ergebnissen, indes bei einer leicht abweichenden Modellwelt.

6   Dies entspricht einem Steuersatz auf Dividenden in Höhe von 25,0% zuzüglich Solidaritätszuschlag.

7   Vgl. Castedello u.a., WPg 2018, S. 824. Tschöpel/Wiese/Willershausen, WPg 2010, S. 349, und WPg 2010, S. 405, kommen zu vergleichbaren Ergebnissen.

1. in eine Dividendenrendite nach Einkommensteuern in Höhe von 2,95% und
2. in eine Kursgewinnrendite nach Einkommensteuer in Höhe von 3,47%.

Bei einem Basiszins in Höhe von 1,25% vor Einkommensteuern (rund 0,9% nach Einkommensteuern) ergibt sich folglich eine Marktrisikoprämie in Höhe von rund 5,5% nach Einkommensteuern. Die Überleitung der erwarteten Aktienrendite (Eigenkapitalkosten) vor Einkommensteuern in die Bewertungsparameter nach Einkommensteuern zeigt Abb. 1.[8]

Zwischenfazit
Die nach dem in Abb. 1 dargestellten Schema abgeleiteten Bewertungsparameter nach Einkommensteuern sind aus einer Aktienrendite vor Einkommensteuern abgeleitet worden. Dies geschieht, indem die insgesamt zu erwartende Aktienrendite Einkommensteuern unterworfen wird. Um Verzerrungen im Bewertungskalkül zu vermeiden, ist eine spiegelbildliche Anwendung bei den finanziellen Überschüssen geboten.

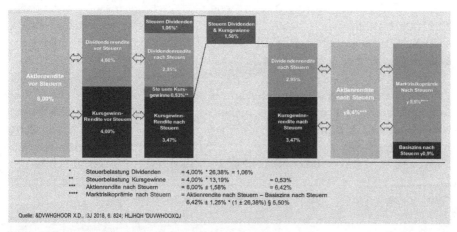

Abb. 1: Ableitung der Marktrisikoprämie nach Einkommensteuern

3 Konsistente Berücksichtigung von Ertragsteuern in den Zahlungsströmen

3.1 Hintergrund
Eine konsistente Bewertung hat Äquivalenzprinzipien zu beachten: Erträge aus dem Unternehmen müssen mit den zur Diskontierung angesetzten Kapitalkosten gleichwertig im Hinblick auf Laufzeit, Währung, Inflation, Risikostruktur und steuerliche Behandlung sein.[9] Soweit in den Kapitalkosten die gesamten Erträge einer Besteuerung unterliegen, ist dies für die Erträge aus dem Unternehmen als Folge dieses Äquivalenzprinzips ebenso geboten.

---

8   Vgl. Castedello u.a., WPg 2018, S. 824.
9   Vgl. Ballwieser/Leuthier, DStR 1986, S. 545 ff.; Ballwieser/Leuthier, DStR 1986, S. 604 ff.

Im Folgenden wird anhand eines Beispiels ausführlich gezeigt, dass zur Herstellung einer Besteuerungsäquivalenz der Erträge aus dem Unternehmen einerseits und der Kapitalkosten andererseits nicht nur eine Besteuerung des inflationsbedingten Wachstums in der ewigen Rente, sondern sogar auch der Kursgewinne im Detailplanungshorizont notwendig ist. Vermutlich aus Vereinfachungsgründen und aus Gründen der Wesentlichkeit wird oftmals auf eine Besteuerung der Kursgewinne im Detailplanungshorizont verzichtet;[10] konsistent ist eine solche Vorgehensweise nicht. Der Verzicht wirkt unternehmenswerterhöhend.

3.2 Beispiel

3.2.1 Ausgangspunkt: Bewertung vor Einkommensteuern (vereinfachtes Beispiel)

Um einen Beurteilungsmaßstab für die Angemessenheit der Besteuerung des inflationsbedingten Wachstums zu haben, stellen wir eine vereinfachte Unternehmensbewertung vor Einkommensteuern voran, bei der die finanziellen Überschüsse eines Unternehmens mit 4% pro Jahr, auch in der ewigen Rente, wachsen. Die Eigenkapitalkosten betragen 8,0% vor Steuern (1,25% Basiszins, 6,75% Marktrisikoprämie, 1,0 Beta). Vereinfachend wird auf einen Wertbetrag aus Thesaurierung verzichtet. Die Berücksichtigung eines Wertbeitrags aus Thesaurierung mildert die aufgezeigten Wertverzerrungen ab. Die Bewertung des Unternehmens zeigt Tab. 1.

Tab. 1 ist zu entnehmen, dass die Ausschüttungen konstant mit 4,0% wachsen. Korrespondierend wächst auch der Unternehmenswert mit 4,0% pro Jahr („Wachstum Unternehmenswert (Kursgewinnrendite)"). Die Differenz der Unternehmenswerte in den Planperioden (Rollback-Barwerte) entspricht in jedem Jahr genau der Nettoausschüttung („Differenz Rollback-Barwert (Kursgewinn)"). Damit beträgt der Anteil der Dividendenrendite und der Kursgewinnrendite 50% vor Steuern und ist damit identisch mit den Anteilen bei den Kapitalkosten.[11]

---

10 So auch Ruthardt/Popp, AG 2019, S. 200.
11 Die Darstellung eines konstant mit 4,0% wachsenden Unternehmens soll veranschaulichen, dass ein mit einer Wachstumsrate X% wachsendes Unternehmen auch einer jährlichen Unternehmenswertsteigerung in Höhe von X% unterliegt. Demnach entspricht in diesem Beispiel der Detailplanungshorizont den ersten Jahren einer ewigen Rente.

Ertragswertermittlung						
In TEUR	**Planung**					**Ewige Rente**
	2017	**2018**	**2019**	**2020**	**2021**	**2022**
Jahresüberschuss	208	216	225	234	243	253
Thesaurierung	(104)	(108)	(112)	(117)	(122)	(127)
Ausschüttungen vor persönlichen Ertragsteuern	104	108	112	117	122	127
Ertragsteuer auf Ausschüttungen						
Netto-Ausschüttungen	104	108	112	117	122	127
Wachstum Ausschüttungen		4,0 %	4,0 %	4,0 %	4,0 %	4,0 %
Ertragsteuer auf Kursgewinne/ inflationsbedingte Kursgewinne						
Netto-Ausschüttungen abzüglich Ertragsteuer auf Kursgewinne	104	108	112	117	122	127
EK-Kosten (nach Wachstumsabschlag)	8,00 %	8,00 %	8,00 %	8,00 %	8,00 %	4,00 %
Barwertfaktor	0,93	0,86	0,79	0,74	0,68	17,01
Barwert der Nettoausschüttungen	96	93	89	86	83	2.153
Ertragswert zum 31.12.2016	2.600					
Netto-Ausschüttungen abzüglich Ertragsteuer auf Kursgewinne	104	108	112	117	122	127
EK-Kosten (nach Wachstumsabschlag)	8,00 %	8,00 %	8,00 %	8,00 %	8,00 %	4,00 %
Rollback-Barwert	2.600	2.704	2.812	2.925	3.042	3.163
Differenz Rollback-Barwert (Kursgewinn)	104	108	112	117	122	
Ertragswert zum 31.12.2016	2.600					
Aufteilung Rendite aus Unternehmen						
Wachstum Unternehmenswert (Kursgewinnrendite)	4,00 %	4,00 %	4,00 %	4,00 %	4,00 %	4,00 %
Dividendenrendite	4,00 %	4,00 %	4,00 %	4,00 %	4,00 %	4,00 %
Rendite aus Unternehmen	8,00 %	8,00 %	8,00 %	8,00 %	8,00 %	8,00 %

Tab. 1: Bewertung vor Einkommensteuer

Bei Diskontierung der Nettoausschüttungen mit 8,0% ergibt sich ein Unternehmenswert von rund 2.600 T€.

3.2.2 Alternative 1: Bewertung nach Einkommensteuern (Ausschüttungen)

Dasselbe Unternehmen wird jetzt nach Steuern bewertet, indem lediglich die Nettoausschüttungen einer Steuer in Höhe von 26,38% unterliegen. Die Bewertung des Unternehmens unter vereinfachter Berücksichtigung von Einkommensteuern zeigt Tab. 2.[12]

Tab. 2 ist zu entnehmen, dass lediglich die Ausschüttungen aus dem Unternehmen einer Besteuerung unterworfen werden; die Kursgewinne hingegen nicht.

Entsprechend verbleibt die Kursgewinnrendite nach Steuern bei 4,0%; die Dividendenrendite sinkt hingegen überproportional auf 2,42%. Der Unternehmenswert beträgt 3.167 T€. Verglichen mit dem zuvor errechneten Unternehmenswert vor Einkommensteuern in Höhe von 2.600 T€ entspricht dies einer Steigerung von 21,8%.[13]

Die Begründung dieses Wertanstiegs ist relativ einfach:

1. Einerseits unterlagen die Kapitalkosten in Höhe von 8,0% vollständig einer Besteuerung: Eine Hälfte (4,0%) wurde mit einem Steuersatz in Höhe von 26,38% besteuert, die andere Hälfte wurde mit einem Steuersatz in Höhe von 13,19% besteuert.
2. Andererseits wurden bei dem zu bewertenden Unternehmen lediglich die Ausschüttungen mit 26,38% besteuert. Die gesamte Kursgewinnrendite, also die Steigerung des Unternehmenswerts, ist in der vorangestellten Alternativberechnung steuerfrei gestellt.

---

12 In diesem Beispiel betragen die Kapitalkosten nach Steuern (wie bereits in Abschnitt 3.2.1) 6,42%. Dabei wurden die Kapitalkosten vor Steuern in Höhe von 8,0% in eine Dividendenrendite in Höhe von 4,0% (Anteil 50%) und in eine Kursgewinnrendite in Höhe von ebenfalls 4,0% (Anteil 50%) aufgeteilt. Die Dividendenrendite wurde um 26,38% und die Kursgewinnrendite um 13,19% gekürzt. Die resultierenden Eigenkapitalkosten nach Steuern betragen damit 6,42%.

13 Die Berücksichtigung eines Wertbeitrags aus Thesaurierung mindert die Auswirkungen auf den Unternehmenswert. Im Anhang dieses Beitrags wird die Bewertung unter Berücksichtigung eines Wertbeitrags aus Thesaurierung dargestellt.

Ertragswertermittlung						
In TEUR	**Planung**					**Ewige Rente**
	2017	**2018**	**2019**	**2020**	**2021**	**2022**
Jahresüberschuss	208	216	225	234	243	253
Thesaurierung	(104)	(108)	(112)	(117)	(122)	(127)
Ausschüttungen vor persönlichen Ertragsteuern	104	108	112	117	122	127
Ertragsteuer auf Ausschüttungen	(27)	(29)	(30)	(31)	(32)	(33)
Netto-Ausschüttungen	77	80	83	86	90	93
Wachstum Ausschüttungen		4,0 %	4,0 %	4,0 %	4,0 %	4,0 %
Ertragsteuer auf Kursgewinne/ inflationsbedingte Kursgewinne						
Netto-Ausschüttungen abzüglich Ertragsteuer auf Kursgewinne	77	80	83	86	90	93
EK-Kosten (nach Wachstumsabschlag)	6,42 %	6,42 %	6,42 %	6,42 %	6,42 %	2,42 %
Barwertfaktor	0,94	0,88	0,83	0,78	0,73	30,31
Barwert der Nettoausschüttungen	72	70	69	67	66	2.824
Ertragswert zum 31.12.2016	3.167					
Netto-Ausschüttungen abzüglich Ertragsteuer auf Kursgewinne	77	80	83	86	90	93
EK-Kosten (nach Wachstumsabschlag)	6,42 %	6,42 %	6,42 %	6,42 %	6,42 %	2,42 %
Rollback-Barwert	3.167	3.294	3.426	3.563	3.705	3.854
Differenz Rollback-Barwert (Kursgewinn)	127	132	137	143	148	
Ertragswert zum 31.12.2016	3.167					
Aufteilung Rendite aus Unternehmen						
Wachstum Unternehmenswert (Kursgewinnrendite)	4,00 %	4,00 %	4,00 %	4,00 %	4,00 %	4,00 %
Dividendenrendite	2,42 %	2,42 %	2,42 %	2,42 %	2,42 %	2,42 %
Rendite aus Unternehmen	6,42 %	6,42 %	6,42 %	6,42 %	6,42 %	6,42 %

Tab. 2: Bewertung nach Einkommensteuern, vor Steuern auf Kursgewinne

Diese systematische Wertverzerrung in Höhe von 21,8% resultiert aus einer steuerlichen Ungleichbehandlung von Erträgen aus dem Unternehmen einerseits und den Kapitalkosten andererseits.

3.2.3 Alternative 2: Bewertung nach Einkommensteuern (Zahlungsströme, Kursgewinnrendite in der ewigen Rente)

Dasselbe Unternehmen wird in dieser Alternativrechnung nach Einkommensteuern bewertet, indem nicht nur von den Ausschüttungen Einkommensteuern in Höhe von 26,38%, sondern auch von der Unternehmenswertsteigerung in der ewigen Rente („inflationsbedingte Kursgewinne") in Höhe von 13,19% abgezogen werden.

Die Bewertung des Unternehmens unter dieser immer noch vereinfachten Berücksichtigung von Einkommensteuern zeigt Tab. 3.

Der Unternehmenswert beträgt 2.662 T€. Er weicht von dem „richtigen" Unternehmenswert (vor Steuern) in Höhe von 2.600 T€ nur noch um 2,4% ab. Der inflationsbedingte Kursgewinn wurde berechnet, in dem der Unternehmenswert am Beginn der ewigen Rente in Höhe von 3.163 T€ mit der Wachstumsrate in Höhe von 4,0% multipliziert wurde. Die Ertragsteuer auf implizite Kursgewinne wurde berechnet, indem der inflationsbedingte Kursgewinn mit einem Steuersatz in Höhe von 13,19% belastet wurde. Die daraus resultierende Steuerlast in Höhe von 17 T€ ist in Tab. 3 der Zeile „Ertragsteuer auf Kursgewinne/inflationsbedingte Kursgewinne" zu entnehmen.

In TEUR	Ertragswertermittlung					
	Planung					Ewige Rente
	2017	2018	2019	2020	2021	2022
Jahresüberschuss	208	216	225	234	243	253
Thesaurierung	(104)	(108)	(112)	(117)	(122)	(127)
Ausschüttungen vor persönlichen Ertragsteuern	104	108	112	117	122	127
Ertragsteuer auf Ausschüttungen	(27)	(29)	(30)	(31)	(32)	(33)
Netto-Ausschüttungen	77	80	83	86	90	93
Wachstum Ausschüttungen		4,0 %	4,0 %	4,0 %	4,0 %	4,0 %
Ertragsteuer auf Kursgewinne/ inflationsbedingte Kursgewinne						(17)

In TEUR	Ertragswertermittlung					
	Planung					Ewige Rente
	2017	2018	2019	2020	2021	2022
Netto-Ausschüttungen abzüglich Ertragsteuer auf Kursgewinne	77	80	83	86	90	76
EK-Kosten (nach Wachstumsabschlag)	6,42 %	6,42 %	6,42 %	6,42 %	6,42 %	2,42 %
Barwertfaktor	0,94	0,88	0,83	0,78	0,73	30,31
Barwert der Nettoausschüttungen	72	70	69	67	66	2.318
Ertragswert zum 31.12.2016	2.662					
Netto-Ausschüttungen abzüglich Ertragsteuer auf Kursgewinne	77	80	83	86	90	76
EK-Kosten (nach Wachstumsabschlag)	6,42 %	6,42 %	6,42 %	6,42 %	6,42 %	2,42 %
Rollback-Barwert	2.662	2.756	2.853	2.953	3.057	3.163
Differenz Rollback-Barwert (Kursgewinn)	94	97	100	103	107	
Ertragswert zum 31.12.2016	2.662					
Aufteilung Rendite aus Unternehmen						
Wachstum Unternehmenswert (Kursgewinnrendite)	*3,54 %*	*3,53 %*	*3,51 %*	*3,50 %*	*3,49 %*	*3,47 %*
Dividendenrendite	*2,88 %*	*2,89 %*	*2,90 %*	*2,92 %*	*2,93 %*	*2,95 %*
Rendite aus Unternehmen	*6,42 %*	*6,42 %*	*6,42 %*	*6,42 %*	*6,42 %*	*6,42 %*

Tab. 3: Bewertung nach Einkommensteuern und Steuern auf Kursgewinne in der ewigen Rente

Die tolerierbare, aber weiterhin systematische Abweichung in Höhe von 62 T€ ist dadurch bedingt, dass die Kursgewinne im Detailplanungshorizont weiterhin steuerfrei gestellt sind.

3.2.4 Alternative 3: konsistente Bewertung nach Einkommensteuern

In dieser Alternativrechnung werden Unternehmen und Kapitalkosten steueräquivalent behandelt; alle Erträge aus dem Unternehmen unterliegen demnach ebenso einer Besteuerung wie die Kapitalkosten. Dazu ist folgende Änderung im Vergleich zu Alternative 2 einzuführen: Zusätzlich sind die Unternehmenswertsteigerungen im Detailplanungshorizont (Zeile: „Differenz Rollback-Barwert (Kursgewinn)") einem Steuersatz in Höhe von 13,19 % zu unterwerfen. Die resultierende Steuerlast ist in Tab. 4 der Zeile „Ertragsteuer auf Kursgewinne/ inflationsbedingte Kursgewinne" zu entnehmen.

Die Bewertung des Unternehmens unter vollständiger Berücksichtigung von Einkommensteuern zeigt Tab. 4.

Der Unternehmenswert beträgt 2.600 T€ und weist damit die gleiche Höhe auf wie der Unternehmenswert vor Einkommensteuern. Die Wertidentität ist lediglich zu erreichen, indem sowohl die Ausschüttungen als auch die Unternehmenswertsteigerungen analog zu den Kapitalkosten einer Besteuerung unterworfen werden.

4 Wertauswirkungen der aktuellen Berücksichtigung von Einkommensteuern

Der FAUB geht mit der Berücksichtigung von Einkommensteuern bei der Bewertung von Unternehmen für aktienrechtliche Strukturmaßnahmen einen internationalen Sonderweg. Dieser Sonderweg führt zu dem Ergebnis, dass Bewertungen nach Einkommensteuern sich von den Bewertungen ohne Berücksichtigung von Einkommensteuern unterscheiden können. Im Folgenden werden die Einflussfaktoren abweichender Unternehmenswerte herausgearbeitet.

	Ertragswertermittlung					
	Planung					Ewige Rente
In TEUR	2017	2018	2019	2020	2021	2022
Jahresüberschuss	208	216	225	234	243	253
Thesaurierung	(104)	(108)	(112)	(117)	(122)	(127)
Ausschüttungen vor persönlichen Ertragsteuern	104	108	112	117	122	127
Ertragsteuer auf Ausschüttungen	(27)	(29)	(30)	(31)	(32)	(33)
Netto-Ausschüttungen	77	80	83	86	90	93
Wachstum Ausschüttungen		4,0 %	4,0 %	4,0 %	4,0 %	4,0 %
Ertragsteuer auf Kursgewinne/ inflationsbedingte Kursgewinne	(14)	(14)	(15)	(15)	(16)	(17)
Netto-Ausschüttungen abzüglich Ertragsteuer auf Kursgewinne	63	65	68	71	74	76

In TEUR	Ertragswertermittlung					
	Planung					Ewige Rente
	2017	2018	2019	2020	2021	2022
EK-Kosten (nach Wachstums-abschlag)	6,42 %	6,42 %	6,42 %	6,42 %	6,42 %	2,42 %
Barwertfaktor	0,94	0,88	0,83	0,78	0,73	30,31
Barwert der Nettoausschüt-tungen	59	58	56	55	54	2.318
Ertragswert zum 31.12.2016	2.600					
Netto-Ausschüttungen abzüg-lich Ertragsteuer auf Kursge-winne	63	65	68	71	74	76
EK-Kosten (nach Wachstums-abschlag)	6,42 %	6,42 %	6,42 %	6,42 %	6,42 %	2,42 %
Rollback-Barwert	2.600	2.704	2.812	2.925	3.042	3.163
Differenz Rollback-Barwert (Kursgewinn)	104	108	112	117	122	
Ertragswert zum 31.12.2016	2.600					
Aufteilung Rendite aus Unternehmen						
Wachstum Unternehmenswert (Kursgewinnrendite)	*3,47 %*	*3,47 %*	*3,47 %*	*3,47 %*	*3,47 %*	*3,47 %*
Dividendenrendite	*2,95 %*	*2,95 %*	*2,95 %*	*2,95 %*	*2,95 %*	*2,95 %*
Rendite aus Unternehmen	*6,42 %*	*6,42 %*	*6,42 %*	*6,42 %*	*6,42 %*	*6,42 %*

Tab. 4: Bewertung nach vollständiger Berücksichtigung von Einkommensteuern

4.1 Aufteilung von Kursgewinnrendite und Dividendenrendite

Bei der zuvor dargestellten Beispielrechnung wird vergleichbar zum Beitrag von Castedello u.a. von einer hälftigen Aufteilung der Kursgewinn- und Dividenden-rendite ausgegangen. Nach Analysen des Verfassers liegt der Anteil der Dividen-denrendite im Zeitablauf aus einer ex-ante-Sicht eher bei rund 40%, womit der Anteil der Kursgewinnrendite bei rund 60% läge (Abb. 2).

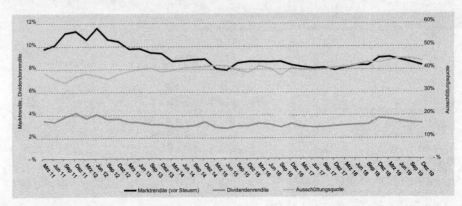

Abb. 2: Entwicklung von Markt- und Dividendenrendite sowie Ausschüttungsquote im Zeitablauf

Basierend auf diesen Analysen käme es damit immer zu einer leichten Überbewertung bei einer Bewertung nach Einkommensteuern, weil bei der Ableitung der Kapitalkosten nach Einkommensteuern von einem höheren Anteil der Dividendenrendite ausgegangen wird. Der höhere Anteil der Dividendenrendite führt zu einer höheren Steuerlast und damit zu niedrigeren Kapitalkosten.

Neben der zuvor dargestellten grundsätzlichen Wertauswirkung gibt es auch eine Wertauswirkung für eine bestimmte Gruppe von Unternehmen. Unternehmen, für die ein überproportionales Wachstum erwartet wird, haben grundsätzlich eine eher niedrigere Dividendenrendite, dafür aber eine höhere Kursgewinnrendite. Diese Unternehmen weisen nach Einkommensteuern grundsätzlich höhere Unternehmenswerte auf als bei einer Bewertung vor Einkommensteuern. Unternehmen, für die hingegen eher weniger Wachstum, dafür aber höhere Dividendenausschüttungen erwartet werden, werden bei einer Bewertung nach Einkommensteuern niedrigere Werte ausweisen als bei einer Bewertung vor Einkommensteuern (Tab. 5).

Wachstum und Einkommensteuern					
Wachstum	3,0 %	3,5 %	4,0 %	4,5 %	5,0 %
Wert vor Einkommensteuern	2.060	2.300	2.600	2.986	3.500
Wert nach Einkommensteuern	1.989	2.255	2.600	3.064	3.722
Abweichung	−3,46 %	−1,95 %	−	2,63 %	6,35 %

Tab. 5: Wachstum und Einkommensteuern

4.2 Risiko eines Unternehmens

In Kap. 2 – vor allem in Abb. 1 – wurde beschrieben, welche Besteuerungskonsequenzen die Vorgehensweise auf den risikolosen Zinssatz und die Marktrisikoprämie hat. Vor allem wurde gezeigt, dass die Aktienrendite in einem ersten Schritt mit einer hypothetischen Steuerbelastung von 19,8% belegt wurde.[14] In einem zweiten

Schritt wurde die Aktienrendite in zwei Komponenten aufgeteilt: die Marktrisikoprämie nach Einkommensteuern und den risikolosen Zinssatz nach Einkommensteuern. Anstatt nun von einer gleichmäßigen durchschnittlichen Einkommensteuerbelastung auszugehen, wird hier die vielleicht intuitiv naheliegende Schlussfolgerung gezogen, der risikolose Basiszins sei mit 26,38% Einkommensteuern zu belegen. Damit weist jedoch die Marktrisikoprämie eine unterdurchschnittliche Steuerbelastung von 18,5% aus.[15] Dies führt zu der leicht kontraintuitiven Wirkung, dass Unternehmen, deren Kapitalmarkt-Beta einen Wert größer als 1 aufweist („riskantere" Unternehmen) nach Steuern niedrigere Werte aufweisen als vor Steuern (und umgekehrt). Ausgehend vom vorhergehenden Beispiel fasst Tab. 6 die Wertauswirkungen der Einkommensteuer zusammen.

Risiko und Einkommensteuern					
Beta	0,8	0,9	1,0	1,1	1,2
Wert vor Einkommensteuern	3.925	3.128	2.600	2.225	1.944
Wert nach Einkommensteuern	4.149	3.197	2.600	2.191	1.893
Abweichung	5,72 %	2,20 %	–	–1,51 %	–2,61 %

Tab. 6: Risiko und Einkommensteuern

4.3 Aktuelle Empfehlungen des FAUB

Der FAUB hat am 25.10.2019 seine Empfehlungen zur Marktrisikoprämie nach oben angepasst: Ausgehend von einer Kapitalmarktrendite vor Steuern in Höhe von 7,0% bis 9,0% empfiehlt der FAUB eine Marktrisikoprämie in Höhe von 6,0% bis 8,0% vor Steuern bzw. 5,0% bis 6,5% nach Steuern. Der FAUB geht ersichtlich von einem Basiszinssatz in Höhe von rund 1,0% aus. Unter dieser Prämisse sind die vorab dargestellten Ergebnisse vergleichbar; eine Überleitung der Marktrisikoprämie vor Steuern zu einer Marktrisikoprämie nach Steuern zeigt Tab. 7.

---

14 Die Aktienrendite vor Einkommensteuern betrug 8,0%, nach Einkommensteuern 6,4%. Dies entspricht einer durchschnittlichen Belastung von 19,8%.
15 Die Marktrisikoprämie vor Steuern beträgt im Beispiel 6,75%, nach Steuern hingegen 5,5%. Dies entspricht einer Steuerbelastung von 18,5%.

Marktparameter			
Implizite Kapitalmarktrendite vor Steuern	7,0 %	8,0 %	9,0 %
Anteil Dividendenrendite	50,00 %	50,00 %	50,00 %
Anteil Kursgewinnrendite	50,00 %	50,00 %	50,00 %
Dividendenrendite	3,50 %	4,00 %	4,50 %
Steuern auf Dividenden	−0,92 %	−1,06 %	−1,19 %
Dividendenrendite nach Steuern	2,58 %	2,95 %	3,31 %
Kursgewinnrendite	3,50 %	4,00 %	4,50 %
Steuern auf Kursgewinne	-0,46 %	-0,53 %	-0,59 %
Kursgewinnrendite nach Steuern	3,04 %	3,47 %	3,91 %
Implizite Kapitalmarktrendite nach Steuern	5,62 %	6,42 %	7,22 %
Risikoloser Zins	1,00 %	1,00 %	1,00 %
Steuern	−0,26 %	−0,26 %	−0,26 %
Risikoloser Zins nach Steuern	0,74 %	0,74 %	0,74 %
Marktrisikoprämie nach Steuern	4,90 %	5,70 %	6,50 %

Tab. 7: Bandbreite der aktuellen FAUB-Empfehlungen

Aus Tab. 7 geht hervor, dass bei den Annahmen des FAUB und analoger Ableitung der Marktrisikoprämie nach Steuern die vom FAUB genannte Bandbreite für die Marktrisikoprämie nach Steuern im Wesentlichen zutreffend ist. Insofern gilt die in diesem Beitrag getroffene Annahme, die gesamte Aktienrendite vor Steuern werde einer Besteuerung unterworfen, auch nach der aktualisierten Empfehlung des FAUB.

Nun sind aber seit der Empfehlung des FAUB vom Oktober 2019 implizite Aktienrenditen zwischen 8,0% und sogar über 9,0% zu beobachten. Bei einem Basiszinssatz zwischen 0,0% und 0,2% ergeben sich damit implizite Marktrisikoprämien, die sogar die im Oktober 2019 veröffentlichte Empfehlung des FAUB übersteigen. Die Schlussfolgerung liegt nahe, dass die genannten Bandbreiten zumindest für das erste Quartal 2020 eher zu niedrig sind.

5 Zusammenfassung

Durch die vom FAUB des IDW vorgegebene Modellierung der Kapitalkostenparameter nach Einkommensteuern kommt es bei gesellschaftsrechtlichen und vertraglichen Bewertungsanlässen zu folgenden Implikationen:

(1) Um systemimmanente Verzerrungen bei der Bewertung nach Einkommensteuern zu vermeiden, sind nicht nur die Zahlungsströme, sondern auch die Kursgewinne aus dem zu bewertenden Unternehmen einer Besteuerung zu unterwerfen. Dabei sind nicht nur die inflationsbedingten Kursgewinne in der ewigen Rente zu besteuern, sondern auch die Kursgewinne im Detailplanungshorizont. Letzteres wird bei aktienrechtlichen Strukturmaßnahmen wohl aus Vereinfachungs- und Wesentlichkeitsgründen üblicherweise nicht durchgeführt.

(2) Der Anteil der Dividendenrendite an der erwarteten Gesamtrendite von Unternehmen im CDAX beträgt nach meinen Analysen durchschnittlich 40% und ist damit etwas niedriger als der zur Ableitung der Marktrisikoprämie beispielhaft dargestellte Anteil in Höhe von 50%.[16] Damit werden die Kapitalkosten tendenziell steuerlich zu hoch belastet, sodass die Unternehmenswerte nach Einkommensteuern tendenziell zu hoch ausfallen.

(3) Stark wachsende (kaum wachsende) Unternehmen werden nach Steuern üblicherweise höher (niedriger) bewertet als bei einer Bewertung vor Steuern.

(4) Riskante (weniger riskante) Unternehmen werden nach Einkommensteuern niedriger (höher) bewertet als vor Einkommensteuern.

(5) Das im ersten Quartal 2020 zu beobachtende Zinsniveau für den Basiszinssatz (zwischen 0,0% und 0,2%) legt noch höhere Marktrisikoprämien nach Einkommensteuern nahe als nach den Empfehlungen des FAUB.

---

16   Vgl. Castedello u.a., WPg 2018, S. 824. Tschöpel/Wiese/Willershausen, WPg 2010, S. 349, und WPg 2010, S. 405, kommen zu vergleichbaren Ergebnissen (in einer jedoch leicht abweichenden Modellwelt).

In TEUR	Ertragswertermittlung					
	Planung					Ewige Rente
	2017	2018	2019	2020	2021	2022
Jahresüberschuss	208	216	225	234	243	253
Wachstumsbedinge Thesaurierung						(95)
Thesaurierung/inflationsbedingte Thesaurierung	(104)	(108)	(112)	(117)	(122)	(32)
Ausschüttungen vor persönlichen Frtragsteuern	104	108	112	117	122	127
Ertragsteuer auf Ausschüttungen	(27)	(29)	(30)	(31)	(32)	(33)
Netto-Ausschüttungen	77	80	83	86	90	93
Wachstum Ausschüttungen		4,0 %	4,0 %	4,0 %	4,0 %	4,0 %
Wertbeitrag aus Thesaurierungen						95
Ertragsteuer auf Wertbeitrag aus Thesaurierungen						(13)
Ertragsteuer auf Kursgewinne/ inflationsbedingte Kursgewinne	(14)	(14)	(15)	(15)	(16)	(4)
Netto-Ausschüttungen abzüglich Ertragsteuer auf Kursgewinne	63	65	68	71	74	171
EK-Kosten (nach Wachstumsabschlag)	6,42 %	6,42 %	6,42 %	6,42 %	6,42 %	5,42 %
Barwertfaktor	0,94	0,88	0,83	0,78	0,73	13,52
Barwert der Nettoausschüttungen	59	58	56	55	54	2.318
Ertragswert zum 31.12.2016	2.600					
Netto-Ausschüttungen abzüglich Ertragsteuer auf Kursgewinne	63	65	68	71	74	171
EK-Kosten (nach Wachstumsabschlag)	6,42 %	6,42 %	6,42 %	6,42 %	6,42 %	5,42 %
Rollback-Barwert	2.600	2.704	2.812	2.925	3.042	3.163
Differenz Rollback-Barwert (Kursgewinn)	104	108	112	117	122	
Ertragswert zum 31.12.2016	2.600					

Ertragswertermittlung						
In TEUR	**Planung**					**Ewige Rente**
	2017	**2018**	**2019**	**2020**	**2021**	**2022**
Aufteilung Rendite aus Unternehmen						
Wachstum Unternehmenswert (Kursgewinnrendite)	3,47 %	3,47 %	3,47 %	3,47 %	3,47 %	3,47 %
Dividendenrendite	2,95 %	2,95 %	2,95 %	2,95 %	2,95 %	2,95 %
Rendite aus Unternehmen	6,42 %	6,42 %	6,42 %	6,42 %	6,42 %	6,42 %

Tab. 8: Ertragswertermittlung mit vollständiger Berücksichtigung von Einkommensteuern und unter Berücksichtigung eines Wertbeitrags aus Thesaurierung

Anhang: Bewertung nach persönlichen Ertragsteuern unter Berücksichtigung des Wertbeitrags von Thesaurierungen

Der Wertbeitrag von Thesaurierungen ist integraler Bestandteil einer Unternehmensbewertung nach Einkommensteuern gemäß IDW S 1. Er ermöglicht eine höhere, mit dem Kapitalmarkt vergleichbare Thesaurierungsquote. Der Vollständigkeit halber wird das zuvor dargestellte Unternehmen unter Berücksichtigung eines Wertbeitrags aus Thesaurierung in Höhe von 3,0% des Unternehmenswerts in der ewigen Rente bewertet. Damit erhöhen sich einerseits die Ausschüttungen, andererseits vermindert dies die Wachstumsrate der ewigen Rente um 3,0% auf 1,0%. Der Unternehmenswert ist unter Berücksichtigung der persönlichen Ertragsteuer auf („inflationsbedingte") Kursgewinne wiederum identisch mit einer Bewertung vor Einkommensteuern. Die Bewertung mit einem Wertbeitrag aus Thesaurierung zeigt Tab. 8.

Quelle: WPg – Die Wirtschaftsprüfung 2020, S. 1256.

6. Bewertungskennzahlen

Multiples und Beta-Faktoren für deutsche Branchen

Prof. Dr. Alexander Lahmann | Jan Degner , M.Sc. | Prof. Dr. Bernhard Schwetzler

I. Einleitung

Die Berechnungen der vom CCTPE ermittelten Multiplikatoren, Betafaktoren und Eigenkapitalkosten für den deutschen Kapitalmarkt erfüllen die nachfolgenden Anforderungen: (1) Die Quellen für die verwendeten Rohdaten (Aktienkurse, Unternehmenszahlen wie Gewinne etc.) werden offen gelegt. (2) Die Definitionen von verwendeten Größen und die daraus berechneten Kennzahlen sind eindeutig und werden klar kommuniziert. (3) Wegen der vorhandenen Ermessensspielräume werden die Methoden zur Berechnung der Kennziffern so dargestellt, dass potenzielle Nutzer die Ermittlung der relevanten Größen nachvollziehen können. Die Daten sind sorgfältig erhoben und ausgewertet, dennoch kann eine Haftung für die Richtigkeit nicht übernommen werden.[1]

II. Änderungen der Berechnungsmethode

Aufgrund mangelnder Nachfrage hat die Deutsche Börse AG beschlossen, drei Branchenindizes, die in der Vergangenheit für die Berechnung der Beta-Faktoren und der Multiples verwendet wurden, einzustellen („Daxsector" Basic Resources, Construction und Food & Beverages). Diese „Daxsector"-Branchenindizes enthalten alle Unternehmen aus bestimmten Branchen, die dem deutschen Prime Standard (Prime All) angehören.

Um weiterhin Daten zu allen relevanten deutschen Branchen einschließlich der drei oben genannten, nun nicht mehr erhältlichen Branchen veröffentlichen zu können, haben wir uns entschlossen, die Branchenindizes insgesamt zu wechseln und künftig die Branchenindexfamilie „DAXsector All" (anstelle der Branchenfamilie „DAXsector") der Deutschen Börse AG zu verwenden. Diese Indexfamilie umfasst nicht nur alle Unternehmen aus dem deutschen Prime Standard, sondern zusätzlich auch alle börsennotierten Unternehmen aus dem deutschen General und Scale Standard. Insgesamt erhöht sich dadurch die Anzahl der in unsere Berechnungen eingehenden Aktien. Für unsere Beta-Schätzungen verwenden wir nun als Proxy für das Marktportfolio den CDAX-Index als den breitesten deutschen Aktienindex.[2]

---

1   Weitere Details der Berechnung sind im Artikel „Multiples und Beta-Faktoren für deutsche Branchen – Erläuterungen zu den Kapitalmarktdaten, CFB 2011 S. 430 – 434, nachzulesen.
2   Für die bisherige Berechnung wurde als Proxy der Prime All Share Index verwendet.

Dieser enthält alle Unternehmen des Prime und des General Standard, aber nicht Unternehmen des Scale Standard.[3]

Aufgrund der unterschiedlichen Anzahl und Größe[4] der enthaltenen Unternehmen sind die neu ermittelten Kennzahlen nicht mehr uneingeschränkt mit den ermittelten Kennzahlen vergleichbar, die vor dem 4. Quartal 2020 berechnet und publiziert wurden. Wir haben deshalb rückwirkend für die beiden Quartale Q2 und Q3 2020 die Kennzahlen noch einmal auf Basis der angepassten Daten berechnet und stellen sie zum Vergleich zur Verfügung.[5]

Zusätzlich zur geänderten Datenbasis wurden zwei weitere Änderungen vorgenommen, die Auswirkungen auf die Vergleichbarkeit der Kennzahlen haben können:

- Für die Kapitalstrukturanpassungen bei den Beta-Faktoren und für die Netto-Verbindlichkeiten bei der Multiplikatorberechnung werden die letzten verfügbaren Daten für die entsprechenden Bilanzpositionen (i.d.R. das letzte Quartal) verwendet anstelle der Daten des letzten verfügbaren Jahresabschlusses.
- Für die Kapitalstrukturanpassung beim "De-Levern" der Beta-Faktoren wird nun anstelle der „Miles/Ezzel" Anpassung die in der Bewertungspraxis weiter verbreitete sog. „Harris/Pringle" Anpassungsgleichung verwendet.

III. Hinweise zur Lesart der Tabellen
1. Beta Faktoren
In Tab. 1 werden die aktuellen geschätzten Levered Betas (auch Equity Betas) zum Stichtag 15.10.2020 dargestellt. Die Levered Betas der einzelnen Branchenindizes messen die Kovarianz der Indexveränderung mit derjenigen des gewählten Marktindex (CDAX) und setzen diese ins Verhältnis zur Varianz des Marktindex. Sie können somit als Maß für die Sensibilität einer Branche gegenüber des systematischen Risikos interpretiert werden. Farbig hinterlegte Zellen zeigen dabei jeweils die Branchen mit dem höchsten und niedrigsten Betafaktor an. Tab. 1 enthält zudem Informationen über die Veränderungen der Branchenbetas seit dem Vorjahr (Stichtag 15.10.2019). Hier wird zwischen der prozentualen Veränderung des jeweiligen Betafaktors im Vergleich zum Vorjahreswert und der durchschnittlichen Wachstumsrate („Compounded Annual Growth Rate", kurz CAGR) über alle Quartals-Stichtage[6] seit dem Vorjahr unterschieden.[7]

---

3   Die Summe über die in den Branchenindices enthaltenen Unternehmen ist somit um Zahl der Scale Standard - Unternehmen höher als die Anzahl im CDAX. Dies führt zu geringfügigen, aber u.E. vernachlässigbaren Unschärfen bei der Beta-Berechnung. Es existiert kein All Share-Index, der Prime, General und Scale Standard abdeckt.
4   Die zusätzlich einbezogenen Börsensegmente beinhalten kleinere Unternehmen mit einer geringeren Marktkapitalisierung.
5   Die Vergleichsrechnungen finden Sie online unter XQ1356439.
6   Alle Daten werden quartalsweise ermittelt. Die durchschnittliche Wachstumsrate beinhaltet somit neben dem aktuellen- und dem Vorjahreswert, die Betafaktoren zum Stichtag 15.01.2020 und 15.04.2020 (4 Perioden).
7   Für diese Berechnung werden die Beta Faktoren auf Basis der neuen, unter II. beschriebenen Berechnungsmethode verwendet.

Für eine genauere Beurteilung ist zudem die zugrunde liegende Datenbasis und die Qualität der Schätzung offenzulegen. Tab. 1 bildet daher die Anzahl der für die Beta-Berechnung verfügbaren Wertpapiere der Sektorindizes und das Bestimmtheitsmaß für die jeweilige Schätzung R2 ab. Beachtet werden muss zudem, dass die Verfügbarkeit von Wertpapierrenditen über verschiedene Branchen und Stichtage hinweg variiert. Gerade bei Branchen mit wenigen gelisteten Unternehmen kann eine veränderte Datenverfügbarkeit zu einer geänderten Zusammensetzung des Indexes und daher zu mitunter erheblichen Schwankungen des Branchenbetas führen.

Neben dem Levered Beta bildet Tab. 1 zudem die Unlevered Betas (auch Asset Betas) ab, welche durch „De-Leveraging" der Levered Betas mit Hilfe der ermittelten Verschuldungsgrade (D/E und Net D/E) der jeweiligen Branche gewonnen wurden. Beim „De-Leveraging" ist zwischen den Anpassungsformeln auf Basis der Modigliani/Miller (MM)- und Harris/Pringle (HP) Annahmen zu unterscheiden: Während MM von einer autonomen Finanzierungspolitik mit deterministischen künftigen Fremdkapitalbeständen (und stochastischen Verschuldungsgraden) ausgehen, basiert die HP Anpassungsformel auf der Annahme einer wertorientierten Finanzierungspolitik mit deterministischen Verschuldungsgraden (und stochastischen künftigen Fremdkapitalbeständen)[8]. Welches Annahmengerüst zutreffender ist, ist im Einzelfall zu prüfen. Tab. 1 stellt die Unlevered Betas auf Basis beider Anpassungsformeln dar. Je nachdem ob das „De-Levering" auf Basis des Brutto- oder Netto-Verschuldungsgerades durchgeführt wird, lässt sich zudem zwischen dem Asset Beta (brutto), welches das Risiko aller Assets abbildet, und dem Operating Asset Beta (netto), welches lediglich das Risiko der operativen Assets misst, unterscheiden. Welche der beiden Vorgehensweisen besser geeignet ist, hängt u.a. vom Risiko der Finanz-Assets (Wertpapiere, [Excess] Cash, At-Equity Beteiligungen) ab. Erzielen diese Vermögensgegenstände weitgehend risikolose Erträge, wirken sie wie „negatives" Fremdkapital. In diesem Fall ist der Netto-Verschuldungsgrad besser für das De- und Re-Levering geeignet.[9]

Die Beta-Zerlegung bildet den Ausgangspunkt für weitere Analysen: so können die Ursachen der Veränderungen näher beleuchtet werden. Insbesondere lässt sich feststellen, inwieweit diese auf ein verändertes „Financial Leverage"- Risiko durch Veränderungen des Verschuldungsgrades und/oder verändertes operatives Risiko zurückzuführen sind. Zusätzlich ermöglicht eine Zerlegung die Ermittlung von unternehmensspezifischen Betafaktoren durch ein „Re-Leveraging" der Branchen Asset Betas mit unternehmensindividuellen Verschuldungsgraden, für den Fall,

---

8   Vgl. Hammer/Lahmann/Schwetzler, CFB 2013 S. 479 für eine ausführliche Diskussion der Vor- und Nachteile verschiedener Anpassungsformeln.
9   Vgl. Schwetzler, BWP 2/2107, S. 34 ff.

dass diese vom Branchendurchschnitt abweichen und eine direkte Übertragung des Levered Betas daher schwierig machen.

2. Multiplikatoren

Analog zur Darstellung der Betafaktoren, bilden die Tab. 2 und 3 die aktuellen Equity (P/E, P/Sales)- und Enterprise-Value (EV/EBIT, EV/Sales) Multiples für die Branchenindexfamilie "DAXsector All"ab. Zur Eliminierung von Ausreißern wird ein standardisiertes Verfahren angewendet (siehe Abschnitt IV.2). Die Tab. 2 und 3 stellen die wichtigsten Aggregationsmethoden dar. Diese unterscheiden sich durch ihre Sensitivität ggü. evtl. verbleibenden „Ausreißern" in der Datenbasis. Das harmonische Mittel kann dabei als die konservativste Aggregationsmethode interpretiert werden. Die Unterschiede zwischen den Ergebnissen der einzelnen Aggregationsmethoden sind dabei umso größer, je höher die Streuung der Sektor – Multiples ausfällt. Der Median findet in der Praxis häufig Anwendung. Entsprechend basieren die Vorjahresvergleiche (prozentuale Veränderung und CAGR) in Tab. 2 und 3 auf den Median Werten.[10]

Aus dem Vergleich der Trailing- mit den Forward Multiples lassen sich zudem Rückschlüsse über die Ertrags- bzw. Umsatzprognosen der jeweiligen Branchen ziehen. Die Forward Multiples basieren auf Analystenschätzungen, die von Thomson Reuters Eikon aggregiert werden. Liegt das Forward Multiple unterhalb des aktuellen Trailing Multiples, lässt dies auf eine positive Ertrags- bzw. Umsatzentwicklung schließen und umgekehrt. Die Tab. 2 und 3 bilden daher auch die prozentualen Unterschiede zwischen den entsprechenden Trailing- und Forward Multiples ab.

IV. Hinweise zu den Berechnungen

1. Betas

Die Ermittlung der Betas basiert auf den Returns aller Handelstage der letzten 12 Monate. Als Marktindex dient der CDAX-Index der Gruppe Deutsche Börse AG. Für die Branchen wurden D/E Verhältnisse gebildet und das Asset Beta berechnet. Operating Asset Beta basiert auf Net Debt (ohne Cash). Unterschiedliche Zeiträume zur Berechnung der Betas sind abrufbar unter „Capital Market Data" auf www.finexpert. info.

2. Multiples

Alle Daten stammen aus Thomson Reuters Eikon vom 15.10.2020. Für die Berechnung der Branchenmultiples wurden Unternehmen mit negativen P/E-Ratios bzw. mit negativen Enterprise-Value/EBIT-Multiples ausgeschlossen. Die Zusammensetzung der Branchen orientiert sich an der offiziellen Brancheneinteilung der DAXsector All Indexfamilie der Deutschen Börse AG. Die Zuordnung der Firmen zu den jeweiligen Sektoren erfolgt gemäß dem Umsatzschwerpunkt des entsprechenden

---

10   Auch hier werden die Veränderungsraten auf der Basis der neuen, erweiterten Datenbasis ermittelt.

Unternehmens. Die Ergebnisschätzungen, welche den Forward Multiples zugrunde liegen, stammen von Thomson Reuters Eikon für das laufende beziehungsweise vergangene Geschäftsjahr[11].

Um aussagefähige Branchenmultiples zu erhalten, wurden Ausreißer aus der Datenbasis eliminiert. Mittels des 5%-Quantils wurde eine Obergrenze von 89,02 für das Trailing P/E-Ratio, 117,96 für das 1 YR Forward P/E-Ratio, 13,89 für das Price/Sales-Multiple sowie 12,05 für das 1 YR Forward Price/Sales-Multiple ermittelt. Darauf basierend wurden bei den Trailing P/E-Ratios 25 von 493 Datensätzen, bei den 1 YR Forward P/E-Ratios 18 von 355 Datensätzen, bei den Price/Sales-Multiples 21 von 393 Datensätzen und bei den 1 YR Forward Price/Sales-Multiples 16 von 306 Datensätzen eliminiert.

Bei den Enterprise-Value-Multiples wurden die insgesamt kritischen Branchen Banks, Financial Services und Insurance vollständig aus den Berechnungen ausgeklammert, da hier alle verwendeten Multiples für diese Gruppen problembehaftet sind. Für die Extremwerteliminierung auf Basis des 5%-Quantils wurde eine Obergrenze von 57,89 für das Trailing EV/EBIT-Multiple, 89,47 für das 1 YR Forward EV/EBIT-Multiple, 14,63 für das EV/Sales-Multiple sowie 11,89 für das 1 YR Forward EV/Sales-Multiple ermittelt. Dies führte zum Herausfallen von 21 aus 402 Datensätzen bei den Trailing EV/EBIT-Multiples, 15 aus 299 Datensätzen bei den 1 YR Forward EV/EBIT-Multiples, 21 von 402 Datensätzen bei den EV/Sales-Multiples und 16 von 303 Datensätzen bei den 1 YR Forward EV/Sales-Multiples.

---

11   Ergebnisschätzungen für das vergangene Geschäftsjahr wurden verwendet, falls die Ergebnisse des aktuellen Geschäftsjahres zum Stichtag noch nicht vorlagen.

Due Date: 15.10.2020	1YR Levered (Equity) Beta βL					Levered Cost of Equity rL			D/E (Market Values)			Unlevered (Asset) Beta βU (Based on MM)			Unlevered (Asset) Beta βU (Based on HP)			Net D/E (Market Values)			Operating Unlevered (Asset) Beta βU (Based on MM)			Operating Unlevered (Asset) Beta βU (Based on HP)		
	βL	R2	n	%	CAGR	rL	%	CAGR		%	CAGR		%	CAGR		%	CAGR		%	CAGR		%	CAGR		%	CAGR
				vs. Previous YR			vs. Previous YR			vs. Previous YR			vs. Previous YR			vs. Previous YR			vs. Previous YR			vs. Previous YR			vs. Previous YR	
DAXsector All Industries																										
Automobile	1,13	0,79	22	2,6%	0,6%	5,6%	-0,6%	-0,1%	2,90	17,5%	4,1%	0,37	-7,6%	-2,0%	0,29	-8,8%	-2,3%	2,25	9,8%	2,4%	0,44	-3,C%	-0,8%	0,35	-3,7%	-0,9%
Banks	1,37	0,66	6	-4,7%	-1,2%	6,9%	-7,5%	-1,9%																		
Basic Resources	0,82	0,55	7	-21,0%	-5,7%	3,9%	-26,3%	-7,3%	1,18	-22,7%	-6,2%	0,45	-10,6%	-2,8%	0,38	-8,5%	-2,2%	0,91	-22,4%	-6,1%	0,50	-12,2%	-3,2%	0,43	-10,2%	-2,6%
Chemicals	1,01	0,86	17	-6,8%	-1,7%	4,9%	-10,8%	-2,8%	0,38	-21,6%	-5,9%	0,73	-1,3%	-0,3%	0,73	0,3%	0,1%	0,30	-30,0%	-8,5%	0,83	0,1%	0,0%	0,78	2,3%	0,6%
Construction	1,31	0,74	9	20,4%	4,8%	6,6%	18,5%	4,3%	1,20	41,6%	9,1%	0,71	4,3%	1,1%	0,60	1,1%	0,3%	0,69	22,5%	5,2%	0,88	13,2%	3,2%	0,78	11,4%	2,7%
Consumer	0,83	0,76	31	16,5%	3,9%	3,9%	13,0%	3,1%	0,17	-2,9%	-0,7%	0,74	16,9%	4,0%	0,70	17,0%	4,0%	0,07	4,0%	1,0%	0,79	16,3%	3,8%	0,77	16,2%	3,8%
Financial Services	0,72	0,75	76	98,8%	18,7%	3,3%	113,1%	20,8%																		
Food & Beverages	0,56	0,27	5	54,0%	11,4%	2,5%	56,2%	11,8%	1,02	-4,8%	-1,2%	0,33	57,3%	12,0%	0,28	58,0%	12,7%	0,83	-2,1%	-0,5%	0,35	55,2%	11,6%	0,30	55,5%	11,7%
Industrial	1,14	0,84	106	11,1%	2,7%	5,7%	8,4%	2,0%	0,58	22,8%	5,3%	0,81	5,2%	1,3%	0,72	3,6%	0,9%	0,37	21,9%	5,1%	0,91	7,0%	1,7%	0,83	5,8%	1,4%
Insurance	1,20	0,85	7	61,7%	12,8%	6,0%	63,5%	13,1%																		
Media	0,72	0,71	25	-6,6%	-1,7%	3,4%	-12,3%	-3,2%	0,39	6,2%	1,5%	0,57	-7,8%	-2,0%	0,52	-8,1%	-2,1%	0,18	-37,4%	-11,0%	0,64	-C,3%	-0,1%	0,61	2,0%	0,5%
Pharma & Health-care	0,75	0,75	40	-27,4%	-7,7%	3,5%	-33,2%	-9,6%	0,57	-9,1%	-2,3%	0,54	-25,3%	-7,0%	0,48	-24,7%	-6,9%	0,47	-11,6%	-3,0%	0,56	-25,0%	-6,9%	0,51	-24,3%	-6,7%
Retail	0,68	0,50	34	-25,6%	-7,1%	3,1%	-32,1%	-9,2%	0,45	-53,1%	-17,2%	0,52	-5,5%	-1,4%	0,47	0,5%	0,1%	0,26	-61,8%	-21,4%	0,57	-6,9%	-1,8%	0,54	-0,6%	-0,2%
Software	0,88	0,77	57	-28,4%	-8,0%	4,2%	-33,3%	-9,6%	0,11	-15,3%	-4,1%	0,82	-27,5%	-7,7%	0,80	-27,2%	-7,6%	0,06	-12,9%	-3,4%	0,85	-28,0%	-7,9%	0,83	-27,9%	-7,8%
Technology	1,06	0,71	28	-20,3%	-5,5%	5,2%	-24,3%	-6,7%	0,24	0,1%	0,0%	0,91	-20,3%	-5,5%	0,85	-20,3%	-5,5%	0,11	771,7%	71,8%	0,98	-25,3%	-7,0%	0,95	-27,3%	-7,7%
Telecommunication	0,78	0,69	10	71,0%	14,3%	3,7%	76,0%	15,2%	1,96	83,1%	16,3%	0,33	26,1%	6,0%	0,27	19,6%	4,6%	1,73	74,7%	15,0%	0,35	30,9%	7,0%	0,29	24,6%	5,7%
Transportation & Logistics	0,92	0,56	11	-2,9%	-0,7%	4,5%	-7,1%	-1,8%	0,83	-1,2%	-0,3%	0,58	-2,5%	-0,6%	0,50	-2,4%	-0,6%	0,67	-8,8%	-2,3%	0,63	0,1%	0,0%	0,55	0,9%	0,2%
Utilities	0,49	0,56	8	84,0%	16,5%	2,1%	99,4%	18,8%	0,90	13,0%	3,1%	0,30	75,8%	15,2%	0,26	74,0%	14,8%	0,74	25,8%	5,9%	0,32	71,1%	14,4%	0,28	67,9%	13,8%
CDAX	1,00	1,00	408	0,0%	0,0%	4,9%	-3,8%	-1,0%	1,01	4,3%	1,1%	0,59	-1,7%	-0,4%	0,50	-2,1%	-0,5%	0,61	4,0%	1,0%	0,70	-1,2%	-0,3%	0,62	-1,5%	-0,4%
DAX	1,05	0,99	30	4,9%	1,2%	5,2%	1,6%	0,4%	1,11	7,1%	1,7%	0,59	1,9%	0,5%	0,50	1,3%	0,3%	0,69	10,5%	2,5%	0,71	1,7%	0,4%	0,62	0,8%	0,2%
MDAX	0,86	0,90	60	-7,5%	-1,9%	4,1%	-12,2%	-3,2%	0,55	7,5%	1,8%	0,62	-9,3%	-2,4%	0,56	-9,8%	-2,5%	0,28	6,6%	1,6%	0,72	-8,4%	-2,2%	0,68	-8,7%	-2,3%
TECDAX	0,84	0,78	30	-27,5%	-7,7%	4,0%	-32,7%	-9,4%	0,43	46,5%	10,0%	0,64	-32,9%	-9,5%	0,58	-34,4%	-10,0%	0,35	45,1%	9,7%	0,67	-32,0%	-9,2%	0,62	-33,4%	-9,7%

Note:
1) Compounded Annual Growth Rate (CAGR) calculated over the last quarterly due dates (starting with 15.10.2019); % Change calculated on the basis of the current and previous year figure
2) MM (HP) refers to de-leveraging on the basis of the Modigliani/Miller (Harris/Pringle) adjustment formula

Tab. 1: DAXsector All Industries, CDAX, DAX, MDAX, TECDAX

Due Date: 15.10.2020	Trailing P/E Arithm. mean	Median	Harm. mean	Variance	vs. Previous YR n	%	CAGR	1YR Forward P/E Arithm.	Median	Harm. mean	Variance	n	vs. Trailing %	Trailing P/Sales Arithm. mean	Median	Harm. mean	Variance	vs. Previous YR n	%	CAGR	1YR Forward P/Sales Arithm. mean	Median	Harm. mean	Variance	n	vs. Trailing %
Automobiles	12,26	8,27	5,55	90,67	11	-3,5%	-0,9%	27,53	26,50	17,75	254,61	7	220,5%	0,71	0,29	0,15	2,28	17	-8,5%	-2,2%	0,61	0,33	0,17	1,04	15	14,3%
Banks	6,33	6,29	5,98	2,61	5	-17,9%	-4,8%	14,48	9,45	11,85	77,11	3	50,1%	0,42	0,28	0,21	0,17	4	-31,3%	-9,0%	0,48	0,22	0,21	0,29	3	-19,6%
Basic Resources	22,57	23,45	20,40	59,93	4	285,5%	40,1%	18,56	18,56	18,56	N/A	1	-20,8%													
Chemicals	22,19	15,31	16,64	245,75	11	2,6%	0,6%	28,48	26,64	19,27	273,83	10	74,0%	1,40	0,68	0,57	2,34	15	-8,2%	-2,1%	1,52	0,83	0,63	2,48	14	21,5%
Construction	11,51	11,51	11,16	7,99	2	-6,8%	-1,8%	9,85	9,75	9,85	0,06	3	-15,3%	0,44	0,56	0,26	0,08	5	1,4%	0,4%	0,36	0,34	0,23	0,06	4	-38,4%
Consumer	17,51	15,64	0,55	206,67	22	19,1%	4,5%	20,45	17,62	9,25	217,03	12	12,7%	1,04	0,66	0,09	1,02	24	6,5%	1,6%	1,18	0,65	0,41	1,38	17	-1,8%
Financial Services	13,48	9,74	7,85	183,18	54	-27,1%	-7,6%	21,79	19,83	16,05	190,13	37	103,5%													
Food & Beverages	20,97	21,01	17,57	89,41	4	-3,6%	-0,9%	20,36	19,78	19,00	41,87	3	-5,9%	0,28	0,31	0,25	0,01	5	-17,6%	-4,7%	0,36	0,35	0,36	0,00	3	13,2%
Industrial	21,26	20,18	14,16	131,25	61	22,6%	5,2%	37,02	30,24	26,64	558,11	48	49,9%	1,43	0,66	0,45	4,09	94	-13,1%	-3,4%	1,30	0,76	0,49	1,60	79	14,6%
Insurance	9,42	9,66	8,74	6,79	6	-36,0%	-10,5%	12,57	10,55	10,88	27,35	5	9,2%													
Media	23,43	22,26	14,33	264,68	9	38,1%	8,4%	29,64	17,68	19,06	493,33	7	-20,6%	1,45	0,62	0,45	4,11	21	-12,5%	-3,3%	1,93	0,91	0,92	8,05	14	48,0%
Pharma & Healthcare	29,32	25,77	19,66	278,91	16	-26,7%	-7,5%	36,12	24,79	18,65	898,78	18	-3,8%	3,82	2,77	1,39	9,39	28	27,7%	6,3%	3,98	2,83	1,35	10,35	26	2,5%
Retail	17,31	14,33	9,69	134,37	12	-1,2%	-0,3%	32,28	17,89	16,37	1251,27	9	24,9%	1,89	0,70	0,19	7,38	27	132,0%	23,4%	2,11	0,89	0,39	9,17	20	27,4%
Software	36,17	27,83	15,56	514,65	35	-17,9%	-4,8%	40,70	37,20	34,18	294,44	32	33,7%	2,99	1,78	1,41	7,69	47	5,7%	1,4%	2,73	1,75	0,49	6,16	40	-1,7%
Technology	24,11	25,25	13,81	152,58	17	14,6%	3,5%	28,16	25,19	21,92	157,89	15	-0,3%	1,41	1,00	0,50	1,60	23	18,0%	4,2%	1,69	1,02	0,64	2,30	19	2,7%
Telco	13,31	13,24	12,60	12,42	4	-55,6%	-18,4%	13,17	12,58	12,48	12,57	4	-5,0%	1,10	0,86	0,76	0,92	10	-23,9%	-6,6%	1,13	0,87	0,92	0,62	8	0,5%
Transport. & Logistics	12,27	10,90	8,89	59,35	9	-20,2%	-5,5%	19,36	17,35	13,38	101,95	6	59,2%	0,66	0,81	0,42	0,09	9	-10,3%	-2,7%	0,88	0,87	0,59	0,30	9	6,8%
Utilities	37,07	37,27	3,97	792,28	7	167,5%	27,9%	23,63	17,42	19,52	204,42	5	-53,3%	1,94	0,69	0,09	8,65	8	-13,6%	-3,6%	2,16	0,46	0,40	11,96	5	-33,1%
CDAX	20,94	16,38	3,92	273,44	237	-2,1%	-0,5%	29,33	24,15	18,35	437,04	183	47,5%	1,70	0,81	0,30	5,04	283	-5,8%	-1,5%	1,78	0,87	0,48	4,89	233	7,1%
DAX	21,90	17,95	15,53	180,91	26	17,1%	4,0%	23,01	21,61	17,33	143,31	27	20,4%	1,58	0,99	0,80	2,20	23	-0,8%	-0,2%	1,89	0,97	0,85	4,01	24	-2,4%
MDAX	23,89	15,23	12,60	396,73	43	-33,3%	-9,6%	36,08	25,46	24,26	690,31	43	67,2%	2,67	1,23	0,59	10,26	47	-16,9%	-4,5%	2,61	1,28	0,67	8,43	47	3,9%
TECDAX	38,61	25,95	25,95	399,06	23	24,8%	5,7%	39,14	35,31	25,44	591,29	26	-8,5%	3,88	2,81	1,62	12,56	27	16,8%	3,9%	3,72	3,03	1,52	8,86	28	7,6%

Row-group label: DAXsector All Industries (Automobiles … Utilities)

Note:
1) Compounded Annual Growth Rate (CAGR) calculated over the last quarterly due dates (starting with 15.10.2019); % Change calculated on the basis of the current and previous year figure
2) Comparison to previous year/trailing bases on median values

Tab. 2: DAXsector All Industries, CDAX, DAX, MDAX, TECDAX P/E, Price/Sales

Due Date: 15.10.2020	Trailing EV/EBIT					vs. Previous YR		1YR Forward EV/EBIT					vs. Trailing	Trailing EV/Sales					vs. Previous YR		1YR Forward EV/Sales					vs. Trailing
	Arithm. mean	Median	Harm. mean	Variance	n	%	CAGR	Arithm. mean	Median	Harm. mean	Variance	n	%	Arithm. mean	Median	Harm. mean	Variance	n	%	CAGR	Arithm. mean	Median	Harm. mean	Variance	n	%
DAXsector All Industries																										
Automobiles	16,25	15,28	7,79	123,19	12	28,4%	6,5%	34,50	28,16	23,08	430,87	8	84,3%	1,15	0,89	0,62	2,41	17	22,0%	5,1%	1,12	0,88	0,69	1,06	15	-1,4%
Basic Resources	18,77	16,28	15,51	94,18	4	38,1%	8,4%	9,59	9,59	8,44	22,22	2	-41,1%	1,08	0,36	0,40	2,27	4	-27,9%	-7,9%	1,46	0,52	0,50	3,42	3	44,1%
Chemicals	22,18	16,65	17,35	177,25	12	12,9%	3,1%	24,54	22,77	20,36	115,34	10	36,7%	1,77	1,09	1,05	2,28	15	-15,6%	-4,1%	1,94	1,21	1,19	2,33	14	10,7%
Construction	21,43	11,61	14,55	327,07	3	5,4%	1,3%	14,96	8,64	8,44	232,78	4	-25,6%	0,65	0,65	0,43	0,15	5	-22,4%	-6,1%	0,68	0,66	0,45	0,17	4	1,9%
Consumer	14,44	11,91	8,37	86,96	21	-11,1%	-2,9%	26,11	19,75	12,28	491,30	14	65,7%	1,16	0,90	0,62	0,73	24	-26,1%	-7,3%	1,29	1,08	0,61	1,01	17	20,0%
Food & Beverages	18,43	17,26	12,37	150,69	4	14,5%	3,5%	11,54	10,09	11,18	6,98	3	-41,5%	0,48	0,48	0,41	0,04	5	8,4%	2,0%	0,55	0,55	0,51	0,03	3	14,3%
Industrial	19,25	17,11	11,87	113,95	69	19,0%	4,4%	28,06	21,53	17,15	364,30	55	25,9%	1,71	0,86	0,77	5,33	94	-7,6%	-2,0%	1,62	1,07	0,89	2,42	79	24,6%
Media	20,00	14,21	4,18	293,03	14	-8,6%	-2,2%	26,30	21,98	17,79	270,10	10	54,6%	2,10	1,06	0,83	6,93	20	-2,5%	-0,6%	2,21	1,15	1,23	6,12	14	9,3%
Pharma & Healthcare	23,94	21,17	20,14	116,01	16	-2,7%	-0,7%	32,36	22,66	18,71	578,87	19	7,0%	4,37	3,31	2,04	11,54	28	25,0%	5,7%	4,34	3,70	1,84	9,33	27	11,7%
Retail	14,39	15,19	10,91	59,19	11	-3,7%	-0,9%	29,00	22,25	15,14	570,83	12	46,4%	1,99	1,05	0,47	6,65	27	49,7%	10,6%	2,07	0,90	0,40	8,08	20	-13,7%
Software	25,90	23,14	9,58	263,59	36	-1,2%	-0,3%	31,71	29,55	4,99	298,55	35	27,7%	3,32	1,88	1,69	9,58	47	-6,5%	-1,7%	2,76	1,74	0,51	5,75	40	-7,4%
Technology	18,94	18,99	14,34	88,80	18	33,8%	7,6%	18,79	19,04	15,41	72,26	15	0,3%	1,53	1,22	1,00	1,28	23	42,8%	9,3%	1,71	1,12	1,11	2,14	19	-8,0%
Telecommunication	15,73	15,59	14,17	25,78	5	-19,4%	-5,2%	13,63	14,48	13,04	9,16	4	-7,2%	1,46	1,24	1,03	0,82	10	-18,1%	-4,9%	1,52	1,38	1,31	0,45	8	11,1%
Transport. & Logistics	13,50	11,82	12,16	23,88	9	-35,7%	-10,5%	15,46	15,36	13,94	27,42	6	29,9%	2,07	1,27	0,93	7,86	9	-13,3%	-3,5%	2,57	1,32	1,13	7,94	9	3,6%
Utilities	30,13	32,21	17,89	357,45	6	189,5%	30,4%	19,63	16,07	17,22	94,40	5	-50,1%	1,38	1,51	0,53	1,27	7	23,3%	5,4%	0,90	0,93	0,47	0,32	4	-38,3%
CDAX	19,92	16,27	11,31	159,10	201	3,9%	1,0%	27,74	21,24	17,49	344,32	169	30,5%	2,06	1,93	0,78	6,39	283	-8,4%	-2,2%	2,06	1,18	0,84	4,88	233	4,0%
DAX	22,80	18,67	18,47	141,14	21	13,4%	3,2%	26,76	23,39	19,55	295,22	23	25,3%	2,14	1,93	1,60	1,97	23	27,5%	6,3%	2,41	1,85	1,69	3,26	24	-4,2%
MDAX	20,99	16,65	15,59	137,18	34	-7,8%	-2,0%	34,42	28,18	22,93	480,81	41	69,3%	2,91	1,64	1,02	9,87	47	-6,7%	-1,7%	2,66	1,77	1,08	5,57	46	7,5%
TECDAX	24,88	24,62	19,71	118,46	22	18,5%	4,3%	31,86	27,90	21,58	372,65	28	13,3%	4,07	2,79	1,99	12,37	27	15,2%	3,6%	3,51	2,91	1,81	5,75	27	4,1%

Note:
1) Compounded Annual Growth Rate (CAGR) calculated over the last quarterly due dates (starting with 15.10.2019); % Change calculated on the basis of the current and previous year figure
2) Comparison to previous year/trailing bases on median values

Tab. 3: DAXsector All Industries, CDAX, DAX, MDAX, TECDAX: EV/EBIT, EV/Sales

Autorenverzeichnis

Prof. Dr. Christian Aders, CEFA, CVA, Vorstandsvorsitzender von ValueTrust Financial Advisors SE, München, Honorarprofessor für Betriebswirtschaft, insbesondere Unternehmensbewertung, Ludwig-Maximilians-Universität München.

Dr. Moritz Bassemir, Senior Director Valuations bei Alvarez & Marsal, Frankfurt/M.

WP/StB Dr. Kai Behling, Senior Manager, Corporate Finance, Standortleitung Advisory Services Steuerberater, Wirtschaftsprüfer, Düsseldorf.

WP/StB Dipl.-Kfm. Andreas Creutzmann, CVA, Gründer und Vorstandsvorsitzender, EACVA e.V. und IVA VALUATION & ADVISORY AG Wirtschaftsprüfungsgesellschaft, Frankfurt/M., geschäftsführender Gesellschafter der Creutzmann & Co. GmbH, Landau in der Pfalz.

Prof. Dr. rer. pol. habil. Olaf Ehrhardt, Fakultät für Wirtschaft, Professur für Globales Finanzmanagement und International Business, Hochschule Stralsund.

WP/StB FH-Hon. Prof. MMag. Alexander Enzinger, CVA, Senior Partner bei der Rabel & Partner GmbH, Mitglied des Fachsenats für Betriebswirtschaft der österreichischen Kammer der Steuerberater und Wirtschaftsprüfer.

WP Dr. Lars Franken, CFA, Vorstand der IVC Independent Valuation & Consulting AG WPG, Essen.

Prof. Dr. Werner Gleißner, Vorstand der FutureValue Group AG, Honorarprofessor für Betriebswirtschaft, insb. Risikomanagement, Technischen Universität Dresden.

Dr. Marc Hayn, Valuation Partner bei der Deloitte GmbH im Bereich Financial Advisory.

Ralf Koerstein, Senior-Referent Organisations- und Produktivitätsmanagement, Berliner Sparkasse.

Siegfried Köstlmeier, MBA, wissenschaftlicher Mitarbeiter und Doktorand am Lehrstuhl für Betriebswirtschaftslehre, insb. Finanzdienstleistungen, an der Universität Regensburg

Prof. a.D. Dr. Dr. h.c. Lutz Kruschwitz, Universitätsprofessor a.D. für Betriebswirtschaftslehre, insbesondere Bank- und Finanzwirtschaft, am Fachbereich Wirtschaftswissenschaft der Freien Universität Berlin

WP Dr. Tim Laas, Head of Valuation Germany – Managing Director, Alvarez & Marsal, Frankfurt am Main

David Makarov, CFA, Associate Director im Bereich Valuation Services, Alvarez & Marsal, Frankfurt am Main

Prof. Dr. Matthias Meitner, CFA, Dozent an der International School of Management (ISM), Consultant im Bereich Unternehmensbewertung und langfristige Aktieninvestments und Gründer und Managing Partner von VALUESQUE.

Stefan Möller, Senior-Referent Risikomanagement, Berlin Hyp AG.

WP/StB Dr. Matthias Popp, Partner bei Ebner Stolz, Stuttgart und Mitglied des Fachausschusses für Unternehmensbewertung und Betriebswirtschaft (FAUB) des IDW.

Felix Ptok, M.Sc., ist Consultant bei der IVA VALUATION & ADVISORY AG Wirtschaftsprüfungsgesellschaft, Frankfurt/M.

WP/StB Univ.-Prof. Dr. Klaus Rabel, CVA, Senior Partner bei Rabel & Partner GmbH Wirtschaftsprüfungs- und Steuerberatungsgesellschaft, Stellvertretender Vorsitzender des Vorstands des EACVA e.V.

Prof. Dr. Klaus Röder, Inhaber des Lehrstuhls für Betriebswirtschaftslehre, insbesondere Finanzdienstleistungen, Universität Regensburg.

Dr. Maximilian Schreiter, PostDoc und Habilitand, HHL Leipzig Graduate School of Management.

WP Dr. Jörn Schulte, Vorstand der IVC Independent Valuation & Consulting AG WPG, Essen.

Prof. Dr. Bernhard Schwetzler, Akademischer Leiter des Centers for Corporate Transactions (CCTPE), HHL Leipzig Graduate School of Management.

Prof. Dr. Felix Streitferdt, lehrt Internationales Finanzmanagement und Wirtschaftsmathematik an der Technischen Hochschule Nürnberg, Georg Simon Ohm.

Gregor Zimny, M.Sc., CVA, Prokurist, Dr. Kleeberg & Partner GmbH WPG STPG, München.

Prof. Dr. Christian Zwirner, WP/StB, Geschäftsführer, Dr. Kleeberg & Partner GmbH WPG STPG, München, und Honorarprofessor, Institut für Rechnungswesen und Wirtschaftsprüfung, Universität Ulm.

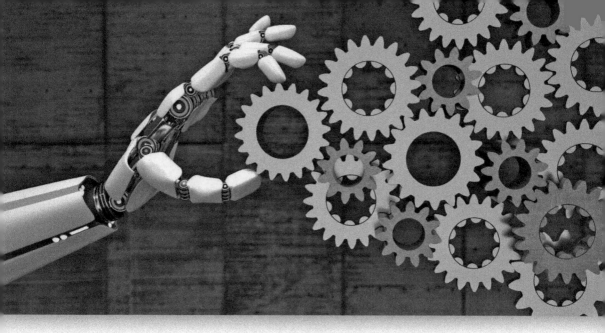

REthinking: Finance

Schon heute wissen, was für das digitale Finanzmanagement von morgen wichtig ist.

REthinking Finance hat die Antworten schon heute:

▌ Wie positionieren sich Finanzentscheider auch in Zukunft als erste Anlaufstelle für Management-Entscheidungen?

▌ Wie machen Sie Ihr Finanzmanagement durch digitale Technologien fit für die Zukunft und meistern nebenbei auch noch Ihr Tagesgeschäft?

▌ Wie erzielen Sie mit Financial Planning & Analysis-Tools bessere Unternehmensergebnisse als Ihr Wettbewerb?

▌ Wie diskutieren Sie digitale Transformation auf Augenhöhe mit IT-Beratern und -Abteilungen?

▌ Wie wappnen Sie sich und Ihre Mitarbeiter für die neuen Herausforderungen der Zukunft?

» **Jetzt Gratis-Heft bestellen:**
www.rethinking-finance.com/zukunft